SAMMLUNG TUSCULUM

Artemis & Winkler

Sammlung Tusculum
Herausgegeben von
Karl Bayer, Manfred Fuhrmann
Rainer Nickel

JUVENAL

SATIREN

Lateinisch – deutsch

Herausgegeben, übersetzt
und mit Anmerkungen versehen
von Joachim Adamietz

ARTEMIS & WINKLER

Die Deutsche Bibliothek – CIP- Einheitsaufnahme

Iuvenalis, Decimus Iunius:
Satiren : lateinisch – deutsch / Juvenal.
Hrsg., übers. und mit Anm. vers. von Joachim Adamietz.
München ; Zürich : Artemis und Winkler, 1993
(Sammlung Tusculum)
Einheitssacht.: Satirae <dt.>
ISBN 3-7608-1671-1
NE: Adamietz, Joachim [Hrsg.]

Artemis & Winkler Verlag
© 1993 Artemis Verlags GmbH, München
Alle Rechte, einschließlich derjenigen des auszugsweisen
Abdrucks und der photomechanischen Wiedergabe, vorbehalten.
Satz: Filmsatz Pfeifer GmbH, Gräfelfing b. München
Druck und Bindung: Pustet, Regensburg
Printed in Germany

INHALT

OTTONI LENDLE COLLEGAE OPTIMO

LIBER PRIMUS

SATURA I

Semper ego auditor tantum? numquamne reponam
vexatus totiens rauci Theseide Cordi?
inpune ergo mihi recitaverit ille togatas,
hic elegos? inpune diem consumpserit ingens
Telephus aut summi plena iam margine libri   5
scriptus et in tergo necdum finitus Orestes?
nota magis nulli domus est sua quam mihi lucus
Martis et Aeoliis vicinum rupibus antrum
Vulcani. quid agant venti, quas torqueat umbras
Aeacus, unde alius furtivae devehat aurum   10
pelliculae, quantas iaculetur Monychus ornos,
Frontonis platani convolsaque marmora clamant
semper et adsiduo ruptae lectore columnae.
expectes eadem a summo minimoque poeta.
et nos ergo manum ferulae subduximus, et nos   15
consilium dedimus Sullae, privatus ut altum
dormiret. stulta est clementia, cum tot ubique
vatibus occurras, periturae parcere chartae.
   Cur tamen hoc potius libeat decurrere campo,
per quem magnus equos Auruncae flexit alumnus,   20
si vacat ac placidi rationem admittitis, edam.

ERSTES BUCH

ERSTE SATIRE

Immer soll ich nur Zuhörer sein? Niemals zurückschlagen,
so oft gequält durch die „Theseis" des schon heiseren Cordus?[1]
Ungestraft also soll mir jener Togaten[2] rezitieren,
dieser Elegien? Ungestraft soll mir ein riesiger „Telephus" einen Tag
rauben oder ein „Orest",[3] dessen Text am Ende der Rolle
den Rand schon füllt und auf der Rückseite noch nicht endet?[4]
Sein eigenes Haus ist niemandem besser bekannt als mir der Hain
des Mars und die den Aeolusfelsen benachbarte Höhle
des Vulcanus[5]. Was die Winde treiben, welche Schatten Aeacus[6]
foltert, woher ein anderer mit dem Gold des gestohlenen Fellchens[7]
davonfährt, welch große Eschen Monychus[8] schleudert,
davon hallen klagend die Platanen Frontos[9] stets wider,
der geborstene Marmor[10] und die durch den beharrlichen Rezitator
                                        gesprengten Säulen.
Dasselbe hast du vom größten und vom geringsten Dichter zu
                                        erwarten.
Nun denn, auch ich habe die Hand vor dem Stock weggezogen,[11]
auch ich habe Sulla den Rat gegeben, als Privatmann tief zu
schlafen.[12] Törichte Rücksicht ist es, da du überall so vielen
Dichtern begegnest, den Papyrus zu schonen, der ohnehin ver-
                                        braucht wird.[13]
    Warum ich jedoch gerade auf jenem Feld mich tummeln möchte,
über das der große Sproß Auruncas die Pferde lenkte,[14]
will ich, wenn ihr Zeit habt und friedlich eine Begründung gestattet,
                                        kundtun.

cum tener uxorem ducat spado, Mevia Tuscum
figat aprum et nuda teneat venabula mamma,
patricios omnis opibus cum provocet unus
quo tondente gravis iuveni mihi barba sonabat,   25
cum pars Niliacae plebis, cum verna Canopi
Crispinus Tyrias umero revocante lacernas
ventilet aestivum digitis sudantibus aurum
nec sufferre queat maioris pondera gemmae,
difficile est saturam non scribere. nam quis iniquae   30
tam patiens urbis, tam ferreus, ut teneat se,
causidici nova cum veniat lectica Mathonis
plena ipso, post hunc magni delator amici
et cito rapturus de nobilitate comesa
quod superest, quem Massa timet, quem munere palpat   35
Carus et a trepido Thymele summissa Latino,
cum te summoveant qui testamenta merentur
noctibus, in caelum quos evehit optima summi
nunc via processus, vetulae vesica beatae?
unciolam Proculeius habet, sed Gillo deuncem,   40
partes quisque suas ad mensuram inguinis heres.
accipiat sane mercedem sanguinis et sic
palleat ut nudis pressit qui calcibus anguem
aut Lugudunensem rhetor dicturus ad aram.
quid referam quanta siccum iecur ardeat ira,   45
cum populum gregibus comitum premat hic spoliator
pupilli prostantis et hic damnatus inani
iudicio? quid enim salvis infamia nummis?

Wenn ein zarter Eunuch eine Gattin heimführt, Mevia[15] einen
etruskischen Eber erlegt und, die Brust entblößt, Jagdspeere trägt,
wenn mit allen Patriziern an Reichtum ein einzelner wetteifert,
der mir in meiner Jugend den heftig knisternden Bart schor,
wenn ein Teil des Pöbels am Nil, ein Eingeborener aus Canopus,
Crispinus,[16] den Purpurmantel mit der Schulter zurückwirft,
fächelnd mit schweißigen Fingern den goldenen Sommerring zeigt
– denn das Gewicht eines größeren Edelsteins vermag er nicht zu
                                        ertragen –
dann ist es schwierig, keine Satire zu schreiben! Denn wer wäre so
duldsam gegenüber dieser ungerechten Stadt, wer so eisern, daß er
                                        an sich hielte,
wenn die neue Sänfte des Anwalts Matho daherkommt, die er ganz
ausfüllt,[17] nach ihm der Ankläger eines hochgestellten Freundes,
der noch rasch dahinraffen wird, was vom dezimierten Adel
übrig ist,[18] den Massa fürchtet, den Carus mit einem Geschenk
hätschelt und die vom zitternden Latinus vorgeschickte Thymele,[19]
wenn die dich verdrängen,[20] die ihre Plätze in den Testamenten
nachts verdienen, die in den Himmel emporführt der heute beste
Weg zum höchsten Erfolg, die Scheide einer reichen Vettel?
Nur ein Zwölftel erhält Proculeius, Gillo[21] jedoch elf Zwölftel,
ein jeder seinen Anteil am Erbe nach dem Maß seines Gliedes.
So mag er denn den Blutlohn[22] empfangen und so bleich
werden wie einer, der mit nackten Füßen auf eine Schlange trat
oder als Redner am Altar von Lugudunum sprechen soll![23]
Wozu soll ich schildern, von welch großem Zorn meine trockene
                                        Leber brennt,[24]
wenn mit den Scharen seiner Begleiter hier einer das Volk bedrängt,
der sein Mündel beraubte, das sich prostituieren muß,[25] und dort
                                        einer, den ein
wirkungsloser Richterspruch verurteilte? Denn was bedeutet Ehr-
                                        losigkeit, wenn das Geld gerettet ist?[26]

exul ab octava Marius bibit et fruitur dis
iratis, at tu victrix, provincia, ploras.   50
haec ego non credam Venusina digna lucerna?
haec ego non agitem? sed quid magis? Heracleas
aut Diomedeas aut mugitum labyrinthi
et mare percussum puero fabrumque volantem,
cum leno accipiat moechi bona, si capiendi   55
ius nullum uxori, doctus spectare lacunar,
doctus et ad calicem vigilanti stertere naso,
cum fas esse putet curam sperare cohortis
qui bona donavit praesepibus et caret omni
maiorum censu, dum pervolat axe citato   60
Flaminiam, puer Automedon? nam lora tenebat
ipse, lacernatae cum se iactaret amicae.
nonne libet medio ceras inplere capaces
quadrivio, cum iam sexta cervice feratur
hinc atque inde patens ac nuda paene cathedra   65
et multum referens de Maecenate supino
signator falsi, qui se lautum atque beatum
exiguis tabulis et gemma fecerit uda?
occurrit matrona potens, quae molle Calenum
porrectura viro miscet sitiente rubetam   70
instituitque rudes melior Lucusta propinquas

Als Verbannter zecht Marius[27] von der achten Stunde an[28] und
                                                    freut sich an
der Gunst der erzürnten Götter:[29] du aber, Provinz, weinst trotz
                                                    deines Sieges!
Dies sollte ich nicht für würdig halten der Venusinischen Lampe?[30]
Dies sollte ich nicht traktieren? Ja, was denn eher? Epen über
Herakles oder Diomedes oder über das Muhen im Labyrinth oder
über das durch den Knaben erschütterte Meer und den fliegenden
                                                    Handwerker,[31]
während ein kupplerischer Ehemann[32] die Güter des Ehebrechers
                                                    erhält, falls die
Gattin nach dem Gesetz nicht erben kann, da er gelernt hat, zur
                                                    Decke
zu schauen, auch gelernt hat, beim Becher mit wachender Nase zu
                                                    schnarchen,
während einer es für anständig hält, sich die Leitung einer Kohorte
                                                    zu erhoffen,
der seine Güter an die Pferdekrippen verschenkt und den
                                                    Vermögensstand
der Vorfahren gänzlich eingebüßt hat, indem er auf rasender Achse
über die Flaminische Straße dahinflog, ein junger Automedon?[33]
Denn die Zügel hielt er selbst, als er sich großtat vor der Geliebten
                                                    in ihrem Männermantel.
Möchte man nicht mitten auf der Kreuzung die viel fassenden
Wachstäfelchen füllen, wenn auf bereits sechs Nacken,[34] nach allen
Seiten sichtbar und in einer fast offenen Sänfte sehr an den
lässigen Maecenas erinnernd dahergetragen wird der Fälscher
eines Testaments, der sich Glanz und Reichtum verschaffte
durch die winzigen Täfelchen und den angefeuchteten Siegelring?[35]
Es begegnet eine einflußreiche Dame, die, wenn ihr Mann Durst
                                                    hat, ihm
milden Calener[36] reichen wird und Krötengift hineinmischt, und
die, eine bessere Lucusta,[37] die unerfahrenen Verwandten anleitet,

per famam et populum nigros efferre maritos.
aude aliquid brevibus Gyaris et carcere dignum,
si vis esse aliquid! probitas laudatur et alget,
criminibus debent hortos, praetoria, mensas,   75
argentum vetus et stantem extra pocula caprum.
quem patitur dormire nurus corruptor avarae,
quem sponsae turpes et praetextatus adulter?
si natura negat, facit indignatio versum
qualemcumque potest, quales ego vel Cluvienus.   80
    Ex quo Deucalion nimbis tollentibus aequor
navigio montem ascendit sortesque poposcit
paulatimque anima caluerunt mollia saxa
et maribus nudas ostendit Pyrrha puellas,
quidquid agunt homines, votum, timor, ira, voluptas,   85
gaudia, discursus, nostri farrago libelli est.
et quando uberior vitiorum copia? quando
maior avaritiae patuit sinus? alea quando
hos animos? neque enim loculis comitantibus itur
ad casum tabulae, posita sed luditur arca.   90
proelia quanta illic dispensatore videbis
armigero! simplexne furor sestertia centum
perdere et horrenti tunicam non reddere servo?
quis totidem erexit villas, quis fercula septem
secreto cenavit avus? nunc sportula primo   95

durch das Gerede des Volkes hindurch schwarz verfärbte Ehemän-
                    ner zur Bestattung zu bringen.
Wage etwas, was das enge Gyara[38] und die Hinrichtung im Kerker
                                           verdient,
wenn du jemand sein willst! Die Redlichkeit wird gelobt und friert,
den Verbrechen verdanken sie Parks, Paläste, Tische,
altes Silber und Trinkbecher mit dem Relief eines Bockes.
Wen läßt ruhig schlafen der Verführer der geldgierigen Schwieger-
                                           tochter, wen
die schamlosen Bräute und der Ehebrecher in der Knabentoga?[39]
Wenn die Natur es verwehrt, schafft die Entrüstung Verse,
welche sie eben zustande bringt, solche wie ich oder Cluvienus.[40]
     Was immer[41] seit der Zeit, als die Regenfluten das Meer hoben,
Deucalion mit dem Schiff den Berg bestieg und Orakelweisung
                                           forderte,
die Steine allmählich durch Seelen sich erwärmten und weich
wurden und Pyrrha den Männern die nackten Mädchen zeigte,[42]
die Menschen treiben, Wunsch, Furcht, Zorn, Lust, Freuden,
geschäftiger Eifer, ist das Gemisch[43] meines Büchleins.
Und wann war die Fülle der Laster üppiger? Wann öffnete sich
die Tasche[44] der Habsucht weiter? Wann erregte das Würfelspiel
                                           solche
Leidenschaft? Man geht nämlich nicht begleitet von Geldkästchen
zum Glückswurf am Tisch, sondern stellt zum Spiel die Truhe hin.
Welch gewaltige Schlachten wirst du da sehen, bei denen der
                                           Geldverwalter
zum Waffenträger wird! Ist es nur einfacher Wahnsinn, 100 000
                                           Sesterzen
zu verlieren und dem frierenden Sklaven seine Tunika nicht zu
                                           gewähren?
Wer von unseren Großvätern erbaute sich so viele Villen, wer speiste
sieben Gänge für sich allein?[45] Heute steht das kleine Geschenk-
                                           körbchen[46] ganz

limine parva sedet turbae rapienda togatae.
ille tamen faciem prius inspicit et trepidat, ne
suppositus venias ac falso nomine poscas:
agnitus accipies. iubet a praecone vocari
ipsos Troiugenas, nam vexant limen et ipsi   100
nobiscum. „da praetori, da deinde tribuno!"
sed libertinus prior est. „prior" inquit „ego adsum.
cur timeam dubitemve locum defendere, quamvis
natus ad Euphraten, molles quod in aure fenestrae
arguerint, licet ipse negem? sed quinque tabernae   105
quadringenta parant. quid confert purpura maior
optandum, si Laurenti custodit in agro
conductas Corvinus ovis, ego possideo plus
Pallante et Licinis?" expectent ergo tribuni,
vincant divitiae, sacro ne cedat honori   110
nuper in hanc urbem pedibus qui venerat albis,
quandoquidem inter nos sanctissima divitiarum
maiestas, etsi funesta Pecunia templo
nondum habitat, nullas Nummorum ereximus aras,
ut colitur Pax atque Fides, Victoria, Virtus   115
quaeque salutato crepitat Concordia nido.
sed cum summus honor finito computet anno
sportula quid referat, quantum rationibus addat,

vorn auf der Schwelle, damit die Schar in der Toga[47] es plündere.
Jener jedoch[48] überprüft zuvor das Gesicht und ist ängstlich besorgt,
daß du als Unberechtigter kommst und unter falschem Namen
                                                      forderst:
bist du identifiziert, empfängst du. Er befiehlt dem Herold,[49] selbst
die Trojaentstammten[50] herbeizurufen, denn auch sie suchen mit
unsereinem die Schwelle heim. „Gib dem Praetor, gib dann dem
                                                      Tribun!"
Aber der Freigelassene war früher da. „Ich war", sagt er, „früher
                                                      zur Stelle.
Warum sollte ich mich fürchten und zögern, meinen Platz zu ver-
                                                      teidigen, obwohl ich
am Euphrat geboren bin, was die weibischen Ringlöcher im Ohre
verraten, sollte ich selbst es leugnen? Aber fünf Ladengeschäfte
bringen mir Vierhunderttausend. Was bringt mir Wünschens-
                                                      wertes der
breitere Purpurstreifen[51], wenn auf dem Felde von Laurentum[52]
ein Corvinus gepachtete Schafe hütet, ich aber mehr besitze,
als Pallas oder ein Licinus?"[53] So mögen denn die Tribunen sich
                                                      gedulden,
es siege der Reichtum, damit nicht einem unverletzlichen Amts-
                                                      träger jemand
Platz mache, der erst kürzlich in diese Stadt mit geweißten Füßen[54]
kam, da nun einmal bei uns die heiligste Macht der Reichtum ist,
wenn auch das unheilbringende „Geld" noch nicht in einem Tempel
wohnt, wir den „Münzen" noch keine Altäre errichtet haben, so wie
der „Frieden" und die „Treue", der „Sieg," die „Tugend" verehrt
                                                      werden
und die „Eintracht", deren Nest beim Begrüßen ein Klappern hören
                                                      läßt.[55]
Wenn aber der höchste Würdenträger am Ende des Jahres
                                                      zusammenrechnet,
was ihm die Sportel erbringt, wieviel er den Konten hinzufügen kann,

quid facient comites quibus hinc toga, calceus hinc est
et panis fumusque domi? densissima centum   120
quadrantes lectica petit, sequiturque maritum
languida vel praegnas et circumducitur uxor.
hic petit absenti nota iam callidus arte
ostendens vacuam et clausam pro coniuge sellam.
„Galla mea est" inquit, „citius dimitte. moraris?   125
profer, Galla, caput. noli vexare, quiescet."
ipse dies pulchro distinguitur ordine rerum:
sportula, deinde forum iurisque peritus Apollo
atque triumphales, inter quas ausus habere
nescio quis titulos Aegyptius atque Arabarches,   130
cuius ad effigiem non tantum meiere fas est.
vestibulis abeunt veteres lassique clientes
votaque deponunt, quamquam longissima cenae
spes homini: caulis miseris atque ignis emendus.
optima silvarum interea pelagique vorabit   135
rex horum vacuisque toris tantum ipse iacebit;
nam de tot pulchris et latis orbibus et tam
antiquis una comedunt patrimonia mensa:
nullus iam parasitus erit. sed quis ferat istas
luxuriae sordes? quanta est gula quae sibi totos   140
ponit apros, animal propter convivia natum!
poena tamen praesens, cum tu deponis amictus

was sollen die Begleiter tun, die davon die Toga, die davon die
Schuhe
und das Brot und das Feuer im Hause bezahlen müssen?[56] Dichtgedrängt erbitten die Sänften die 25 As:[57] es folgt dem Ehemann
die kranke oder schwangere Frau und wird mit umhergetragen.[58]
Einer fordert für die Abwesende, indem er gerissen den schon
vertrauten Trick
anwendend die leere und geschlossene Sänfte vorweist an Stelle
der Gattin.
„Es ist meine Galla", sagt er. „entlaß mich ganz schnell! Du
zögerst?
Steck' den Kopf heraus, Galla! Stör sie nicht, sie wird schlafen!"[59]
Der Tag selbst wird durch die schöne Abfolge der Aufgaben
gegliedert:
die Sportel, dann das Forum und der rechtskundige Apollo
sowie die Triumphalstatuen,[60] zwischen denen seine Ehrentitel
anzubringen wagte irgend so ein Aegypter und Arabarches,[61]
dessen Standbild man mit Fug und Recht nicht nur anpissen darf.[62]
Aus den Vorhallen ziehen die altgedienten erschöpften Klienten
davon[63] und lassen ihre Wünsche fahren, obwohl beim Menschen
die Hoffnung auf
ein Mahl sehr lange anhält, kaufen müssen die Armen den Kohl
und die Feuerkohle.
Das Beste aus den Wäldern und aus dem Meere wird inzwischen
ihr „König"
hinabschlingen und auf den leeren Polstern ganz alleine liegen;
denn an einem einzigen von ihren vielen schönen und breiten
und so alten Tischen verzehren sie Erbgüter:[64]
einen Parasiten wird es nicht mehr geben. Aber wer könnte diesen
Geiz des Luxus ertragen? Wie groß ist der Schlund, der sich ganze
Eber auftischt, ein Tier, das des geselligen Mahles wegen
geschaffen wurde!
Die Strafe folgt jedoch auf dem Fuß, wenn du, noch vollgestopft,

turgidus et crudum pavonem in balnea portas:
[hinc subitae mortes atque intestata senectus.]
it nova nec tristis per cunctas fabula cenas,   145
ducitur iratis plaudendum funus amicis.
      Nil erit ulterius quod nostris moribus addat
posteritas, eadem facient cupientque minores:
omne in praecipiti vitium stetit. utere velis,
totos pande sinus! dicas hic forsitan „unde   150
ingenium par materiae? unde illa priorum
scribendi quodcumque animo flagrante liberet
simplicitas?" cuius non audeo dicere nomen?
quid refert dictis ignoscat Mucius an non?
„pone Tigillinum, taeda lucebis in illa,   155
qua stantes ardent qui fixo gutture fumant,
et latum media sulcum deduces harena."
qui dedit ergo tribus patruis aconita, vehatur
pensilibus plumis atque illinc despiciat nos?
„cum veniet contra, digito compesce labellum: 160
accusator erit qui verbum dixerit ‚hic est'.
securus licet Aenean Rutulumque ferocem
committas, nulli gravis est percussus Achilles
aut multum quaesitus Hylas urnamque secutus:
ense velut stricto quotiens Lucilius ardens   165
infremuit, rubet auditor, cui frigida mens est

die Kleider ablegst und den unverdauten Pfau in das Bad trägst:[65]
[daher die plötzlichen Todesfälle und das testamentlos gebliebene
                                                            Alter.][66]
die neue und durchaus nicht traurige Geschichte macht die Runde
                                              bei allen Gastmählern,
der Leichenzug nimmt seinen Gang unter dem Beifall der zorn-
                                          erfüllten Freunde.[67]
    Darüber hinaus wird es nichts geben, was unseren Sitten die
                                                            Nachwelt
hinzufügen könnte, dasselbe werden die Nachfahren tun und
                                                            wünschen:
jegliches Laster steht auf seinem Scheitelpunkt.[68] Setze die Segel,
breite aus alle Flächen! Vielleicht wird man hier sagen:[69] „Woher
soll das Talent kommen, das dem Stoff gewachsen wäre? Woher
                                                            jener
Freimut der Früheren zu schreiben, was immer der entflammte
Geist mochte?" Wessen Namen wage ich nicht zu nennen?
Was macht es aus, ob ein Mucius die Kritik verzeiht oder nicht?[70]
„Erwähne[71] Tigillinus, und du wirst in dem Fackelgewand leuchten
wie jene, die stehend brennen und an der Kehle gefesselt qualmen,[72]
und eine breite Furche wirst du mitten durch den Sand ziehen."[73]
Wer also drei Onkeln Gift gegeben hat, soll einhergetragen werden
hoch oben auf den Federkissen[74] und von dort auf uns verächtlich
                                                            herabblicken?
„Wenn er dir begegnet, drücke mit dem Finger die Lippen
                                                            zusammen:
als Ankläger wird schon gelten, wer das Wort ausspricht:
                                                            ‚Der ist es!'
Gefahrlos darfst du Aeneas und den trotzigen Rutuler aufeinander-
prallen lassen, niemandem erregt Ärgernis der durchbohrte Achill
oder der lange gesuchte Hylas, der seinem Schöpfkrug nachfolgte:[75]
sooft gleichsam mit gezücktem Schwert Lucilius in glühendem
Zorn aufbrüllt, errötet der Zuhörer, dessen Gewissen

criminibus, tacita sudant praecordia culpa.
inde ira et lacrimae. tecum prius ergo voluta
haec animo ante tubas: galeatum sero duelli
paenitet. " experiar quid concedatur in illos   170
quorum Flaminia tegitur cinis atque Latina.

SATURA II

    Ultra Sauromatas fugere hinc libet et glacialem
Oceanum, quotiens aliquid de moribus audent
qui Curios simulant et Bacchanalia vivunt.
indocti primum, quamquam plena omnia gypso
Chrysippi invenias; nam perfectissimus horum,   5
si quis Aristotelen similem vel Pittacon emit
et iubet archetypos pluteum servare Cleanthas.
frontis nulla fides: quis enim non vicus abundat
tristibus obscenis? castigas turpia, cum sis
inter Socraticos notissima fossa cinaedos?   10
hispida membra quidem et durae per bracchia saetae
promittunt atrocem animum, sed podice levi
caeduntur tumidae medico ridente mariscae.
rarus sermo illis et magna libido tacendi
atque supercilio brevior coma. verius ergo   15
et magis ingenue Peribomius: hunc ego fatis
inputo, qui vultu morbum incessuque fatetur,
horum simplicitas miserabilis, his furor ipse

erschauert wegen seiner Verbrechen, dessen Brust Schweiß bedeckt
                                    ob heimlicher Schuld.
Daher der Zorn und die Tränen.[76] So wäge also vorher dies ab in
                                    deinem
Sinn, vor dem Ertönen der Kriegstrompeten: wer schon den Helm
trägt, bereut zu spät den Krieg!" So will ich erproben, was gegen jene
gestattet ist, deren Asche bedeckt wird von der Via Flaminia und
                                    der Latina.[77]

ZWEITE SATIRE

Über Sauromatien[1] und das Eismeer hinaus möchte
man von hier fliehen, sooft die über Moral zu reden wagen,
welche die Curier[2] mimen und wie bei den Bacchanalien[3] leben.
Zunächst einmal sind sie ungebildet, obwohl man bei ihnen alles
voll von Gipsbüsten Chrysipps[4] findet; denn der Vollkommenste
ist unter ihnen, wer einen naturgetreuen Aristoteles oder Pittacus[5]
gekauft hat und sein Wandregal Originale von Cleanthes[6]
                                    bewahren heißt.
Die Maske verdient kein Vertrauen, denn welche Straße wimmelt
nicht von streng blickenden Perversen? Du tadelst die Unzucht,
                                    während
du unter den schwulen Sokratikern das bekannteste Loch bist?
Die struppigen Glieder freilich und die harten Borsten an den
Armen verheißen einen grimmigen Charakter, jedoch operiert am
glatten Hintern lachend der Arzt die schwellenden Feigen.[7]
Sparsam sind jene mit dem Reden, und groß ist ihre Begierde zu
                                    schweigen,
und ihr Haupthaar ist kürzer als die Augenbraue. Ehrlicher also
und aufrichtiger verhält sich ein Peribomius:[8] den rechne ich dem
Schicksal zu, der durch das Gesicht und den Gang seine Krankheit
bekennt, deren Offenheit erregt Mitleid, ihnen erwirkt ihre Tollheit

dat veniam. sed peiores, qui talia verbis
Herculis invadunt et de virtute locuti   20
clunem agitant. „ego te ceventem, Sexte, verebor?"
infamis Varillus ait, „quo deterior te?"
loripedem rectus derideat, Aethiopem albus:
quis tulerit Gracchos de seditione querentes?
quis caelum terris non misceat et mare caelo,   25
si fur displiceat Verri, homicida Miloni,
Clodius accuset moechos, Catilina Cethegum,
in tabulam Sullae si dicant discipuli tres?
qualis erat nuper tragico pollutus adulter
concubitu, qui tunc leges revocabat amaras   30
omnibus atque ipsis Veneri Martique timendas,
cum tot abortivis fecundam Iulia vulvam
solveret et patruo similes effunderet offas.
nonne igitur iure ac merito vitia ultima fictos
contemnunt Scauros et castigata remordent?   35
non tulit ex illis torvum Laronia quendam
clamantem totiens „ubi nunc, lex Iulia, dormis?"
atque ita subridens: „felicia tempora, quae te
moribus opponunt! habeat iam Roma pudorem:
tertius e caelo cecidit Cato. sed tamen unde   40
haec emis, hirsuto spirant opobalsama collo
quae tibi? ne pudeat dominum monstrare tabernae.
quod si vexantur leges ac iura, citari
ante omnis debet Scantinia. respice primum

selbst Verzeihung. Schlechter dagegen sind die, welche derartiges
mit den Worten eines Hercules[9] angreifen und nach einer Rede
                                        über die Tugend
mit dem Hintern wackeln. „Vor dir soll ich, Sextus, wenn du den
                        Steiß schwenkst, Achtung haben?"
sagt der übelbeleumdete Varillus,[10] „weswegen bin ich übler als du?"
Den Schiefbeinigen mag der Geradbeinige verlachen, den Neger
                                        der Weiße:
wer aber ertrüge die Gracchen, wenn sie über Revolution klagten?[11]
Wer möchte nicht den Himmel mit der Erde mischen und das Meer
                                        mit dem Himmel,
wenn ein Dieb einem Verres[12] mißfällt, ein Mörder dem Milo,[13]
Clodius[14] die Ehebrecher anklagt, Catilina den Cethegus,[15]
wenn gegen die Liste Sullas seine drei Schüler predigen?[16]
Solcher Art war der Ehebrecher, der kürzlich sich durch einen
Beischlaf befleckte, wie ihn die Tragödie kennt, der damals die
                                        Gesetze erneuerte,
die bitter waren für alle und die sogar Venus und Mars zu fürchten
                                        hatten,
während durch so viele Abtreibungsmittel Julia den fruchtbaren
Schoß öffnete und dem Oheim ähnelnde Brocken hervorbrachte.[17]
Verachten also nicht mit Fug und Recht die lasterhaftesten Menschen
die falschen Scaurer[18] und wehren sich bissig gegen die Schelte?
Einen von ihnen ertrug Laronia[19] nicht mehr, einen Finsterling, der
so oft ausrief: „Wo bist du gerade, Julisches Gesetz,[20] und schläfst?",
und lächelnd sprach sie so: „Glücklich die Zeiten, die dich
dem Sittenverfall entgegenstellen! Rom muß endlich Anstand
                                        annehmen,
ein dritter Cato[21] fiel vom Himmel. Jedoch andererseits: wo kaufst
du dieses Parfüm, das bei dir auf dem struppigen Hals Duft
verbreitet? Genier' dich nicht, den Inhaber das Ladens zu nennen.
Wenn Recht und Gesetz aufgestört werden sollen,[22] müßte man
vor allen anderen das Scantinische Gesetz[23] herbeirufen. Schau zu-

et scrutare viros; faciunt peiora, sed illos   45
defendit numerus iunctaeque umbone phalanges:
magna inter molles concordia. non erit ullum
exemplum in nostro tam detestabile sexu;
Tedia non lambit Cluviam nec Flora Catullam:
Hispo subit iuvenes et morbo pallet utroque.   50
numquid nos agimus causas, civilia iura
novimus aut ullo strepitu fora vestra movemus?
luctantur paucae, comedunt colyphia paucae.
vos lanam trahitis calathisque peracta refertis
vellera, vos tenui praegnantem stamine fusum   55
Penelope melius, levius torquetis Arachne,
horrida quale facit residens in codice paelex.
notum est cur solo tabulas inpleverit Hister
liberto, dederit vivus cur multa puellae:
dives erit magno quae dormit tertia lecto.   60
tu nube atque tace: donant arcana cylindros.
de nobis post haec tristis sententia fertur?
dat veniam corvis, vexat censura columbas. "
fugerunt trepidi vera ac manifesta canentem
Stoicidae; quid enim falsi Laronia? sed quid   65
non facient alii, cum tu multicia sumas,
Cretice, et hanc vestem populo mirante perores
in Proculas et Pollittas? est moecha Fabulla:
damnetur; si vis, etiam Carfinia: talem
non sumet damnata togam. „sed Iulius ardet,   70
aestuo. " nudus agas, minus est insania turpis!

erst auf die Männer und überprüfe sie; sie treiben es ärger, aber sie
schützt die große Zahl und die Phalanx, in der sich Schild an Schild
schließt: groß ist die Eintracht unter den Weichlingen. Kein derart
abscheuliches Beispiel wird man bei unserem Geschlecht finden;
Tedia leckt nicht die Cluvia und Flora nicht die Catulla:[24]
Hispo besteigt junge Männer und ist bleich von beiderlei Laster.[25]
Führen wir etwa Prozesse, kennen wir das bürgerliche Recht,
oder stören wir eure Fora durch irgendwelches Geschrei?
Nur wenige ringen, nur wenige nähren sich von Athletenkost.
Ihr zupft die Wolle und liefert in Körbchen die fertigen Knäule
ab, ihr dreht die von zartem Faden strotzende Spindel
besser als Penelope, flinker als Arachne,[26] so wie es
das ungepflegte Kebsweib macht, das auf dem Holzblock sitzt.[27]
Bekannt ist, warum Hister allein den Freigelassenen in das
                                                        Testament
eintrug, warum er zu Lebzeiten soviel der jungen Ehefrau
schenkte:[28] reich wird, welche im breiten Bett als dritte schläft.
Heirate und schweige: Geheimnisse verschaffen Edelsteine als
                                                        Geschenk.
Nach all dem wird über uns ein strenger Richtspruch gefällt?
Die Sittenwacht verzeiht den Raben, peinigt die Tauben."
Ängstlich flohen vor ihr, die Wahres und Offensichtliches kündete,
die Söhne der Stoa; denn was hatte Laronia Falsches gesagt? Aber
                                                        was
werden andere nicht tun, wenn du, Creticus,[29] ein Seidengewand
                                                        anlegst
und, während das Volk sich über diese Kleidung verwundert,
                                                        eifernde Reden hältst
gegen die Proculas und Polittas? Fabulla ist eine Ehebrecherin:
man verurteile sie; wenn du willst, auch Carfinia: eine solche Toga
würde sie nach ihrer Verurteilung nicht anlegen.[30] „Aber glühend
                                                        ist der Juli,
mir ist heiß." Plädiere nackt, weniger schimpflich ist der Wahnsinn![31]

en habitum quo te leges ac iura ferentem
vulneribus crudis populus modo victor et illud
montanum positis audiret vulgus aratris!
quid non proclames, in corpore iudicis ista   75
si videas? quaero an deceant multicia testem.
acer et indomitus libertatisque magister,
Cretice, perluces. dedit hanc contagio labem
et dabit in plures, sicut grex totus in agris
unius scabie cadit et porrigine porci   80
uvaque conspecta livorem ducit ab uva.
foedius hoc aliquid quandoque audebis amictu:
nemo repente fuit turpissimus. accipient te
paulatim qui longa domi redimicula sumunt
frontibus et toto posuere monilia collo   85
atque Bonam tenerae placant abdomine porcae
et magno cratere Deam. sed more sinistro
exagitata procul non intrat femina limen:
solis ara deae maribus patet. „ite, profanae,"
clamatur, „nullo gemit hic tibicina cornu!"   90
talia secreta coluerunt orgia taeda
Cecropiam soliti Baptae lassare Cotyto.
ille supercilium madida fuligine tinctum
obliqua producit acu pingitque trementis
attollens oculos; vitreo bibit ille priapo,   95
reticulumque comis auratum ingentibus implet

Dies wäre die rechte Kleidung, wenn dich beim Beantragen von
Gesetzen und Rechten
das soeben siegreiche Volk, dessen Wunden noch frisch sind, hörte
und jene Leute von den Bergen, nachdem sie den Pflug
niedersetzten![32]
Würdest du nicht protestieren, wenn du derartiges auf dem Leib
eines Richters sähest?
Schickt sich, so frage ich, ein Seidengewand für einen Zeugen?
Energisch und unbezwingbar, ein Lehrmeister der Freiheit, du,
Creticus, – scheinst durch! Die Ansteckung brachte dir diese
Seuche und wird sie noch anderen bringen, so wie die ganze Herde
auf den Feldern
verendet durch die Räude und den Grind eines einzigen Schweines
und eine Traube sich bläulich verfärbt durch den Anblick einer
Traube.[33]
Etwas Abscheulicheres als diese Kleidung wirst du dereinst wagen:[34]
niemand ist plötzlich durch und durch schlecht. Es werden dich
allmählich bei sich aufnehmen, die zu Hause die langen Bänder an
die Stirn anlegen[35] und den ganzen Hals mit Geschmeide bedecken
und die Bona Dea[36] mit dem Bauch eines zarten Ferkels und einem
großen Mischkrug gütig stimmen. Aber in einer Verkehrung des
Brauchs wird eine Frau weit weggescheucht und tritt nicht über die
Schwelle,
nur die Männer haben Zugang zum Altar der Göttin. „Fort, ihr
Uneingeweihten!" ruft man, „keine Bläserin klagt hier mit der
Oboe."
Solche Orgien feierten die Bapten bei geheimem Fackelschein, die
die Cecropische Cotyto bis zur Erschöpfung zu verehren pflegten.[37]
Der eine trägt flüssige Tusche auf die Augenbraue auf,
zieht diese lang aus mit der schrägen Nadel und ummalt die
nach oben gerichteten blinzelnden Augen; der andere trinkt aus
einem gläsernen Priap[38]
und füllt das vergoldete Haarnetz mit gewaltigem Haarschopf,

caerulea indutus scutulata aut galbina rasa
et per Iunonem domini iurante ministro;
ille tenet speculum, pathici gestamen Othonis,
Actoris Aurunci spolium, quo se ille videbat   100
armatum, cum iam tolli vexilla iuberet:
res memoranda novis annalibus atque recenti
historia, speculum civilis sarcina belli.
nimirum summi ducis est occidere Galbam
et curare cutem, summi constantia civis   105
Bebriaci campis solium adfectare Palati
et pressum in faciem digitis extendere panem,
quod nec in Assyrio pharetrata Sameramis orbe
maesta nec Actiaca fecit Cleopatra carina.
hic nullus verbis pudor aut reverentia mensae,   110
hic turpis †Cybeles† et fracta voce loquendi
libertas et crine senex fanaticus albo
sacrorum antistes, rarum ac memorabile magni
gutturis exemplum conducendusque magister.
quid tamen expectant, Phrygio quos tempus erat iam   115
more supervacuam cultris abrumpere carnem?
    Quadringenta dedit Gracchus sestertia dotem
cornicini, sive hic recto cantaverat aere.
signatae tabulae, dictum „feliciter", ingens
cena sedet, gremio iacuit nova nupta mariti.   120
o proceres, censore opus est an haruspice nobis?

gekleidet in ein blaugewürfeltes oder ein leichtes gelbes Gewand,
und sein Diener schwört bei der Juno seines Herrn;[39] wieder ein
anderer hält einen Spiegel, die Ausrüstung des schwulen Otho,
ein Beutestück vom Aurunker Actor, in dem jener sich bewaffnet
erblickte, als er schon befahl, die Fahnen zu erheben:[40]
ein Gegenstand, der in den neueren Annalen und der jüngeren
Geschichtsschreibung erwähnt werden muß, der Spiegel als
                                        Gepäck im Bürgerkrieg.
Zweifellos ist es ein konsequentes Handeln des höchsten Feldherrn,
Galba zu töten und die eigene Haut zu pflegen, des höchsten
                                        Bürgers,
auf den Feldern von Bebriacum nach dem Thron im Palatium zu
                                        streben[41]
und Brotteig mit den Fingern auf das Gesicht zu drücken und zu
                                        verteilen,
was weder im assyrischen Land die köchertragende Sameramis
tat noch Cleopatra, betrübt über die actischen Kiele.[42]
Hier gibt es keine Scham bei den Worten, keine Achtung vor dem
                                        Opfertisch,
hier herrscht schimpfliches Treiben[43] und die Freiheit, mit
weibischer Stimme zu reden, ein alter Priester mit weißem Haar
ist Vorsteher der Kultfeier, ein seltenes und denkwürdiges Beispiel
für eine weite Kehle[44] und ein Lehrmeister, den es zu mieten lohnt.
Worauf jedoch warten sie noch, für die es schon Zeit gewesen
wäre, nach phrygischer Sitte mit Messern das überflüssige Fleisch
                                        abzuhacken?[45]
    Gracchus gab 400 000 Sesterzen als Mitgift[46] dem Hornbläser
– vielleicht hatte der auch mit der geraden Trompete geblasen.
Gesiegelt ist der Ehekontrakt, man sagte „Viel Glück!", eine riesige
Gesellschaft sitzt bereit zum Mahl, im Schoß des Ehemanns liegt
                                        die „Jungvermählte".
Ihr edlen Herren, brauchen wir einen Censor oder eher einen
                                        Sühnepriester?[47]

scilicet horreres maioraque monstra putares,
si mulier vitulum vel si bos ederet agnum?
segmenta et longos habitus et flammea sumit
arcano qui sacra ferens nutantia loro   125
sudavit clipeis ancilibus. o pater urbis,
unde nefas tantum Latiis pastoribus? unde
haec tetigit, Gradive, tuos urtica nepotes?
traditur ecce viro clarus genere atque opibus vir
nec galeam quassas nec terram cuspide pulsas   130
nec quereris patri. vade ergo et cede severi
iugeribus campi quem neglegis. „officium cras
primo sole mihi peragendum in valle Quirini."
quae causa officii? „quid quaeris? nubit amicus,
nec multos adhibet." liceat modo vivere, fient,   135
fient ista palam, cupient et in acta referri.
interea tormentum ingens nubentibus haeret,
quod nequeant parere et partu retinere maritos.
sed melius, quod nil animis in corpora iuris
natura indulget: steriles moriuntur, et illis   140
turgida non prodest condita pyxide Lyde,
nec prodest agili palmas praebere Luperco.
vicit et hoc monstrum tunicati fuscina Gracchi,
lustravitque fuga mediam gladiator harenam

Würde man etwa mehr schaudern oder es für eine größere Naturwidrigkeit halten,
wenn eine Frau ein Kalb oder eine Kuh ein Lamm gebären würde?
Das Prachtgewand, die langen Kleider und den Brautschleier legt
der an, der die wippenden heiligen Geräte an geweihtem Riemen
trug und unter dem Salierschild schwitzte.[48] Vater der Stadt,
woher gelangte so großer Greuel zu Latiums Hirten? Woher,
Gradivus,[49] kam es, daß diese Nessel deine Enkel stach?
Sieh doch, da wird einem Mann ein Mann, ausgezeichnet durch
Adel und Reichtum,
in die Ehe gegeben, und du schüttelst nicht den Helm und stößt
nicht mit der Lanze auf die Erde
und beklagst dich nicht vor deinem Vater.[50] Zieh' also von dannen
und weiche vom Boden deines gestrengen Feldes, das du gering-
schätzt.[51] „Eine
Verpflichtung muß ich morgen bei Sonnenaufgang im Tal des
Quirinus[52] erfüllen."
Der Grund der Verpflichtung? „Was fragst du? Ein Freund wird
Gattin
und lädt nur wenige ein." Falls ich nur am Leben bleibe: solches
wird, ja es wird öffentlich bekannt gemacht werden, sie werden
wünschen, daß es auch in die Zeitung kommt.
Vorerst bleibt es für diese Bräute eine beharrliche gewaltige Qual,
daß sie nicht gebären und durch die Geburt die Ehemänner an sich
fesseln können.
Aber es ist besser so, daß die Natur den Wünschen kein Recht über
den Körper gewährt: unfruchtbar sterben sie, und es nützt ihnen
nicht die fette Lyde mit ihren Mitteln in der Büchse,[53] und es nützt
ihnen nicht, die Handflächen dem flinken Luperker hinzuhalten.[54]
Es übertraf auch diese Ungeheuerlichkeit noch der Dreizack des mit
der Tunika
bekleideten Gracchus, als Gladiator durchmaß er auf der Flucht die
Mitte der Arena,[55]

et Capitolinis generosior et Marcellis   145
et Catuli Paulique minoribus et Fabiis et
omnibus ad podium spectantibus, his licet ipsum
admoveas cuius tunc munere retia misit.
    Esse aliquos manes et subterranea regna,
Cocytum et Stygio ranas in gurgite nigras,   150
atque una transire vadum tot milia cumba
nec pueri credunt, nisi qui nondum aere lavantur.
sed tu vera puta: Curius quid sentit et ambo
Scipiadae, quid Fabricius manesque Camilli,
quid Cremerae legio et Cannis consumpta iuventus,   155
tot bellorum animae, quotiens hinc talis ad illos
umbra venit? cuperent lustrari, si qua darentur
sulpura cum taedis et si foret umida laurus.
illic heu miseri traducimur. arma quidem ultra
litora Iuvernae promovimus et modo captas   160
Orcadas ac minima contentos nocte Britannos,
sed quae nunc populi fiunt victoris in urbe,
non faciunt illi quos vicimus. et tamen unus
Armenius Zalaces cunctis narratur ephebis
mollior ardenti sese indulsisse tribuno.   165
aspice quid faciant commercia: venerat obses,
hic fiunt homines. nam si mora longior urbem
†indulsit† pueris, non umquam derit amator.
mittentur bracae, cultelli, frena, flagellum:
sic praetextatos referunt Artaxata mores.   170

edler von Geburt als die Capitoliner und Marceller, als die
Nachfahren des Catulus und Paulus und die Fabier und alle,
die auf den Ehrenplätzen zuschauen,[56] selbst wenn du diesen ihn
selbst zurechnest, bei dessen Festspiel er damals die Netze warf.[57]
    Daß es irgendwelche Seelen der Toten gibt und Königreiche unter
der Erde, den Cocytus und schwarze Frösche im Strudel der Styx
und daß auf nur einem Nachen so viele Tausende die Furt
                                                    überqueren,
glauben selbst die Knaben nicht, außer denen, die noch nicht für
                                          das Bad bezahlen.[58]
Aber halte es für wahr: was empfindet ein Curius und die beiden
Scipionen, was Fabricius und die Seele des Camillus, was die
Legion von der Cremera[59] und die bei Cannae ausgelöschte Jugend,
so viele Seelen von Toten der Kriege, sooft ein derartiger Schatten
                                                    von hier
zu ihnen gelangt? Sie würden wünschen, sich zu reinigen, wenn
man ihnen nur Schwefel gäbe zusammen mit Fackeln und wenn
                          befeuchteter Lorbeer vorhanden wäre.[60]
Dort, ach, werden wir Elenden bloßgestellt. Die Waffen haben wir
zwar bis über die Küsten Irlands[61] hinausgetragen und die jüngst
                                                    eroberten
Orkneys und die Britannier, die mit kürzesten Nächten sich
begnügen, was aber jetzt in der Hauptstadt des siegreichen Volkes
                                                    getrieben wird,
treiben nicht jene, die wir besiegten. Dennoch soll als einziger, so
                                          wird berichtet,
der Armenier Zalaces,[62] der weichlicher war als alle anderen
Jünglinge, sich dem entflammten Tribun hingegeben haben.
Sieh, was der Austausch bewirkt: als Geisel war er gekommen,
hier werden sie zu Menschen. Denn wenn ein längerer Aufenthalt in
Rom den Knaben gewährt wird,[63] dann wird ihnen nie ein Liebhaber
fehlen. Abgelegt werden die Hosen, Dolche, Zügel, die Peitsche:
so bringen sie römische Sitten heim nach Artaxata.[64]

SATURA III

Quamvis digressu veteris confusus amici
laudo tamen, vacuis quod sedem figere Cumis
destinet atque unum civem donare Sibyllae.
ianua Baiarum est et gratum litus amoeni
secessus. ego vel Prochytam praepono Suburae;   5
nam quid tam miserum, tam solum vidimus, ut non
deterius credas horrere incendia, lapsus
tectorum adsiduos ac mille pericula saevae
urbis et Augusto recitantes mense poetas?
sed dum tota domus raeda componitur una,   10
substitit ad veteres arcus madidamque Capenam.
hic, ubi nocturnae Numa constituebat amicae,
nunc sacri fontis nemus et delubra locantur
Iudaeis, quorum cophinus fenumque supellex;
omnis enim populo mercedem pendere iussa est   15
arbor et eiectis mendicat silva Camenis.
in vallem Egeriae descendimus et speluncas
dissimiles veris. quanto praesentius esset
numen aquis, viridi si margine cluderet undas
herba nec ingenuum violarent marmora tofum.   20
   Hic tunc Umbricius „quando artibus" inquit „honestis
nullus in urbe locus, nulla emolumenta laborum,
res hodie minor est here quam fuit atque eadem cras
deteret exiguis aliquid, proponimus illuc

DRITTE SATIRE

Wenn ich auch erschüttert bin über den Weggang des alten
                                                    Freundes,
so lobe ich es doch, daß er entschlossen ist, seinen Wohnsitz in dem
                                        leeren Cumae[1]
zu nehmen und wenigstens einen Bürger der Sibylle zu schenken.
Es ist das Tor nach Baiae, mit reizvoller Küste, ein anmutiger
Erholungsort. Ich ziehe selbst Prochyta der Subura[2] vor;
denn was ist in unseren Augen so armselig, so einsam, daß man
es nicht für schlimmer hielte, vor Feuersbrünsten zu schaudern,
vor dem unablässigen Einstürzen der Häuser und den tausend
                                        Gefahren
der grausamen Stadt und den im Monat August rezitierenden
                                        Dichtern?[3]
Aber während der gesamte Hausrat auf einen einzigen Karren
                                        geladen wurde,[4]
machte er Halt bei den alten Bögen der tropfenden Porta Capena.[5]
Hier, wo sich Numa zum Stelldichein mit seiner nächtlichen
                                        Freundin einfand,[6]
wird jetzt der Hain mit der heiligen Quelle und der Tempel an
Juden vermietet, deren Gepäck der Korb mit dem Heu ist;[7]
jeder Baum hat nämlich Order, dem Volk Miete zu zahlen,
und der Wald bettelt nach der Vertreibung der Camenen.
Wir stiegen in das Tal der Egeria hinab und zu den Grotten,
die den natürlichen jetzt unähnlich sind. Wieviel gegenwärtiger
wäre die Gottheit in den Wassern, wenn Gras mit grünendem Rand
die Wellen einschlösse und nicht der Marmor den ursprünglichen
                                        Tuffstein entstellte.[8]
    Hier sprach dann Umbricius: „Da für ehrenhafte Tätigkeiten
keinerlei Platz in der Stadt ist, die Anstrengungen keinen Nutzen
bringen, der Besitz heute kleiner ist, als er gestern war, und morgen
von dem Geringen noch etwas einbüßen wird, habe ich vor,

ire, fatigatas ubi Daedalus exuit alas,　　　　　　　　　　　25
dum nova canities, dum prima et recta senectus,
dum superest Lachesi quod torqueat et pedibus me
porto meis nullo dextram subeunte bacillo.
cedamus patria! vivant Artorius istic
et Catulus, maneant qui nigrum in candida vertunt,　　　30
quis facile est aedem conducere, flumina, portus,
siccandam eluviem, portandum ad busta cadaver,
et praebere caput domina venale sub hasta.
quondam hi cornicines et municipalis harenae
perpetui comites notaeque per oppida buccae　　　　　35
munera nunc edunt et, verso pollice vulgus
cum iubet, occidunt populariter. inde reversi
conducunt foricas, et cur non omnia? cum sint
quales ex humili magna ad fastigia rerum
extollit quotiens voluit Fortuna iocari.　　　　　　　40
quid Romae faciam? mentiri nescio; librum,
si malus est, nequeo laudare et poscere; motus
astrorum ignoro, funus promittere patris
nec volo nec possum; ranarum viscera numquam
inspexi; ferre ad nuptam quae mittit adulter,　　　　45
quae mandat, norunt alii; me nemo ministro
fur erit, atque ideo nulli comes exeo tamquam

dorthin zu gehen, wo Daedalus erschöpft die Flügel ablegte,[9]
so lange frisch ergraut mein Haar ist, so lange mein Alter erst
                                    beginnt und ungebeugt ist,
so lange für Lachesis noch etwas zum Spinnen übrig ist[10] und ich
                                    mich auf meinen
eigenen Beinen halte ohne stützenden Stock in der Rechten.
Laßt mich die Vaterstadt verlassen! Leben mögen dort Artorius
und Catulus,[11] bleiben mögen, die Schwarzes in Weißes verkehren,
denen es leicht fällt, den Bau von Tempeln zu pachten,[12] den Betrieb
                                    von Flüssen
und Häfen, die Trockenlegung bei Überschwemmungen, den
                                    Transport von Leichen zur Verbrennung,
und unter der Besitzrecht verleihenden Lanze das Haupt zum
                                    Verkauf darzubieten.[13]
Als ehemalige Hornisten und ständige Begleiter der Gladiatoren-
spiele auf dem Lande und bekannte Pausbacken in den Städten[14]
veranstalten sie jetzt Spiele und lassen, wenn das Volk es mit dem
Wenden des Daumens befiehlt,[15] unter Beifall töten. Von dort
                                    zurückgekehrt
pachten sie Latrinen:[16] und warum sollten sie nicht zu allem bereit
sein? Sind sie doch Leute, wie sie Fortuna aus der Niedrigkeit empor-
hebt in höchste Stellungen, sooft sie ihren Scherz treiben will.
Was soll ich in Rom beginnen? Zu lügen verstehe ich nicht; ein
Buch vermag ich, wenn es schlecht ist, nicht zu loben und es mir
                                    auszubitten;[17]
die Bewegungen der Sterne kenne ich nicht, den Tod des Vaters
                                    zusagen
will und kann ich nicht;[18] die Eingeweide von Kröten habe ich nie
erforscht;[19] einer Verheirateten zu überbringen, was der Ehebrecher
                                    schickt,
was er ausrichtet, verstehen andere; mit meiner Hilfe wird
niemand zum Dieb werden, und deshalb ziehe ich mit keinem als
                                    Begleiter aus,[20]

mancus et extinctae, corpus non utile, dextrae.
quis nunc diligitur nisi conscius et cui fervens
aestuat occultis animus semperque tacendis?   50
nil tibi se debere putat, nil conferet umquam,
participem qui te secreti fecit honesti:
carus erit Verri qui Verrem tempore quo vult
accusare potest. tanti tibi non sit opaci
omnis harena Tagi quodque in mare volvitur aurum,   55
ut somno careas ponendaque praemia sumas
tristis et a magno semper timearis amico.
    Quae nunc divitibus gens acceptissima nostris
et quos praecipue fugiam, properabo fateri,
nec pudor obstabit: non possum ferre, Quirites,   60
Graecam urbem. quamvis quota portio faecis Achaei?
iam pridem Syrus in Tiberim defluxit Orontes
et linguam et mores et cum tibicine chordas
obliquas nec non gentilia tympana secum
vexit et ad circum iussas prostare puellas: 65
ite, quibus grata est picta lupa barbara mitra!
rusticus ille tuus sumit trechedipna, Quirine,
et ceromatico fert niceteria collo.
hic alta Sicyone, ast hic Amydone relicta,
hic Andro, ille Samo, hic Trallibus aut Alabandis,   70
Esquilias dictumque petunt a vimine collem,

so als wäre ich ein Krüppel mit abgestorbener Rechter, ein nutz-
                                                    loser Körper.
Wer wird heute geschätzt außer dem Mitwisser und dem, dessen
Bewußtsein heiß brennt von Verborgenem und stets zu
                                              Verschweigendem?
Nichts glaubt dir schuldig zu sein, nichts wird dir je zuwenden,
wer dich teilhaben ließ an einem ehrenhaften Geheimnis:
teuer wird einem Verres sein, wer einen Verres zu beliebiger Zeit
anklagen kann.[21] So viel sei dir nicht wert der ganze Sand
des umschatteten Tagus und das Gold, das in das Meer gewälzt
                                                    wird,[22] daß
du schlaflos bleibst und Belohnungen, die du doch wieder abgeben
mußt, freudlos annimmst und stets von deinem hohen Gönner
                                              gefürchtet wirst.
    Welches Volk heute bei unseren Reichen am beliebtesten ist und
vor wem ich vor allem die Flucht ergreife, will ich eilends bekennen,
und Scheu soll mich nicht hindern: ich vermag nicht, ihr
                                                    Mitbürger,
das griechische Rom zu ertragen. Freilich, welchen Teil der Hefe
                              bilden schon die Achäer?[23]
Schon längst ist der syrische Orontes[24] in den Tiber gemündet
und hat mit sich geführt die Sprache, die Sitten, die schrägen
Saiten samt dem Tibiabläser sowie die einheimischen Trommeln[25]
und die Mädchen, die man heißt, sich beim Zirkus feilzubieten:
auf denn zu ihnen, die ihr eine ausländische Hure mit ihrer bunten
                                              Mitra schätzt!
Dein Bauer von einst, Quirinus, zieht die schnellen Schleicher an
und trägt an ölglänzendem Hals die Siegermedaillen.[26]
Der eine verließ das hochgelegene Sikyon, der andere wieder
                                                    Amydon,
dieser Andros, jener Samos, ein weiterer Tralles oder Alabanda,
sie streben zum Esquilin oder zu dem nach der Weide benannten
                                                    Hügel,[27]

viscera magnarum domuum dominique futuri.
ingenium velox, audacia perdita, sermo
promptus et Isaeo torrentior. ede quid illum
esse putes, quemvis hominem secum attulit ad nos: 75
grammaticus, rhetor, geometres, pictor, aliptes,
augur, schoenobates, medicus, magus, omnia novit
Graeculus esuriens, in caelum, iusseris, ibit.
in summa non Maurus erat neque Sarmata nec Thrax
qui sumpsit pinnas, mediis sed natus Athenis. 80
horum ego non fugiam conchylia? me prior ille
signabit fultusque toro meliore recumbet,
advectus Romam quo pruna et cottana vento?
usque adeo nihil est, quod nostra infantia caelum
hausit Aventini baca nutrita Sabina? 85
quid quod adulandi gens prudentissima laudat
sermonem indocti, faciem deformis amici,
et longum invalidi collum cervicibus aequat
Herculis Antaeum procul a tellure tenentis,
miratur vocem angustam, qua deterius nec 90
ille sonat quo mordetur gallina marito?
haec eadem licet et nobis laudare, sed illis
creditur. an melior, cum Thaida sustinet aut cum
uxorem comoedus agit vel Dorida nullo
cultam palliolo? mulier nempe ipsa videtur, 95
non persona, loqui: vacua et plana omnia dicas
infra ventriculum et tenui distantia rima.
nec tamen Antiochus nec erit mirabilis illic
aut Stratocles aut cum molli Demetrius Haemo:
natio comoeda est. rides, maiore cachinno 100

um das Herzstück der großen Häuser zu werden und deren Herren.
Ihr Geist ist flink, die Dreistigkeit verwegen, die Rede stets
parat und brausender als die des Isaeus.[28] Gib an, für wen du
ihn hältst, jede Art Mensch hat er mit sich zu uns gebracht:
Grammatiker, Rhetor, Geometer, Maler, Masseur,
Wahrsager, Seiltänzer, Arzt, Zauberer, auf alles versteht sich
ein hungerndes Griechlein, in den Himmel wird er, befiehlst du es,
                          sich erheben.[29]
Schließlich war es kein Maure oder Sarmate oder Thraker, der
sich die Federn anlegte, sondern ein mitten in Athen Geborener.
Soll ich nicht fliehen vor deren Purpurgewändern?[30] Soll vor mir
sein Siegel setzen[31] und auf dem besseren Platz ruhend bei Tische
                          liegen,
wer mit demselben Wind nach Rom herfuhr wie die Pflaumen und
                          Feigen?[32]
Hat es so gar nichts zu bedeuten, daß unsere Kindheit die Luft
des Aventin[33] atmete und mit sabinischer Olive genährt wurde?
Lobt außerdem nicht dieses im Schmeicheln überaus versierte Volk
die Diktion des ungebildeten, das Antlitz des häßlichen Patrons
und setzt den langen Hals des Schwächlings gleich dem Nacken
des Hercules, der den Antaeus hoch über die Erde emporhält,
bewundert seine dünne Stimme, die nicht weniger häßlich klingt
als die des Gatten, von dem die Henne gebissen wird?[34]
Auch uns steht es frei, dies alles zu loben, ihnen aber glaubt man.
Ist ein Komödienschauspieler besser als sie, wenn er die Thais
spielt oder die Matrone darstellt oder die Doris, die nicht mit dem
                          Mäntelchen[35]
geschmückt ist? Tatsächlich scheint eine wirkliche Frau,
kein Schauspieler zu sprechen: leer und glatt, meinst du, ist alles
unterhalb des Bäuchleins und mit dünnem Spalt geöffnet.
Dennoch wird bei ihnen weder Antiochus Bewunderung erregen
noch Stratocles oder Demetrius samt dem weichlichen Haemus:[36]
die ganze Nation besteht aus Komödianten. Du lachst: von einem

concutitur; flet, si lacrimas conspexit amici,
nec dolet; igniculum brumae si tempore poscas,
accipit endromidem; si dixeris „aestuo", sudat.
non sumus ergo pares: melior qui semper et omni
nocte dieque potest aliena sumere vultum   105
a facie, iactare manus, laudare paratus,
si bene ructavit, si rectum minxit amicus,
si trulla inverso crepitum dedit aurea fundo.
praeterea sanctum nihil †aut† ab inguine tutum,
non matrona laris, non filia virgo, nec ipse   110
sponsus levis adhuc, non filius ante pudicus:
horum si nihil est, aviam resupinat amici.
[scire volunt secreta domus atque inde timeri.]
et quoniam coepit Graecorum mentio, transi
gymnasia atque audi facinus maioris abollae.   115
Stoicus occidit Baream delator amicum,
discipulumque senex, ripa nutritus in illa,
ad quam Gorgonei delapsa est pinna caballi.
non est Romano cuiquam locus hic, ubi regnat
Protogenes aliquis vel Diphilus aut Hermarchus,   120
qui gentis vitio numquam partitur amicum,
solus habet. nam cum facilem stillavit in aurem
exiguum de naturae patriaeque veneno,
limine summoveor, perierunt tempora longi
servitii, nusquam minor est iactura clientis.   125

noch stärkeren Lachanfall wird er geschüttelt; er weint, wenn er
Tränen beim Patron erblickt,
ohne aber Schmerz zu empfinden; wenn du zur Winterszeit ein
Feuerchen verlangst,
läßt er sich den Flausch reichen; falls du sagst: „mir ist heiß",
schwitzt er.
Wir sind ihnen also nicht gewachsen: besser ist, wer immer und zu
jeder Tages- und Nachtzeit nach fremdem Gesicht die eigene Miene
richten kann, bereit, die Hände bewundernd zu heben, zu preisen,
wenn der Patron gut rülpste, mit geradem Strahl pißte,
wenn der goldene Nachttopf mit seinem gewölbten Boden einen
Furz hören ließ.[37]
Außerdem ist nichts ihm heilig und vor seinem Gliede sicher, nicht
die Mutter des Hauses, nicht die jungfräuliche Tochter und selbst
nicht der noch bartlose Verlobte, nicht der bisher keusche Sohn:
wenn es damit nichts ist, legt er die Großmutter des Patrons auf
den Rücken.
[Sie wollen die Geheimnisse des Hauses wissen und deshalb
gefürchtet sein.][38]
Und weil schon einmal die Rede auf die Griechen kam: übergeh'
ihre Gymnasien[39] und hör' vom Verbrechen eines Prominenten im
Philosophenmantel.
Ein Stoiker brachte als Denunziant seinen Patron Barea zu Tode,
den Schüler der Greis, der aufgezogen wurde an jenem Flußufer,
auf das die Feder des gorgoentstammten Gaules niederfiel.[40]
Hier ist kein Platz für irgendeinen Römer, wo König ist
so ein Protogenes oder Diphilus oder Hermarchus,[41]
der aufgrund eines Erbübels seines Volkes nie mit jemandem den
Patron teilt,
ihn immer für sich allein hat. Denn wenn er in das willig geöffnete
Ohr ein Geringes vom Gift seiner Natur und seiner Heimat träufelte,
werde ich von der Schwelle entfernt, wertlos wurden die langen Jahre
der Sklaverei,[42] nirgends wiegt weniger der Verlust eines Klienten.

Quod porro officium, ne nobis blandiar, aut quod
pauperis hic meritum, si curet nocte togatus
currere, cum praetor lictorem inpellat et ire
praecipitem iubeat dudum vigilantibus orbis,
ne prior Albinam et Modiam collega salutet?   130
divitis hic servo cludit latus ingenuorum
filius; alter enim quantum in legione tribuni
accipiunt donat Calvinae vel Catienae,
ut semel aut iterum super illam palpitet, at tu,
cum tibi vestiti facies scorti placet, haeres   135
et dubitas alta Chionen deducere sella.
     Da testem Romae tam sanctum quam fuit hospes
numinis Idaei, procedat vel Numa vel qui
servavit trepidam flagranti ex aede Minervam:
protinus ad censum, de moribus ultima fiet   140
quaestio. „quot pascit servos? quot possidet agri
iugera? quam multa magnaque paropside cenat?"
quantum quisque sua nummorum servat in arca,
tantum habet et fidei. iures licet et Samothracum
et nostrorum aras, contemnere fulmina pauper   145
creditur atque deos, dis ignoscentibus ipsis.
quid quod materiam praebet causasque iocorum
omnibus hic idem, si foeda et scissa lacerna,
si toga sordidula est et rupta calceus alter
pelle patet, vel si consuto volnere crassum   150
atque recens linum ostendit non una cicatrix?
nil habet infelix paupertas durius in se

Welche Leistung erbringt außerdem, um uns nicht zu
schmeicheln, der Arme
hier oder welches Verdienst, wenn er sich müht, in der Nacht
in der Toga zu rennen,[43] da doch der Praetor seinen Lictor antreibt
und ihm eiligst zu laufen befiehlt, weil längst die kinderlosen
Damen wach seien,
damit nicht vor ihm ein Amtskollege zur Morgenvisite bei Albina
und Modia erscheine?[44]
Hier tritt dem Sklaven eines Reichen[45] der Sohn von Freigeborenen
an die Seite; der eine schenkt nämlich soviel, wieviel Legions-
tribunen an Sold erhalten, einer Calvina oder einer Catiena,[46] um
einmal oder auch zweimal auf ihr zu zappeln, du jedoch bist,
wenn dir das Gesicht der bekleideten Hure gefällt, unschlüssig
und zögerst, Chione von ihrem hohen Stuhl wegzuführen.[47]
Stell' einen Zeugen[48] in Rom, so heilig, wie es der Gastgeber der
Gottheit vom Ida war, es mag Numa vortreten oder jener, der
die angsterfüllte Minerva aus dem brennenden Tempel rettete:[49]
sofort wendet man sich dem Vermögen zu, dem Charakter gilt die
letzte Frage. „Wieviel Sklaven ernährt er? Wieviel Joch Ackerland
besitzt er? Wie viele und wie große Schüsseln tischt er auf?"
Wieviel jeder an Münzen in seiner Schatztruhe verwahrt,
soviel findet er auch Glauben. Du magst schwören bei den Altären
sowohl der Samothrakischen[50] als auch der unsrigen Götter, man
ist überzeugt,
der Arme mißachte die Blitze[51] und Götter, und die Götter selbst
verzeihten dies.
Bietet nicht allen derselbe Arme Stoff und Gründe
für Witze, wenn häßlich und verschlissen der Mantel,
die Toga schmutzig ist, wenn an einem der beiden Schuhe
das geplatzte Leder klafft oder nach dem Vernähen dieser Wunde
den dicken
und frischen Faden nicht nur eine einzelne Narbe vor Augen rückt?
Nichts Härteres bringt die unglückselige Armut mit sich, als daß

quam quod ridiculos homines facit. „exeat," inquit
„si pudor est, et de pulvino surgat equestri
cuius res legi non sufficit, et sedeant hic   155
lenonum pueri quocumque ex fornice nati,
hic plaudat nitidus praeconis filius inter
pinnirapi cultos iuvenes iuvenesque lanistae."
sic libitum vano, qui nos distinxit, Othoni.
quis gener hic placuit censu minor atque puellae   160
sarcinulis inpar? quis pauper scribitur heres?
quando in consilio est aedilibus? agmine facto
debuerant olim tenues migrasse Quirites.
    Haut facile emergunt quorum virtutibus obstat
res angusta domi, sed Romae durior illis   165
conatus: magno hospitium miserabile, magno
servorum ventres, et frugi cenula magno.
fictilibus cenare pudet, quod turpe negabis
translatus subito ad Marsos mensamque Sabellam
contentusque illic veneto duroque cucullo.   170
pars magna Italiae est, si verum admittimus, in qua
nemo togam sumit nisi mortuus. ipsa dierum
festorum herboso colitur si quando theatro
maiestas tandemque redit ad pulpita notum
exodium, cum personae pallentis hiatum   175
in gremio matris formidat rusticus infans,
aequales habitus illic similesque videbis
orchestram et populum: clari velamen honoris

sie die Menschen der Lächerlichkeit preisgibt. „Verschwinden soll,"
heißt es, „und, wenn er Anstand besitzt, sich vom Polster der
                                        Ritter erheben,
wessen Besitz dem Gesetz nicht genügt,[52] und es sollen hier sitzen
die aus irgendeinem Bordell stammenden Söhne von Kupplern,
                                                        hier soll
Beifall klatschen der geschniegelte Sohn eines Auktionators zwischen
den eleganten Sprößlingen eines Fechters und den Sprößlingen
                                eines Gladiatorenmeisters."[53]
So gefiel es dem Hohlkopf Otho, der uns schied.
Wer wird hier je als Schwiegersohn akzeptiert, der beim Vermögen
                                                        unterlegen ist
und mit den Habseligkeiten der Braut nicht mithalten kann?
                        Welcher Arme wird als Erbe eingetragen?
Wann sitzt er im Beirat der Aedilen?[54] In geschlossener Kolonne
hätten längst schon die schlichten Quiriten auswandern müssen.[55]
    Nicht leicht kommen die hoch, deren Fähigkeiten spärlicher
häuslicher Besitz hemmt, doch in Rom ist für sie dieser Versuch
noch mühseliger: teuer ist eine armselige Unterkunft, teuer
die Mägen der Sklaven und teuer eine bescheidene Mahlzeit.[56]
Auf Tongeschirr zu speisen geniert man sich, was man nicht für
                                        schimpflich hielte,
würde man plötzlich zu den Marsern versetzt und an den Tisch der
                                                Sabeller,[57]
wo man zufrieden wäre mit dem blauen, derben Kapuzenmantel.
In einem großen Teil Italiens legt, wenn wir ehrlich sind,
niemand die Toga an außer als Toter. Selbst wenn einmal
die Festtage im grasüberwachsenen Theater mit Pracht gefeiert
werden und endlich auf die Bühne die vertraute Posse
zurückgekehrt ist, bei der den Rachen der bleichen Maske
das Bauernkind auf dem Schoß der Mutter fürchtet,[58]
wirst du die gleiche Kleidung dort sehen und einander ähnlich
die Orchestra[59] und das Volk: als Gewand im illustren Ehrenamt

sufficiunt tunicae summis aedilibus albae.
hic ultra vires habitus nitor, hic aliquid plus   180
quam satis est interdum aliena sumitur arca.
commune id vitium est: hic vivimus ambitiosa
paupertate omnes. quid te moror? omnia Romae
cum pretio. quid das, ut Cossum aliquando salutes,
ut te respiciat clauso Veiento labello?   185
ille metit barbam, crinem hic deponit amati,
plena domus libis venalibus: „accipe et istud
fermentum tibi habe.“ praestare tributa clientes
cogimur et cultis augere peculia servis.

Quis timet aut timuit gelida Praeneste ruinam   190
aut positis nemorosa inter iuga Volsiniis aut
simplicibus Gabiis aut proni Tiburis arce?
nos urbem colimus tenui tibicine fultam
magna parte sui; nam sic labentibus obstat
vilicus et, veteris rimae cum texit hiatum,   195
securos pendente iubet dormire ruina.
vivendum est illic, ubi nulla incendia, nulli
nocte metus. iam poscit aquam, iam frivola transfert
Ucalegon, tabulata tibi iam tertia fumant:
tu nescis; nam si gradibus trepidatur ab imis,   200
ultimus ardebit quem tegula sola tuetur
a pluvia, molles ubi reddunt ova columbae.
lectus erat Cordo Procula minor, urceoli sex
ornamentum abaci, nec non et parvulus infra

genügt den höchsten Aedilen eine weiße Tunika.
Hier in Rom übersteigt die Eleganz der Kleidung die Kräfte, hier
wird, was über das Ausreichende hinausgeht, bisweilen fremdem
Geldkasten entnommen.[60]
Allgemein ist dieser Fehler, wir alle leben hier in anspruchsvoller
Armut. Um es kurz zu machen: für alles muß man in Rom
bezahlen. Wieviel gibst du, damit du Cossus irgendwann deine
Aufwartung machen
kannst, damit Veiento einen Blick auf dich wirft mit geschlossenen
Lippen?[61]
Einer läßt bei seinem Geliebten den Bart stutzen, ein anderer das
Haupthaar kürzen,[62]
voll ist das Haus von Kuchen, die man kaufen muß: „Nimm dies
und behalte es als Sauerteig!"[63] Tribut zu zahlen sind wir Klienten
gezwungen und den eleganten Sklaven den Privatbesitz zu mehren.
Wer fürchtet oder fürchtete je einen Hauseinsturz[64] im kalten
Praeneste oder in Volsinii, gelegen zwischen waldigen Höhen, oder
im schlichten Gabii oder auf der Burghöhe des steilen Tibur?[65]
Wir bewohnen eine Stadt, die in großen Teilen sich nur auf
dünne Stempel stützt; denn auf diese Weise bannt der Verwalter
unseren Absturz, und wenn er den klaffenden alten Spalt verklebt
hat,
heißt er uns in Sicherheit schlafen, während der Zusammenbruch
bevorsteht.
Leben sollte man dort, wo es keine Feuersbrünste gibt, keine
nächtliche Furcht. Schon ruft nach Wasser, schon schleppt seinen
Krempel fort Ucalegon,[66] schon raucht bei dir die dritte Etage:
du bist ahnungslos; denn wenn von der untersten Treppe her
Unruhe entsteht,
brennt als letzter der ab, den nur noch das Ziegeldach vor dem
Regen schützt, wo die sanften Tauben ihre Eier legen.
Ein Bett besaß Cordus, zu klein für Procula,[67] sechs Krüglein als
Zierde der Anrichte, außerdem darunter einen winzigen Humpen

cantharus et recubans sub eodem marmore Chiron,   205
iamque vetus Graecos servabat cista libellos
et divina opici rodebant carmina mures.
nil habuit Cordus, quis enim negat? et tamen illud
perdidit infelix totum nihil. ultimus autem
aerumnae cumulus, quod nudum et frusta rogantem   210
nemo cibo, nemo hospitio tectoque iuvabit:
si magna Asturici cecidit domus, horrida mater,
pullati proceres, differt vadimonia praetor,
tum gemimus casus urbis, tunc odimus ignem.
ardet adhuc, et iam accurrit qui marmora donet,   215
conferat inpensas; hic nuda et candida signa,
hic aliquid praeclarum Euphranoris et Polycliti,
haec Asianorum vetera ornamenta deorum,
hic libros dabit et forulos mediamque Minervam,
hic modium argenti. meliora ac plura reponit   220
Persicus orborum lautissimus et merito iam
suspectus, tamquam ipse suas incenderit aedes.
    Si potes avelli circensibus, optima Sorae
aut Fabrateriae domus aut Frusinone paratur,
quanti nunc tenebras unum conducis in annum.   225
hortulus hic puteusque brevis nec reste movendus
in tenuis plantas facili diffunditur haustu.
vive bidentis amans et culti vilicus horti,
unde epulum possis centum dare Pythagoreis.

und unter derselben Marmorplatte gelagert eine Figur Chirons,[68]
eine schon betagte Kiste verwahrte griechische Bücher,
und an den göttlichen Liedern nagten die unkultivierten Mäuse.
Nichts besaß Cordus, wer könnte es leugnen? Und dennoch verlor
der Unglückliche dieses Nichts vollständig. Der höchste Gipfel
des Kummers aber ist, daß niemand den Nackten und um Brocken
                                                    Bettelnden
mit Nahrung unterstützen wird, niemand mit gastlichem Obdach:
wenn aber das große Haus des Asturicus einstürzte, trägt Trauer
                                                    die Matrone,
legen dunkle Gewänder die hohen Herren an, verschiebt der
                              Praetor die Prozeßtermine,[69]
dann jammern wir über die Schicksalsschläge der Stadt, dann
                                        verwünschen wir das Feuer.
Noch brennt es, und schon eilt jemand herbei, der Marmor schenkt,
der Baumaterial beisteuert; dieser wird nackte, leuchtende Statuen
spenden, dieser ein Meisterwerk Euphranors und Polyklets,[70]
diese alte Prunkstücke der Göttertempel in Asia,[71]
dieser Bücher und Regale sowie in der Mitte davon eine Minerva,
dieser einen Scheffel Silber. Besseren und größeren Ersatz schafft
sich Persicus, der begütertste der Kinderlosen und zu Recht schon
verdächtigt, selbst seinen Palast angezündet zu haben.[72]
    Wenn du dich von den Zirkusrennen losreißen kannst, kaufst du
das beste Haus in Sora oder Fabrateria oder Frusino[73] zu einem
                                                    Preis,
zu dem du jetzt ein finsteres Loch für ein einziges Jahr mietest.
Dort gibt es ein Gärtchen und einen flachen Brunnen, der ohne
                                                Seil benutzt
wird und dessen Wasser leicht geschöpft auf die zarten Pflanzen
                                            vergossen wird.
Führ' ein Leben als Liebhaber der Hacke und Verwalter des wohl-
                                        bestellen Gartens,
aus dem du ein Festmahl hundert Pythagoreern bieten kannst.[74]

est aliquid quocumque loco, quocumque recessu   230
unius sese dominum fecisse lacertae.
   Plurimus hic aeger moritur vigilando (sed ipsum
languorem peperit cibus inperfectus et haerens
ardenti stomacho); nam quae meritoria somnum
admittunt? magnis opibus dormitur in urbe.   235
inde caput morbi; raedarum transitus arto
vicorum in flexu et stantis convicia mandrae
eripient somnum Druso vitulisque marinis.
si vocat officium, turba cedente vehetur
dives et ingenti curret super ora Liburna   240
atque obiter leget aut scribet vel dormiet intus
(namque facit somnum clausa lectica fenestra),
ante tamen veniet. nobis properantibus obstat
unda prior, magno populus premit agmine lumbos
qui sequitur; ferit hic cubito, ferit assere duro   245
alter, at hic tignum capiti incutit, ille metretam.
pinguia crura luto, planta mox undique magna
calcor et in digito clavus mihi militis haeret.
nonne vides quanto celebretur sportula fumo?
centum convivae, sequitur sua quemque culina.   250
Corbulo vix ferret tot vasa ingentia, tot res

Es bedeutet etwas, an welchem Platz und in welchem entlegenen
                                          Winkel auch immer
sich zum Besitzer einer einzigen Eidechse gemacht zu haben.
    Sehr viele Kranke sterben hier durch Schlaflosigkeit[75] (die
                                          Krankheit
selbst freilich entstand durch unverdaute und im brennenden
Magen festsitzende Nahrung); denn welche Mietwohnung läßt
Schlaf zu? Nur für viel Geld findet man Schlaf in dieser Stadt.
Dies macht den Kern der Krankheit aus; das Vorbeirollen der
                                          Wagen in den
engen Windungen der Straßen und die Flüche bei der stehen-
                                          gebliebenen Viehherde[76]
dürften den Schlaf selbst einem Drusus rauben und den
                                          Seerobben.[77]
Wenn eine Pflicht ruft, wird der Reiche, dem die Menge Platz
                                          macht, getragen
und eilt in seinem riesigen „Liburnerschiff"[78] über die Häupter
dahin und liest unterdessen oder schreibt oder schläft darin –
denn das geschlossene Fenster der Sänfte regt zum Schlafen an –
und kommt dennoch eher an. Wenn wir es eilig haben, steht vorn[79]
die Menschenwelle im Wege, die Lenden bedrängt in mächtiger
                                          Kolonne
das Volk, das uns folgt; der eine stößt mich mit dem Ellenbogen,
                                          mit hartem Holm[80]
stößt ein zweiter, dieser dagegen schlägt mir an den Kopf mit
                                          einem Balken, jener mit einem Faß.
Dick bedeckt mit Schmutz sind die Beine, von überall werde ich
                                          darauf mit großen
Sohlen getreten, und auf der Zehe bleibt mir der Nagelschuh eines
                                          Soldaten hängen.
Siehst du nicht, mit wieviel Qualm das Picknick gefeiert wird?[81]
Hundert Mahlgenossen, und einem jeden folgt sein Grillofen.
Ein Corbulo[82] trüge kaum so viele gewaltige Gefäße, so viele

inpositas capiti, quas recto vertice portat
servulus infelix et cursu ventilat ignem.
scinduntur tunicae sartae modo, longa coruscat
serraco veniente abies, atque altera pinum   255
plaustra vehunt: nutant alte populoque minantur.
nam si procubuit qui saxa Ligustica portat
axis et eversum fudit super agmina montem,
quid superest de corporibus? quis membra, quis ossa
invenit? obtritum volgi perit omne cadaver   260
more animae. domus interea secura patellas
iam lavat et bucca foculum excitat et sonat unctis
striglibus et pleno componit lintea guto.
haec inter pueros varie properantur, at ille
iam sedet in ripa taetrumque novicius horret   265
porthmea nec sperat caenosi gurgitis alnum
infelix nec habet quem porrigat ore trientem.
    Respice nunc alia ac diversa pericula noctis:
quod spatium tectis sublimibus unde cerebrum
testa ferit, quotiens rimosa et curta fenestris   270
vasa cadant, quanto percussum pondere signent
et laedant silicem. possis ignavus haberi
et subiti casus inprovidus, ad cenam si
intestatus eas: adeo tot fata, quot illa
nocte patent vigiles te praetereunte fenestrae.   275

auf den Kopf geladene Dinge, wie sie mit aufrechtem Schädel der
unglückliche Sklave schleppt und dabei im Laufen das Feuer anfacht.
Zerrissen wird die Tunika, die eben erst geflickte, eine lange Tanne[83]
schwankt auf einem nahenden Fuhrwerk, und ein anderer Wagen
fährt eine Pinie herbei: sie schwingen tief hinab und bedrohen das
                                                                Volk.
Denn wenn erst die Achse, die ligurische Marmorblöcke[84] trägt,
                                                        zusammenbricht
und den umstürzenden Berg auf die Massen niedergehen läßt, was
bleibt dann von den Leibern übrig? Wer findet die Glieder, wer
die Knochen wieder? Zermalmt vergeht gänzlich die Leiche derer
                                                        aus der Menge,
gleichwie der Lebensatem. Das Hausgesinde wäscht sorglos
                                                            inzwischen
schon die Teller, facht mit der Backe den Herd an, lärmt mit den
fettigen Schabeisen und legt die Leinentücher zurecht samt dem
                                                        vollen Ölkrug.[85]
Dies wird von den Sklaven jeweils eilig besorgt, doch jener
sitzt bereits am Ufer und schaudert als Neuling vor dem gräßlichen
Fährmann; der Unglückliche erhofft sich nicht den Nachen über
                                                        den schlammigen
Strudel: er hat nicht die Münze, die er mit dem Munde reichen
                                                            könnte.[86]
    Richte den Blick jetzt auf weitere unterschiedliche Gefahren in
                                                        der Nacht:
welche Höhe die aufragenden Häuser haben, von denen aus eine
                                                            Scherbe
das Hirn trifft, wie oft lecke und zerbrochene Gefäße aus den Fenstern
fallen, mit welcher Wucht sie auf das Pflaster schlagen, es zeichnen
und beschädigen. Als nachlässig kannst du gelten und nicht auf
einen plötzlichen Schicksalsschlag gefaßt, wenn du testamentlos
zum Abendessen gehst: denn wirklich drohen soviele Tode, wieviel
in jener Nacht Fenster wachend offenstehen, wenn du vorübergehst.

ergo optes votumque feras miserabile tecum,
ut sint contentae patulas defundere pelves.
ebrius ac petulans, qui nullum forte cecidit,
dat poenas, noctem patitur lugentis amicum
Pelidae, cubat in faciem, mox deinde supinus: 280
[ergo non aliter poterit dormire; quibusdam]
somnum rixa facit. sed quamvis inprobus annis
atque mero fervens cavet hunc quem coccina laena
vitari iubet et comitum longissimus ordo,
multum praeterea flammarum et aenea lampas: 285
me, quem luna solet deducere vel breve lumen
candelae, cuius dispenso et tempero filum,
contemnit. miserae cognosce prohoemia rixae,
si rixa est, ubi tu pulsas, ego vapulo tantum.
stat contra starique iubet: parere necesse est;   290
nam quid agas, cum te furiosus cogat et idem
fortior? „unde venis?" exclamat, „cuius aceto,
cuius conche tumes? quis tecum sectile porrum
sutor et elixi vervecis labra comedit?
nil mihi respondes? aut dic aut accipe calcem!   295
ede ubi consistas! in qua te quaero proseucha?"
dicere si temptes aliquid tacitusve recedas,
tantumdem est: feriunt pariter, vadimonia deinde
irati faciunt. libertas pauperis haec est:
pulsatus rogat et pugnis concisus adorat,   300

Folglich solltest du darum beten und den kläglichen Wunsch bei dir
                                                                    hegen,
daß sie sich damit begnügen, geräumige Wannen von oben zu
                                                              entleeren.
Einer, der betrunken ist und aggressiv und zufällig niemanden
                                                    verprügelt hat,
fühlt sich gestraft, durchleidet eine Nacht wie der den Freund
                                                     betrauernde
Pelide, liegt auf dem Gesicht, bald darauf auf dem Rücken:[87]
[also vermag er nicht anders Schlaf zu finden; manchen][88]
den Schlaf bringt eine Rauferei. Aber obwohl er rücksichtslos ist
durch seine Jugend und vom Wein erhitzt, hütet er sich vor dem,
den der scharlachfarbene Mantel zu meiden heißt und der endlose
                                                             Zug der
Begleiter, außerdem die Fülle der Fackeln und die Bronzeleuchter:
mich, den der Mond heimzugeleiten pflegt oder das kümmerliche
Licht einer Kerze, deren Docht ich einteile und schone, schätzt
er gering. Hör dir an die Einleitung zu der elenden Rauferei,
falls es denn eine Rauferei ist, wenn du schlägst und ich nur Prügel
                                                              erhalte.
Vor mir steht er und befiehlt mir stehen zu bleiben: Gehorchen ist
                                                     unvermeidlich;
denn was tun, wenn dich ein Verrückter zwingt und auch noch
stärker ist? „Wo kommst du her," schreit er, „wessen Essigwein,
wessen Bohnen blähen dich? Welcher Schuster hat mit dir
Schnittlauch und das Maul eines gesottenen Hammels gegessen?
Du antwortest mir nicht? Rede, oder du bekommst einen Tritt!
Sag mir, wo du deinen Standplatz hast! In welcher Synagoge muß
                                                ich dich suchen?"[89]
Ob du etwas zu sagen versuchst oder stumm zurückweichst,
ist gleichgültig: sie schlagen dich in jedem Fall und fordern dich
darauf voll Zorn noch vor Gericht.[90] Dies ist die Freiheit des Armen:
nach den Prügeln bittet er und von den Fäusten malträtiert fleht er,

ut liceat paucis cum dentibus inde reverti.
nec tamen haec tantum metuas; nam qui spoliet te
non derit clausis domibus postquam omnis ubique
fixa catenatae siluit compago tabernae.
interdum et ferro subitus grassator agit rem: 305
armato quotiens tutae custode tenentur
et Pomptina palus et Gallinaria pinus,
sic inde huc omnes tamquam ad vivaria currunt.
qua fornace graves, qua non incude catenae?
maximus in vinclis ferri modus, ut timeas ne   310
vomer deficiat, ne marra et sarcula desint.
felices proavorum atavos, felicia dicas
saecula quae quondam sub regibus atque tribunis
viderunt uno contentam carcere Romam.

His alias poteram et plures subnectere causas,   315
sed iumenta vocant, et sol inclinat: eundum est;
nam mihi commota iamdudum mulio virga
adnuit. ergo vale nostri memor, et quotiens te
Roma tuo refici properantem reddet Aquino,
me quoque ad Helvinam Cererem vestramque Dianam   320
converte a Cumis. saturarum ego, ni pudet illas,
auditor gelidos veniam caligatus in agros."

daß es ihm erlaubt werde, wenigstens mit einigen Zähnen von dort
                                                    heimzuziehen.
Doch nicht nur dies hast du zu fürchten; denn es wird nicht jemand
                                                            fehlen,
der dich beraubt, nachdem die Häuser verschlossen sind und überall
jede Tür der kettenbewehrten Läden gesichert in Schweigen liegt.
Manchmal verrichtet auch ein jäh auftauchender Bandit mit dem
Eisen sein Werk: wenn von bewaffneten Wächtern die Pontinischen
Sümpfe und der Gallinarische Wald sicher kontrolliert werden,
eilen alle von dort hierher wie in ein Wildgehege.[91]
In welchem Schmelzofen, auf welchem Amboß finden sich nicht
                                            schwere Ketten?
Eine gewaltige Menge Eisen wird für Fesseln verwendet, so daß
                                            man fürchten
könnte, daß es an Pflügen mangele, an Hauen und Hacken fehle.
Glücklich preisen mag man die Ahnen unserer Urgroßväter,
glücklich die Zeiten, die einst unter Königen und Tribunen[92]
ein Rom sahen, das sich mit einem einzigen Kerker begnügte.[93]
    Diesen Gründen hätte ich viele andere anfügen können,
aber die Zugtiere rufen, und es neigt sich die Sonne: es heißt
                                            aufbrechen;
denn schon lange gibt mir der Fuhrmann mit geschwungener
                                            Peitsche
ein Zeichen. Leb' also wohl und denk' an mich, und sooft dich
Rom, wenn du zur Erholung drängst, deinem Aquinum[94] zurückgibt, bestelle auch mich von Cumae zu eurer Helvinischen Ceres[95]
und Diana. Deine Satiren zu hören will ich, wenn es sie nicht
geniert, auf das kühle Land kommen, in meinen derben Stiefeln."

SATURA IV

Ecce iterum Crispinus, et est mihi saepe vocandus
ad partes, monstrum nulla virtute redemptum
a vitiis, aegrae solaque libidine fortes
deliciae, viduas tantum aspernatus adulter.
quid refert igitur, quantis iumenta fatiget   5
porticibus, quanta nemorum vectetur in umbra,
iugera quot vicina foro, quas emerit aedes
[nemo malus felix, minime corruptor et idem]
incestus, cum quo nuper vittata iacebat
sanguine adhuc vivo terram subitura sacerdos?   10
sed nunc de factis levioribus. et tamen alter
si fecisset idem, caderet sub iudice morum;
nam quod turpe bonis Titio Seioque, decebat
Crispinum. quid agas, cum dira et foedior omni
crimine persona est? mullum sex milibus emit,   15
aequantem sane paribus sestertia libris,
ut perhibent qui de magnis maiora locuntur.
consilium laudo artificis, si munere tanto
praecipuam in tabulis ceram senis abstulit orbi;
est ratio ulterior, magnae si misit amicae,   20
quae vehitur cluso latis specularibus antro.

VIERTE SATIRE

Ja, schon wieder Crispinus,[1] und wirklich muß ich ihn oft
auf die Bühne rufen, ein Scheusal, dessen Laster durch keinerlei
Tugend aufgewogen werden, ein kränklicher Genießer und allein
                                                    in der
Lust stark, ein Ehebrecher, der nur Unverheiratete verschmäht.
Was macht es deshalb aus, in welch großen Kolonnaden er seine
Zugtiere ermüdet, wie groß die Parks sind, in deren Schatten er
                                    sich umhertragen läßt,[2]
wie viele Grundstücke in der Nähe des Forums, welchen Palast er
                                                    kaufte,
[Kein schlechter Mensch ist glücklich, am wenigsten ein Verführer
                                                und derselbe][3]
der Frevler, bei dem kürzlich eine bindengeschmückte Priesterin
lag, die noch lebendigen Leibes unter die Erde kommen sollte?[4]
Jetzt jedoch zu harmloseren Vergehen. Wenn freilich ein anderer
dasselbe begangen hätte, würde er dem Sittenrichter zum Opfer
                                                    fallen,[5]
denn was schimpflich wäre bei einem biederen Titius und Seius,[6]
stand Crispinus wohl an. Was tun, wenn eine Person widerlich ist
und abscheulicher als jede mögliche Anschuldigung? Eine Barbe
                                    kaufte er für sechstausend,
deren Pfunde wahrhaftig je tausend Sesterzen gleichkamen,[7]
wie die verkünden, die über Großes noch Größeres behaupten.
Ich lobe das Kalkül eines Schlaukopfs, wenn er durch eine so
                                                große Gabe
den bevorzugten Platz im Testament eines kinderlosen Alten
                                                ergattert hat;[8]
darüber hinaus gibt es die Überlegung, sie der prominenten
                                    Geliebten zu schicken,
die in ihrer mit breiten Fenstern verschlossenen „Grotte"[9] getragen
                                                    wird;

nil tale expectes: emit sibi. multa videmus
quae miser et frugi non fecit Apicius: hoc tu,
succinctus patria quondam, Crispine, papyro?
hoc pretio squamae? potuit fortasse minoris   25
piscator quam piscis emi, provincia tanti
vendit agros, sed maiores Apulia vendit.
qualis tunc epulas ipsum gluttisse putamus
induperatorem, cum tot sestertia, partem
exiguam et modicae sumptam de margine cenae,   30
purpureus magni ructarit scurra Palati,
iam princeps equitum, magna qui voce solebat
vendere municipes fracta de merce siluros?
    Incipe, Calliope! licet et considere: non est
cantandum, res vera agitur. narrate, puellae   35
Pierides! – prosit mihi vos dixisse puellas.
cum iam semianimum laceraret Flavius orbem
ultimus et calvo serviret Roma Neroni,
incidit Hadriaci spatium admirabile rhombi
ante domum Veneris, quam Dorica sustinet Ancon,   40
implevitque sinus; neque enim minor haeserat illis
quos operit glacies Maeotica ruptaque tandem
solibus effundit torrentis ad ostia Ponti
desidia tardos et longo frigore pingues.
destinat hoc monstrum cumbae linique magister   45
pontifici summo. quis enim proponere talem

nichts dergleichen erwarte bei ihm: er kaufte sie für sich! Vieles
sehen wir, was der armselige und brave Apicius nicht tat: dies
du, Crispinus, der einst eine Schürze aus dem Papyrus der Heimat
trug?[10] Zu einem solchen Preis die Schuppen?[11] Man hätte den
                                                Fischer vielleicht
für einen geringeren Betrag kaufen können als den Fisch, dafür
                                                        verkauft
die Provinz Ländereien, verkauft Apulien sogar noch größere.[12]
Welche Gerichte, sollen wir annehmen, hat damals der Ober-
                                                feldherr[13]
selbst geschluckt, wenn so viele tausend Sesterzen als nur geringen
und bloß vom Rand einer bescheidenen Mahlzeit genommenen Teil
der purpurgekleidete[14] Clown des großen Palasts rülpsend
                                                verschlang,
der, jetzt der Erste unter den Rittern, gewohnt war, mit lauter
                                                Stimme
Fisch seiner Heimatstadt aus beschädigter Ware zu verkaufen?[15]
    Beginne, Calliope! Man darf sich aber auch setzen: nicht zu
singen gilt es, es geht um eine wahre Begebenheit. Erzählt, ihr
Pierischen Mädchen! – möge es mir zugute kommen, daß ich euch
                                                Mädchen nannte.[16]
Als der letzte Flavier die bereits halbtote Welt zerfleischte
und Rom sklavisch diente dem kahlen Nero,[17]
da verfing sich ein Adriabutt von erstaunlicher Größe
vor dem Tempel der Venus, den das dorische Ancona auf der Höhe
trägt,[18] im Netz und füllte es; denn der darin festhängende Butt
                                                war nicht kleiner
als jene, die das maeotische Eis bedeckt und, wenn es endlich durch
die Sonnentage aufgebrochen wurde, zur Mündung des reißenden
                                                Pontus
strömen läßt, träge durch die Ruhe und fett durch die lange Kälte.[19]
Dieses Wundertier bestimmte der Meister des Kahnes und des
Netzes dem obersten Priester.[20] Wer sollte auch einen solchen Fisch

aut emere auderet, cum plena et litora multo
delatore forent? dispersi protinus algae
inquisitores agerent cum remige nudo
non dubitaturi fugitivum dicere piscem   50
depastumque diu vivaria Caesaris, inde
elapsum veterem ad dominum debere reverti.
si quid Palfurio, si credimus Armillato,
quidquid conspicuum pulchrumque est aequore toto
res fisci est, ubicumque natat. donabitur ergo,   55
ne pereat. iam letifero cedente pruinis
autumno, iam quartanam sperantibus aegris,
stridebat deformis hiems praedamque recentem
servabat, tamen hic properat, velut urgueat auster.
utque lacus suberant, ubi quamquam diruta servat   60
ignem Troianum et Vestam colit Alba minorem,
obstitit intranti miratrix turba parumper.
ut cessit, facili patuerunt cardine valvae:
exclusi spectant admissa obsonia patres.
itur ad Atriden. tum Picens „accipe" dixit   65
„privatis maiora focis. genialis agatur
iste dies. propera stomachum laxare sagina
et tua servatum consume in saecula rhombum.
ipse capi voluit." quid apertius? et tamen illi
surgebant cristae: nihil est quod credere de se   70
non possit cum laudatur dis aequa potestas.

feilzubieten oder zu kaufen wagen, wenn selbst die Strände

wimmeln

von vielen Denunzianten? Die überall verteilten Spione im
Seetang[21] würden sogleich mit dem nackten Seemann prozessieren
und nicht zögern, den Fisch als Ausreißer zu bezeichnen;
er sei lange in den Fischteichen des Kaisers gemästet worden, von
dort entschlüpft und müsse wieder zu seinem alten Besitzer zurück-

kehren.[22]

Wenn wir Palfurius, wenn wir Armillatus etwas glauben wollen,
dann ist, was sich an Ansehnlichem und Schönem im gesamten

Meer

findet, Eigentum des Kaisers, wo immer es auch schwimmt.[23] So

soll er denn geschenkt werden,

damit er nicht umkomme.[24] Schon wich der todbringende Herbst[25]
dem Reif, schon hofften die Kranken auf das Quartanfieber,[26]
es heulte der häßliche Wintersturm und hielt die Beute
frisch, dennoch eilte er, als treibe ihn der Südwest.[27]
Sobald die Seen unterhalb von ihm lagen,[28] wo Alba trotz seiner
Zerstörung Trojas Feuer bewahrt und die kleinere Vesta verehrt,[29]
stand ihm beim Eintreten die staunende Menge eine Weile im

Wege.

Als sie wich, öffneten die Pfosten willig die Türen: ausgesperrt
blicken auf den Leckerbissen, der eingelassen wird, die Senatoren.[30]
Man begibt sich zum Atriden.[31] Da sprach der Picener:[32] „Nimm

entgegen,

was zu groß ist für den Herd eines schlichten Bürgers. Freudig

begangen

werde der heutige Tag. Fülle schnell den Magen mit der Mast und
verzehre den Butt, der für deine Epoche bewahrt wurde.
Er selbst wollte gefangen werden."[33] Was konnte unverhohlener

sein?

Und doch schwoll jenem der Kamm: nichts gibt es, was er von sich
nicht glauben könnte, wird gelobt seine göttergleiche Macht.[34]

sed derat pisci patinae mensura. vocantur
ergo in consilium proceres, quos oderat ille,
in quorum facie miserae magnaeque sedebat
pallor amicitiae. primus clamante Liburno   75
„currite, iam sedit" rapta properabat abolla
Pegasus, attonitae positus modo vilicus urbi:
anne aliud tum praefecti? quorum optimus atque
interpres legum sanctissimus omnia, quamquam
temporibus diris, tractanda putabat inermi   80
iustitia. venit et Crispi iucunda senectus,
cuius erant mores qualis facundia, mite
ingenium. maria ac terras populosque regenti
quis comes utilior, si clade et peste sub illa
saevitiam damnare et honestum adferre liceret   85
consilium? sed quid violentius aure tyranni,
cum quo de pluviis aut aestibus aut nimboso
vere locuturi fatum pendebat amici?
ille igitur numquam derexit bracchia contra
torrentem, nec civis erat qui libera posset   90
verba animi proferre et vitam inpendere vero.
sic multas hiemes atque octogensima vidit
solstitia, his armis illa quoque tutus in aula.
proximus eiusdem properabat Acilius aevi
cum iuvene indigno quem mors tam saeva maneret   95
et domini gladiis tam festinata. sed olim

Es fehlte jedoch dem Fisch eine Pfanne ausreichenden Maßes. So
werden
zur Beratung die Würdenträger gerufen, die jener haßte und auf
deren Gesicht die bleiche Furcht vor der elenden hohen Freundschaft[35] lag. Auf den Ruf des Liburners:[36] „Lauft, er hat schon Platz
genommen!" eilte als erster in rasch ergriffenem Mantel Pegasus
herbei, der eben erst über die eingeschüchterte Stadt als Verwalter
eingesetzt wurde: denn was sonst waren damals die Praefekten?
Als bester
von ihnen und redlichster Ausleger der Gesetze glaubte er, man
müsse
alles trotz der grausigen Zeiten mit unbewaffneter Gerechtigkeit[37]
lenken. Es kam auch Crispus,[38] der freundliche Greis,
dessen Wesen so geartet war wie seine Beredsamkeit, ein sanfter
Charakter. Wer konnte dem Herrscher über Meere, Länder und
Völker
ein nützlicherer Gefährte sein, wäre es unter jener Geißel und Plage
erlaubt gewesen, die Grausamkeit zu verdammen und ehrenhaften
Rat anzubieten? Was aber ist gefährlicher als das Ohr eines
Tyrannen,
bei dem das Schicksal eines Freundes ungewiß war, wollte er mit
ihm
auch nur über Regen oder Hitze oder Frühlingsschauer plaudern?
Jener hat deshalb nie die Arme gegen den Strom gestreckt,[39]
war auch nicht der Bürger, der vermocht hätte, seine Gedanken in
freien Worten zu äußern und sein Leben für die Wahrheit einzu-
setzen.
So sah er viele Winter und die achtzigste Sommersonnenwende,
mit solchen Schutzwaffen sicher sogar an jenem Hof.
Als nächster eilte der gleichaltrige Acilius[40] herbei,
mit dem Sohn, der es nicht verdiente, daß ihn ein so
grausamer und so rascher Tod durch das Schwert des Gebieters
erwartete.

prodigio par est in nobilitate senectus,
unde fit ut malim fraterculus esse gigantis.
profuit ergo nihil misero, quod comminus ursos
figebat Numidas Albana nudus harena   100
venator. quis enim iam non intellegat artes
patricias? quis priscum illud miratur acumen,
Brute, tuum? facile est barbato inponere regi.
nec melior vultu quamvis ignobilis ibat
Rubrius, offensae veteris reus atque tacendae,   105
et tamen inprobior saturam scribente cinaedo.
Montani quoque venter adest abdomine tardus,
et matutino sudans Crispinus amomo,
quantum vix redolent duo funera, saevior illo
Pompeius tenui iugulos aperire susurro,   110
et qui vulturibus servabat viscera Dacis
Fuscus, marmorea meditatus proelia villa,
et cum mortifero prudens Veiento Catullo,
qui numquam visae flagrabat amore puellae,
grande et conspicuum nostro quoque tempore monstrum,   115
[caecus adulator dirusque a ponte satelles]
dignus Aricinos qui mendicaret ad axes
blandaque devexae iactaret basia raedae.
nemo magis rhombum stupuit; nam plurima dixit
in laevum conversus, at illi dextra iacebat   120
belua. sic pugnas Cilicis laudabat et ictus
et pegma et pueros inde ad velaria raptos.

Aber seit langem gleicht einem Wunder hohes Alter beim Adel,
weshalb ich lieber das Brüderchen eines Giganten sein möchte.[41]
Nichts nützte es daher dem Armen, daß er mit eigener Hand
numidische Bären durchbohrte, nackt als Tierkämpfer in der
Arena von Alba. Wer nämlich würde noch nicht die Schliche der
Patrizier durchschauen?[42] Wer bestaunt noch, Brutus, deine
                                                        bekannte
Schlauheit von damals? Leicht ist es, einen bärtigen König zu
                                                    hintergehen![43]
Keineswegs mit froherem Gesicht, obwohl kein Adliger, kam
Rubrius[44] daher, schuldig eines alten, geheimen Vergehens und
dennoch unverschämter als ein Satiren schreibender Schwuler.
Auch der Wanst des Montanus[45] ist zur Stelle, durch den
                                                    Schmerbauch
schwerfällig, und Crispinus,[46] der schon am Morgen soviel Parfüm
verströmte, wie kaum zwei Leichen an Duft verbreiten,[47]
                                                    Pompeius,[48]
noch grausamer als jener darin, durch leise Einflüsterung Kehlen
                                                    aufzuschlitzen,
und, der seine Eingeweide für die dakischen Geier bewahrte,
Fuscus,[49] in seiner Marmorvilla hatte er Schlachten geplant,
und der kluge Veiento[50] mit dem todbringenden Catullus,[51]
der in Liebe zu einem nie gesehenen Mädchen entbrannt war,
ein großes und selbst in unserer Zeit auffallendes Ungeheuer;
[ein blinder Schmeichler und schrecklicher Spießgeselle von der
                                                        Brücke][52]
er hätte es verdient, bei den Achsen von Aricia zu betteln und den
hinabfahrenden Wagen schmeichelnde Kußhände zuzuwerfen.[53]
Niemand bestaunte mehr den Butt; denn er redete das meiste,
nach links gewandt, das Untier freilich lag zu seiner
Rechten. Ebenso pries er sonst die Kämpfe und Hiebe des Cilix,[54]
die Bühnenmaschine und die von dort hinauf zum Sonnensegel
                                                    entführten Knaben.[55]

non cedit Veiento, sed ut fanaticus oestro
percussus, Bellona, tuo divinat et „ingens
omen habes" inquit „magni clarique triumphi: 125
regem aliquem capies, aut de temone Britanno
excidet Arviragus; peregrina est belua: cernis
erectas in terga sudes?" hoc defuit unum
Fabricio, patriam ut rhombi memoraret et annos.
„quidnam igitur censes? conciditur?" „absit ab illo   130
dedecus hoc" Montanus ait, „testa alta paretur,
quae tenui muro spatiosum colligat orbem.
debetur magnus patinae subitusque Prometheus,
argillam atque rotam citius properate! sed ex hoc
tempore iam, Caesar, figuli tua castra sequantur."   135
vicit digna viro sententia. noverat ille
luxuriam inperii veterem noctesque Neronis
iam medias aliamque famem, cum pulmo Falerno
arderet. nulli maior fuit usus edendi
tempestate mea: Circeis nata forent an   140
Lucrinum ad saxum Rutupinove edita fundo
ostrea callebat primo deprendere morsu,
et semel aspecti litus dicebat echini.
surgitur et misso proceres exire iubentur
consilio, quos Albanam dux magnus in arcem   145
traxerat attonitos et festinare coactos,
tamquam de Chattis aliquid torvisque Sygambris
dicturus, tamquam ex diversis partibus orbis
anxia praecipiti venisset epistula pinna.

Veiento steht ihm nicht nach, sondern wie ein von deinem Wahnsinn, Bellona,[56] verzückter Priester weissagt er und spricht: „Ein
gewaltiges Vorzeichen hast du hier für einen großen, herrlichen
Triumph: einen König wirst du gefangen nehmen, oder aus seinem
                                                        britannischen
Streitwagen wird Arviragus stürzen;[57] ausländisch ist das Tier:
siehst du den Rücken hinauf die Stacheln aufgerichtet?" Als
einziges fehlte noch, Fabricius[58] hätte Heimat und Alter des Butts
                                                        genannt.
„Was also ist dein Antrag? Soll man ihn zerstückeln?"[59] „Fern
                                                        bleibe ihm
diese Schmach", spricht Montanus, „man schaffe eine tiefe Schüssel,
die mit dünner Wand ein geräumiges Rund umschließe.
Eines großen Prometheus[60] bedarf die Pfanne auf der Stelle,
schafft eilends Ton und Töpferscheibe herbei! Aber von jetzt an
sollten, Caesar, endlich Töpfer dein Heerlager begleiten."[61]
Es siegte dieser Antrag, der des Mannes würdig war. Er kannte
die Schwelgerei am Hofe von früher, wenn es bei Nero bereits
Mitternacht war und der zweite Hunger kam, da die Brust vom
Falerner glühte.[62] Niemand in meiner Zeit hatte eine größere
Erfahrung im Essen: ob Austern bei Circei oder am lucrinischen
                                                        Felsen
gewachsen oder auf dem Meeresgrund von Rutupiae entstanden[63]
waren, verstand er, mit dem ersten Biß zu ermitteln, und
benannte beim Seeigel nach einem einzigen Blick die Ursprungs-
                                                        küste.
Man erhebt sich, und nach der Entlassung des Rates wird den
                                                hohen Herren befohlen
sich zu entfernen: sie hatte der große Führer auf die Burg von Alba
gezerrt, in Schrecken versetzt und so zur Eile getrieben,
als wollte er etwas über die Chatten und die wilden Sygambrer[64]
verkünden, als sei aus entfernten Teilen der Erde
mit eilendem Flügel ein furchterregender Brief gekommen.

atque utinam his potius nugis tota illa dedisset   150
tempora saevitiae, claras quibus abstulit urbi
inlustresque animas inpune et vindice nullo.
sed periit postquam cerdonibus esse timendus
coeperat: hoc nocuit Lamiarum caede madenti.

SATURA V

  Si te propositi nondum pudet atque eadem est mens,
ut bona summa putes aliena vivere quadra,
si potes illa pati quae nec Sarmentus iniquas
Caesaris ad mensas nec vilis Gabba tulisset,
quamvis iurato metuam tibi credere testi.   5
ventre nihil novi frugalius; hoc tamen ipsum
defecisse puta, quod inani sufficit alvo:
nulla crepido vacat? nusquam pons et tegetis pars
dimidia brevior? tantine iniuria cenae,
tam ieiuna fames, cum possit honestius illic   10
et tremere et sordes farris mordere canini?
  Primo fige loco, quod tu discumbere iussus
mercedem solidam veterum capis officiorum.
fructus amicitiae magnae cibus; inputat hunc rex,
et quamvis rarum, tamen inputat. ergo duos post   15
si libuit menses neglectum adhibere clientem,

Und hätte er doch eher diesen Nichtigkeiten jene Zeit der Grausamkeit ganz gewidmet, in der er der Stadt edle und erlauchte
Seelen raubte, ungestraft und ohne einen Rächer.
Aber zugrunde ging er, nachdem er bei den kleinen Leuten[65]
                                          Furcht zu erregen
begann: dies wurde ihm zum Verhängnis, der doch vom Mord an
                                          den Lamiern[66] triefte.

FÜNFTE SATIRE

Wenn du dich deines Lebensplanes noch nicht schämst und noch
                                  dieselbe Einstellung hast,
daß du es für das höchste Gut hältst, von fremdem Brot zu leben,
wenn du erdulden kannst, was weder Sarmentus an der entwürdi-
                                                  genden
Tafel des Kaisers ertragen hätte noch der verächtliche Gabba,[1]
hätte ich Bedenken, dir als Zeugen trotz deines Eides zu glauben.[2]
Nichts Genügsameres kenne ich als den Magen;[3] angenommen
                                          jedoch,
es fehle selbst, was dem leeren Bauch ausreicht: ist denn keine
Treppenstufe frei? Ist nirgends eine Brücke und ein Stück Matte,
kürzer als eine halbe?[4] Ist die Entehrung beim Mahl soviel wert,
ist dein Hunger so grimmig, wenn du doch ehrenhafter dort
frieren könntest und am dunklen Hundebrot[5] nagen?
  Präge zunächst dir ein, daß du mit der Einladung zum Mahle
die volle Entlohnung für deine lange währenden Dienste erhältst.[6]
Der Ertrag der Freundschaft mit dem großen Herrn ist das Essen;
                                  der „König" rechnet es an,
und mag es auch selten sein, er rechnet es dennoch an. Wenn es
                                          ihm also
beliebte, nach zwei Monaten den vernachlässigten Klienten
                                          einzuladen,

tertia ne vacuo cessaret culcita lecto,
„una simus" ait. votorum summa! quid ultra
quaeris? habet Trebius propter quod rumpere somnum
debeat et ligulas dimittere, sollicitus ne   20
tota salutatrix iam turba peregerit orbem,
sideribus dubiis aut illo tempore quo se
frigida circumagunt pigri serraca Bootae.
    Qualis cena tamen! vinum quod sucida nolit
lana pati: de conviva Corybanta videbis.   25
iurgia proludunt, sed mox et pocula torques
saucius et rubra deterges vulnera mappa,
inter vos quotiens libertorumque cohortem
pugna Saguntina fervet commissa lagona.
ipse capillato diffusum consule potat   30
calcatamque tenet bellis socialibus uvam
cardiaco numquam cyathum missurus amico.
cras bibet Albanis aliquid de montibus aut de
Setinis, cuius patriam titulumque senectus
delevit multa veteris fuligine testae,   35
quale coronati Thrasea Helvidiusque bibebant
Brutorum et Cassi natalibus. ipse capaces
Heliadum crustas et inaequales berullo
Virro tenet phialas: tibi non committitur aurum,
vel si quando datur, custos adfixus ibidem,   40
qui numeret gemmas, ungues observet acutos.
da veniam: praeclara illi laudatur iaspis.
nam Virro, ut multi, gemmas ad pocula transfert
a digitis, quas in vaginae fronte solebat

damit nicht das dritte Polster[7] auf dem leeren Speisesofa ungenutzt
                                                                    bleibe,
sagt er: „Laß uns zusammen sein!" Die Erfüllung aller Wünsche!
                                                                    Was
willst du mehr? Jetzt hat Trebius, weshalb er den Schlaf abbrechen
und die Schuhriemen herabhängen lassen muß,[8] aus Besorgnis,
die ganze Schar der morgendlichen Besucher könnte die Runde
schon vollendet haben,[9] wenn die Sterne verblassen oder zu der
Zeit, da der kalte Wagen des trägen Bootes sich wendet.[10]
    Und welch ein Mahl ist es indessen![11] Ein Wein, den selbst die
                                                            fettige Wolle[12]
nicht ertragen wollte: du siehst den Gast zum Korybanten werden.[13]
Streitereien bilden das Vorspiel, doch bald schleuderst du auch
Becher und wischst getroffen dir mit roter Serviette die Wunden
ab, wenn zwischen euch[14] und der Truppe der Freigelassenen
die mit saguntinischen Flaschen[15] ausgetragene Schlacht wütet.
Er selbst trinkt unter einem noch langhaarigen Konsul abge-
                                                            füllten Wein[16]
und hält im Kelch eine im Bundesgenossenkrieg gestampfte
                                                            Traubenlese,[17]
von der er dem magenkranken Freund[18] nie einen Becher schicken
würde. Morgen wird er etwas von den Bergen Albas oder Setias[19]
trinken, dessen Herkunftsort und Bezeichnung das hohe
Alter auslöschte durch den vielen Ruß auf der betagten Flasche;[20]
derartiges tranken Thrasea und Helvidius bekränzt
am Geburtstag der Bruti und des Cassius.[21] Virro selbst hält
in den Händen geräumige bernsteingeschmückte Becher und mit
Beryllen besetzte Schalen:[22] dir vertraut man Gold nicht an, oder
wenn es dir einmal gereicht wird, steht dicht daneben ein Wächter,
der die Edelsteine zählt, die scharfen Fingernägel beobachtet.[23]
Nimm es nicht übel: den hochberühmten Jaspis preist er sehr.[24]
Denn Virro versetzt, wie viele, von den Fingern an die
Trinkbecher Juwelen, wie sie außen an der Schwertscheide

ponere zelotypo iuvenis praelatus Iarbae.   45
tu Beneventani sutoris nomen habentem
siccabis calicem nasorum quattuor ac iam
quassatum et rupto poscentem sulpura vitro.
si stomachus domini fervet vinoque ciboque,
frigidior Geticis petitur decocta pruinis: 50
[non eadem vobis poni modo vina querebar?]
vos aliam potatis aquam. tibi pocula cursor
Gaetulus dabit aut nigri manus ossea Mauri
et cui per mediam nolis occurrere noctem,
clivosae veheris dum per monumenta Latinae.   55
flos Asiae ante ipsum, pretio maiore paratus
quam fuit et Tulli census pugnacis et Anci
et, ne te teneam, Romanorum omnia regum
frivola. quod cum ita sit, tu Gaetulum Ganymedem
respice, cum sities: nescit tot milibus emptus   60
pauperibus miscere puer, sed forma, sed aetas
digna supercilio. quando ad te pervenit ille?
quando rogatus adest calidae gelidaeque minister?
quippe indignatur veteri parere clienti,
quodque aliquid poscas et quod se stante recumbas.   65
[maxima quaeque domus servis est plena superbis.]
ecce alius quanto porrexit murmure panem
vix fractum, solidae iam mucida frusta farinae,
quae genuinum agitent, non admittentia morsum.
sed tener et niveus mollique siligine fictus   70

der junge Held anzubringen pflegte, der dem eifersüchtigen Iarbas
vorgezogen wurde.[25]

Du wirst einen Becher leeren, der den Namen des Schusters
aus Benevent trägt,[26] mit vier Schnauzen, schon gesprungen und
für das geplatzte Glas nach Schwefel verlangend.[27]
Wenn der Magen des Hausherrn von Wein und Speise brennt,
wird abgekochtes Wasser bestellt, kälter als getischer Schnee:[28]
[Habe ich nicht soeben beklagt, daß euch nicht derselbe Wein
vorgesetzt wird?][29]

ihr trinkt anderes Wasser. Dir wird die Becher ein gaetulischer
Läufer[30] reichen oder die knochige Hand eines schwarzen Mauren,
dem man nicht um Mitternacht begegnen möchte, wenn man auf
der hügeligen Latinischen Straße zwischen den Grabmälern
hindurchfährt.[31]

Die Blüte Asiens steht vor ihm selbst, zu einem höheren Preis
erworben,

als das Vermögen des kriegerischen Tullus betrug und des Ancus[32]
und, um es kurz zu machen, der ganze Krempel der römischen
Könige. Da dies nun einmal so ist, wende dich an den gaetulischen
„Ganymed",[33] wenn du Durst hast: der für soviele Tausend
gekaufte Knabe

weiß nicht, wie man für Arme mischt, aber die Schönheit, aber die
Jugend

rechtfertigt den Hochmut. Doch wann kommt selbst jener[34] zu dir?
Wann ist der Diener mit dem warmen und kalten Wasser[35] zur
Stelle, selbst wenn du ihn bittest?

Denn es empört ihn, dem alten Klienten zu gehorchen, und daß
du etwas verlangst und du bei Tische liegst, während er steht.
[Gerade die größten Häuser sind voll von hochmütigen Sklaven.][36]
Sieh, mit welchem Murren ein anderer das Brot reicht, das nur
grob geschrotet ist,[37] schon schimmelige Brocken aus körnigem
Speltmehl, die den Backenzahn quälen und nicht zu beißen sind.
Aber das zarte, schneeweiße, aus feinem Weizenmehl geformte

servatur domino. dextram cohibere memento,
salva sit artoptae reverentia. finge tamen te
inprobulum, superest illic qui ponere cogat:
„vis tu consuetis, audax conviva, canistris
impleri panisque tui novisse colorem?"   75
„scilicet hoc fuerat, propter quod saepe relicta
coniuge per montem adversum gelidasque cucurri
Esquilias, fremeret saeva cum grandine vernus
Iuppiter et multo stillaret paenula nimbo."

Aspice quam longo distinguat pectore lancem   80
quae fertur domino squilla, et quibus undique saepta
asparagis qua despiciat convivia cauda,
dum venit excelsi manibus sublata ministri.
sed tibi dimidio constrictus cammarus ovo
ponitur exigua feralis cena patella.   85
ipse Venafrano piscem perfundit, at hic qui
pallidus adfertur misero tibi caulis olebit
lanternam; illud enim vestris datur alveolis quod
canna Micipsarum prora subvexit acuta,
propter quod Romae cum Boccare nemo lavatur.   90
[quod tutos etiam facit a serpentibus atris.]
mullus erit domini, quem misit Corsica vel quem
Tauromenitanae rupes, quando omne peractum est
et iam defecit nostrum mare, dum gula saevit
retibus adsiduis penitus scrutante macello   95
proxima, nec patimur Tyrrhenum crescere piscem.
instruit ergo focum provincia, sumitur illinc
quod captator emat Laenas, Aurelia vendat.
Virroni muraena datur, quae maxima venit

Brot ist dem Hausherrn vorbehalten. Gib acht, daß du deine Rechte
zurückhältst,
gewahrt bleibe der Respekt vor der Brotpfanne![38] Stell dich jedoch
ein wenig dreist, dann wacht dort einer darüber, der dich es
hinzulegen zwingt:
„Willst du anmaßender Gast dich wohl aus den gewohnten Körben
vollstopfen und dir die Farbe deines Brotes merken?"
„Das war es also, weshalb ich oft meine Frau verließ,[39]
den steilen Berg hinauf über den kalten Esquilin[40]
rannte, wenn Juppiter im Frühjahr mit grimmigem Hagel
tobte und mein Mantel vom vielen Regen troff."
    Schau, mit welch langer Brust der Hummer die Schlüssel ziert,
der dem Hausherrn serviert wird, mit welchem Spargel allseitig
umkränzt und mit welchem Schwanz er auf die Gäste herabsieht,
während er daherkommt, erhoben auf den Händen des hoch-
gewachsenen Dieners.
Dir aber wird ein mit einem halben Ei garnierter Krebs
vorgesetzt, ein Totenmahl auf winzigem Teller.[41]
Er selbst gießt Öl aus Venafrum[42] über den Fisch, der farblose
Kohl jedoch, den man dir armem Tropf bringt, riecht nach der
Lampe; euren Tellern nämlich wird Öl geboten, das
mit spitzem Bug das Schiff der Micipsas herauffuhr[43] und
dessentwegen in Rom niemand mit Boccar ins Bad geht.[44]
[das auch sicher macht vor schwarzen Schlangen.][45]
Der Hausherr bekommt eine Barbe, die Korsika schickte
oder die Klippen von Tauromenium,[46] weil unser Meer[47] schon
ganz durchfahren und erschöpft ist, da die Eßgier wütet,
der Fischmarkt mit beharrlichen Netzen bis zum Grunde die
nächstgelegene See
durchforscht und wir den tyrrhenischen Fisch nicht wachsen lassen.
Also versorgt den Herd die Provinz, von dorther holt man,
was der Erbschleicher Laenas kauft, Aurelia verkauft.[48]
Virro reicht man eine Muräne, so groß sie der sizilische Strudel

gurgite de Siculo; nam dum se continet Auster,   100
dum sedet et siccat madidas in carcere pinnas,
contemnunt mediam temeraria lina Charybdim.
vos anguilla manet longae cognata colubrae,
aut †glacie aspersus† maculis Tiberinus et ipse
vernula riparum, pinguis torrente cloaca   105
et solitus mediae cryptam penetrare Suburae.
ipsi pauca velim, facilem si praebeat aurem:
nemo petit, modicis quae mittebantur amicis
a Seneca, quae Piso bonus, quae Cotta solebat
largiri, namque et titulis et fascibus olim   110
maior habebatur donandi gloria: solum
poscimus ut cenes civiliter. hoc face et esto,
esto, ut nunc multi, dives tibi, pauper amicis.
anseris ante ipsum magni iecur, anseribus par
altilis, et flavi dignus ferro Meleagri   115
spumat aper. post hunc tradentur tubera, si ver
tunc erit et facient optata tonitrua cenas
maiores. „tibi habe frumentum" Alledius inquit,
„o Libye, disiunge boves, dum tubera mittas."
structorem interea, ne qua indignatio desit,   120
saltantem spectes et chironomunta volanti
cultello, donec peragat dictata magistri
omnia; nec minimo sane discrimine refert
quo gestu lepores et quo gallina secetur.
duceris planta velut ictus ab Hercule Cacus   125
et ponere foris, si quid temptaveris umquam
hiscere, tamquam habeas tria nomina. quando propinat

senden kann; denn während der Südwest sich bezähmt, während
er dasitzt und sich im Kerker die nassen Schwingen trocknet,
trotzen die verwegenen Netze der Mitte der Charybdis.[49]
Euch erwartet ein Aal,[50] der Verwandte der langen Natter,
oder ein Tiberfisch, übersät mit Flecken, auch er heimisch
an den Flußufern, fett durch den Strom der Cloaca und
gewohnt, in den Kanal mitten unter der Subura einzudringen.[51]
Nur weniges möchte ich ihm selbst sagen, wenn er mir bereitwillig
sein Ohr leiht:[52]
Niemand verlangt, was Seneca den schlichten Freunden[53]
schickte, was der großzügige Piso,[54] was Cotta zu spenden
pflegte, denn einst wurde höher als Ehreninschriften und Rutenbündel[55] der Ruhm des Schenkens geschätzt: nur dies allein
fordern wir: beachte beim Mahl die Höflichkeit! Tu dies, und dann,
ja dann sei, wie jetzt viele, reich für dich, arm für die Freunde.
Vor ihm selbst liegt die Leber einer großen Gans, eine Poularde,
so groß wie Gänse, und noch schäumend ein Eber, wert des Spießes
des blonden Meleagers.[56] Nach ihm werden Trüffeln gereicht,
wenn es
gerade Frühling ist und die ersehnten Gewitter die Gastmähler
bereichern.[57] „Behalte, Libyen, das Getreide für dich", spricht
Alledius, „spann die Ochsen aus, wenn du nur Trüffeln schickst."[58]
Damit kein Grund zur Empörung fehle: schau dir inzwischen[59]
den Trancheur an, wie er tanzt und mit fliegendem Messer
gestikuliert, bis er die Regeln seines Lehrmeisters sämtlich
ausgeführt hat;[60] und wahrhaftig macht es keinen geringen
Unterschied aus,
mit welcher Gebärde Hasen und mit welcher ein Huhn zerlegt
werden.
Du wirst am Fuß davongeschleift wie der von Hercules getroffene
Cacus
und nach draußen geschafft,[61] wenn du jemals versuchen solltest,
den Mund aufzutun, so als hättest du drei Namen.[62] Wann trinkt

Virro tibi sumitve tuis contacta labellis
pocula? quis vestrum temerarius usque adeo, quis
perditus, ut dicat regi „bibe"? plurima sunt quae   130
non audent homines pertusa dicere laena.
quadringenta tibi si quis deus aut similis dis
et melior fatis donaret homuncio, quantus
ex nihilo, quantus fieres Virronis amicus!
„da Trebio, pone ad Trebium. vis, frater, ab ipsis   135
ilibus?" o nummi, vobis hunc praestat honorem,
vos estis frater. dominus tamen et domini rex
si vis tunc fieri, nullus tibi parvulus aula
luserit Aeneas nec filia dulcior illo.
[iucundum et carum sterilis facit uxor amicum.]   140
sed tua nunc Mycale pariat licet et pueros tres
in gremium patris fundat semel, ipse loquaci
gaudebit nido, viridem thoraca iubebit
adferri minimasque nuces assemque rogatum,
ad mensam quotiens parasitus venerit infans.   145
vilibus ancipites fungi ponentur amicis,
boletus domino, sed qualis Claudius edit
ante illum uxoris, post quem nihil amplius edit.
　　Virro sibi et reliquis Virronibus illa iubebit
poma dari, quorum solo pascaris odore,   150
qualia perpetuus Phaeacum autumnus habebat,
credere quae possis subrepta sororibus Afris:
tu scabie frueris mali, quod in aggere rodit
qui tegitur parma et galea metuensque flagelli
discit ab hirsuta iaculum torquere capella.   155

je Virro dir zu oder nimmt die Becher, die deine Lippen berührt
haben?[63] Wer von euch ist derart verwegen, wer derart
tollkühn, daß er dem „König" „Prosit!" sagte? Sehr vieles gibt es,
was Menschen mit löchrigem Mantel nicht zu sagen wagen.
Wenn dir vierhunderttausend schenkte[64] irgendein Gott oder ein
                                        Menschenkind,
den Göttern ähnlich und gütiger als das Schicksal, wie bedeutend
würdest du aus dem Nichts, welch bedeutender Freund Virros![65]
„Gib dem Trebius, leg dem Trebius vor! Möchtest du, Bruder,
etwas vom Bauchstück selbst?" Dir, Geld, erweist er diese Ehre,
du bist der „Bruder". Doch willst du dann „Herr" und „König des
Herrn" werden, dann sollte dir im Königshof kein kleiner
Aeneas spielen[66] oder eine Tochter, noch lieber als dieser.
[Angenehm und liebenswert macht den Freund eine unfruchtbare
                                        Gattin.][67]
Aber falls jetzt deine Mycale gebären sollte[68] und drei Knaben
auf einmal dem Vater in den Schoß legte, dann wird er selbst seine
Freude äußern an dem geschwätzigen Nest,[69] ein grünes
                                        Rennkostüm[70]
herbeizubringen befehlen, winzige Nüsse und den erbetenen
Groschen, wenn das Parasitenkind an den Tisch kommt.
Den unbedeutenden Freunden werden zweifelhafte Pilze vorgesetzt,[71]
Champignons dem Hausherrn, aber solche, wie sie Claudius aß vor
jenen seiner Gattin, nach denen er überhaupt nichts mehr aß.[72]
    Virro heißt sich und den übrigen Virrones Äpfel
zu reichen, deren Geruch allein eine Labsal ist,
solche wie sie der immerwährende Herbst der Phäaken bot[73]
oder von denen man glauben könnte, sie seien den afrikanischen
                                        Schwestern geraubt:[74]
du genießt einen schorfigen Apfel, wie ihn auf dem Wall jener
                                        benagt,
der mit Schild und Helm gerüstet ist und aus Furcht vor der Peitsche
lernt, von einer struppigen Ziege herab den Speer zu schleudern.[75]

Forsitan inpensae Virronem parcere credas:
hoc agit, ut doleas; nam quae comoedia, mimus
quis melior plorante gula? ergo omnia fiunt,
si nescis, ut per lacrimas effundere bilem
cogaris pressoque diu stridere molari.   160
tu tibi liber homo et regis conviva videris:
captum te nidore suae putat ille culinae,
nec male coniectat; quis enim tam nudus, ut illum
bis ferat, Etruscum puero si contigit aurum
vel nodus tantum et signum de paupere loro?   165
spes bene cenandi vos decipit. „ecce dabit iam
semesum leporem atque aliquid de clunibus apri,
ad nos iam veniet minor altilis.“ inde parato
intactoque omnes et stricto pane tacetis.
ille sapit qui te sic utitur: omnia ferre   170
si potes, et debes. pulsandum vertice raso
praebebis quandoque caput nec dura timebis
flagra pati, his epulis et tali dignus amico.

Vielleicht glaubst du, Virro spare bei den Kosten:
er tut dies, damit es dich schmerzt; denn welche Komödie, welcher
Mimus[76] wäre besser als ein klagender Schlund? Alles geschieht
                                                              folglich,
falls du es nicht erkennst, damit du unter Tränen deine Galle zu
                                                         verströmen
gezwungen wirst und lange mit zusammengepreßten Zähnen zu
                                                        knirschen.
Du hältst dich für einen freien Mann und Gast eines „Königs",
jener glaubt, du seist gefesselt vom Duft seiner Küche, und
er vermutet nicht schlecht; wer ist nämlich so mittellos, daß er
ihn zweimal ertrüge, wenn einem als Knaben das etruskische Gold
                                                      zuteil wurde
oder auch nur der Knoten, das Zeichen aus dem Lederriemen des
                                                          Armen?[77]
Die Hoffnung auf ein treffliches Mahl täuscht euch. „Paß auf, er
                                                  wird schon noch
einen halbgegessenen Hasen anbieten oder etwas vom Hinterteil
                                                        des Ebers,
zu uns wird noch ein kleineres Huhn kommen." Deshalb verharrt
                                                               ihr
alle schweigend mit bereitem, unberührtem und gezücktem Brot.[78]
Klug ist er, wenn er dich so behandelt: falls du alles zu ertragen
vermagst, verdienst du es auch. Du wirst am Ende noch den Kopf
mit geschorenem Scheitel zum Prügeln anbieten[79] und dich nicht
                                                          scheuen,
die harte Knute zu erdulden, würdig solcher Gastmähler und eines
                                             solchen „Freundes".

LIBER SECUNDUS

SATURA VI

Credo Pudicitiam Saturno rege moratam
in terris visamque diu, cum frigida parvas
praeberet spelunca domos ignemque laremque
et pecus et dominos communi clauderet umbra,
silvestrem montana torum cum sterneret uxor   5
frondibus et culmo vicinarumque ferarum
pellibus, haut similis tibi, Cynthia, nec tibi, cuius
turbavit nitidos extinctus passer ocellos,
sed potanda ferens infantibus ubera magnis
et saepe horridior glandem ructante marito.   10
quippe aliter tunc orbe novo caeloque recenti
vivebant homines, qui rupto robore nati
compositive luto nullos habuere parentes.
multa Pudicitiae veteris vestigia forsan
aut aliqua exstiterint et sub Iove, sed Iove nondum   15
barbato, nondum Graecis iurare paratis
per caput alterius, cum furem nemo timeret
caulibus ac pomis et aperto viveret horto.
paulatim deinde ad superos Astraea recessit
hac comite atque duae pariter fugere sorores.   20
anticum et vetus est alienum, Postume, lectum
concutere atque sacri genium contemnere fulcri:
omne aliud crimen mox ferrea protulit aetas,
viderunt primos argentea saecula moechos.

ZWEITES BUCH

SECHSTE SATIRE

Die Keuschheit verweilte, so glaube ich, unter König Saturnus[1]
auf Erden und wurde lange gesehen,[2] als noch eine kalte Höhle
enge Behausung bot und das Herdfeuer, den Schutzgott,
das Vieh und die Besitzer mit gemeinsamer Düsternis umschloß,
als in den Bergen hausend die Gattin das Lager im Walde deckte
mit Blättern und Halmen und den Fellen des nahe lebenden
Wildes, dir nicht ähnlich, Cynthia, oder dir, deren
strahlende Äuglein der Tod des Vogels trübte,[3]
vielmehr bot sie den großen Kindern die Brüste zum Trinken,
oft ungeschlachter als der nach den Eicheln rülpsende Gatte.[4]
Denn anders lebten damals, als die Erde noch neu war und der
Himmel jung, die Menschen, die aus geborstenen Bäumen
entstanden oder aus Lehm geformt keine Eltern besaßen.[5]
Viele Spuren der einstigen Keuschheit oder doch einige blieben
vielleicht auch noch unter Juppiter, aber als Juppiter noch ohne
Bart war,[6] als die Griechen noch nicht bereit waren, beim Haupt
eines anderen zu schwören,[7] als niemand einen Dieb fürchtete
für seinen Kohl und das Obst und man mit offenem Garten lebte.
Allmählich zog sich darauf mit ihr als Begleiterin Astraea
zu den Göttern zurück, und beide Schwestern flohen zusammen.[8]
Alt und lang geübt ist es, Postumus, ein fremdes Bett erbeben zu
lassen und den Schutzgeist des geheiligten Lagers zu mißachten:[9]
jegliches andere Verbrechen hat bald darauf das Eiserne Zeitalter
                                              hervorgebracht,
die ersten Ehebrecher sah bereits die Silberne Epoche.

conventum tamen et pactum et sponsalia nostra   25
tempestate paras, iamque a tonsore magistro
pecteris et digito pignus fortasse dedisti?
certe sanus eras: uxorem, Postume, ducis?
dic qua Tisiphone, quibus exagitere colubris.
ferre potes dominam salvis tot restibus ullam,   30
cum pateant altae caligantesque fenestrae,
cum tibi vicinum se praebeat Aemilius pons?
aut si de multis nullus placet exitus, illud
nonne putas melius, quod tecum pusio dormit,
pusio, qui noctu non litigat, exigit a te   35
nulla iacens illic munuscula, nec queritur quod
et lateri parcas nec quantum iussit anheles?
    Sed placet Ursidio lex Iulia, tollere dulcem
cogitat heredem, cariturus turture magno
mullorumque iubis et captatore macello.   40
quid fieri non posse putes, si iungitur ulla
Ursidio? si moechorum notissimus olim
stulta maritali iam porrigit ora capistro,
quem totiens texit perituri cista Latini?
quid quod et antiquis uxor de moribus illi   45
quaeritur? o medici, nimiam pertundite venam!
delicias hominis! Tarpeium limen adora
pronus et auratam Iunoni caede iuvencam,
si tibi contigerit capitis matrona pudici

Dennoch rüstest du dich in unserer Zeit zu Absprache, Vertrag
und Ehegelöbnis,[10] wirst bereits vom Meisterbarbier
frisiert und hast vielleicht ein Pfand ihrem Finger geschenkt.[11]
Gewiß warst du doch bisher bei Sinnen: eine Gattin, Postumus,
                                        willst du heimführen?
Sag, von welcher Furie, von welchen Schlangen du gehetzt wirst.[12]
Vermagst du irgendeine Herrin zu ertragen, obwohl doch so viele
                              Stricke vorhanden sind,[13]
obwohl in schwindelerregender Höhe Fenster[14] offen stehen,
obwohl sich dir in der Nachbarschaft die Aemilische Brücke[15]
                                        anbietet?
Oder, falls dir keiner von den vielen Auswegen zusagt, hältst du
es nicht für besser, wenn mit dir ein Knabe schläft,[16]
ein Knabe, der nachts mit dir nicht streitet, von dir keine
Geschenkchen verlangt, wenn er bei dir liegt, und nicht klagt,
du würdest deine Lenden schonen und nicht in dem verlangten
                                        Maße keuchen?
Aber Ursidius[17] gefällt das Julische Gesetz,[18] einen süßen Erben
gedenkt er in den Arm zu nehmen,[19] wird dann verzichten müssen
auf die große Turteltaube, die Bärte der Barben[20] und den Delika-
                              tessenmarkt der Erbschleicher.
Was, glaubst du, wäre noch unmöglich, wenn irgendeine sich mit
Ursidius verbindet?[21] Wenn er, seit langem der bekannteste
                                        Ehebrecher,
in seiner Dummheit das Maul jetzt dem Halfter der Ehe entgegen-
                                        streckt,
er, den so oft die Truhe wie den vom Untergang bedrohten Latinus
                                        verbarg?[22]
Dazu sucht er auch noch eine Gattin mit althergebrachter Moral!
Öffnet ihm, ihr Ärzte, die übervolle Ader![23] Welch einen
Spleen hat der Mensch! Die tarpejische Schwelle verehr'
lang hingestreckt und schlachte der Juno eine Kuh mit vergoldeten
Hörnern,[24] falls dir eine Frau beschert wird mit keuschem Haupt –

– paucae adeo Cereris vittas contingere dignae,   50
quarum non timeat pater oscula –, necte coronam
postibus et densos per limina tende corymbos!
unus Hiberinae vir sufficit? ocius illud
extorquebis, ut haec oculo contenta sit uno.
magna tamen fama est cuiusdam rure paterno   55
viventis: vivat Gabiis ut vixit in agro,
vivat Fidenis, et agello credo paterno.
quis tamen adfirmat nil actum in montibus aut in
speluncis? adeo senuerunt Iuppiter et Mars?
   Porticibusne tibi monstratur femina voto   60
digna tuo? cuneis an habent spectacula totis
quod securus ames quodque inde excerpere possis?
chironomon Ledam molli saltante Bathyllo
Tuccia vesicae non imperat, Apula gannit,
[sicut in amplexu subito et miserabile longum]   65
attendit Thymele, Thymele tunc rustica discit.
ast aliae, quotiens aulaea recondita cessant
et vacuo clusoque sonant fora sola theatro,
atque a plebeis longe Megalesia, tristes
personam thyrsumque tenent et subligar Acci.   70
Urbicus exodio risum movet Atellanae

gar wenige gibt es, die würdig sind, die Binden der Ceres zu
berühren,[25]
und deren Küsse nicht der eigene Vater fürchtet, – winde
eine Girlande um die Türpfosten und überzieh' mit dichten Efeu-
blüten die Schwellen![26]
Genügt der Hiberina[27] ein einziger Mann? Rascher wirst du ihr
abzwingen, daß sie mit einem einzigen Auge zufrieden ist.
Indessen rühmt man sehr eine, die auf dem väterlichen Landgut
lebt:[28] in Gabii lebe sie so, wie sie auf dem Lande lebte,
in Fidenae lebe sie so, und ich will dem „väterlichen Äckerchen"
glauben.[29]
Wer jedoch bietet Gewähr, daß nichts in den Bergen vorgekommen
ist oder
in den Höhlen? Sind Juppiter und Mars schon so sehr vergreist?[30]
   Zeigt man dir etwa in den Arkaden[31] eine Frau, die deines
Wunsches wert wäre? Weisen etwa die Sitzplätze in allen ihren
Blöcken
jemanden auf, den du ohne Bedenken lieben und von dort erwählen
könntest?
Wenn der zarte Bathyllus pantomimisch die „Leda" tanzt,[32]
bezähmt Tuccia ihren Schoß nicht mehr, Apula stöhnt auf,
[plötzlich wie in der Umarmung, lang und jammernd][33]
Thymele schaut aufmerksam, die naive Thymele lernt jetzt noch
dazu.[34]
Andere dagegen halten, wenn die Vorhänge verwahrt sind und
pausieren,
das Theater leer und geschlossen ist und allein die Marktplätze
lärmen,[35]
und es noch lange dauert von den Plebejischen Spielen bis zu den
Megalesischen,[36]
voller Trauer Maske, Thyrsusstab und Lendenschurz des Accius[37]
in Händen.
Urbicus erregt in dem Schlußstück, der Atellane, Gelächter[38]

gestibus Autonoes, hunc diligit Aelia pauper.
solvitur his magno comoedi fibula, sunt quae
Chrysogonum cantare vetent, Hispulla tragoedo
gaudet: an expectas ut Quintilianus ametur? 75
accipis uxorem de qua citharoedus Echion
aut Glaphyrus fiat pater Ambrosiusque choraules.
    Longa per angustos figamus pulpita vicos,
ornentur postes et grandi ianua lauro,
ut testudineo tibi, Lentule, conopeo 80
nobilis Euryalum murmillonem exprimat infans.
nupta senatori comitata est Eppia ludum
ad Pharon et Nilum famosaque moenia Lagi
prodigia et mores urbis damnante Canopo.
inmemor illa domus et coniugis atque sororis 85
nil patriae indulsit, plorantisque improba natos,
utque magis stupeas, ludos Paridemque reliquit.
sed quamquam in magnis opibus plumaque paterna
et segmentatis dormisset parvula cunis,
contempsit pelagus: famam contempserat olim, 90
cuius apud molles minima est iactura cathedras.
Tyrrhenos igitur fluctus lateque sonantem
pertulit Ionium constanti pectore, quamvis
mutandum totiens esset mare. iusta pericli
si ratio est et honesta, timent pavidoque gelantur 95
pectore nec tremulis possunt insistere plantis:
fortem animum praestant rebus quas turpiter audent.
si iubeat coniunx, durum est conscendere navem,

mit der Gestik der Autonoe,[39] ihn liebt die unbegüterte Aelia.
Anderen öffnet sich für viel Geld die Fibel des Komödienspielers,[40]
                                                                    manche
hindern Chrysogonus am Singen,[41] Hispulla erfreut sich an einem
Tragöden: erwartest du etwa, daß man einen Quintilian liebt?[42]
Eine Frau bekommst du, die den Kitharöden Echion
zum Vater macht oder die Oboisten Glaphyrus oder Ambrosius.[43]
   Lange Tribünen wollen wir in den engen Gassen errichten,[44]
Pfosten und Tür sollen mit mächtigem Lorbeer geschmückt werden,
damit dir dann, Lentulus, das adlige Kind im schildpattverzierten
Himmelbett die Züge des Gladiators Euryalus wiedergebe.[45]
Eppia, mit einem Senator vermählt, begleitete eine Gladiatoren-
                                                            schule
nach Pharos, zum Nil und den berüchtigten Mauern des Lagus:
sogar Canopus verurteilte die Sittengreuel der Hauptstadt.[46]
Das Haus vergaß sie, den Gatten und die Schwester, auf die Heimat
gab sie nichts, ließ schändlich die weinenden Kinder,
und, was noch mehr erstaunt, die Spiele und Paris fahren.[47]
Obwohl sie als kleines Kind im großen väterlichen Reichtum auf
Daunen und in einer purpurgedeckten Wiege geschlafen hatte,
mißachtete sie doch das Meer: den guten Ruf hatte sie längst
                                                    mißachtet,
dessen Verlust bei den weichen Damensesseln am wenigsten wiegt.
Folglich ertrug sie die tyrrhenischen Fluten und das weithin tosende
Ionische Meer mit standhaftem Herzen, obgleich man so oft
von Meer zu Meer wechseln mußte.[48] Gibt es einen redlichen und
ehrenhaften Grund, eine Gefahr auf sich zu nehmen, fürchten sie
                                                        sich,
eisig erstarrt ihre ängstliche Brust, und sie können nicht mit den
                                      zitternden Füßen auftreten:
tapferen Mut bringen sie auf für Dinge, die sie schimpflich wagen.
Wenn der Gatte dazu auffordern sollte, ist es hart, das Schiff zu
                                            besteigen,

tunc sentina gravis, tunc summus vertitur aer:
quae moechum sequitur, stomacho valet. illa maritum   100
convomit, haec inter nautas et prandet et errat
per puppem et duros gaudet tractare rudentis.
qua tamen exarsit forma, qua capta iuventa
Eppia? quid vidit propter quod ludia dici
sustinuit? nam Sergiolus iam radere guttur   105
coeperat et secto requiem sperare lacerto;
praeterea multa in facie deformia, sicut
attritus galea mediisque in naribus ingens
gibbus et acre malum semper stillantis ocelli.
sed gladiator erat. facit hoc illos Hyacinthos,   110
hoc pueris patriaeque, hoc praetulit illa sorori
atque viro: ferrum est quod amant. hic Sergius idem
accepta rude coepisset Veiento videri.
    Quid privata domus, quid fecerit Eppia, curas?
respice rivales divorum, Claudius audi   115
quae tulerit. dormire virum cum senserat uxor,
sumere nocturnos meretrix Augusta cucullos   117
ausa Palatino ‹et› tegetem praeferre cubili,   118
linquebat comite ancilla non amplius una.
sed nigrum flavo crinem abscondente galero   120
intravit calidum veteri centone lupanar
et cellam vacuam atque suam. tunc nuda papillis
prostitit auratis titulum mentita Lyciscae
ostenditque tuum, generose Britannice, ventrem:

dann ist das Bilgewasser widerlich, dann dreht sich oben der
Himmel:
folgt eine dem Liebhaber nach, ist ihr Magen gesund. Die eine
bekotzt
den Ehemann, die andere frühstückt unter den Matrosen, wandert
an Bord umher und hantiert voll Freude mit den harten Tauen.
Für welche Schönheit[49] entbrannte jedoch Eppia, von welcher
Jugend
wurde sie gefesselt? Was hatte sie vor Augen, weshalb sie es ertrug,
Gladiatorenliebchen zu heißen? Ihr Sergiolus[50] hatte nämlich schon
begonnen,
sich die Kehle zu rasieren[51] und Ruhe für seinen zerhauenen
Arm zu erhoffen; außerdem entstellte vieles sein Gesicht, so ein
vom Helm wundgeriebener, gewaltiger Höcker mitten auf der Nase
und sein hartnäckiges Leiden, das stets triefende Äuglein.
Aber er war ein Gladiator. Dies macht seinesgleichen zu einem
Hyacinthus,[52]
dies zog sie den Kindern und der Heimat vor, dies der Schwester
und dem Ehemann: das Schwert ist es, was sie lieben. Derselbe
Sergius wäre ihr, hätte er das Holzschwert erhalten,[53] sogleich wie
ein Veiento erschienen.[54]
  Was ein Privathaus, was eine Eppia tat, beschäftigt dich?[55]
Blick auf die Konkurrenten der Götter, hör, was ein Claudius
erduldete.[56] Wenn die Gattin gemerkt hatte, daß ihr Mann schlief,
wagte sie, die kaiserliche Hure, nachts den Kapuzenmantel
anzulegen und die Matte[57] dem Ehebett im Palast vorzuziehen,
und verließ ihn, nur von einer einzigen Sklavin begleitet.
Ihr schwarzes Haar aber verbarg eine blonde Perücke, und so be-
trat sie das von einem alten Flickenvorhang warmgehaltene Bordell
und die leere und ihr gehörende Kammer. Da bot sie sich an,
nackt, mit vergoldeten Brustwarzen, den Namen Lycisca
vortäuschend,[58]
und zeigte den Leib, der dich, edler Britannicus, getragen hatte:[59]

excepit blanda intrantis atque aera poposcit.   125
[continueque iacens cunctorum absorbuit ictus.]
mox, lenone suas iam dimittente puellas,
tristis abit et quod potuit tamen ultima cellam
clausit adhuc ardens rigidae tentigine volvae,
et lassata viris necdum satiata recessit,   130
obscurisque genis turpis fumoque lucernae
foeda lupanaris tulit ad pulvinar odorem.
[hippomanes carmenque loquar coctumque venenum
privignoque datum? faciunt graviora coactae
imperio sexus minimumque libidine peccant.]   135
   „Optima sed quare Caesennia teste marito?“
bis quingena dedit. tanti vocat ille pudicam
nec pharetris Veneris macer est aut lampade fervet:
inde faces ardent, veniunt a dote sagittae.
libertas emitur: coram licet innuat atque   140
rescribat, vidua est, locuples quae nupsit avaro.
   „Cur desiderio Bibulae Sertorius ardet?“
si verum excutias, facies, non uxor amatur.
tres rugae subeant et se cutis arida laxet,
fiant obscuri dentes oculique minores,   145
„collige sarcinulas“ dicet libertus „et exi,
iam gravis es nobis et saepe emungeris. exi

schmeichelnd empfing sie die Besucher und verlangte Bezahlung.
[und daliegend verschlang sie unablässig die Stöße aller.][60]
Wenn dann der Bordellwirt schon seine Mädchen entließ,
ging sie betrübt weg und, was sie doch noch konnte, schloß als letzte
die Kammer, noch immer glühend von der Brunst der steifen
                                                        Scheide,
und, erschöpft von den Männern jedoch nicht befriedigt, zog sie
davon, durch geschwärzte Wangen häßlich und von dem Qualm der
Lampe schmutzig trug sie den Gestank des Bordells zum
                                              kaiserlichen Lager.
[Soll ich von Roßwut[61] und Zaubergesang sprechen und von Gift,
das gebraut und dem Stiefsohn gegeben wird? Noch Ärgeres
                                                    vollbringen
sie, gezwungen vom Gebot ihres Geschlechts: am wenigsten
                                    sündigen sie aus Wollust.][62]
„Warum jedoch ist Caesennia nach dem Zeugnis ihres Mannes
                                          die Allerbeste?“[63]
Sie brachte ihm eine Million.[64] Um diesen Preis nennt er sie keusch,
ist nicht durch den Köcher der Venus mager, noch glüht er durch
                                              ihre Leuchte:[65]
von dorther brennen die Fackeln, von der Mitgift her kommen die
                                                        Pfeile.
Erkauft wird die Freiheit: in seiner Gegenwart mag sie zuzwinkern
und Briefchen beantworten,[66] ledig ist, die als Reiche einen
                                          Habgierigen heiratete.
„Warum glüht Sertorius vor Leidenschaft für Bibula?“[67]
Wenn du der Wahrheit nachgehst: das Gesicht, nicht die Gattin
                                              wird geliebt.
Sollten drei Runzeln sich einstellen und die Haut trocken werden
                                          und erschlaffen,
die Zähne dunkel werden und die Augen kleiner,[68] wird der
Freigelassene sagen:[69] „Pack deine Klamotten zusammen und zieh
aus, du fällst uns schon lästig und putzt dir häufig die Nase.[70] Zieh

ocius et propera, sicco venit altera naso. "
interea calet et regnat poscitque maritum
pastores et ovem Canusinam ulmosque Falernas   150
– quantulum in hoc! –, pueros omnes, ergastula tota,
quodque domi non est, sed habet vicinus, ematur.
mense quidem brumae, cum iam mercator Iason
clausus et armatis obstat casa candida nautis,
grandia tolluntur crystallina, maxima rursus   155
murrina, deinde adamas notissimus et Beronices
in digito factus pretiosior. hunc dedit olim
barbarus incestae gestare Agrippa sorori,
observant ubi festa mero pede sabbata reges,
et vetus indulget senibus clementia porcis.   160
    „Nullane de tantis gregibus tibi digna videtur?"
sit formonsa, decens, dives, fecunda, vetustos
porticibus disponat avos, intactior omni
crinibus effusis bellum dirimente Sabina,
rara avis in terris nigroque simillima cycno: 165
quis feret uxorem cui constant omnia? malo,
malo Venustinam quam te, Cornelia, mater
Gracchorum, si cum magnis virtutibus adfers
grande supercilium et numeras in dote triumphos.
tolle tuum, precor, Hannibalem victumque Syphacem   170
in castris et cum tota Carthagine migra!
„parce, precor, Paean, et tu, dea, pone sagittas:
nil pueri faciunt, ipsam configite matrem!"
Amphion clamat, sed Paean contrahit arcum.

rasch aus und beeil dich, mit trockener Nase kommt schon die
Nächste. "
Vorerst steht sie in Gunst und ist Königin, fordert vom Ehemann
Hirten und canusinische Schafe[71] und ulmengestützte Falerner-
reben,[72] – kostet doch nicht viel! – alle möglichen Diener, sämtliche
Sklavenhäuser,[73]
und was im Hause fehlt, der Nachbar aber besitzt, muß gekauft
werden.
Im Monat der Wintersonnenwende aber, wenn der Handelsherr
Jason schon
zugestellt ist und die weiße Bude vor den bewaffneten Matrosen
steht,[74]
werden mächtige Gefäße aus Bergkristall angeschafft, dann wieder
riesige Vasen aus Flußspat,[75] weiter ein hochberühmter Diamant,
der noch wertvoller wurde, weil ihn Beronice am Finger trug. Ihn
schenkte ihr einst
der Barbar Agrippa,[76] daß seine blutschänderische Schwester ihn
trage, dort, wo die Könige mit nackten Füßen das Sabbatfest ehren
und althergebrachte Milde den Schweinen das Altern gestattet.[77]
„Scheint dir keine einzige aus all den Scharen würdig?"[78]
Mag eine schön, anmutig, reich, fruchtbar sein, die alten Ahnen
in den Säulengängen aufstellen,[79] unberührter als jede
Sabinerin, die mit aufgelösten Haaren die Krieger trennte,[80]
ein seltener Vogel auf Erden und ähnlich einem schwarzen Schwan:
wer ertrüge eine Gattin, bei der alles stimmt? Eher will ich,
eher eine Venustina[81] als dich, Cornelia, Mutter der
Gracchen, wenn du mit deinen großen Tugenden großen
Hochmut mitbringst und zur Mitgift eure Triumphe zählst.[82]
Nimm, so bitte ich, deinen Hannibal und den in seinem Heerlager
besiegten Syphax, und zieh von dannen samt dem ganzen Karthago!
„Verschone uns, Paean, so flehe ich, und du, Göttin, lege die Pfeile
nieder: schuldlos sind die Kinder, die Mutter selbst durchbohrt!"[83]
ruft Amphion, aber Paean spannt den Bogen.

extulit ergo greges natorum ipsumque parentem,   175
dum sibi nobilior Latonae gente videtur
atque eadem scrofa Niobe fecundior alba.
quae tanti gravitas, quae forma, ut se tibi semper
inputet? huius enim rari summique voluptas
nulla boni, quotiens animo corrupta superbo   180
plus aloes quam mellis habet. quis deditus autem
usque adeo est, ut non illam quam laudibus effert
horreat inque diem septenis oderit horis?

  Quaedam parva quidem, sed non toleranda maritis.
nam quid rancidius, quam quod se non putat ulla   185
formosam nisi quae de Tusca Graecula facta est,
de Sulmonensi mera Cecropis? omnia Graece:
[cum sit turpe magis nostris nescire Latine.]
hoc sermone pavent, hoc iram, gaudia, curas,
hoc cuncta effundunt animi secreta. quid ultra?   190
concumbunt Graece. dones tamen ista puellis:
tune etiam, quam sextus et octogensimus annus
pulsat, adhuc Graece? non est hic sermo pudicus
in vetula, quotiens lascivum intervenit illud
ζωὴ καὶ ψυχή. modo sub lodice ferendis   195
uteris in turba. quod enim non excitet inguen
vox blanda et nequam? digitos habet. ut tamen omnes
subsidant pinnae: dicas haec mollius Haemo
quamquam et Carpophoro, facies tua conputat annos.

Also bestattete Niobe die Scharen ihrer Kinder samt deren Vater,
da sie sich edler dünkte als Latonas Geschlecht
und zugleich fruchtbarer als die weiße Sau.[84]
Welche Würde, welche Schönheit ist soviel wert, daß man sie dir
stets vorrechnen dürfte? Dieses seltene und herrliche Gut schenkt
nämlich keinerlei Freude, wenn es durch Hochmut verdorben
mehr Aloe[85] als Honig enthält. Wer aber wäre in solchem Maße
ergeben, daß er nicht vor jener, die er mit Lob überhäuft,
schauderte und sie nicht jeden Tag sieben Stunden[86] haßte?
    Manches sind wohl Kleinigkeiten, jedoch unerträglich für die
Ehemänner.[87]
Denn was ist widerwärtiger, als daß keine einzige sich für schön
hält, wenn sie nicht als Etruskerin zur Griechin geworden ist,
als Mädchen aus Sulmo zur reinen Kekropstocher?[88] Alles auf
griechisch:
[obwohl es für unsere Landsleute schimpflicher ist, kein Latein zu
können][89]
in dieser Sprache äußern sie Furcht, in dieser Zorn, Freuden, Sorgen,
in dieser sprudeln sie alle Geheimnisse des Herzens heraus.
Schlimmer noch:
ihr Beischlaf ist griechisch. Tolerieren magst du dies indessen noch
bei jungen
Damen, aber auch du, bei der schon das sechsundachtzigste Jahr
anklopft, immer noch Griechisch? Schamlos ist diese Sprache
bei einer Alten, wenn dir jenes lüsterne „Zoe kai psyche"[90]
entschlüpft! Was nur unter der Bettdecke zu ertragen wäre,[91]
gebrauchst du in der Öffentlichkeit. Welches Glied würde freilich
nicht
durch ein schmeichelndes und laszives Wort erregt? Es hat Finger.
Damit du aber
gleich alle Flügel hängen läßt:[92] magst du dies auch zärtlicher als
Haemus[93]
aussprechen und Carpophorus, dein Gesicht registriert deine Jahre.

Si tibi legitimis pactam iunctamque tabellis 200
non es amaturus, ducendi nulla videtur
causa, nec est quare cenam et mustacea perdas
labente officio crudis donanda, nec illud
quod prima pro nocte datur, cum lance beata
Dacicus et scripto radiat Germanicus auro. 205
si tibi simplicitas uxoria, deditus uni
est animus, summitte caput cervice parata
ferre iugum. nullam invenies quae parcat amanti.
ardeat ipsa licet, tormentis gaudet amantis
et spoliis. igitur longe minus utilis illi 210
uxor, quisquis erit bonus optandusque maritus.
nil umquam invita donabis coniuge, vendes
hac obstante nihil, nihil haec si nolet emetur.
haec dabit affectus: ille excludatur amicus
iam senior, cuius barbam tua ianua vidit. 215
testandi cum sit lenonibus atque lanistis
libertas et iuris idem contingat harenae,
non unus tibi rivalis dictabitur heres.
„pone crucem servo!" „meruit quo crimine servus
supplicium? quis testis adest? quis detulit? audi: 220
nulla umquam de morte hominis cunctatio longa est."
„o demens, ita servus homo est? nil fecerit, esto:

Wenn du die Frau, die dir durch rechtmäßigen Vertrag ver-
                    sprochen und verbunden wurde,
nicht lieben willst,[94] scheint kein Grund vorhanden, sie
                                          heimzuführen,
keine Ursache, Festmahl und Lorbeerkuchen[95] zu verschwenden,
den du den vollgestopften Gästen beim Weggehen schenken mußt,
und auch nicht jene Gabe für die erste Nacht, wenn auf prunkender
Schale in geprägtem Gold ein Dacicus und Germanicus erstrahlt.[96]
Wenn du aber das einfältige Gemüt eine Ehemannes hast, dein Herz
der einen treu ergeben ist, dann beuge das Haupt, um mit willigem
Nacken das Joch zu tragen. Keine wirst du finden, die den
                                          Verliebten schont.
Mag sie auch selbst entflammt sein, sie freut sich an den Qualen des
                                          Verliebten
und an seiner Plünderung. Daher ist eine Ehefrau für den weit
weniger brauchbar, der ein trefflicher und wünschenswerter Gatte
                                          wäre.
Nichts wirst du je gegen den Willen der Gattin verschenken, nichts
gegen ihren Widerstand verkaufen, nichts wird ohne ihre
                                          Zustimmung gekauft.
Sie schreibt dir deine Zuneigung vor: von der Schwelle zu weisen
ist, der schon lange dein Freund war, bei dem deine Tür noch den
                                          Bart sah.[97]
Während die Zuhälter und Fechtmeister die Freiheit haben, ihr
Testament zu verfassen, und dasselbe Recht den Gladiatoren zufällt,
wird dir nicht nur ein einzelner Nebenbuhler als Erbe diktiert.[98]
„Errichte das Kreuz für den Sklaven!"[99] „Für welches Verbrechen
                                          hat der
Sklave die Hinrichtung verdient? Wen gibt es als Zeugen? Wer
                                          beschuldigte ihn? Hör ihn an:
geht es um den Tod eines Menschen, ist ein Zögern nie zu lang."
„Du Narr, ist denn der Sklave ein Mensch? Nichts habe er ver-
                                          brochen, mag sein:

hoc volo, sic iubeo, sit pro ratione voluntas. "
imperat ergo viro. sed mox haec regna relinquit
permutatque domos et flammea conterit; inde   225
avolat et spreti repetit vestigia lecti,
ornatas paulo ante fores, pendentia linquit
vela domus et adhuc virides in limine ramos.
sic crescit numerus, sic fiunt octo mariti
quinque per autumnos, titulo res digna sepulcri.   230
    Desperanda tibi salva concordia socru.
illa docet spoliis nudi gaudere mariti,
illa docet missis a corruptore tabellis
nil rude nec simplex rescribere, decipit illa
custodes aut aere domat. tum corpore sano   235
advocat Archigenen onerosaque pallia iactat.
abditus interea latet et secretus adulter
inpatiensque morae silet et praeputia ducit.
scilicet expectas ut tradat mater honestos
atque alios mores quam quos habet? utile porro   240
filiolam turpi vetulae producere turpem.
    Nulla fere causa est in qua non femina litem
moverit. accusat Manilia, si rea non est.
conponunt ipsae per se formantque libellos,
principium atque locos Celso dictare paratae.   245

aber ich will es so, ich befehle es, statt einer Begründung gelte mein
Wille."
So kommandiert sie also den Mann. Aber bald verläßt sie dieses
Königreich,
wechselt die Häuser und verschleißt die Brautschleier;[100] von dort
flattert sie wieder davon und kehrt zurück in das verschmähte Bett,
das noch ihre Spuren trägt,
die kurz zuvor geschmückte Tür, die am Haus hängenden Tücher
läßt sie zurück und die noch grünen Zweige auf der Schwelle.
So wächst die Zahl, so ergeben sich acht Ehemänner in fünf
Herbsten, eine Tatsache, die eine Inschrift auf dem Grabmal
verdient.[101]
Die Hoffnung auf Einvernehmen mußt du aufgeben, solange die
Schwiegermutter lebt.[102]
Sie lehrt, sich an der Ausplünderung des arm werdenden
Ehemannes zu freuen,
sie lehrt, auf die vom Verführer geschickten Liebesbriefe nichts
Ungeschicktes und Einfältiges zu antworten, sie täuscht die
Aufpasser oder zähmt sie mit Geld. Dann ruft sie trotz bester
Gesundheit
Archigenes[103] herbei und schüttelt die beschwerlichen Bettdecken.
Inzwischen hält sich im Versteck heimlich der Galan verborgen,
schweigt voller Ungeduld über die Verzögerung und zieht an der
Vorhaut.
Erwartest du etwa, daß die Mutter anständige Sitten weitergibt und
andere, als sie selbst aufweist? Außerdem ist es nützlich für
eine unmoralische Alte, das Töchterchen zur Unmoral zu erziehen.
Kaum einen Prozeß gibt es, bei dem den Streit nicht eine Frau
verursacht hat.[104] Manilia klagt an, wenn sie nicht die Angeklagte
ist.
Sie entwerfen selbst mit eigener Kraft Manuskripte und arbeiten
sie aus, sind bereit, Einleitung und Hauptpunkte einem Celsus zu
diktieren.[105]

Endromidas Tyrias et femineum ceroma
quis nescit? vel quis non vidit vulnera pali,
quem cavat adsiduis rudibus scutoque lacessit
atque omnis implet numeros, dignissima prorsus
Florali matrona tuba, nisi si quid in illo   250
pectore plus agitat veraeque paratur harenae?
quem praestare potest mulier galeata pudorem,
quae fugit a sexu, vires amat? haec tamen ipsa
vir nollet fieri, nam quantula nostra voluptas!
quale decus rerum si coniugis auctio fiat,   255
balteus et manicae et cristae crurisque sinistri
dimidium tegimen! vel si diversa movebit
proelia, tu felix ocreas vendente puella.
hae sunt quae tenui sudant in cyclade, quarum
delicias et panniculus bombycinus urit.   260
aspice quo fremitu monstratos perferat ictus
et quanto galeae curvetur pondere, quanta
poplitibus sedeat quam denso fascia libro,
et ride positis scaphium cum sumitur armis.
dicite vos, neptes Lepidi caecive Metelli   265
Gurgitis aut Fabii, quae ludia sumpserit umquam
hos habitus, quando ad palum gemat uxor Asyli!
     Semper habet lites alternaque iurgia lectus
in quo nupta iacet, minimum dormitur in illo.
tum gravis illa viro, tunc orba tigride peior,   270
cum simulat gemitus occulti conscia facti.

Wer kennt nicht die purpurnen Athletenmäntel und das Ringen
bei Frauen?[106] Oder wer sah nicht die Wunden am Pfahl,[107]
den sie durch dauernde Hiebe mit dem Holzschwert höhlt und mit
dem Schild attackiert und alle Kunstregeln erfüllt, höchst würdig in
der Tat, eine Matrone, der Trompete beim Florafest,[108] – wenn sie
nicht in ihrer Brust etwas Größeres plant und sich für die echte Arena
vorbereitet?
Welches Schamgefühl kann eine helmbewehrte Frau aufweisen,
die vor ihrem Geschlecht flieht, die Muskelkraft liebt? Zum
Mann wollte sie selbst jedoch nicht werden, denn wie gering ist
unsere Lust![109]
Welche Zierde wären, wenn die Sachen der Gattin zur Versteigerung kämen,[110]
der Schwertgurt, der Armschutz, der Helmbusch, der das linke Bein
zur Hälfte deckende Panzer![111] Oder falls sie andersartige Kämpfe[112]
ausficht: es macht dich glücklich, wenn dein junges Weib Beinschienen verkauft.
Diese sind es, die schon im dünnen Florkleid schwitzen, und die
in ihrer Empfindlichkeit ein Seidenfähnchen versengt.[113]
Schau, mit welchem Gestöhne sie die ihr gezeigten Schwertstöße
ausführt und mit welch großem Gewicht der Helm sie niederdrückt,
welch große Bandage aus dichtem Bast ihre Knie umwickelt,[114]
und lach', wenn sie die Waffen ablegt und zum Pißtopf greift!
Sagt doch, ihr Enkelinnen eines Lepidus oder des blinden Metellus
oder des Fabius Gurges,[115] welche Frau eines Gladiators jemals eine
derartige Tracht anlegte, wann die Gattin eines Asylus[116] am
Übungspfahl ächzt!
Immer gibt es Streit und gegenseitige Vorwürfe in dem Bett,
in dem eine Ehefrau liegt, sehr wenig wird in ihm geschlafen.[117]
Dann wird sie dem Manne lästig, dann ist sie schlimmer als eine
ihrer Jungen beraubte Tigerin,
wenn sie Schluchzen vortäuscht im Bewußtsein eines verborgenen
Fehltritts.

aut odit pueros aut ficta paelice plorat,
uberibus semper lacrimis semperque paratis
in statione sua atque expectantibus illam,
quo iubeat manare modo: tu credis amorem,   275
tu tibi tunc, uruca, places fletumque labellis
exorbes, quae scripta et quot lecture tabellas,
si tibi zelotypae retegantur scrinia moechae!
sed iacet in servi complexibus aut equitis: dic,
dic aliquem sodes hic, Quintiliane, colorem!   280
„haeremus." dic ipsa! „olim convenerat" inquit
„ut faceres tu quod velles, nec non ego possem
indulgere mihi. clames licet et mare caelo
confundas, homo sum." nihil est audacius illis
deprensis: iram atque animos a crimine sumunt.   285
    Unde haec monstra tamen vel quo de fonte requiris?
praestabat castas humilis fortuna Latinas
quondam, nec vitiis contingi parva sinebant
tecta, labor somnique breves et vellere Tusco
vexatae duraeque manus ac proximus urbi   290
Hannibal et stantes Collina turre mariti.
nunc patimur longae pacis mala, saevior armis
luxuria incubuit victumque ulciscitur orbem.
nullum crimen abest facinusque libidinis, ex quo
paupertas Romana perit. hinc fluxit ad istos   295
et Sybaris colles, hinc et Rhodos et Miletos
atque coronatum et petulans madidumque Tarentum.

Haß auf die Sklaven äußert sie oder klagt über eine erfundene
Nebenbuhlerin[118]
mit Tränen, die stets reichlich vorhanden sind, stets auf ihrem
Posten bereitstehen und darauf warten, daß sie befiehlt,
in welcher Weise sie strömen sollen:[119] du glaubst, dies bedeute
Liebe, du bildest dir, du Wurm, darauf etwas ein und küßt mit den
Lippen ihr die Tränen weg: welche Mitteilungen und wieviele
Liebesbriefe würdest du lesen,
wenn du das Schränkchen der Eifersucht mimenden Ehebrecherin
öffnetest!
Da liegt sie in den Armen eines Sklaven oder Ritters:[120] gib,
Quintilian, gib doch bitte jetzt eine geschickte Rechtfertigung!
„Ratlos bin ich!" Dann gib du selbst eine! „Längst schon", sagt sie,
„kamen wir überein, daß du machst, was du willst, und auch ich mir
freien Lauf lassen darf. Du magst schreien und Meer und Himmel
mischen:[121] ich bin nur ein Mensch." Nichts ist frecher als sie,
wenn sie ertappt worden sind: Zorn und Mut schöpfen sie aus
ihrem Vergehen.
Woher jedoch, fragst du, oder aus welcher Quelle diese Ungeheuerlichkeiten stammen?[122]
Die Schlichtheit des Lebens hat einst die Latinerinnen keusch
bewahrt, eine Befleckung durch Laster ließen die kleinen Hütten
nicht zu, die Arbeit, der kurze Schlaf und die von etruskischer
Wolle
geplagten und harten Hände, dazu die Nähe Hannibals vor der
Stadt und die auf dem Collinischen Turm stehenden Ehemänner.[123]
Jetzt leiden wir unter den Übeln des langen Friedens, grausamer als
die Waffen hat uns der Luxus überkommen und rächt die besiegte
Welt.

Kein Verbrechen fehlt und keine Untat aus Begierde, seit die
Armut Roms vergangen ist. Deshalb ergoß sich zu diesen
Hügeln Sybaris, deshalb Rhodos und Milet
und das bekränzte, unverschämte und trunkene Tarent.[124]

prima peregrinos obscena pecunia mores
intulit, et turpi fregerunt saecula luxu
divitiae molles. quid enim venus ebria curat?   300
inguinis et capitis quae sint discrimina, nescit
grandia quae mediis iam noctibus ostrea mordet,
cum perfusa mero spumant unguenta Falerno,
cum bibitur concha, cum iam vertigine tectum
ambulat et geminis exsurgit mensa lucernis.   305
i nunc et dubita qua sorbeat aera sanna
Maura, Pudicitiae veterem cum praeterit aram,   307
Tullia quid dicat notae collactea Maurae.   308
noctibus hic ponunt lecticas, micturiunt hic
effigiemque deae longis siphonibus implent   310
inque vices equitant ac Luna teste moventur.
inde domos abeunt: tu calcas luce reversa
coniugis urinam magnos visurus amicos.
nota Bonae secreta Deae, cum tibia lumbos
incitat et cornu pariter vinoque feruntur   315
attonitae crinemque rotant ululantque Priapi
maenades. o quantus tunc illis mentibus ardor
concubitus, quae vox saltante libidine, quantus
ille meri veteris per crura madentia torrens!
lenonum ancillas posita Saufeia corona   320
provocat et tollit pendentis praemia coxae;
ipsa Medullinae fluctum crisantis adorat:
palma inter dominas, virtus natalibus aequa.

Ausländische Sitten brachte zuerst das schamlose Geld zu uns,
und verweichlichender Reichtum zerbrach mit schändlichem
Luxus die folgenden Generationen. Denn worum schert sich
                                      betrunkene Wollust?
Die Unterschiede zwischen Schoß und Kopf kennt die nicht,[125]
die große Austern kaut, wenn es schon Mitternacht ist,
wenn mit purem Falerner übergossene Essenzen aufschäumen,[126]
wenn man aus dem Muschelgefäß trinkt,[127] wenn sich schon im
                                      Kreise
die Decke dreht, die Lampen doppelt erscheinen und der Tisch sich
                                      hebt.
Auf denn, zweifle noch daran, mit welcher Grimasse Maura die Luft
einzieht,[128] wenn sie am alten Altar der „Keuschheit" vorbeigeht,
was Tullia, ihre Milchschwester, der berüchtigten Maura sagt.
Nächtens lassen sie hier die Sänften niedersetzen, hier pissen sie
und spritzen mit langem Strahl das Bildnis der Göttin voll,
reiten wechselseitig aufeinander und regen sich, während die
                                      Mondgöttin Zeuge ist.
Darauf begeben sie sich nach Hause: bei Tagesanbruch trittst du,
wenn du deine hohen Gönner besuchen willst,[129] in den Urin deiner
                                      Gattin.
Bekannt sind die Geheimfeiern der Bona Dea,[130] wenn die Oboe[131]
                                      die Lenden
erregt und durch deren Horn und den Wein gleichermaßen ekstatisch
die Mänaden des Priap[132] rasen, die Haare wirbeln und heulen.
Wie groß ist dann in ihrem Herzen die heiße Begierde nach
Beischlaf, welche Laute erregt die bebende Lust, welcher Strom
alten Weines[133] läuft ihnen die triefenden Schenkel hinunter!
Saufeia[134] setzt einen Kranz aus, fordert die Sklavinnen der
Kuppler[135] heraus und gewinnt den Preis im Schwingen der Hüfte;
sie selbst vergöttert Medullinas fließendes Wiegen des Beckens:
der Sieg bleibt bei den Standesdamen,[136] ihre Leistung gleicht
                                      dem Adel der Geburt.

nil ibi per ludum simulabitur, omnia fient
ad verum, quibus incendi iam frigidus aevo   325
Laomedontiades et Nestoris hirnea possit.
tunc prurigo morae inpatiens, tum femina simplex,
ac pariter toto repetitus clamor ab antro
„iam fas est, admitte viros!" dormitat adulter,
illa iubet sumpto iuvenem properare cucullo;   330
si nihil est, servis incurritur; abstuleris spem
servorum, venit et conductus aquarius; hic si
quaeritur et desunt homines, mora nulla per ipsam,
quo minus inposito clunem summittat asello.
atque utinam ritus veteres et publica saltem   335
his intacta malis agerentur sacra! sed omnes
noverunt Mauri atque Indi quae psaltria penem
maiorem quam sunt duo Caesaris Anticatones
illuc, testiculi sibi conscius unde fugit mus,
intulerit, ubi velari pictura iubetur   340
quaecumque alterius sexus imitata figuras.
et quis tunc hominum contemptor numinis, aut quis
simpuvium ridere Numae nigrumque catinum
et Vaticano fragiles de monte patellas
ausus erat? sed nunc ad quas non Clodius aras?   345
audio, quid veteres olim moneatis amici:
„pone seram, cohibe!" sed quis custodiet ipsos
custodes? cauta est et ab illis incipit uxor.

Nichts wird dort im Spiel vorgetäuscht, alles geschieht
reell: es könnte dadurch der vor Alter schon kalte Sohn des
Laomedon entflammt werden und Nestor trotz seines Bruchs. [137]
Dann wird der Geilheit die Verzögerung unerträglich, dann gibt
sich das Weib natürlich,
und von der ganzen Grotte[138] wird gemeinsam der Ruf wiederholt:
„Jetzt ist es erlaubt, laß die Männer herein!"[139] Schläft der Buhle,[140]
befiehlt sie dem jungen Mann, den Kapuzenmantel anzuziehen
und herbeizueilen;
wird daraus nichts, stürzt man sich auf die Sklaven; ist die Hoffnung
auf die Sklaven genommen, kommt ein gemieteter Wasserträger
herbei;
falls dieser fehlt und es an Menschen mangelt, gibt es für sie kein
Zaudern: sie schiebt den Hintern zum Besteigen einem Eselchen
unter.
Und wenn doch wenigstens die althergebrachten Riten und die
öffentlichen
Kultfeiern unangetastet von diesen Schändlichkeiten durchgeführt
würden!
Aber alle Mauren und Inder wissen,[141] welche Saitenspielerin ein
Glied größer als Caesars zwei Buchrollen „Gegen Cato" dorthin
hineintrug,[142] wo ein sich seiner Hoden bewußter Mäuserich
davonflieht, wo man jegliches Gemälde zu verhüllen befiehlt,
das die Gestalten des anderen Geschlechts abbildet.[143]
Und wer unter den Menschen war damals ein Verächter der
Gottheit, oder
wer wagte es, über die Opferschale Numas zu lachen, die schwarze
Schüssel und die zerbrechlichen Teller vom Vatikanischen
Hügel?[144] Doch jetzt: an welchen Altären findet sich kein Clodius?
Ich höre wohl, was ihr alten Freunde schon lange anratet:
„Leg' den Riegel vor, sperr' sie ein!" Wer aber soll die Wächter
selbst bewachen? Schlau ist eine Ehefrau und macht den Anfang bei
ihnen.

iamque eadem summis pariter minimisque libido,
nec melior silicem pedibus quae conterit atrum   350
quam quae longorum vehitur cervice Syrorum.
    Ut spectet ludos, conducit Ogulnia vestem,
conducit comites, sellam, cervical, amicas,
nutricem et flavam cui det mandata puellam.
haec tamen argenti superest quodcumque paterni   355
levibus athletis et vasa novissima donat.
multis res angusta domi, sed nulla pudorem
paupertatis habet nec se metitur ad illum
quem dedit haec posuitque modum. tamen utile quid sit
prospiciunt aliquando viri, frigusque famemque   360
formica tandem quidam expavere magistra:
prodiga non sentit pereuntem femina censum.
ac velut exhausta recidivus pullulet arca
nummus et e pleno tollatur semper acervo,
non umquam reputant quanti sibi gaudia constent.   365
    [In quacumque domo vivit luditque professus   O 1
obscenum et tremula promittens omnia dextra,
invenies omnis turpes similesque cinaedis.
his violare cibos sacraeque adsistere mensae
permittunt, et vasa iubent frangenda lavari,   O 5
cum colocyntha bibit vel cum barbata chelidon.
purior ergo tuis laribus meliorque lanista,
in cuius numero longe migrare iubetur
psyllus ab †eupholio.† quid quod nec retia turpi

Schon beherrscht gleichermaßen die Vornehmsten und die
                                   Niedrigsten dieselbe Geilheit,
und nicht besser ist die, die zu Fuß über das schwarze Pflaster
                                                        läuft,[145]
als jene, die auf dem Nacken hochgewachsener Syrer getragen wird.
  Um die Spiele zu sehen, mietet sich Ogulnia ein Kleid,
sie mietet Begleiter, eine Sänfte, ein Polster, Freundinnen, eine
Amme und eine blonde Sklavin, der sie Aufträge erteilen kann.[146]
Was jedoch auch immer vom väterlichen Silber noch übrig ist,
das schenkt sie bartlosen Athleten, selbst das letzte Geschirr.
Bei vielen ist der häusliche Besitz spärlich, aber keine nimmt
                                                    schamvoll
Rücksicht auf ihre Anmut und mißt sich an dem Maß, das diese
vorgab und setzte. Die Männer dagegen erwägen irgendwann
vorausschauend, was nützlich wäre, manche haben schließlich von
der Ameise gelernt, sich vor Kälte und Hunger zu fürchten:
eine verschwenderische Frau hat keinen Sinn für das Schwinden
                                             des Vermögens.
Und als ob in der entleerten Schatztruhe das Geld sich erneuernd
nachwachse und man von stets vollem Haufen nehmen könne,
rechnen sie niemals nach, wieviel ihre Vergnügungen sie kosten.[147]
[In jedem Haus, in dem einer lebt und sein Spiel treibt, der sich
zur Unzucht bekennt und mit der zittrigen Rechten alles verspricht,
wirst du alle sittenlos finden und ähnlich den Schwulen.[148]
Ihnen gestatten sie, die Speisen zu besudeln und am geheiligten Tisch
Platz zu nehmen, und befehlen, das Geschirr nur zu waschen, das
                                 man zertrümmern müßte,
wenn jene daraus trinken mit ihrem Mund, den sie zu allem
                                             benutzen.[149]
Reiner also und besser als dein Haus ist das eines Gladiatorenchefs,[150]
in dessen Truppe dem psyllus befohlen wird, sich weit zu entfernen
vom eupholius. Außerdem werden die Netze nicht mit der
                                   schimpflichen

iunguntur tunicae, nec cella ponit eadem ○ 10
munimenta umeri †pulsatamque arma† tridentem
qui nudus pugnare solet? pars ultima ludi
accipit has animas aliusque in carcere nervos.
sed tibi communem calicem facit uxor et illis
cum quibus Albanum Surrentinumque recuset ○ 15
flava ruinosi lupa degustare sepulchri.
horum consiliis nubunt subitaeque recedunt,
his languentem animum †servant† et seria vitae,
his clunem atque latus discunt vibrare magistris,
quicquid praeterea scit qui docet. haud tamen illi ○ 20
semper habenda fides: oculos fuligine pascit
distinctus croceis et reticulatus adulter.
suspectus tibi sit, quanto vox mollior et quo
saepius in teneris haerebit dextera lumbis.
hic erit in lecto fortissimus; exuit illic ○ 25
personam docili Thais saltata Triphallo.
quem rides? aliis hunc mimum! sponsio fiat:
purum te contendo virum. contendo: fateris?
an vocat ancillas tortoris pergula? novi
consilia et veteres quaecumque monetis amici: ○ 30
„pone seram, cohibe!" sed quis custodiet ipsos
custodes, qui nunc lascivae furta puellae

Tunika zusammengetan,[151] und er verlegt nicht in dieselbe
Kammer den Schulterschutz und … den Dreizack dessen,
der nackt zu kämpfen pflegt. Der entfernteste Teil der Kaserne
                                                        nimmt
jene Seelchen in Empfang und eine andere Kette im Gefängnis.[152]
Deine Gattin jedoch läßt dich den Trinkbecher mit jenen teilen,
mit denen Albaner oder Surrentiner Wein zu kosten sich weigern
würde die blonde Hure im verfallenen Grabmal.[153]
Auf die Ratschläge jener hin gehen sie Ehen ein und lassen sich
                                                plötzlich scheiden,
ihnen vertrauen sie den Kummer ihres Herzens an und die ernsten
                                                Dinge des Lebens,[154]
unter ihrer Anleitung lernen sie, den Hintern und die Hüften zu
                                                schwenken,
und alles, was der Lehrer sonst noch weiß. Jedoch ist ihm nicht
immer zu trauen:[155] die Augen läßt er durch Tusche größer
                                                erscheinen,
der mit gelben Kleidern geschmückte und ein Haarnetz tragende
                                                Ehebrecher.
Umso verdächtiger sollte er dir sein, je weichlicher seine Stimme
ist und je häufiger seine Rechte bei seinem zarten Glied verweilt.
Dieser wird im Bett der Kräftigste sein; dort legt Thais,
die von dem gelehrigen Triphallus tänzerisch dargestellt wurde,
                                                die Maske ab.[156]
Über wen machst du dich lustig? Spiel' anderen diesen Mimus
                                vor! Prüfen wir es gerichtlich:[157]
ich behaupte, du bist ein echter Mann. Ich behaupte es: gestehst
du, oder soll die Bude des Folterers nach den Sklavinnen rufen?[158]
                                                Ich kenne
die Ratschläge und all die Mahnungen, die ihr alten Freunde an
                                                mich richtet:
„Leg' den Riegel vor, sperr' sie ein!" Aber wer soll die Wächter selbst
bewachen,[159] die jetzt die heimlichen Fehltritte der geilen jungen Frau

hac mercede silent? crimen commune tacetur.
prospicit hoc prudens et ab illis incipit uxor.]   O 34
 Sunt quas eunuchi inbelles ac mollia semper   366
oscula delectent et desperatio barbae
et quod abortivo non est opus. illa voluptas
summa tamen, quom iam calida matura iuventa
inguina traduntur medicis, iam pectine nigro.   370
ergo expectatos ac iussos crescere primum
testiculos, postquam coeperunt esse bilibres,
tonsoris tantum damno rapit Heliodorus.
[mangonum pueros vera ac miserabilis urit   373A
debilitas, follisque pudet cicerisque relicti.]   373B
conspicuus longe cunctisque notabilis intrat
balnea nec dubie custodem vitis et horti   375
provocat a domina factus spado. dormiat ille
cum domina, sed tu iam durum, Postume, iamque
tondendum eunucho Bromium committere noli.
 Si gaudet cantu, nullius fibula durat
vocem vendentis praetoribus. organa semper   380
in manibus, densi radiant testudine tota
sardonyches, crispo numerantur pectine chordae
quo tener Hedymeles operas dedit: hunc tenet, hoc se

um eben diesen Preis verschweigen?[160] Das gemeinsame Vergehen
                                              wird verhehlt.
Dies sieht die kluge Ehefrau voraus und macht den Anfang bei
                                              ihnen.]
    Manche erfreuen sich an unkriegerischen Eunuchen[161] und an
                                              stets
zarten Küssen und der fehlenden Aussicht auf einen Bart, sowie
daran, daß kein Abtreibungsmittel notwendig ist. Die höchste Lust
jedoch ergibt sich, wenn die reifen Geschlechtsteile den Ärzten
                                              überantwortet
werden, sobald die Jugend schon erregbar, das Schamhaar schon
                                              schwarz ist.
Deshalb wartet man zuerst ab und heißt die Hoden wachsen,
und nachdem sie ein Gewicht von zwei Pfund erreicht haben,
entfernt sie Heliodorus: allein der Barbier hat den Schaden.[162]
[Die Knaben bei den Sklavenhändlern quält die wirkliche, elende
                                              Verstümmelung,
sie schämen sich des Sackes und des Schwänzchens, die ihnen
                                              geblieben sind.][163]
Von weitem auffallend und von allen beachtet betritt er die
Bäder und fordert ohne Frage den Hüter des Weinstocks und des
Gartens heraus,[164] er, den die Herrin zum Kastraten gemacht hat.
                                              Schlafen mag er
mit seiner Herrin, du aber, Postumus, vertraue dem Eunuchen nicht
den Bromius an, obwohl dieser schon männlich wird und sein Haar
                                              schon gekürzt werden müßte![165]
    Wenn sie am Gesang Freude hat, hält die Fibel von keinem ihr
stand,[166] der seine Stimme den Praetoren verkauft.[167] Immer hat sie
                                              Instrumente
in Händen, dichtgedrängt funkeln die Ringsteine über die ganze
Lyra hin,[168] die Saiten werden nacheinander mit dem vibrierenden
                                              Plektron angeschlagen,
mit dem der zarte Hedymeles auftrat: dieses hält sie in der Hand,

solatur gratoque indulget basia plectro.
quaedam de numero Lamiarum ac nominis Appi   385
et farre et vino Ianum Vestamque rogabat,
an Capitolinam deberet Pollio quercum
sperare et fidibus promittere. quid faceret plus
aegrotante viro, medicis quid tristibus erga
filiolum? stetit ante aram nec turpe putavit   390
pro cithara velare caput, dictataque verba
pertulit, ut mos est, et aperta palluit agna.
dic mihi nunc, quaeso, dic, antiquissime divom,
respondes his, Iane pater? magna otia caeli,
non est, quod video, non est quod agatur apud vos.   395
haec de comoedis te consulit, illa tragoedum
commendare volet: varicosus fiet haruspex.
    Sed cantet potius quam totam pervolet urbem
audax et coetus possit quae ferre virorum
cumque paludatis ducibus praesente marito   400
ipsa loqui recta facie siccisque mamillis.
haec eadem novit quid toto fiat in orbe,
quid Seres, quid Thraces agant, secreta novercae
et pueri, quis amet, quis diripiatur adulter.
dicet quis viduam praegnatem fecerit et quo   405

damit tröstet sie sich[169] und beschenkt das wertvolle Plättchen mit
Küssen.

Eine aus der Reihe der Lamier und dem Hause der Appier
befragte mit Opfern von Spelt und Wein Janus und Vesta,
ob Pollio den kapitolinischen Eichenkranz erhoffen
und seiner Kithara versprechen dürfe.[170] Was könnte sie mehr tun,
wenn ihr Mann krank wäre, was, wenn die Ärzte besorgt wären
wegen ihres
Söhnchens? So stand sie vor dem Altar und hielt es nicht für
schimpflich,
der Kithara zuliebe das Haupt zu verhüllen, und sprach die
vorgesagten
Gebetsworte nach, wie es Brauch ist, und erbleichte beim Öffnen
des Lammes.[171]

Sag mir doch jetzt bitte, sag mir, ältester der Götter, gibst du
eine Antwort darauf, Vater Janus? Großer Müßiggang herrscht
im Himmel,
nichts gibt es, soweit ich sehe, nichts gibt es bei euch zu tun.[172]
Diese befragt dich über Komödienschauspieler, jene will dir einen
Tragöden empfehlen: der Opferbeschauer wird noch Krampfadern
bekommen.[173]

Aber eher noch mag sie singen, als daß sie die ganze Stadt
durcheilt,[174]
ungeniert und fähig, die Treffen der Männer zu ertragen und
mit Feldherrn in Kriegskleidung in Gegenwart des eigenen Mannes
selbst zu sprechen, mit unbewegtem Gesicht und kühler Brust.
Dieselbe Frau weiß, was in der ganzen Welt geschieht,
was die Chinesen, was die Thraker treiben, die Heimlichkeiten
zwischen Stiefmutter
und jungem Stiefsohn, welcher Galan verliebt ist, um welchen man
sich reißt.
Sie wird sagen, wer eine Unverheiratete geschwängert hat und
in welchem

mense, quibus verbis concumbat quaeque, modis quot.
instantem regi Armenio Parthoque cometen
prima videt, famam rumoresque illa recentis
excipit ad portas, quosdam facit; isse Niphaten
in populos magnoque illic cuncta arva teneri   410
diluvio, nutare urbes, subsidere terras,
quocumque in trivio, cuicumque est obvia, narrat.
     Nec tamen id vitium magis intolerabile quam quod
vicinos humiles rapere et concidere loris
†exortata† solet. nam si latratibus alti   415
rumpuntur somni, „fustes huc ocius" inquit
„adferte" atque illis dominum iubet ante feriri,
deinde canem, gravis occursu, taeterrima vultu.
balnea nocte subit, conchas et castra moveri
nocte iubet; magno gaudet sudare tumultu,   420
cum lassata gravi ceciderunt bracchia massa,
callidus et cristae digitos inpressit aliptes
ac summum dominae femur exclamare coegit.
convivae miseri interea somnoque fameque
urguentur. tandem illa venit rubicundula, totum   425
oenophorum sitiens, plena quod tenditur urna
admotum pedibus, de quo sextarius alter
ducitur ante cibum, rabidam facturus orexim
dum redit et loto terram ferit intestino.
marmoribus rivi properant, aurata Falernum   430
pelvis olet; nam sic, tamquam alta in dolia longus

Monat, welche Worte eine jede beim Beischlaf gebraucht, wieviele
Stellungen.
Daß den König von Armenien und den Parther ein Komet
bedroht,[175]
sieht sie als erste, das Gerede und die frischen Gerüchte fängt sie
an den Stadttoren auf, einige erfindet sie selbst; daß Niphates sich
über die Völker ergossen habe und dort alle Fluren von einer
großen Überschwemmung
bedeckt seien,[176] daß Städte wankten, das Erdreich sich senke,[177]
erzählt sie an jeder Kreuzung jedem, der ihr begegnet.
    Doch dieser Fehler ist nicht unerträglicher, als wenn eine die
Gewohnheit hat, die ärmlichen Nachbarn ergreifen und mit
Peitschen prügeln zu lassen.[178] Denn wenn ihr tiefer Schlaf durch
Hundegebell unterbrochen wird, ruft sie: „Bringt ganz schnell
Knüppel hierher!" und befiehlt, mit ihnen zuerst den Besitzer,
dann den Hund zu schlagen, bedrohlich bei der Begegnung,
finsterster Miene.
Die Bäder sucht sie nachts auf,[179] befiehlt, die Salbgefäße und ihre
Truppe
nachts in Marsch zu setzen; sie freut sich an großem Getümmel im
Schwitzbad, nachdem ihr von schweren Hanteln ermüdet die Arme
hinabgesunken sind,
der erfahrene Masseur seine Finger auf ihren „Helmbusch" preßte
und den Schenkel der Herrin ganz oben aufschreien ließ.[180]
Die armen Gäste werden inzwischen von Schlaf und Hunger
geplagt. Endlich kommt sie dann hochrot herbei, dürstet nach
dem ganzen Weinkrug, der zu ihren Füßen abgestellt sich um ein
volles Urnenmaß wölbt; daraus trinkt sie den zweiten Halben noch
vor dem Essen hinunter, damit er ihr rasenden Appetit errege,[181]
da er wieder hochkommt und nach der Spülung der Eingeweide zu
Boden stürzt.
Über den Marmor eilen Bäche dahin, das vergoldete Becken riecht
nach Falerner; denn so wie eine große Schlange, die in ein tiefes

deciderit serpens, bibit et vomit. ergo maritus
nauseat atque oculis bilem substringit opertis.

    Illa tamen gravior, quae cum discumbere coepit,
laudat Vergilium, periturae ignoscit Elissae,   435
committit vates et comparat, inde Maronem
atque alia parte in trutina suspendit Homerum.
cedunt grammatici, vincuntur rhetores, omnis
turba tacet, nec causidicus nec praeco loquetur,
altera nec mulier: verborum tanta cadit vis,   440
tot pariter pelves ac tintinnabula dicas
pulsari. iam nemo tubas, nemo aera fatiget:
una laboranti poterit succurrere Lunae.
inponit finem sapiens et rebus honestis:
nam quae docta nimis cupit et facunda videri   445
crure tenus medio tunicas succingere debet,
caedere Silvano porcum, quadrante lavari.
non habeat matrona, tibi quae iuncta recumbit,
dicendi genus aut curvum sermone rotato
torqueat enthymema nec historias sciat omnes,   450
sed quaedam ex libris et non intellegat. odi
hanc ego quae repetit volvitque Palaemonis artem
servata semper lege et ratione loquendi
ignotosque mihi tenet antiquaria versus
nec curanda viris. opicae castiget amicae   455
verba: soloecismum liceat fecisse marito.

Weinfaß gefallen ist, trinkt sie und kotzt. Da wird dem Ehemann
übel, er schließt die Augen und bezähmt seine Galle.

Jene ist jedoch noch ärger, die, sobald sie sich zum Mahl niederge-
legt hat, Vergil preist, Verständnis hat für die zum Sterben bereite
Elissa,[182] die Dichter gegenüberstellt und vergleicht, dort Maro und
auf der anderen Seite Homer in der Waagschale schweben läßt.
Die Philologen räumen das Feld, besiegt werden die Rhetoren, die
ganze Gesellschaft schweigt, weder ein Anwalt noch ein Auktionator
                                                kommt zu Wort,[183]
auch keine andere Frau: ein solcher Schwall von Worten geht
                                                      nieder,
man könnte meinen, es werde gegen viele Becken und Glöckchen
zugleich geschlagen. Niemand möge mehr Trompeten, niemand
                                  Bronzegeräte plagen:
eine einzige Frau vermag der notleidenden Mondgöttin Hilfe zu
                                                bringen.[184]
Der Weise setzt eine Grenze auch bei löblichen Dingen:
denn wenn eine allzu gelehrt und beredt erscheinen will,
dann soll sie auch die Tunika bis zum halben Bein hinauf schürzen,
dem Silvanus ein Schwein schlachten, für das Bad nur einen
                                  Groschen zahlen.[185]
Die Frau, die dir verbunden ist und mit dir zu Tische liegt, sollte
nicht einen besonderen Redestil haben oder ein abgerundetes
Enthymem[186] in gedrechselter Sprache schleudern, nicht alles aus
                                  der Geschichte wissen,
sondern auch einiges in den Büchern nicht verstehen. Ich mag nicht
jene, die immer wieder zum Lehrbuch des Palaemon greift und es
wälzt,[187] stets die Gesetze und Regeln der Sprache beachtet
und als Liebhaberin des Alten Verse weiß, die mir unbekannt sind,
und Dinge, um die sich Männer auch nicht kümmern sollten. Sie
                        tadele die Worte der ungebildeten
Freundin: einem Ehemann muß es erlaubt sein, einen sprachlichen
                                  Schnitzer zu begehen.

Nil non permittit mulier sibi, turpe putat nil,
cum viridis gemmas collo circumdedit et cum
auribus extentis magnos commisit elenchos.
[intolerabilius nihil est quam femina dives.]   460
interea foeda aspectu ridendaque multo
pane tumet facies aut pinguia Poppaeana
spirat, et hinc miseri viscantur labra mariti:
ad moechum lota veniunt cute. quando videri
vult formonsa domi? moechis foliata parantur,   465
his emitur quidquid graciles huc mittitis Indi.
tandem aperit vultum et tectoria prima reponit,
incipit agnosci, atque illo lacte fovetur
propter quod secum comites educet asellas,
exul Hyperboreum si dimittatur ad axem.   470
sed quae mutatis inducitur atque fovetur
tot medicaminibus coctaeque siliginis offas
accipit et madidae, facies dicetur an ulcus?

Est pretium curae penitus cognoscere toto
quid faciant agitentque die. si nocte maritus   475
aversus iacuit, periit libraria, ponunt
cosmetae tunicas, tarde venisse Liburnus
dicitur et poenas alieni pendere somni
cogitur; hic frangit ferulas, rubet ille flagello,
hic scutica: sunt quae tortoribus annua praestent.   480
verberat atque obiter faciem linit, audit amicas
aut latum pictae vestis considerat aurum,
et caedit, longi relegit transversa diurni
et caedit, donec lassis caedentibus „exi"

Nichts gestattet eine Frau sich nicht, hält nichts für schändlich,
sobald sie sich grüne Edelsteine um den Hals gelegt und
große Perlen an die langgedehnten Ohrläppchen gehängt hat.[188]
[Nichts ist unerträglicher als eine reiche Frau.][189]
Inzwischen ist garstig und lächerlich ihr Gesicht anzusehen, das
von dickem Brotteig geschwollen ist oder nach einer fetten

Poppaea-Salbe[190]

duftet, wovon die Lippen des armen Ehemannes verklebt werden:
zum Liebhaber kommen sie mit gereinigter Haut. Wann will schon
eine zu Hause schön erscheinen? Für die Liebhaber wird Parfüm

besorgt,

ihnen kauft man, was immer ihr mageren Inder hierher liefert.
Endlich legt sie ihr Gesicht frei und entfernt die erste Deckschicht,
sie wird wieder erkennbar und wird gebadet mit jener Milch,
deretwegen sie Eselinnen als Begleiterinnen mit sich führen wird,[191]
sollte sie als Verbannte zum Pol der Hyperboreer geschickt werden.
Was aber mit so vielen wechselnden Schönheitsmitteln überzogen
und gepflegt wird und Packungen aus erhitztem feuchten Mehl
erhält, soll man dies ein Gesicht nennen oder ein Geschwür?[192]
 Es lohnt die Mühe, gründlich zu untersuchen, was sie
den ganzen Tag tun und treiben.[193] Wenn nachts der Ehemann
abgewandt dalag, ist die Sekretärin[194] verloren, legen
die Friseure schon das Hemd ab,[195] der Liburner, heißt es, sei
zu spät gekommen und muß Buße leisten für den Schlaf eines
anderen;[196] an ihm zerbrechen Stöcke, jener ist rot von der Knute,
dieser von der Peitsche: manche zahlen den Folterknechten Jahres-

gehälter.[197]

Sie läßt schlagen und schminkt nebenbei ihr Gesicht, hört den

Freundinnen zu

oder prüft den breiten Goldstreifen eines bestickten Kleides und
läßt prügeln, liest die Zeilen der langen Rechnungsrolle nach[198]
und läßt prügeln, bis sie die erschöpften Prügelnden mit einem

fürchterlichen

intonet horrendum iam cognitione peracta.   485
praefectura domus Sicula non mitior aula.
nam si constituit solitoque decentius optat
ornari et properat iamque expectatur in hortis
aut apud Isiacae potius sacraria lenae,
disponit crinem laceratis ipsa capillis   490
nuda umeros Psecas infelix nudisque mamillis.
„altior hic quare cincinnus?" taurea punit
continuo flexi crimen facinusque capilli.
quid Psecas admisit? quaenam est hic culpa puellae,
si tibi displicuit nasus tuus? altera laevum   495
extendit pectitque comas et volvit in orbem.
est in consilio materna admotaque lanis
emerita quae cessat acu; sententia prima
huius erit, post hanc aetate atque arte minores
censebunt, tamquam famae discrimen agatur   500
aut animae: tanta est quaerendi cura decoris.
tot premit ordinibus, tot adhuc conpagibus altum
aedificat caput: Andromachen a fronte videbis,
post minor est, credas aliam. cedo si breve parvi
sortita est lateris spatium breviorque videtur   505
virgine Pygmaea nullis adiuta coturnis
et levis erecta consurgit ad oscula planta.
    Nulla viri cura interea nec mentio fiet
damnorum: vivit tamquam vicina mariti,
hoc solo propior, quod amicos coniugis odit   510

„Hinaus!" andonnert, da das Verfahren nunmehr abgeschlossen ist.
Das Regiment in ihrem Hause ist nicht milder als der Tyrannenhof
                                                              Siziliens.[199]
Denn wenn sie ein Stelldichein hat und wünscht, hübscher als
                                                                      gewohnt
hergerichtet zu werden, es eilig hat und schon im Park erwartet
wird oder eher noch beim Tempel der Kupplerin Isis,[200]
ordnet die unglückliche Psecas die Frisur, selbst mit zerzausten
Haaren, nackten Schultern und nackten Brüsten.[201]
„Warum ist diese Locke zu hoch?" Sogleich straft die Peitsche
das Vergehen und Verbrechen beim Eindrehen des Haares.
Was hat Psecas verbrochen? Wo liegt hier die Schuld des
                                                                     Mädchens,
wenn dir deine eigene Nase mißfällt? Eine zweite breitet links die
Haare aus, kämmt sie und wickelt sie zur Rolle ein.
Im Rat sitzt eine Sklavin der Mutter, jetzt nicht mehr mit der in
den Ruhestand entlassenen Haarnadel tätig und zur Wolle versetzt;
                                                                    ihr Votum
wird das erste sein, nach ihr werden die an Alter und Kunst Unter-
legenen ihre Meinung kundtun, als ginge es um eine Entscheidung
                                                                    über Ehre
oder Leben: so groß ist die Sorgfalt beim Streben nach Schönheit.
Mit soviel Stufen belastet sie ihren Kopf, mit soviel Stockwerken
noch dazu baut sie ihn in die Höhe: eine Andromache[202] wirst du
                                                          von vorn erblicken,
von hinten wirkt sie kleiner, du glaubst, sie sei eine andere. Und
was erst, wenn ihr ein kleiner und knapp bemessener Rumpf zuteil
                                                                 wurde, sie ohne die
Hilfe eines Kothurns[203] kleiner erscheint als ein Pygmäenmädchen
und sich auf den Zehenspitzen leicht zum Kusse reckt![204]
     Unterdessen nimmt sie keinerlei Rücksicht auf ihren Mann, noch
erwähnt sie seine Verluste: sie lebt wie eine Nachbarin des Gatten,
nur darin ihm näherstehend, daß sie die Freunde und Sklaven

et servos, gravis est rationibus. ecce furentis
Bellonae matrisque deum chorus intrat et ingens
semivir, obsceno facies reverenda minori,
mollia qui rapta secuit genitalia testa
iam pridem, cui rauca cohors, cui tympana cedunt   515
plebeia et Phrygia vestitur bucca tiara.
grande sonat metuique iubet Septembris et austri
adventum, nisi se centum lustraverit ovis
et xerampelinas veteres donaverit ipsi,
ut quidquid subiti et magni discriminis instat   520
in tunicas eat et totum semel expiet annum.
hibernum fracta glacie descendet in amnem,
ter matutino Tiberi mergetur et ipsis
verticibus timidum caput abluet, inde superbi
totum regis agrum nuda ac tremibunda cruentis   525
erepet genibus, si candida iusserit Io,
ibit ad Aegypti finem calidaque petitas
a Meroe portabit aquas, ut spargat in aede
Isidis, antiquo quae proxima surgit ovili.
credit enim ipsius dominae se voce moneri: 530
en animam et mentem cum qua di nocte loquantur!
ergo hic praecipuum summumque meretur honorem
qui grege linigero circumdatus et grege calvo
plangentis populi currit derisor Anubis.
ille petit veniam, quotiens non abstinet uxor   535
concubitu sacris observandisque diebus
magnaque debetur violato poena cadurco
et movisse caput visa est argentea serpens;

des Ehemannes haßt, seine Konten belastet.[205] Sieh nur, ein Chor
der rasenden Bellona und der Göttermutter[206] hält Einzug und ein
riesiger Kastrat, eine Respektsperson für die jüngeren Widerlinge,
der sich schon längst die noch zarten Hoden mit rasch ergriffener
Scherbe[207] abschnitt, dem die lärmende Schar, dem die gewöhnlichen Paukenschläger
den Vortritt lassen und dessen Backe die phrygische Mitra
bedeckt.[208]
Gewaltig tönt er und heißt sie, sich vor dem Nahen des Septembers
und des Scirocco zu fürchten,[209] falls sie nicht ein Reinigungsopfer
von hundert Eiern
darbringe und ihm selbst alte, rosinenfarbige Kleider schenke,[210]
damit was immer an plötzlicher, großer Gefahr drohe in die
Gewänder fahre und sie sich auf einmal für ein ganzes Jahr
entsühne.
Im Winter wird sie das Eis aufbrechen und in den Strom
hinabsteigen, dreimal morgens im Tiber untertauchen und in den
Strudeln selbst[211] das verängstigte Haupt abwaschen, darauf über
den ganzen Acker des stolzen Königs[212] nackt und zitternd mit
blutigen Knien kriechen, wenn es die weiße Io[213] befohlen hat,
sie wird bis an die Grenze Aegyptens pilgern und aus dem heißen
Meroe Wasser holen und mitbringen,[214] um es im Tempel der Isis
zu versprengen, der sich in nächster Nähe der alten Schafhürde[215]
erhebt.
Sie glaubt nämlich, die Stimme der Herrin[216] selbst gebiete es ihr:
welch eine Seele und ein Geist, daß die Götter nachts mir ihr reden!
Folglich[217] verdient jener besondere, höchste Verehrung,
der umgeben von einer leinentragenden, kahlköpfigen Schar
einherläuft als Anubis, der das klagende Volk verlacht.[218]
Dieser erbittet Verzeihung, sooft eine Ehefrau sich nicht des
Beischlafs enthält an den heiligen, zu beachtenden Tagen,
eine harte Strafe verwirkt ist wegen der Entweihung des Lagers
und die silberne Schlange ihren Kopf bewegt zu haben scheint;[219]

illius lacrimae meditataque murmura praestant,
ut veniam culpae non abnuat ansere magno   540
scilicet et tenui popano corruptus Osiris.
cum dedit ille locum, cophino fenoque relicto
arcanam Iudaea tremens mendicat in aurem,
interpres legum Solymarum et magna sacerdos
arboris ac summi fida internuntia caeli.   545
implet et illa manum, sed parcius: aere minuto
qualiacumque voles Iudaei somnia vendunt.
spondet amatorem tenerum vel divitis orbi
testamentum ingens calidae pulmone columbae
tractato Armenius vel Commagenus haruspex;   550
pectora pullorum rimabitur, exta catelli,
interdum et pueri: faciet quod deferat ipse.
Chaldaeis sed maior erit fiducia: quidquid
dixerit astrologus, credent a fonte relatum
Hammonis, quoniam Delphis oracula cessant   555
et genus humanum damnat caligo futuri.
praecipuus tamen est horum qui saepius exul.
[cuius amicitia conducendaque tabella
magnus civis obit et formidatus Othoni]
inde fides artis, sonuit si dextera ferro   560
laevaque, si longe castrorum in carcere mansit.
nemo mathematicus genium indemnatus habebit,
sed qui paene perit, cui vix in Cyclada mitti
contigit et parva tandem caruisse Seripho.

seine Tränen und sein eingeübtes Gemurmel bewirken,
daß eine Vergebung der Schuld Osiris nicht verweigert, natürlich
bestochen durch eine große Gans und einen dünnen Opferkuchen.
Hat jener den Platz geräumt, bettelt eine zitternde Jüdin, die ihren
Korb mit dem Heu zurückließ,[220] ihr heimlich das Ohr voll,
eine Deuterin der Gesetze Jerusalems, große Priesterin des
Baumes[221] und zuverlässige Botschafterin des höchsten Himmels.[222]
Auch sie füllt sich die Hand, aber bescheidener: für wenig Geld
verkaufen die Juden jede gewünschte Traumdeutung.
Einen jungen Liebhaber oder das riesige Vermächtnis eines
kinderlosen Reichen verheißt nach der Untersuchung der Lunge
einer noch warmen Taube ein Eingeweidebeschauer aus Armenien
                                                    oder Commagene;[223]
die Brust von Hühnchen durchforscht er, die Innereien eines
                                                    Hündchens,
bisweilen auch eines Knaben: er tut, was er dann selbst anzeigen
                                                    kann.[224]
Die Chaldaeer genießen jedoch größeres Vertrauen: was immer
ein Astrologe[225] sagt, werde, glauben sie, von der Quelle Ammons
her[226] berichtet, da ja in Delphi das Orakel untätig ist[227]
und die Dunkelheit der Zukunft das Menschengeschlecht straft.
Einen besonderen Rang unter ihnen nimmt jedoch der ein, der
                                                    öfter verbannt wurde.
[durch dessen Freundschaft und käufliches Horoskop
ein großer Bürger starb, den Otho fürchtete][228]
Zutrauen zu seiner Kunst findet einer, wenn an seiner Rechten
                                                    und Linken
Eisen geklirrt hat, wenn er lange im Kerker des Praetorianerlages
                                                    gewesen ist.[229]
Kein Astrologe wird als begabt gelten ohne eine Verurteilung,
jedoch wer fast dem Tod verfiel, wem es gerade noch gelang, auf
                                                    eine Kykladeninsel[230]
verbannt und endlich von dem kleinen Seriphos erlöst zu werden.

consulit ictericae lento de funere matris,   565
ante tamen de te Tanaquil tua, quando sororem
efferat et patruos, an sit victurus adulter
post ipsam: quid enim maius dare numina possunt?
haec tamen ignorat quid sidus triste minetur
Saturni, quo laeta Venus se proferat astro,   570
quis mensis damnis, quae dentur tempora lucro:
illius occursus etiam vitare memento,
in cuius manibus ceu pinguia sucina tritas
cernis ephemeridas, quae nullum consulit et iam
consulitur, quae castra viro patriamque petente   575
non ibit pariter numeris revocata Thrasylli.
ad primum lapidem vectari cum placet, hora
sumitur ex libro; si prurit frictus ocelli
angulus, inspecta genesi collyria poscit;
aegra licet iaceat, capiendo nulla videtur   580
aptior hora cibo nisi quam dederit Petosiris.
si mediocris erit, spatium lustrabit utrimque
metarum et sortes ducet frontemque manumque
praebebit vati crebrum poppysma roganti.
divitibus responsa dabit Phryx augur et †inde†   585
conductus, dabit astrorum mundique peritus
atque aliquis senior qui publica fulgura condit:

Auskunft über das allzu langsame Sterben der gelbsüchtigen Mutter,
zuvor jedoch über dich selbst holt deine Tanaquil ein,[231] und wann
                                                  sie die Schwester
bestatten werde und ihre Onkel, ob ihr Liebhaber sie selbst
überleben werde: was nämlich könnten die Götter Größeres
                                                        schenken?
Sie weiß freilich selbst nicht, was das unheilbringende Gestirn des
                                                      Saturn
androht, in welchem Tierkreiszeichen die glückverheißende Venus
sich zeigt, welcher Monat den Verlusten, welche Zeiten dem Gewinn
                                                    zugeordnet sind:
dagegen sei darauf bedacht, mit jener selbst eine Begegnung zu
                                                         meiden,
in deren Händen du wie klebrige Bernsteinkugeln[232] abgegriffene
astrologische Kalender siehst, die keinen befragt und schon selbst
befragt wird, die, wenn ihr Mann ins Feldlager oder in die Heimat
strebt, nicht mit ihm gemeinsam reisen wird, da die Zahlen des
                                      Thrasyllus[233] sie zurückhalten.
Wenn sie bis zum ersten Meilenstein zu fahren beschließt, wird
die Stunde dafür dem Buch entnommen; falls ein Augenwinkel
                                                  vom Reiben
juckt, verlangt sie die Salben nach Prüfung des Horoskops;
selbst wenn sie krank danniederliegt, erscheint ihr keine Stunde für
die Aufnahme von Nahrung geeignet, wenn sie nicht Petosiris[234]
                                                    angab.
Ist sie bescheidenen Standes, wird sie den Raum beiderseits
der Zielsäulen durchstreifen, Lose ziehen und Stirn und Hand dem
Wahrsager darbieten,[235] der ein häufiges Schmatzen der Lippen
                                                  verlangt.[236]
Den Reichen wird ein phrygischer Vogeldeuter Auskünfte geben,
der von dort angemietet wurde,[237] geben wird sie ein Kenner der
                                            Sterne und des Weltalls
und ein älterer Mann, der vom Blitz Getroffenes amtlich begräbt:[238]

plebeium in circo positum est et in aggere fatum.
quae nudis longum ostendit cervicibus aurum
consulit ante falas delphinorumque columnas, 590
an saga vendenti nubat caupone relicto.
    Hae tamen et partus subeunt discrimen et omnis
nutricis tolerant fortuna urguente labores,
sed iacet aurato vix ulla puerpera lecto.
tantum artes huius, tantum medicamina possunt, 595
quae steriles facit atque homines in ventre necandos
conducit. gaude, infelix, atque ipse bibendum
porrige quidquid erit; nam si distendere vellet
et vexare uterum pueris salientibus, esses
Aethiopis fortasse pater, mox decolor heres 600
impleret tabulas numquam tibi mane videndus.
transeo suppositos et gaudia votaque saepe
ad spurcos decepta lacus, saepe inde petitos
pontifices, salios Scaurorum nomina falso
corpore laturos. stat Fortuna inproba noctu 605
adridens nudis infantibus: hos fovet omni
involvitque sinu, domibus tunc porrigit altis
secretumque sibi mimum parat; hos amat, his se
ingerit utque suos semper producit alumnos.
    Hic magicos adfert cantus, hic Thessala vendit 610
philtra, quibus valeat mentem vexare mariti
et solea pulsare natis. quod desipis, inde est,

das Schicksal des einfachen Menschen entscheidet sich im Zirkus
                                              oder auf dem Wall.[239]
Die auf dem bloßen Nacken eine lange Goldkette zur Schau stellt[240]
erfragt vor den Holztürmen und den Delphinsäulen,[241]
ob sie den Gastwirt verlassen und den Mantelhändler heiraten soll.
   Diese Frauen nehmen jedoch das Risiko des Gebärens auf sich[242]
und ertragen alle Mühen einer nährenden Mutter, durch ihre Lage
                                                         genötigt,
dagegen liegt im vergoldeten Bett kaum jemals eine Gebärende.
Soviel vermögen die Künste, soviel die Mittel jener,
die unfruchtbar macht und sich für die Tötung von Menschen im
                                                      Mutterleib
verdingt. Freue dich, du Unglücklicher, und reiche selbst ihr zum
Trinken, was immer es sei; denn wenn sie ihren Leib dehnen und
peinigen lassen wollte durch zappelnde Knaben, würdest du
vielleicht Vater eines Negers, würde später in deinem Testament
ein farbiger Erbe stehen, den du nie am Morgen erblicken
                                                   möchtest.[243]
Ich übergehe die Untergeschobenen, die Freuden und Wünsche,
die oft an.den schmutzigen Latrinen getäuscht wurden,[244] die oft
                                                      von dort
geholten Pontifices, die Salier, deren Körper fälschlich die Namen
von Scaurern tragen würden.[245] Nachts steht die boshafte Fortuna
da und lächelt den nackten Säuglingen zu: diese hätschelt sie und
                                                         hüllt
sie ganz in ihr Gewand, dann reicht sie sie an die hohen Häuser
weiter und schafft sich eine verborgene Posse; diese liebt sie, diesen
schenkt sie sich und fördert sie stets wie ihre eigenen Sprößlinge.
   Dieser bietet magische Lieder an, jener verkauft thessalische
Zaubertränke,[246] durch die sie fähig ist, den Verstand des Ehemannes
                                              zu verwirren
und ihm mit der Sandale den Hintern zu versohlen.[247] Von daher
                                              kommt deine Verrücktheit,

inde animi caligo et magna oblivio rerum
quas modo gessisti. tamen hoc tolerabile, si non
[semper aquam portes rimosa ad dolia, semper   614A
istud onus subeas ipsis manantibus urnis,   614B
quo rabidus nostro Phalarim de rege dedisti.]   614C
et furere incipias ut avunculus ille Neronis,   615
cui totam tremuli frontem Caesonia pulli
infudit. quae non faciet quod principis uxor?
ardebant cuncta et fracta conpage ruebant,
non aliter quam si fecisset Iuno maritum
insanum. minus ergo nocens erit Agrippinae   620
boletus, siquidem unius praecordia pressit
ille senis tremulumque caput descendere iussit
in caelum et longa manantia labra saliva.
haec poscit ferrum atque ignes, haec potio torquet,
haec lacerat mixtos equitum cum sanguine patres: 625
tanti partus equae, tanti una venefica constat.
   Oderunt natos de paelice: nemo repugnet,
nemo vetet, iam iam privignum occidere fas est.
vos ego, pupilli, moneo, quibus amplior est res,
custodite animas et nulli credite mensae: 630
livida materno fervent adipata veneno.
mordeat ante aliquis quidquid porrexerit illa
quae peperit, timidus praegustet pocula papas.

von daher die Umnachtung des Geistes und die tiefe Vergeßlichkeit
bei Dingen,
die du soeben erst getan hast. Jedoch ist dies noch erträglich, wenn
du nicht
[immer das Wasser trägst zu den löchrigen Fässern, immer diese
Last auf dich nimmst, wo doch selbst die Krüge lecken, wodurch du tollwütig einen Phalaris aus unserem König machtest.][248]
auch noch wahnsinnig zu werden beginnst wie jener Onkel Neros,
dem Caesonia die ganze Stirngeschwulst eines noch zittrigen
Fohlens[249]
einflößte. Welche Frau täte nicht, was die Gattin des Kaisers getan?
Alles geriet in Brand und stürzte mit berstendem Gebälk
zusammen, nicht anders, als hätte Juno ihren Gatten in Irrsinn
versetzt. Weniger schädlich erscheint deshalb Agrippinas
Pilz, da er nur die Brust eines einzigen Greises
abschnürte und sein zitterndes Haupt hinabsteigen hieß
in den Himmel und die von herabhängendem Speichel triefenden
Lippen.[250]
Doch jener Trank rief nach Schwert und Feuer, er folterte, er
zerfleischte die Senatoren, mischte ihr Blut mit dem der Ritter:[251]
so teuer wurde das Junge einer Stute, so teuer eine einzige
Giftmischerin.
Sie hassen die Kinder eines Kebsweibes:[252] niemand wird wohl
dagegen einschreiten,
niemand es verbieten, gilt es doch schon als moralisch, den Stiefsohn zu ermorden.[253]
Doch euch, ihr Mündel,[254] die ihr ein größeres Vermögen besitzt,
warne ich: hütet euer Leben und traut keinem Gericht:
vom Gift der Mutter glüht das fettige Gebäck, das Leichenfarbe
erzeugt.
So sollte jemand vorher von dem kosten, was immer sie reicht,
die euch gebar, euer ängstlicher Aufseher[255] sollte die Becher zuvor
probieren.

fingimus haec altum satura sumente coturnum
scilicet et finem egressi legemque priorum   635
grande Sophocleo carmen bacchamur hiatu
montibus ignotum Rutulis caeloque Latino.
nos utinam vani! sed clamat Pontia „feci,
confiteor, puerisque meis aconita paravi,
quae deprensa patent; facinus tamen ipsa peregi."   640
tune duos una, saevissima vipera, cena?
tune duos? „septem, si septem forte fuissent."
credamus tragicis quidquid de Colchide torva
dicitur et Procne, nil contra conor. et illae
grandia monstra suis audebant temporibus, sed   645
non propter nummos. minor admiratio summis
debetur monstris, quotiens facit ira nocentes
hunc sexum et rabie iecur incendente feruntur
praecipites, ut saxa iugis abrupta, quibus mons
subtrahitur clivoque latus pendente recedit: 650
illam ego non tulerim, quae conputat et scelus ingens
sana facit. spectant subeuntem fata mariti
Alcestim et, similis si permutatio detur,
morte viri cupiant animam servare catellae.
occurrent multae tibi Belides atque Eriphylae   655
mane, Clytemestram nullus non vicus habebit.
hoc tantum refert, quod Tyndaris illa bipennem
insulsam et fatuam dextra laevaque tenebat:

Ich erfinde dies natürlich nur, meine Satire legt den hohen
Kothurn an, ich überschreite die Grenze und das Gesetz der
                                                    Vorgänger
und dichte ekstatisch ein erhabenes Lied mit sophokleischem
Munde, das unbekannt ist den Rutulerbergen und Latiums Himmel.
Wäre ich doch nur ein Lügner! Aber Pontia[256] ruft laut: „Ich habe
es getan, ich gestehe es, meinen Söhnen habe ich Gift gemischt,
dies liegt entdeckt am Tage; ein Verbrechen, jedoch habe ich es
                                        tatsächlich vollbracht."
Gleich zwei, du grausamste Natter, bei einem einzigen Mahl,
gleich zwei? „Sieben, wenn es zufällig sieben gewesen wären."
Glauben wir also den Tragikern, was immer man über die finstere
                                                    Kolcherin[257]
sagt und über Procne,[258] ich versuche keinen Einwand. Auch sie
wagten gewaltige Greueltaten zu ihrer Zeit, jedoch nicht
wegen des Geldes. Weniger darf man verwundert sein über die
schlimmsten Greueltaten, wenn der Zorn dieses Geschlecht schuldig
werden läßt, die Wut ihre Leber entflammt[259] und sie blindlings
dahinstürzen wie auf Graten aufragende Felsblöcke, unter denen
der Berg abgetragen wird und denen die Flanke an steilem Hang
                                        davonrutscht:[260]
jene ertrage ich nicht, die berechnend ist und ein ungeheures
                                                    Verbrechen
bei klarem Verstand begeht. Sie betrachten, wie Alcestis das Todes-
schicksal ihres Gatten auf sich nimmt,[261] und würden, böte sich
                                        ihnen ein ähnlicher
Tausch an, wünschen, durch den Tod ihres Mannes das Leben ihres
                                        Hündchens zu retten.
Viele Beliden und viele wie Eryphyla begegnen dir
morgens,[262] keine Gasse hat nicht ihre Clytaemestra.
Nur darin besteht ein Unterschied, daß jene Tochter des Tyndareus
eine geschmacklose, alberne Doppelaxt mit der Rechten und der
                                        Linken hielt:[263]

at nunc res agitur tenui pulmone rubetae,
sed tamen et ferro, si praegustarit Atrides   660
Pontica ter victi cautus medicamina regis.

jetzt dagegen geht man zu Werke mit der zarten Lunge einer Kröte,
jedoch auch mit dem Stahl, falls der Atride[264] zuvor aus Vorsicht
die Pontischen Gifte des dreimal besiegten Königs einnahm.[265]

LIBER TERTIUS

SATURA VII

Et spes et ratio studiorum in Caesare tantum;
solus enim tristes hac tempestate Camenas
respexit, cum iam celebres notique poetae
balneolum Gabiis, Romae conducere furnos
temptarent, nec foedum alii nec turpe putarent   5
praecones fieri, cum desertis Aganippes
vallibus esuriens migraret in atria Clio.
nam si Pieria quadrans tibi nullus in umbra
ostendatur, ames nomen victumque Machaerae
et vendas potius commissa quod auctio vendit   10
stantibus, oenophorum, tripedes, armaria, cistas,
Alcithoen Pacci, Thebas et Terea Fausti.
hoc satius quam si dicas sub iudice „vidi"
quod non vidisti. faciant equites Asiani,
[quamquam et Cappadoces faciant equitesque Bithyni]   15
altera quos nudo traducit gallica talo.
nemo tamen studiis indignum ferre laborem
cogetur posthac, nectit quicumque canoris
eloquium vocale modis laurumque momordit.
hoc agite, o iuvenes! circumspicit et stimulat vos   20
materiamque sibi ducis indulgentia quaerit.

DRITTES BUCH

SIEBTE SATIRE

Sowohl Hoffnung als auch Sinn gibt dem geistigen Schaffen nur
der Kaiser;
denn er allein schenkt den betrübten Musen Aufmerksamkeit
in dieser Zeit, da bereits berühmte und bekannte Dichter
eine Badeanstalt in Gabii,[1] in Rom Backöfen zu pachten
versuchen und andere es nicht für schäbig und schimpflich halten,
Auktionator zu werden, da Clio vor Hunger die Täler der
Aganippe[2] verließ und in die Versteigerungslokale auswanderte.
Denn wenn sich dir im Musenhain kein einziger Groschen
zeigt, dürftest du Gefallen finden an der Bezeichnung und dem
Broterwerb eines Machaera[3]
und lieber verkaufen, was das Gefecht der Auktion den
Umstehenden verkauft, einen Weinkrug, Dreifüße, Regale, Kisten,
die „Alcithoe" des Paccius, des Faustus „Theben" und „Tereus".[4]
Dies ist freilich besser, als wenn du vor dem Richter erklärst: „Ich
habe es gesehen",
was du nicht sahst.[5] Die Ritter aus Asien mögen dies tun,[6]
[obwohl dies die Ritter aus Kappadokien und auch Bithynien tun][7]
die einer ihrer Schuhe durch den nackten Knöchel entlarvt.[8]
Niemand wird jedoch in Zukunft gezwungen sein, eine der
Dichtung
unwürdige Tätigkeit zu ertragen, der klangvolle Worte mit
melodischen Weisen verflicht und den Lorbeer kaute.[9]
Ans Werk also, ihr jungen Männer! Es hält Ausschau, spornt euch
an und sucht sich einen Gegenstand die Huld des Herrschers.

si qua aliunde putas rerum expectanda tuarum
praesidia atque ideo croceae membrana tabellae
impletur, lignorum aliquid posce ocius et quae
componis dona Veneris, Telesine, marito   25
aut clude et positos tinea pertunde libellos.
frange, miser, calamum vigilataque proelia dele,
qui facis in parva sublimia carmina cella,
ut dignus venias hederis et imagine macra.
spes nulla ulterior: didicit iam dives avarus   30
tantum admirari, tantum laudare disertos,
ut pueri Iunonis avem. sed defluit aetas
et pelagi patiens et cassidis atque ligonis.
taedia tunc subeunt animos, tunc seque suamque
Terpsichoren odit facunda et nuda senectus.   35
accipe nunc artes: ne quid tibi conferat iste
quem colis et Musarum et Apollinis aede relicta,
ipse facit versus atque uni cedit Homero
propter mille annos, et si dulcedine famae
succensus recites, maculosas commodat aedes.   40
haec longe ferrata domus servire iubetur
in qua sollicitas imitatur ianua portas.
scit dare libertos extrema in parte sedentis
ordinis et magnas comitum disponere voces:
nemo dabit regum quanti subsellia constant   45
et quae conducto pendent anabathra tigillo
quaeque reportandis posita est orchestra cathedris.
nos tamen hoc agimus tenuique in pulvere sulcos
ducimus et litus sterili versamus aratro.

Falls du glaubst, von anderer Seite Unterstützung für deine
                                                    Existenz
erhoffen zu können, und deshalb das gelbe Blatt Pergament[10]
gefüllt wird, dann verlange schleunigst nach etwas Holz und
schenke, was du dichtest, Telesinus, dem Gatten der Venus,[11]
oder schließ die Büchlein weg und laß sie in ihrem Behältnis vom
                                                    Wurm durchbohren.
Zerbrich, du Armer, den Griffel und vernichte das Werk der Nächte,
                                                    die Schlachten,
der du im kleinen Kämmerchen erhabene Gesänge erschaffst,
damit du würdig wirst des Efeus und einer hageren Büste.[12]
Keinerlei Hoffnung ist sonst: längst hat der geizige Reiche gelernt,
die Wortkünstler nur zu bewundern, nur zu preisen,
wie die Knaben den Vogel der Juno.[13] Jedoch verrinnen die Jahre,
da man das Meer noch erträgt, den Helm und die Hacke.[14]
Ekel befällt dann den Geist, dann haßt sich und
seine Terpsichore[15] das sprachgewandte und doch mittellose Alter.
Vernimm nun die Schliche: Um dir nichts zuwenden zu müssen
macht der, den du verehrst und deshalb den Tempel der Musen
                                                    und Apollos
verließest,[16] selbst Verse[17] und steht allein hinter Homer zurück,
und dies nur wegen der tausend Jahre,[18] und wenn du entflammt
vom Zauber des Ruhmes rezitierst, überläßt er dir ein stockfleckiges
                                                    Gebäude.[19]
Dieses lange mit Eisen verriegelte Haus muß jetzt dir Dienste
leisten, bei ihm gleicht die Tür einem ängstlich wachenden Stadttor.
Er weiß Freigelassene zur Verfügung zu stellen, die an den Enden der
Reihen sitzen, und die lauten Stimmen der Klienten zu verteilen:[20]
keiner der „Könige" wird dir geben, was die Sitze kosten
und die auf angemietetem Balkengerüst schwebenden Bänke
sowie das mit entliehenen Sesseln ausgestattete Parkett.[21]
Dennoch geben wir uns dem hin, ziehen im feinen Sand unsere
Furchen und stürzen mit ertraglosem Pflug den Strand um.[22]

nam si discedas, laqueo tenet ambitiosum   50
[consuetudo mali, tenet insanabile multos]
scribendi cacoethes et aegro in corde senescit.
sed vatem egregium, cui non sit publica vena,
qui nihil expositum soleat deducere nec qui
communi feriat carmen triviale moneta,   55
hunc, qualem nequeo monstrare et sentio tantum,
anxietate carens animus facit, omnis acerbi
inpatiens, cupidus silvarum aptusque bibendis
fontibus Aonidum. neque enim cantare sub antro
Pierio thyrsumque potest contingere maesta   60
paupertas atque aeris inops, quo nocte dieque
corpus eget: satur est cum dicit Horatius „euhoe."
quis locus ingenio, nisi cum se carmine solo
vexant et dominis Cirrhae Nysaeque feruntur
pectora vestra duas non admittentia curas?   65
magnae mentis opus nec de lodice paranda
attonitae currus et equos faciesque deorum
aspicere et qualis Rutulum confundat Erinys.
nam si Vergilio puer et tolerabile desset
hospitium, caderent omnes a crinibus hydri,   70
surda nihil gemeret grave bucina. poscimus ut sit
non minor antiquo Rubrenus Lappa coturno,
cuius et alveolos et laenam pignerat Atreus?
non habet infelix Numitor quod mittat amico,
Quintillae quod donet habet, nec defuit illi   75

Denn willst du dich davon lösen, so hält dich in deinem Ehrgeiz mit
                                                   einer Schlinge
[die Gewohnheit des Übels, viele hält die unheilbare][23]
die bösartige Krankheit des Schreibens fest und wird alt in deinem
                                                   leidenden Herzen.
Aber den herausragenden Dichter, der keine gewöhnliche Ader
besitzt, der nichts Alltägliches zu gestalten pflegt und der nicht
auf dem allgemeinen Münzstock ein belangloses Gedicht prägt,[24]
ihn, den ich nicht vorweisen kann und mir lediglich vorstelle,
läßt nur ein von Ängsten freier Geist entstehen, der alles Bittere
nicht erdulden muß, nach den Wäldern verlangt und geeignet ist,
aus den Quellen der Aoniden zu trinken. Denn in der Pierischen
                                                   Grotte[25]
zu singen und den Thyrsusstab[26] zu ergreifen vermag nicht die
betrübte Armut, der das Geld fehlt, dessen Tag und Nacht
der Körper bedarf: satt ist Horaz, wenn er „euhoe" ruft.[27]
Welcher Raum ergibt sich für das Talent, wenn sich eure Brust nicht
allein mit der Dichtung quält und von den Herren von Cirrha und
                                                   Nysa[28]
fortgerissen wird, da sie nicht zweierlei Sorgen bei sich einzulassen
                                                   vermag?
Die Leistung eines großen und nicht vom Beschaffen einer Bettdecke
erfüllten Geistes ist es, Wagen und Pferde und Erscheinungen der
Götter zu schauen und welche Erinye den Rutuler verwirrt.[29]
Denn fehlten Vergil ein Sklave und ein erträgliches
Obdach, fielen alle Schlangen aus den Haaren,[30]
verstummt würde das Kriegshorn nicht bedrohlich dröhnen.
Können wir verlangen, daß Rubrenus Lappa dem Kothurn der
                                                   Alten nicht unterlegen sei,
wenn sein „Atreus" Teller und Mantel verpfändete?[31]
Der unglückliche Numitor hat nicht, was er dem Freunde schicken
könnte,[32] was er seiner Quintilla schenke, das hat er, und es fehlte
                                                   ihm nicht das Geld,

unde emeret multa pascendum carne leonem
iam domitum: constat leviori belua sumptu
nimirum et capiunt plus intestina poetae.
contentus fama iaceat Lucanus in hortis
marmoreis, at Serrano tenuique Saleio   80
gloria quantalibet quid erit, si gloria tantum est?
curritur ad vocem iucundam et carmen amicae
Thebaidos, laetam cum fecit Statius urbem
promisitque diem: tanta dulcedine captos
adficit ille animos, tantaque libidine volgi   85
auditur. sed cum fregit subsellia versu,
esurit, intactam Paridi nisi vendit Agauen.
ille et militiae multis largitus honorem
semenstri vatum digitos circumligat auro.
quod non dant proceres, dabit histrio. tu Camerinos   90
et Baream, tu nobilium magna atria curas?
praefectos Pelopea facit, Philomela tribunos.
[haut tamen invideas vati quem pulpita pascunt.]
quis tibi Maecenas, quis nunc erit aut Proculeius
aut Fabius, quis Cotta iterum, quis Lentulus alter?   95
tum par ingenio pretium, tunc utile multis
pallere et vinum toto nescire Decembri.

sich einen mit viel Fleisch zu fütternden Löwen zu kaufen,
einen bereits gezähmten:[33] geringeren Unterhalt kostet natürlich
das Untier, und mehr fassen die Eingeweide eines Poeten!
Zufrieden mit seinem Ruhm mag ein Lucan in seinem marmor-
                                                    geschmückten
Park der Ruhe pflegen,[34] jedoch welchen Wert hat für Serranus und
                            für den bedürftigen Saleius[35]
ein noch so großer Ruhm, wenn es nur beim Ruhm bleibt?
Man rennt zu seiner anziehenden Stimme und zum Lied der
                                                    geliebten
„Thebais", wenn Statius[36] die Stadt mit Freude erfüllte
und einen Termin versprach: mit solchem Zauber nimmt er die
Herzen gefangen und betört sie, mit solcher Lust hört ihn
das Volk. Aber wenn er mit seinen Versen die Sitzbänke
                                        zertrümmert hat,[37]
bleibt er hungrig, falls er nicht die noch unberührte „Agaue" an
                            Paris verkauft.[38]
Dieser beschenkt auch viele mit einem militärischen Rang, um-
                                                    schließt die
Finger der Dichter mit dem Gold des sechsmonatigen Dienstes.[39]
Was die hohen Herren nicht schenken, schenkt der Schauspieler.
                            Du beehrst die Camerini
und einen Barea,[40] du die großen Empfangshallen der Adligen?
Zu Praefekten macht eine „Pelopea", eine „Philomela" zu
                                        Tribunen![41]
[Dennoch solltest du keine Abneigung haben gegen einen Dichter,
                        den die Bühne ernährt.][42]
Wer wird für dich heute ein Maecenas sein oder wer ein Proculeius
oder Fabius, wer noch einmal ein Cotta, wer ein zweiter Lentulus?[43]
Damals glich dem Talent der Lohn, damals war es für viele nützlich,
bleich zu sein und den ganzen Dezember hindurch auf Wein zu
                                        verzichten.[44]

Vester porro labor fecundior, historiarum
scriptores? perit hic plus temporis atque olei plus.
nullo quippe modo millensima pagina surgit   100
omnibus et crescit multa damnosa papyro:
sic ingens rerum numerus iubet atque operum lex.
quae tamen inde seges, terrae quis fructus apertae?
quis dabit historico quantum daret acta legenti?
   „Sed genus ignavum, quod lecto gaudet et umbra."   105
dic igitur quid causidicis civilia praestent
officia et magno comites in fasce libelli.
ipsi magna sonant, sed tum cum creditor audit
praecipue, vel si tetigit latus acrior illo
qui venit ad dubium grandi cum codice nomen.   110
tunc inmensa cavi spirant mendacia folles
conspuiturque sinus. veram deprendere messem
si libet, hinc centum patrimonia causidicorum,
parte alia solum russati pone Lacertae.
consedere duces, surgis tu pallidus Aiax   115
dicturus dubia pro libertate bubulco
iudice. rumpe, miser, tensum iecur, ut tibi lasso
figantur virides, scalarum gloria, palmae.
quod vocis pretium? siccus petasunculus et vas

Ferner: ist denn eure Mühe ergiebiger, ihr Verfasser von
Geschichtswerken?[45] Noch mehr Zeit wird hier vergeudet und auch
                                        mehr Lampenöl.
Denn ohne Begrenzung hebt bei allen die tausendste Seite an
und wird noch vermehrt, verlustbringend durch die Menge an
                                        Papyrus:
so gebieten es die gewaltige Zahl der Geschehnisse und das Gesetz
                                        der Gattung.
Was bringt jedoch diese Saat? Was ist die Frucht der aufgebrochenen
                                        Erde?
Wer gibt einem Geschichtsschreiber soviel, wieviel er einem gäbe,
                                        der ihm die Zeitung vorliest?[46]
„Aber sie sind ein bequemes Volk, das sich am Ruhebett erfreut
                                        und am Schatten."[47]
Sag also, was den Anwälten die Dienste vor Gericht
einbringen und ihre Begleiter, die Akten in dickem Bündel.
Sie selbst tönen von hohen Summen, aber dann besonders, wenn
ihr Gläubiger es hört oder einer ihnen in die Seite stößt, der, noch
                                        energischer als jener,
mit dem mächtigen Schuldbuch zu dem zweifelhaften Kunden
                                        kommt.[48]
Dann pusten die hohlen Blasebälge maßlose Lügen hervor,
und man spuckt in den Gewandbausch.[49] Möchtest du die wahre
Ernte ermitteln, lege auf die eine Seite die Vermögen von hundert
Anwälten, auf die andere allein das des Lacerta von den Roten.[50]
Die Fürsten haben Platz genommen, du erhebst dich, ein bleicher
Ajax, um zugunsten der bestrittenen Freiheit zu reden,[51] vor einem
                                        Rinderhirten
als Richter. Streng, armer Tropf, die geschwollene Leber bis zum
                                        Platzen an,[52] damit man dir,
wenn du dann erschöpft bist, grüne Palmenzweige zum Ruhm an
                                        die Treppe hefte.[53]
Was ist der Lohn für den Stimmaufwand? Ein trockener Schinken

pelamydum aut veteres, Maurorum epimenia, bulbi   120
aut vinum Tiberi devectum, quinque lagonae.
si quater egisti, si contigit aureus unus,
inde cadunt partes ex foedere pragmaticorum.
„Aemilio dabitur quantum licet, et melius nos
egimus." huius enim stat currus aeneus, alti   125
quadriiuges in vestibulis, atque ipse feroci
bellatore sedens curvatum hastile minatur
eminus et statua meditatur proelia lusca.
sic Pedo conturbat, Matho deficit, exitus hic est
Tongilii, magno cum rhinocerote lavari   130
qui solet et vexat lutulenta balnea turba
perque forum iuvenes longo premit assere Maedos
empturus pueros, argentum, murrina, villas;
spondet enim Tyrio stlattaria purpura filo.
[et tamen est illis hoc utile, purpura vendit]   135
causidicum vendunt amethystina, convenit illi
et strepitu et facie maioris vivere census,
sed finem inpensae non servat prodiga Roma.
fidimus eloquio? Ciceroni nemo ducentos
nunc dederit nummos, nisi fulserit anulus ingens.   140
respicit haec primum qui litigat, an tibi servi

und ein Topf Thunfisch oder alte Zwiebeln, die Monatsration für
Mauren, oder fünf Flaschen Wein, der den Tiber herabfuhr.[54]
Wenn du viermal plädiert hast,[55] wenn du ein einziges Goldstück
                                                    erhieltst,
gehen davon noch die vertraglich vereinbarten Prozente für die
                                    Rechtsberater ab.[56]
„Einem Aemilius gibt man, wieviel erlaubt ist,[57] und doch habe ich
besser plädiert." In seiner Vorhalle steht nämlich ein Triumphwagen aus Bronze mit vier stattlichen Rossen, und er selbst droht
                                                auf einem
mutigen Streithengst sitzend mit verbogener Lanze von fern,
und sein nur noch einäugiges Standbild sinnt auf Gefechte.[58]
So[59] macht Pedo Bankrott, wird Matho zahlungsunfähig, dies ist
das Ende des Tongilius, der mit einer großen Nashornflasche
                                        baden zu gehen
pflegt und mit seinem schmutzbedeckten Gefolge die Bäder
                                            heimsucht,[60]
auf dem Forum mit langem Sänftenholm junge Maeder belastet,
um Sklaven zu kaufen, Silber, Gefäße aus Flußspat, Villen;
das ausländische Purpurgewand aus tyrischem Gewebe bürgt
                                        nämlich für ihn.
[Und dennoch ist dies für sie nützlich. Das Purpurgewand
                                        empfiehlt][61]
Den Anwalt empfehlen amethystfarbene[62] Kleider, es bringt ihm
                                        Vorteil,
geräuschvoll und mit dem Anschein eines größeren Vermögens zu
                                            leben,
aber das verschwenderische Rom wahrt nicht die Grenze beim
                                            Aufwand.
Vertrauen wir der Redekunst? Niemand würde heute Cicero
zweihundert Sesterzen geben, wenn nicht ein riesiger Ring bei ihm
                                        funkelte.[63]
Darauf achtet zuerst wer prozessiert, ob du über acht Sklaven,

octo, decem comites, an post te sella, togati
ante pedes. ideo conducta Paulus agebat
sardonyche, atque ideo pluris quam Gallus agebat,
quam Basilus: rara in tenui facundia panno.   145
quando licet Basilo flentem producere matrem?
quis bene dicentem Basilum ferat? accipiat te
Gallia vel potius nutricula causidicorum
Africa, si placuit mercedem ponere linguae.
    Declamare doces? o ferrea pectora Vetti,   150
cum perimit saevos classis numerosa tyrannos.
nam quaecumque sedens modo legerat, haec eadem stans
perferet atque eadem cantabit versibus isdem:
occidit miseros crambe repetita magistros.
quis color et quod sit causae genus atque ubi summa   155
quaestio, quae veniant diversa parte sagittae,
nosse volunt omnes, mercedem solvere nemo.
„mercedem appellas? quid enim scio?" „culpa docentis
scilicet arguitur, quod laevae parte mamillae
nil salit Arcadico iuveni, cuius mihi sexta   160
quaque die miserum dirus caput Hannibal inplet,
quidquid id est de quo deliberat, an petat urbem
a Cannis, an post nimbos et fulmina cautus
circumagat madidas a tempestate cohortes.
quantum vis stipulare, et protinus accipe: quid do,   165

zehn Begleiter verfügst,[64] ob dir eine Sänfte folgt, Klienten
dir vorausgehen. Deshalb plädierte Paulus mit gemietetem
Sardonyxring, und deshalb plädierte er gegen höheres Honorar als
Gallus, als Basilus:[65] selten findet sich Beredsamkeit in ärmlichen
Lumpen.[66]
Wann darf Basilus eine weinende Mutter präsentieren?[67]
Wer würde Eloquenz bei einem Basilus hinnehmen? So mag dich
Gallien aufnehmen oder eher noch die Nährmutter der Anwälte,
Africa,[68] wenn es dir beliebt, selbst den Preis für deine Zungen-
fertigkeit festzusetzen.
    Lehrst du das Deklamieren? Welch eiserne Brust beweist
Vettius,[69]
wenn seine vielköpfige Klasse die grausamen Tyrannen tötet!
Denn was sie eben im Sitzen vorgelesen hat, dasselbe trägt sie im
Stehen noch einmal vor und leiert dasselbe mit denselben Zeilen
herunter:[70]
es bringt die armen Lehrer der aufgewärmte Kohl um.
Welche Beschönigung ein Fall erfordere, welcher sein Typ sei und
wo seine
Hauptstreitfrage liege, welche Pfeile von der Gegenseite wohl
kämen,[71]
das wollen alle erfahren, ein Honorar zahlen jedoch niemand.
„Ein Honorar mahnst du an? Was weiß ich denn schon?"[72] „Dem
Lehrer wird also die Schuld dafür gegeben, daß in der linken Hälfte
der Brust
nichts schlägt bei dem arkadischen Jungen,[73] dessen schrecklicher
Hannibal mir alle fünf Tage den armen Kopf füllt, was immer
dieser überlegen mag, ob er nach Cannae die Hauptstadt
angreifen oder ob er nach den Regengüssen und Blitzen die vom
Unwetter triefenden Kohorten vorsichtig um sie herumführen
solle.[74]
Beding dir aus, soviel du willst, und nimm es sogleich in Empfang:
was gäbe ich dafür,

ut totiens illum pater audiat?" haec alii sex
vel plures uno conclamant ore sophistae
et veras agitant lites raptore relicto;
fusa venena silent, malus ingratusque maritus
et quae iam veteres sanant mortaria caecos.   170
ergo sibi dabit ipse rudem, si nostra movebunt
consilia, et vitae diversum iter ingredietur,
ad pugnam qui rhetorica descendit ab umbra,
summula ne pereat qua vilis tessera venit
frumenti: quippe haec merces lautissima. tempta   175
Chrysogonus quanti doceat vel Pollio quanti
lautorum pueros, artem scindes Theodori.
balnea sescentis et pluris porticus in qua
gestetur dominus quotiens pluit: anne serenum
expectet spargatque luto iumenta recenti?   180
[hic potius, namque hic mundae nitet ungula mulae.]
parte alia longis Numidarum fulta columnis
surgat et algentem rapiat cenatio solem.
quanticumque domus, veniet qui fercula docte
conponit, veniet qui pulmentaria condit.   185
hos inter sumptus sestertia Quintiliano,
ut multum, duo sufficient: res nulla minoris
constabit patri quam filius. „unde igitur tot
Quintilianus habet saltus?" exempla novorum
fatorum transi! felix et pulcher et acer,   190
felix et [sapiens et nobilis et generosus
adpositam] nigrae lunam subtexit alutae,

daß sein Vater ihn ebenso oft anhört!"[75] Dies rufen weitere[76] sechs
oder mehr Professoren wie mit einem Munde laut aus
und führen wirkliche Prozesse, lassen den Vergewaltiger[77] hinter
sich zurück.
Still wird es um die verschütteten Gifte, den schlechten und
undankbaren
Ehegatten und die Mörser, die schon lange Erblindete heilen.[78]
Deshalb wird, wenn meine Ratschläge Einfluß haben, sich selbst
das Holzschwert geben und einen anderen Lebensweg beschreiten,
wer aus dem Schatten der Rhetoren sich in den Kampf begibt,
damit das Sümmchen nicht verlorengehe,[79] für das die billige
Getreidemarke
verkauft wird:[80] denn dies ist ein sehr üppiges Honorar. Überprüfe,
für wieviel ein Chrysogonus und für wieviel ein Pollio die Söhne
der Betuchten unterrichtet, und du wirst das Lehrbuch des
Theodorus zerreißen.[81]
Bäder kosten 600 000, und noch mehr der Säulengang, in dem der
Besitzer umherfährt,[82] wenn es regnet: soll er etwa heiteres Wetter
abwarten oder mit frischem Schmutz die Zugtiere bespritzen lassen?
[Hier eher, denn hier erglänzt der Huf des sauberen Maultieres.][83]
In einem anderen Teil erhebe sich auf hohe Numidersäulen gestützt
der Speisesaal und fange die Wintersonne ein.[84]
Wieviel auch immer das Haus kostet, es kommt noch einer, der die
Gerichte kunstgerecht
arrangiert, es kommt einer, der die Leckerbissen würzt.[85]
Bei solchen Ausgaben müssen für einen Quintilian
höchstens 2000 Sesterzen genug sein: nichts kostet den Vater
weniger als sein Sohn.[86] „Woher hat dann Quintilian
so viele Bergweiden?" Sieh ab von Beispielen außergewöhnlichen
Schicksals! Der Glückliche[87] ist auch schön und energisch,
der Glückliche [ist weise und adlig, und als Vornehmer]
befestigt [er] unten am schwarzen Schuhleder das [dort ange-
brachte] Mondzeichen,[88]

felix orator quoque maximus et iaculator,
et, si perfrixit, cantat bene. distat enim quae
sidera te excipiant modo primos incipientem   195
edere vagitus et adhuc a matre rubentem.
si Fortuna volet, fies de rhetore consul,
si volet haec eadem, fiet de consule rhetor.
Ventidius quid enim? quid Tullius? anne aliud quam
sidus et occulti miranda potentia fati?   200
servis regna dabunt, captivis fata triumphum.
felix ille tamen corvo quoque rarior albo:
paenituit multos vanae sterilisque cathedrae,
sicut Tharsimachi probat exitus atque Secundi
Carrinatis; et hunc inopem vidistis, Athenae,   205
nil praeter gelidas ausae conferre cicutas.
di maiorum umbris tenuem et sine pondere terram
spirantisque crocos et in urna perpetuum ver,
qui praeceptorem sancti voluere parentis
esse loco! metuens virgae iam grandis Achilles   210
cantabat patriis in montibus et cui non tunc
eliceret risum citharoedi cauda magistri;
sed Rufum atque alios caedit sua quemque iuventus,
Rufum, quem totiens Ciceronem Alloboga dixit.

   Quis gremio Celadi doctique Palaemonis adfert   215
quantum grammaticus meruit labor? et tamen ex hoc,
quodcumque est (minus est autem quam rhetoris aera),
discipuli custos praemordet acoenonoetus,
et qui dispensat frangit sibi. cede, Palaemon,
et patere inde aliquid decrescere, non aliter quam   220

der Glückliche ist auch der größte Redner und Speerwerfer
und singt, wenn er erkältet ist, doch vortrefflich.[89] Es macht eben
einen Unterschied,
welche Sterne dich empfangen, wenn du gerade die ersten
Schreie auszustoßen beginnst und noch rot bist von der Mutter.
Wenn Fortuna es will, wirst du vom Rhetor zum Konsul,[90]
wenn sie es will, wird ebenso aus einem Konsul ein Rhetor.
Was war es denn bei Ventidius, was bei Tullius?[91] War es etwas
anderes als das Gestirn und die erstaunliche Macht des verborgenen
Schicksals?
Sklaven schenkt das Geschick Königreiche, Kriegsgefangenen einen
Triumph.
Jener Glückliche ist jedoch seltener als selbst ein weißer Rabe:
viele reute das erfolglose, unfruchtbare Lehramt,
wie das Ende des Thrasymachus beweist und das des Secundus
Carrinas;[92] auch ihn hast du, Athen, mittellos gesehen,
wagtest ihm nichts zu geben außer dem eisigen Schierling.[93]
Die Götter mögen den Schatten unserer Vorfahren gewähren, daß
ihnen die Erde dünn und schwerelos
sei, auch duftenden Krokus und dauernden Frühling in ihrer Urne,
da nach ihrem Willen der Lehrer die Stelle des ehrwürdigen Vaters
einnahm! Bang vor der Rute sang der schon erwachsene Achill
in den Bergen der Heimat, und ihm hätte damals kein Lachen
entlockt der Schwanz des zur Leier singenden Lehrmeisters;[94]
aber den Rufus und andere verprügelt jeweils die eigene Schul-
jugend, den Rufus, den sie so oft den Cicero der Allobroger nannte.[95]

Wer legt dem Celadus in den Schoß oder dem gelehrten Palaemon,
was die Mühe des Grammaticus verdiente?[96] Und trotzdem zwackt
sich davon, wie wenig es auch sei – und es ist weniger als das Entgelt
des Rhetors –,
rücksichtslos der Aufseher des Schülers etwas ab, und es nimmt
sich der Zahlmeister einen Teil.[97] Füge dich, Palaemon,
und nimm es hin, daß davon etwas abgeht, nicht anders als ein

institor hibernae tegetis niveique cadurci,
dummodo non pereat mediae quod noctis ab hora
sedisti, qua nemo faber, qua nemo sederet
qui docet obliquo lanam deducere ferro,
dummodo non pereat totidem olfecisse lucernas   225
quot stabant pueri, cum totus decolor esset
Flaccus et haereret nigro fuligo Maroni.
rara tamen merces quae cognitione tribuni
non egeat. sed vos saevas inponite leges,
ut praeceptori verborum regula constet,   230
ut legat historias, auctores noverit omnes
tamquam ungues digitosque suos, ut forte rogatus,
dum petit aut thermas aut Phoebi balnea, dicat
nutricem Anchisae, nomen patriamque novercae
Anchemoli, dicat quot Acestes vixerit annis,   235
quot Siculi Phrygibus vini donaverit urnas.
exigite ut mores teneros ceu pollice ducat,
ut si quis cera voltum facit; exigite ut sit
et pater ipsius coetus, ne turpia ludant,
ne faciant vicibus: non est leve tot puerorum   240
observare manus oculosque in fine trementis.
„haec" inquit „cura, sed cum se verterit annus,
accipe, victori populus quod postulat, aurum."

Händler mit Decken für den Winter und schneeweißen Matratzen,
wenn nur nicht völlig verloren geht, wofür du seit mitter-
                                        nächtlicher Stunde[98]
dasaßest, zu der kein Handwerker, zu der keiner dasitzen würde,
der lehrt, wie man mit gebogenem Eisen Wolle krempelt,[99]
wenn nur nicht verloren geht, wofür du so viele Lampen riechen
                                                    mußtest,
wie Knaben dich umstanden,[100] wobei schon der ganze Horaz
verfärbt war und am schwarz gewordenen Vergil Ruß klebte.
Selten ist dennoch ein Salär, das nicht des Rechtsentscheids durch
den Tribun bedarf.[101] Ihr aber verfügt strengste Gesetze,[102]
daß der Lehrer die Regeln der Sprache beherrsche,
daß er alle Geschichtswerke lese, alle Autoren kenne
wie seine eigenen Nägel und Finger, so daß er zufällig gefragt,
wenn er die Thermen aufsuchen will oder das Bad des Phoebus,[103]
                                                angeben kann
die Amme des Anchises, den Namen und die Heimat der Stiefmutter des Anchemolus, angeben kann, wieviel Jahre Acestes gelebt,
wieviele Krüge sizilischen Weins er den Phrygern geschenkt
                                                    habe.[104]
Ihr fordert, daß er die jugendlichen Sitten gleichsam mit dem
                                                    Daumen
forme, wie einer, der aus Wachs ein Gesicht bildet;[105] ihr fordert,
                                                    daß er auch
der Vater der Klasse selbst sei, damit sie keine unsittlichen Spiele
                                                    treiben,
es sich nicht gegenseitig machen: nicht leicht ist es, bei so vielen
Knaben die Hände zu beobachten und die Augen, die am Schluß
                                                flimmern.[106]
„Darum kümmere dich", heißt es, „aber wenn das Jahr sich
                                            gewendet hat,
dann nimm soviel Gold in Empfang, wie das Volk für einen Sieger
                                                fordert."[107]

SATURA VIII

Stemmata quid faciunt? quid prodest, Pontice, longo
sanguine censeri, pictos ostendere vultus
maiorum et stantis in curribus Aemilianos
et Curios iam dimidios umerosque minorem
Corvinum et Galbam auriculis nasoque carentem,   5
[quis fructus generis tabula iactare capaci
Corvinum, posthac multa contingere virga
fumosos equitum cum dictatore magistros]
si coram Lepidis male vivitur? effigies quo
tot bellatorum, si luditur alea pernox   10
ante Numantinos, si dormire incipis ortu
luciferi, quo signa duces et castra movebant?
cur Allobrogicis et magna gaudeat ara
natus in Herculeo Fabius lare, si cupidus, si
vanus et Euganea quantumvis mollior agna,   15
si tenerum attritus Catinensi pumice lumbum
squalentis traducit avos emptorque veneni
frangenda miseram funestat imagine gentem?
tota licet veteres exornent undique cerae
atria, nobilitas sola est atque unica virtus.   20
Paulus vel Cossus vel Drusus moribus esto,
hos ante effigies maiorum pone tuorum,
praecedant ipsas illi te consule virgas.
prima mihi debes animi bona. sanctus haberi
iustitiaeque tenax factis dictisque mereris: 25

ACHTE SATIRE

Welchen Wert haben schon Stammbäume? Was nützt es, Ponticus,[1]
nach uraltem Blut eingeschätzt zu werden, gemalte Gesichter der
Ahnen vorzuzeigen und in Triumphwagen stehende Aemiliane,[2]
nur noch halb erhaltene[3] Curier, einen Corvinus, der die Schultern
eingebüßt hat, und einen Galba, dem Öhrchen und Nase fehlen,[4]
[welchen Gewinn bringt es, auf ausladender Ahnentafel mit einem
Corvinus zu protzen, danach mit vielen Zweigen die Verbindung
herzustellen zu rauchgeschwärzten Reitergenerälen samt einem
Diktator][5]
wenn man vor Lepidern[6] ein übles Leben führt? Wozu die Bilder
so vieler Kriegshelden, wenn man die Nacht hindurch mit Würfeln
spielt vor Numantinern,[7] wenn man zu schlafen beginnt beim
Aufgang
des Morgensterns, da die Heerführer die Feldzeichen und Truppen
aufbrechen ließen?
Warum erfreut sich an den Siegern über die Allobroger und am
Großen Altar
ein Fabier, geboren im Hause des Hercules,[8] wenn er begehrlich,
wenn er haltlos ist und weit weichlicher als ein euganeisches Schaf,[9]
wenn er die zarte Lende mit catinischem Bimsstein glattschabt,[10]
so die struppigen Ahnen bloßstellt und als Käufer von Gift
das bedauernswerte Geschlecht durch sein Bildnis besudelt, das
zerbrochen werden müßte?[11]
Mögen auch alte Wachsmasken ringsum alle Atrien
zieren, der einzige und alleinige Adel ist die Tugend.
Sei du ein Paulus oder Cossus oder Drusus[12] in deinen Sitten,
diese präsentiere vor den Bildnissen deiner Vorfahren,[13] sie sollten,
wenn du Konsul bist, sogar den Rutenbündeln vorausziehen.
Vor allem fordere ich von dir Vorzüge des Charakters. Verdienst
du es durch Taten und Worte, als integer und als Anhänger der
Gerechtigkeit zu gelten,

agnosco procerem. salve, Gaetulice, seu tu
Silanus: quocumque alto de sanguine rarus
civis et egregius patriae contingis ovanti,
exclamare libet populus quod clamat Osiri
invento. quis enim generosum dixerit hunc qui   30
indignus genere et praeclaro nomine tantum
insignis? nanum cuiusdam Atlanta vocamus,
Aethiopem Cycnum, pravam extortamque puellam
Europen; canibus pigris scabieque vetusta
levibus et siccae lambentibus ora lucernae   35
nomen erit pardus, tigris, leo, si quid adhuc est
quod fremat in terris violentius. ergo cavebis
et metues ne tu sic Creticus aut Camerinus.

   His ego quem monui? tecum est mihi sermo, Rubelli
Blande. tumes alto Drusorum stemmate, tamquam   40
feceris ipse aliquid propter quod nobilis esses,
ut te conciperet quae sanguine fulget Iuli,
non quae ventoso conducta sub aggere texit.
„Vos humiles" inquis „volgi pars ultima nostri,
quorum nemo queat patriam monstrare parentis,   45
ast ego Cecropides." vivas et originis huius
gaudia longa feras! tamen ima plebe Quiritem
facundum invenies, solet hic defendere causas
nobilis indocti; veniet de plebe togata
qui iuris nodos et legum aenigmata solvat;   50
hinc petit Euphraten iuvenis domitique Batavi

so erkenne ich in dir den Adligen. Sei gegrüßt, Gaetulicus, oder
seist du ein Silanus:[14] aus welchem alten Blut auch immer du als
                                                            seltener
und hervorragender Bürger dem jubelnden Vaterland geschenkt
                                                            wirst,
man möchte laut ausrufen, was das Volk ruft nach dem Auffinden
des Osiris.[15] Wer würde nämlich den als edel bezeichnen, der
unwürdig seines Geschlechtes ist und nur durch den hochberühmten
Namen ausgezeichnet? Jemandes Zwerg nennen wir Atlas, einen
Neger Schwan, ein verwachsenes und verkrüppeltes Mädchen
Europa;[16] träge, von langwährender Räude kahle und
die Schnauzen trockener Öllampen leckende Hunde erhalten den
Namen Panther, Tiger, Löwe oder dessen, was es sonst auf Erden
gibt, das noch gefährlicher brüllt. Deshalb sei auf der Hut und
ängstlich bedacht, daß du nicht auf diese Weise Creticus bist oder
                                                    Camerinus.[17]
    Wen habe ich damit ermahnt? Dir gilt meine Rede, Rubellius
Blandus.[18] Du schwillst vor Stolz auf den alten Stammbaum der
                                                        Drusi,[19]
als hättest du selbst etwas vollbracht, weshalb du ein Adliger bist,
daß dich eine empfing, die erstrahlt im Glanze des Julischen Blutes,
und keine, die gegen Taglohn unterhalb des windigen Walles webt.[20]
„Niedriger Herkunft seid ihr", sagst du „die unterste Schicht
                                                    unseres Volkes,
von denen keiner die Heimat seines Vaters anzugeben vermag,[21]
ich dagegen bin ein Kekropier."[22] Wohl dir, und mögest du lange
die Freude an dieser Abstammung genießen![23] Dennoch findest du
im niedrigsten Volk einen redegewandten Mitbürger, er pflegt die
                                                    Gerichtsfälle des
ungebildeten Adligen zu vertreten; es kommt aus der togatragenden
                                                            Plebs
einer, der die Knoten des Rechts und die Rätsel der Gesetze löst;
von dorther zieht zum Euphrat und den Legionsadlern, den Wächtern

custodes aquilas armis industrius: at tu
nil nisi Cecropides truncoque simillimus Hermae.
nullo quippe alio vincis discrimine quam quod
illi marmoreum caput est, tua vivit imago.   55
dic mihi, Teucrorum proles, animalia muta
quis generosa putet nisi fortia? nempe volucrem
sic laudamus equum, facili cui plurima palma
fervet et exultat rauco victoria circo;
nobilis hic, quocumque venit de gramine, cuius   60
clara fuga ante alios et primus in aequore pulvis.
sed venale pecus Coryphaei posteritas et
Hirpini, si rara iugo Victoria sedit.
nil ibi maiorum respectus, gratia nulla
umbrarum: dominos pretiis mutare iubentur   65
exiguis, trito et ducunt epiraedia collo
segnipedes dignique molam versare nepotes.
ergo ut miremur te, non tua, primum aliquid da
quod possim titulis incidere praeter honores
quos illis damus et dedimus, quibus omnia debes.   70
    Haec satis ad iuvenem quem nobis fama superbum
tradit et inflatum plenumque Nerone propinquo;
rarus enim ferme sensus communis in illa
fortuna. sed te censeri laude tuorum,
Pontice, noluerim sic ut nihil ipse futurae   75
laudis agas. miserum est aliorum incumbere famae,

des unterworfenen Batavers,[24] ein waffentüchtiger junger Mann:
du jedoch bist nichts als ein Kekropier und sehr ähnlich einer glieder-
                                                              losen Herme.[25]
Denn durch keinen anderen Unterschied übertriffst du diese, als
daß sie einen Marmorkopf hat, du eine lebende Statue bist.
Sag mir, Sproß der Teukrer,[26] wer hält stumme Tiere[27] für edel
außer den tüchtigen? Denn so bezeichnen wir lobend das flüchtige
Rennpferd, dem zu Ehren sehr oft nach leicht gewonnener Palme
der Siegesschrei aufbraust und aufjubelt im dröhnenden Zirkus;
edel ist jenes, von welcher Weide immer es kommt, das sich durch
seinen schnellen Lauf vor den anderen auszeichnet und als erstes
                              den Staub in der Ebene aufwirbelt.
Wohlfeiles Vieh ist jedoch der Nachkomme eines Coryphaeus
und eines Hirpinus,[28] wenn nur selten auf seinem Joch das Sieges-
                                                              zeichen saß.[29]
Dort gibt es keine Rücksicht auf die Vorfahren, kein Ansehen der
Schatten der Toten: zu geringen Preisen heißt man die Enkel ihre
Herren wechseln, und mit abgeschabtem Hals ziehen sie Karren,
langsamfüssig und wert, die Mühle zu drehen.[30]
Damit wir also dich bewundern und nicht das Deine, biete zuerst
                                                              etwas,
was ich deinen Ehreninschriften einmeißeln könnte, außer den
                                                              Ehrenämtern,
die wir an jene vergeben und vergeben haben, denen du alles
                                                              verdankst.[31]
    Dies genüge für den jungen Mann, den uns die Überlieferung
als arrogant schildert, aufgebläht und ganz erfüllt von seiner
                                        Verwandtschaft mit Nero;[32]
selten ist gewöhnlich in solch hoher Stellung nämlich der Sinn für
die anderen. Doch dich, Ponticus, möchte ich nicht nach dem Ruhm
der Deinen eingeschätzt sehen, während du selbst nichts leistest,
was dir künftigen Ruhm einbrächte. Jämmerlich ist es, sich auf das
                                        Ansehen anderer zu stützen,

ne conlapsa ruant subductis tecta columnis:
stratus humi palmes viduas desiderat ulmos.
esto bonus miles, tutor bonus, arbiter idem
integer. ambiguae si quando citabere testis   80
incertaeque rei, Phalaris licet imperet ut sis
falsus et admoto dictet periuria tauro,
summum crede nefas animam praeferre pudori
et propter vitam vivendi perdere causas.
[dignus morte perit, cenet licet ostrea centum   85
Gaurana et Cosmi toto mergatur aeno.]
expectata diu tandem provincia cum te
rectorem accipiet, pone irae frena modumque,
pone et avaritiae, miserere inopum sociorum:
ossa vides rerum vacuis exucta medullis.   90
respice quid moneant leges, quid curia mandet,
praemia quanta bonos maneant, quam fulmine iusto
et Capito et Tutor ruerint damnante senatu,
piratae Cilicum. sed quid damnatio confert?
praeconem, Chaerippe, tuis circumspice pannis,   95
cum Pansa eripiat quidquid tibi Natta reliquit,
iamque tace: furor est post omnia perdere naulum.
non idem gemitus olim neque vulnus erat par

damit nicht das Dach zusammenbreche und niederstürze, da man
die Säulen entfernt hat:[33]
die auf dem Boden ausgestreckte Rebe verlangt nach ledigen
Ulmen.[34]
Sei ein guter Soldat, ein guter Vormund, ebenso ein redlicher
Richter. Wenn du einmal in einem zweifelhaften und unsicheren
Fall als Zeuge aufgerufen wirst, dann halte es, mag ein Phalaris dir
befehlen zu lügen und unter Androhung seines Stieres dir Meineide
diktieren,[35] für den größten Frevel, das bloße Dasein dem Ehrgefühl
vorzuziehen
und um des Lebens willen die Gründe für das Leben einzubüßen.[36]
[Wer des Todes würdig ist, ist bereits tot, mag er auch hundert
Austern vom Gaurus speisen und ganz in den Kessel des Cosmus
eintauchen.][37]
Wenn dich die lange ersehnte Provinz endlich als Lenker
empfängt,[38] bezwinge mit Zügeln und Maß den Zorn,
bezwinge auch die Habgier, erbarme dich der mittellosen Bundesgenossen:[39]
die Knochen ihres Besitzes erblickst du, hohl, das Mark ist
ausgesogen.
Achte darauf, was die Gesetze verlangen, was die Kurie dir
aufträgt,[40]
welch große Belohnungen auf die Redlichen warten, durch welch
gerechten
Blitzschlag Capito und Tutor stürzten, verurteilt vom Senat,[41]
sie, die Piraten der Kilikier.[42] Doch welchen Erfolg hat die
Verurteilung?
Schau dich um, Chaerippus, nach einem Auktionator für deine
Lumpen, da Pansa dir entreißt, was immer Natta dir übrigließ,
und halt' endlich still: Wahnsinn ist es, nach allem auch noch das
Fährgeld zu verlieren.[43]
Nicht dieselben Klagen gab es einst und nicht die gleichen
schmerzhaften

damnorum sociis florentibus et modo victis.
plena domus tunc omnis, et ingens stabat acervos   100
nummorum, Spartana chlamys, conchylia Coa,
et cum Parrhasii tabulis signisque Myronis
Phidiacum vivebat ebur, nec non Polycliti
multus ubique labor, rarae sine Mentore mensae.
inde Dolabella atque †hinc† Antonius, inde   105
sacrilegus Verres referebant navibus altis
occulta spolia et plures de pace triumphos.
nunc sociis iuga pauca boum, grex parvus equarum,
et pater armenti capto eripietur agello,
ipsi deinde Lares, si quod spectabile signum.   110
[si quis in aedicula deus unicus. haec etenim sunt
pro summis, nam sunt haec maxima. despicias tu]
forsitan inbellis Rhodios unctamque Corinthon
despicias merito: quid resinata iuventus
cruraque totius facient tibi levia gentis?   115
horrida vitanda est Hispania, Gallicus axis
Illyricumque latus; parce et messoribus illis
qui saturant urbem circo scenaeque vacantem:
quanta autem inde feres tam dirae praemia culpae,
cum tenuis nuper Marius discinxerit Afros?   120
curandum in primis ne magna iniuria fiat
fortibus et miseris. tollas licet omne quod usquam est
auri atque argenti, scutum gladiumque relinques.

Verluste, als die Bundesgenossen noch begütert und eben erst
                                                    besiegt waren.
Gefüllt war damals jedes Haus, und hoch ragte ein gewaltiger Haufen
Geldes, spartanische Mäntel hatte man, koische Purpurgewänder,[44]
und zusammen mit Bildern des Parrhasius und Statuen Myrons
lebendiges Elfenbein des Phidias, auch viele Arbeiten des
Polyklet gab es überall, selten war ein Tisch ohne ein Werk
                                                    Mentors.[45]
Von dort brachten Dolabella und Antonius, von dort der
Tempelräuber Verres[46] in hochbordigen Schiffen heimliche
Beutestücke heim und Triumphe zumeist über bereits befriedete
                                                    Völker.[47]
Jetzt raubt man den Bundesgenossen die wenigen Joch Ochsen, die
kleine Herde Stuten und den Vater des Viehs vom beschlagnahmten
                                                    Äckerchen,
danach die Laren selbst, wenn eine ansehnliche Statue vorhanden ist.[48]
[wenn im Schrein ein einziger Gott sich befindet. Dies nämlich ist
für sie das Höchste, denn das ist das Größte. Verachten magst du][49]
Vielleicht magst du die unkriegerischen Rhodier und das parfü-
                                                    mierte Korinth
mit Recht verachten: was könnten dir schon die enthaarte Jugend
und die glatten Beine[50] des ganzen Stammes anhaben?
Das rauhe Spanien muß man meiden, das gallische Land
und die Küste Illyriens; verschone auch jene Schnitter,[51]
welche die Hauptstadt sättigen, die so Zeit hat für Zirkus und
                                                    Bühne:
welch großen Lohn kannst du schon für so grausige Schuld von
                                                    dort davonschleppen,
da Marius jüngst die Afrikaner bis zur Armut ausgeraubt hat?[52]
Sorge zu tragen ist vor allem dafür, daß kein großes Unrecht
den Tapferen und zugleich Elenden geschieht. Magst du auch alles
rauben, was irgendwo an Gold und Silber ist, Schild und Schwert
                                                    wirst du zurücklassen.[53]

[et iaculum et galeam: spoliatis arma supersunt.]
quod modo proposui, non est sententia, verum est: 125
credite me vobis folium recitare Sibyllae.
si tibi sancta cohors comitum, si nemo tribunal
vendit acersecomes, si nullum in coniuge crimen
nec per conventus et cuncta per oppida curvis
unguibus ire parat nummos raptura Celaeno,   130
tum licet a Pico numeres genus, altaque si te
nomina delectant, omnem Titanida pugnam
inter maiores ipsumque Promethea ponas.
[de quocumque voles proavom tibi sumito libro.]
quod si praecipitem rapit ambitio atque libido,   135
si frangis virgas sociorum in sanguine, si te
delectant hebetes lasso lictore secures,
incipit ipsorum contra te stare parentum
nobilitas claramque facem praeferre pudendis.
    Omne animi vitium tanto conspectius in se   140
crimen habet, quanto maior qui peccat habetur.
quo mihi te solitum falsas signare tabellas
in templis quae fecit avus statuamque parentis
ante triumphalem? quo, si nocturnus adulter
tempora Santonico velas adoperta cucullo?   145
praeter maiorum cineres atque ossa volucri
carpento rapitur pinguis Lateranus, et ipse,
ipse rotam adstringit sufflamine mulio consul,
nocte quidem, sed Luna videt, sed sidera testes
intendunt oculos. finitum tempus honoris   150
cum fuerit, clara Lateranus luce flagellum

[und Speer und Helm: den Beraubten bleiben die Waffen.][54]
Was ich eben vortrug, ist keine bloße Pointe, es ist die Wahrheit:
glaubt, ich lese euch ein Blatt der Sibylle vor.[55]
Wenn der Stab deiner Begleiter integer ist, wenn kein Lockenkopf
deinen Richtspruch verkauft,[56] wenn keinerlei Vorwurf deine
                                                            Gattin
trifft und sie nicht durch alle Bezirke und Städte zu ziehen sich
anschickt, um mit krummen Klauen als eine Celaeno Geld zu
                                                            raffen,[57]
dann magst du dein Geschlecht von Picus her abzählen,[58] und, falls
dich hehre Namen erfreuen, den ganzen Titanenkampf
und sogar Prometheus selbst[59] unter deine Vorfahren versetzen.
[Nimm dir den Urgroßvater, aus welchem Buch auch immer du
                                                            willst.][60]

Wenn dich blindlings Ehrgeiz und Willkür dahinreißen, wenn
du die Rutenbündel im Blut der Bundesgenossen zerbrichst, wenn
dich stumpf gewordene Beile des erschöpften Lictors erfreuen,[61]
beginnt der Adel deiner Vorfahren selbst gegen dich aufzutreten
und deinen Schändlichkeiten eine helle Fackel voranzutragen.[62]
    Bei jeglichem Charakterfehler ist der Vorwurf um so
sichtbarer, je höher der Sünder eingeschätzt wird.[63]
Was soll ich mit dir, der du gefälschte Testamente zu siegeln
pflegst in Tempeln, die dein Großvater baute, und vor der
                                                    Triumphalstatue[64]
deines Vaters? Was, wenn du in der Nacht als Ehebrecher
dir die Schläfen verhüllst und bedeckst mit santonischer Kapuze?[65]
An der Asche und den Gebeinen seiner Vorfahren vorbei rast in
schnellem Wagen der fette Lateranus dahin,[66] und er selbst,
er selbst zieht die Bremse am Rad an, der Konsul als Kutscher,[67]
freilich in der Nacht, doch die Mondgöttin sieht es, doch die Sterne
richten als Zeugen die Augen darauf. Wenn die Zeit seines Ehren-
                                                            amtes
beendet sein wird, wird Lateranus am hellen Tage die Peitsche

sumet et occursum numquam trepidabit amici
iam senis ac virga prior adnuet atque maniplos
solvet et infundet iumentis hordea lassis.
interea, dum lanatas robumque iuvencum   155
more Numae caedit, Iovis ante altaria iurat
solam Eponam et facies olida ad praesepia pictas.
sed cum pervigiles placet instaurare popinas,
obvius adsiduo Syrophoenix udus amomo
[currit, Idymaeae Syrophoenix incola portae,]   160
hospitis adfectu dominum regemque salutat
et cum venali Cyane succincta lagona.
defensor culpae dicet mihi „fecimus et nos
haec iuvenes.“ esto, desisti nempe nec ultra
fovisti errorem. breve sit quod turpiter audes,   165
quaedam cum prima resecentur crimina barba.
indulge veniam pueris: Lateranus ad illos
thermarum calices inscriptaque lintea vadit
maturus bello Armeniae Syriaeque tuendis
amnibus et Rheno atque Histro. praestare Neronem   170
securum valet haec aetas. mitte Ostia, Caesar,
mitte, sed in magna legatum quaere popina!
invenies aliquo cum percussore iacentem,
permixtum nautis et furibus ac fugitivis,
inter carnifices et fabros sandapilarum   175

ergreifen und sich nie vor der Begegnung mit einem Freund schon
vorgerückten Alters ängstigen,[68] und ihn als erster mit der Gerte
                                                        grüßen, er wird
die Heubündel aufbinden und den erschöpften Zugtieren Gerste
                                                        einschütten.
Unterdessen,[69] während er Wollschafe und einen roten Jungstier
nach Numas Brauch schlachtet,[70] schwört er vor dem Altare
                                                        Juppiters
allein bei Epona und ihren Bildern, die bei den stinkenden Krippen
                                                        gemalt sind.[71]
Doch wenn es ihm gefällt, wieder in den nachts geöffneten Kneipen
                                                        zu feiern,
kommt ihm der vom ständigen Salböl triefende Syrer entgegen
[rennt der Syrer, der Anwohner des „Idymaeischen" Tores,][72] und
begrüßt ihn mit der Beflissenheit des Gastwirts als Herrn und König
sowie die leichtgeschürzte Cyane mit der käuflichen Flasche.[73]
Ein Verteidiger der Schuld wird mir sagen: „Auch wir haben in
                                                        unserer
Jugend derartiges getrieben." Mag sein, doch gabst du es auf
und hegtest die Verirrung nicht weiter. Nur kurz dauere, was du
                                                        schändlich wagst,
mit dem ersten Bart sollten manche Vergehen abgeschnitten
                                                        werden.[74]
Nachsicht gewähre Knaben: Lateranus begibt sich zu jenen
Trinkbechern der Thermen und den beschrifteten Tüchern,[75]
wo er doch reif wäre für den Krieg in Armenien und den Schutz der
                                                        Ströme
Syriens,[76] des Rheins und der Donau. Nero Sicherheit zu bieten
vermag dieses Alter. Schick ihn, Caesar, schick ihn
nach Ostia,[77] aber such' deinen Legaten in einer großen Kneipe!
Du wirst ihn finden bei Tische liegend mit irgendeinem
Mörder, gemischt unter Matrosen, Diebe und entflohene Sklaven,
zwischen Henkersknechten und Schreinern von Totenbahren

et resupinati cessantia tympana galli.
aequa ibi libertas, communia pocula, lectus
non alius cuiquam, nec mensa remotior ulli.
quid facias talem sortitus, Pontice, servum?
nempe in Lucanos aut Tusca ergastula mittas.   180
at vos, Troiugenae, vobis ignoscitis et quae
turpia cerdoni Volesos Brutumque decebunt.
quid si numquam adeo foedis adeoque pudendis
utimur exemplis, ut non peiora supersint?
consumptis opibus vocem, Damasippe, locasti   185
sipario, clamosum ageres ut Phasma Catulli.
Laureolum velox etiam bene Lentulus egit,
iudice me dignus vera cruce. nec tamen ipsi
ignoscas populo; populi frons durior huius,
qui sedet et spectat triscurria patriciorum,   190
planipedes audit Fabios, ridere potest qui
Mamercorum alapas. quanti sua funera vendant
quid refert? vendunt nullo cogente Nerone,
nec dubitant celsi praetoris vendere ludis.
finge tamen gladios inde atque hinc pulpita poni: 195
quid satius? mortem sic quisquam exhorruit, ut sit
zelotypus Thymeles, stupidi collega Corinthi?

und den schweigenden Trommeln eines rücklings hingestreckten
                                    Cybelepriesters.
Gleiche Freiheit herrscht dort, gemeinsame Becher gibt es, keiner
hat ein eigenes Sofa und niemand einen separaten Tisch.
Was würdest du tun, Ponticus, wenn du zufällig einen solchen
                                    Sklaven hättest?
Gewiß würdest du ihn nach Lukanien oder in etruskische Arbeits-
                                    häuser schicken.[78]
Ihr aber, ihr Trojaentstammten,[79] seid nachsichtig mit euch, und
was schimpflich wäre beim kleinen Mann, steht einem Volesus und
                                    Brutus wohl an.[80]
Doch nie verwende ich hinreichend scheußliche und hinreichend
schändliche Beispiele, daß nicht noch schlimmere übrig wären.[81]
Nach der Vergeudung deines Besitzes hast du, Damasippus, deine
                                    Stimme
an den Bühnenvorhang vermietet, um das lärmige „Gespenst" des
                                    Catullus zu spielen.[82]
Den „Laureolus" spielte ebenfalls gut der flinke Lentulus, der nach
meinem Urteil ein echtes Kreuz verdient hätte.[83] Doch auch das Volk
selbst sollte keine Verzeihung finden; noch schamloser ist die Stirn
des Volkes, das dasitzt und den Possen der Patrizier zuschaut,[84]
barfüßigen Fabiern[85] zuhört, das lachen kann über
die Ohrfeigen für die Mamerker.[86] Was macht es schon aus, für
wieviel sie ihren Untergang verkaufen?[87] Sie verkaufen ihn, ohne
                                    daß ein Nero sie zwänge,[88]
und tragen keine Bedenken, ihn bei den Spielen des hochthronen-
                                    den Praetors zu verkaufen.[89]
Man stelle sich jedoch vor, dort würden Schwerter, hier die Bühne
                                    aufgestellt:
was wäre besser? Schaudert irgendwer so vor dem Tode,[90] daß er
                                    lieber
der eifersüchtige Ehemann Thymeles sein wollte, der Kollege des
                                    Dümmlings Corinthus?

res haut mira tamen citharoedo principe mimus
nobilis. haec ultra quid erit nisi ludus? et illic
dedecus urbis habes, nec murmillonis in armis   200
nec clipeo Gracchum pugnantem aut falce supina.
damnat enim talis habitus [sed damnat et odit
nec galea faciem abscondit]: movet ecce tridentem.
postquam vibrata pendentia retia dextra
nequiquam effudit, nudum ad spectacula voltum   205
erigit et tota fugit agnoscendus harena.
credamus tunicae, de faucibus aurea cum se
porrigat et longo iactetur spira galero.
ergo ignominiam graviorem pertulit omni
volnere cum Graccho iussus pugnare secutor.   210
libera si dentur populo suffragia, quis tam
perditus ut dubitet Senecam praeferre Neroni?
cuius supplicio non debuit una parari
simia nec serpens unus nec culleus unus.
par Agamemnonidae crimen, sed causa facit rem   215
dissimilem. quippe ille deis auctoribus ultor
patris erat caesi media inter pocula, sed nec
Electrae iugulo se polluit aut Spartani
sanguine coniugii, nullis aconita propinquis
miscuit, in scena numquam cantavit Orestes,   220
Troica non scripsit. quid enim Verginius armis
debuit ulcisci magis aut cum Vindice Galba,

Freilich ist ein Mimus mit Adligen nichts Erstaunliches, wenn der
Kaiser als Kitharöde auftritt.[91] Was gibt es darüber hinaus außer
                                           der Gladiatorenschule?[92]
Und dort findest du die Schande der Hauptstadt, den nicht mit den
                                           Waffen des Murmillo
und nicht mit dem Schild oder dem Sichelschwert kämpfenden
                                           Gracchus.[93]
Er lehnt nämlich eine derartige Rüstung ab [aber er lehnt sie ab
                                           und haßt sie
und verbirgt nicht mit dem Helm das Gesicht]:[94] den Dreizack
                                           schwingt er!
Nachdem er das hängende Netz mit wirbelnder Rechter
vergeblich geschleudert hat, hebt er das nackte Gesicht zu den
Zuschauern empor und flieht, deutlich zu erkennen in der ganzen
                                           Arena.
Glauben wir also seiner Tunica, wenn sie sich golden an der Kehle
vordrängt und die Schnur an der hohen Kappe fortfliegt.[95]
Also erlitt eine schlimmere Entehrung als jegliche Wunde
der „Verfolger", den man zwang, mit einem Gracchus zu kämpfen.[96]
Wenn dem Volk freie Abstimmung gewährt würde, wer wäre so
verkommen, daß er zögerte, Seneca einem Nero vorzuziehen?[97]
Für dessen Hinrichtung hätte man nicht nur einen einzigen Affen
beschaffen müssen und nicht nur eine einzige Schlange und einen
                                           einzigen Sack.[98]
Gleich war das Verbrechen des Agamemnonsohnes, doch macht das
Motiv den Fall unähnlich. Denn er war auf Geheiß der Götter Rächer
seines mitten zwischen den Trinkbechern erschlagenen Vaters,[99]
aber er besudelte sich weder mit einem Mord an Elektra noch mit
dem Blut seiner spartanischen Gattin, mischte keinen Verwandten
Gift, und niemals sang Orest auf der Bühne,
schrieb keine „Troica".[100] Was nämlich hätte Verginius
mit den Waffen mehr bestrafen sollen oder Galba zusammen mit
                                           Vindex[101]

quod Nero tam saeva crudaque tyrannide fecit?
haec opera atque hae sunt generosi principis artes,
gaudentis foedo peregrina ad pulpita cantu   225
prostitui Graiaeque apium meruisse coronae.
maiorum effigies habeant insignia vocis:
ante pedes Domiti longum tu pone Thyestae
syrma vel Antigones seu personam Melanippes,
et de marmoreo citharam suspende colosso!   230
quid, Catilina, tuis natalibus atque Cethegi
inveniet quisquam sublimius? arma tamen vos
nocturna et flammas domibus templisque paratis,
ut bracatorum pueri Senonumque minores,
ausi quod liceat tunica punire molesta.   235
sed vigilat consul vexillaque vestra coercet:
hic novus Arpinas, ignobilis et modo Romae
municipalis eques, galeatum ponit ubique
praesidium attonitis et in omni monte laborat.
tantum igitur muros intra toga contulit illi   240
nominis ac tituli, quantum sibi Leucade, quantum
Thessaliae campis Octavius abstulit udo
caedibus adsiduis gladio: sed Roma parentem,
Roma patrem patriae Ciceronem libera dixit.
Arpinas alius Volscorum in monte solebat   245
poscere mercedes alieno lassus aratro;
nodosam post haec frangebat vertice vitem,
si lentus pigra muniret castra dolabra.
hic tamen et Cimbros et summa pericula rerum

von dem, was Nero während seiner so grausamen und brutalen
                                                Tyrannei verbrach?
Dies sind die Leistungen, dies die Künste eines altadligen
                                                      Herrschers,
der sich daran erfreut, auf ausländischen Bühnen sich mit schänd-
                                                  lichem Gesang
zu prostituieren und sich griechische Eppichkränze zu verdienen.[102]
Die Statuen der Vorfahren sollten die Auszeichnungen der Stimme
                                                      empfangen:
vor den Füßen des Domitius lege nieder das lange Schleppgewand
des Thyestes oder der Antigone oder die Maske Melanippes,[103]
und hänge die Kithara auf an einer marmornen Kolossalstatue![104]
Was, Catilina, könnte jemand Erlauchteres finden als deine
und des Cethegus Abstammung?[105] Dennoch stellt ihr
des Nachts Waffen bereit und Feuerbrände für Häuser und Tempel,
als wäret ihr Söhne hosentragender Gallier und Abkömmlinge der
                                                      Senonen,[106]
und wagt, was man mit dem Pechkleid bestrafen darf.[107]
Aber es wacht der Konsul und hält eure Banden im Zaum:
dieser Neuling aus Arpinum, ohne Adel und eben noch in Rom
nur ein Ritter aus der Kleinstadt,[108] stellt überall behelmte
Schutztruppen für die erschreckten Bürger auf und müht sich auf
                                                      jedem Hügel.
So brachte ihm die Toga innerhalb der Mauern soviel an Namen
und Ruhmestitel ein, wieviel für sich bei Leucas, wieviel
auf Thessaliens Feldern Octavius errang mit dem vom
dauernden Morden nassen Schwert:[109] doch Rom hat Cicero
„Vater", das noch freie Rom ihn „Vater des Vaterlandes" genannt.
Ein anderer Arpiner pflegte auf dem Berge der Volsker
Taglohn zu fordern, erschöpft von fremdem Pflug;
der knotige Rebenstock zerbrach danach an seinem Schädel,
wenn er mit träger Hacke zu langsam das Lager befestigte.[110]
Doch er nahm es auf mit den Kimbern und der höchsten Gefahr

excipit et solus trepidantem protegit urbem,   250
atque ideo, postquam ad Cimbros stragemque volabant
qui numquam attigerant maiora cadavera corvi,
nobilis ornatur lauro collega secunda.
plebeiae Deciorum animae, plebeia fuerunt
nomina; pro totis legionibus hi tamen et pro   255
omnibus auxiliis atque omni pube Latina
sufficiunt dis infernis Terraeque parenti.
[pluris enim Decii quam quae servantur ab illis.]
ancilla natus trabeam et diadema Quirini
et fascis meruit, regum ultimus ille bonorum.   260
prodita laxabant portarum claustra tyrannis
exulibus iuvenes ipsius consulis et quos
magnum aliquid dubia pro libertate deceret,
quod miraretur cum Coclite Mucius et quae
imperii finis Tiberinum virgo natavit: 265
occulta ad patres produxit crimina servus,
matronis lugendus; at illos verbera iustis
adficiunt poenis et legum prima securis.

   Malo pater tibi sit Thersites, dummodo tu sis
Aeacidae similis Volcaniaque arma capessas,   270
quam te Thersitae similem producat Achilles.
et tamen, ut longe repetas longeque revolvas
nomen, ab infami gentem deducis asylo:
maiorum primus, quisquis fuit ille, tuorum
aut pastor fuit aut illud quod dicere nolo.   275

für den Staat und beschützte allein die zitternde Hauptstadt,
und deshalb wurde, nachdem zur Walstatt der Kimbern
die Raben geflogen waren, die nie größere Leichen berührt hatten,
der adlige Kollege nur mit dem zweiten Lorbeer geschmückt.[111]
Aus der Plebs stammten die Seelen der Decier, plebejisch waren
ihre Namen; dennoch genügen diese für alle Legionen und
sämtliche Hilfstruppen sowie die ganze Jugend Latiums
den Göttern der Unterwelt und der Mutter Erde.[112]
[Mehr wert sind nämlich die Decier als was von ihnen gerettet
                                                    wird.][113]
Der Sohn einer Sklavin verdiente sich den Königsmantel und das
Diadem des Quirinus und dessen Rutenbündel, der letzte der guten
                                                    Könige.[114]
Durch Verrat suchten den verbannten Tyrannen die Söhne des
Konsuls selbst die Riegel der Tore zu öffnen,[115] denen etwas
Großes für die noch unsichere Freiheit zu tun angestanden hätte,
was Mucius zusammen mit Cocles bewundert hätte und die
Jungfrau, die den Tiber, die Grenze des Reiches, durchschwamm:[116]
das verborgene Verbrechen offenbarte den Senatoren ein Sklave,
wert, von den Frauen betrauert zu werden;[117] doch jene treffen mit
gerechter Strafe die Prügel und das erstmals nach Gesetzen
                                                    verwendete Beil.
    Lieber wäre mir, du hättest einen Thersites zum Vater, wenn du
nur dem Aeacusenkel ähnlich bist und die Waffen des Vulcanus
ergreifst,[118] als daß dich dem Thersites ähnlich ein Achill erzeugte.
Und magst du deinen Namen auch weit herholen und weit
zurückverfolgen, so leitest du dennoch dein Geschlecht aus dem
                                                    verrufenen Asyl ab:[119]
der erste deiner Vorfahren, wer immer es gewesen ist,
war entweder ein Hirt oder was ich nicht nennen möchte.[120]

SATURA IX

Scire velim quare totiens mihi, Naevole, tristis
occurras fronte obducta ceu Marsya victus.
quid tibi cum vultu qualem deprensus habebat
Ravola, dum Rhodopes uda terit inguina barba?
[nos colaphum incutimus lambenti crustula servo.]   5
non erit hac facie miserabilior Crepereius
Pollio, qui triplicem usuram praestare paratus
circumit et fatuos non invenit. unde repente
tot rugae? certe modico contentus agebas
vernam equitem, conviva ioco mordente facetus   10
et salibus vehemens intra pomeria natis.
omnia nunc contra, vultus gravis, horrida siccae
silva comae, nullus tota nitor in cute, qualem
Bruttia praestabat calidi tibi fascia visci,
sed fruticante pilo neglecta et squalida crura.   15
quid macies aegri veteris, quem tempore longo
torret quarta dies olimque domestica febris?
deprendas animi tormenta latentis in aegro
corpore, deprendas et gaudia: sumit utrumque
inde habitum facies. igitur flexisse videris   20
propositum et vitae contrarius ire priori.

NEUNTE SATIRE

Gerne wüßte ich, Naevolus, warum du mir so oft traurig
begegnest, mit finsterer Stirn wie der besiegte Marsyas.[1]
Was soll bei dir ein Gesicht, wie es Ravola hatte, als man ihn
überraschte, wie er mit feuchtem Bart den Schoß der Rhodope rieb?[2]
[Einem Sklaven hauen wir eine Ohrfeige runter, wenn er nur am
                                              Kuchen leckt.][3]
Ein kläglicheres Gesicht als du hat Crepereius Pollio
nicht, der, bereit, dreifache Zinsen zu zahlen,
umhergeht und keine Dummen findet.[4] Woher plötzlich die
vielen Runzeln? Zweifellos mit Bescheidenem zufrieden spieltest
du den eingeborenen Ritter, warst ein geistreicher Gast mit
                                              beißendem Humor
und stark im Spott, wie er innerhalb der Stadtgrenzen zur Welt
                                              kommt.[5]
Alles ist jetzt ins Gegenteil verkehrt, finster das Gesicht, ein
                                              struppiger
Wald die Haare ohne Pomade, auf der ganzen Haut kein Glanz, wie
ihn die Binde mit heißem bruttischem Harz dir schenkte,[6]
vielmehr die Beine ungepflegt und verwildert durch wuchernde
                                              Haare.
Was bedeutet die Magerkeit wie die eines lange Kranken, den seit
                                              geraumer Zeit
das Quartanfieber ausdörrt,[7] das bei ihm schon lange heimisch ist?
Erkennen kann man die Qualen der in einem kranken Körper
                                              verborgenen
Seele, erkennen aber auch deren Freuden: von dorther nimmt das
                                              Gesicht
den einen oder den anderen Ausdruck an. So scheinst du dein
                                              Konzept
geändert zu haben und einen deinem bisherigen Leben entgegen-
                                              gesetzten Weg zu gehen.

nuper enim, ut repeto, fanum Isidis et Ganymedem
Pacis et advectae secreta Palatia matris
et Cererem (nam quo non prostat femina templo?)
notior Aufidio moechus celebrare solebas,   25
quodque taces, ipsos etiam inclinare maritos.
   „Utile et hoc multis vitae genus, at mihi nullum
inde operae pretium. pingues aliquando lacernas,
munimenta togae, duri crassique coloris
et male percussas textoris pectine Galli   30
accipimus, tenue argentum venaeque secundae.
fata regunt homines, fatum est et partibus illis
quas sinus abscondit. nam si tibi sidera cessant,
nil faciet longi mensura incognita nervi,
quamvis te nudum spumanti Virro labello   35
viderit et blandae adsidue densaeque tabellae
sollicitent, αὐτὸς γὰρ ἐφέλκεται ἄνδρα κίναιδος.
quod tamen ulterius monstrum quam mollis avarus?
„haec tribui, deinde illa dedi, mox plura tulisti."
computat et cevet. ponatur calculus, adsint   40
cum tabula pueri; numera sestertia quinque
omnibus in rebus, numerentur deinde labores:
an facile et pronum est agere intra viscera penem

Jüngst nämlich noch, wie ich mich erinnere, pflegtest du das Heilig-
                 tum der Isis und den Ganymed
des Pax-Tempels, den Palatinischen Bezirk der eingeführten
                            Göttermutter
und den Ceres-Tempel (denn bei welchem Tempel prostituiert sich
                       nicht eine Frau?)[8]
oft zu besuchen, als Ehebrecher noch bekannter als Aufidius,[9]
und, was du verschweigst, auch noch die Ehemänner zu bedienen.
  „Nützlich ist auch diese Lebensform für viele, für mich jedoch
                          ergab sich
daraus keinerlei Lohn für die Mühe.[10] Gelegentlich erhalte ich
dicke Mäntel, als Schutz für die Toga, von rauher und grober
Qualität, schlecht durchgeschlagen vom Kamm des gallischen
Webers,[11] Silbergeschirr, dünn und zweiter Wahl.
Das Schicksal regiert die Menschen, ein Schicksal haben auch jene
                        Körperteile,
die der Gewandbausch verbirgt. Denn wenn dir die Sterne
versagen, bewirkt nichts das beispiellose Maß des langen Gliedes,
obgleich dich Virro mit sabbernden Lippen nackt gesehen hat[12]
und schmeichelnde, häufige Briefe dich beharrlich
bedrängen, „denn es zieht der Schwule von selbst den Mann an."[13]
Gibt es indessen eine ärgere Widernatürlichkeit als einen geizigen
                       Schwulen?
„Dies habe ich dir zuteilwerden lassen, darauf jenes geschenkt, da-
                nach hast du noch mehr erhalten."[14]
Er rechnet nach und – wackelt mit dem Hintern. Stellen wir die
                   Kalkulation auf,
mögen die Sklaven mit der Rechentafel herkommen! Zähl die
                   fünftausend
Sesterzen zusammen, alles in allem, man zähle danach meine
                       Mühen:
ist es denn einfach und leicht, einen ordentlichen Penis in das
                       Gedärm

legitimum atque illic hesternae occurrere cenae?
servus erit minus ille miser qui foderit agrum   45
quam dominum. sed tu sane tenerum et puerum te
et pulchrum et dignum cyatho caeloque putabas.
vos humili adseculae, vos indulgebitis umquam
cultori, iam nec morbo donare parati?
en cui tu viridem umbellam, cui sucina mittas   50
grandia, natalis quotiens redit aut madidum ver
incipit et strata positus longaque cathedra
munera femineis tractat secreta kalendis!
dic, passer, cui tot montis, tot praedia servas
Apula, tot miluos intra tua pascua lassas?   55
te Trifolinus ager fecundis vitibus implet
suspectumque iugum Cumis et Gaurus inanis
(nam quis plura linit victuro dolia musto?):
quantum erat exhausti lumbos donare clientis
iugeribus paucis! melius nunc rusticus infans   60
cum matre et casulis et conlusore catello
cymbala pulsantis legatum fiet amici?
„improbus es cum poscis" ait. sed pensio clamat
„posce," sed appellat puer unicus ut Polyphemi
lata acies, per quam sollers evasit Ulixes.   65
alter emendus erit, namque hic non sufficit, ambo
pascendi. quid agam bruma spirante? quid, oro,

hineinzudrücken und dort dem Mahl von gestern zu begegnen?
Weniger elend ist der Sklave, der das Feld beackert,
als der seinen Herren! Doch du hieltest dich freilich für zart und
einen Knaben und für schön und wert der Schöpfkelle und des
                                                    Himmels.[15]
Werdet ihr je einen geringen Anhänger, werdet ihr einen Verehrer
bedenken, wo ihr schon nicht bereit seid, eurer Krankheit zu
                                                    spenden?[16]
So einem schickt man einen grünen Schirm, so einem große Bern-
                                                    steinkugeln,
sooft sein Geburtstag wiederkehrt oder der nasse Frühling beginnt
und er auf einem gepolsterten, langen Lehnsessel gelagert die heimlichen Geschenke zur Hand nimmt an den Kalenden der Frauen![17]
Sag mir, Spatz,[18] für wen bewahrst du so viele Berge, so viele
                                                    Ländereien
in Apulien auf, läßt so viele Milane sich innerhalb deiner Weiden
                                                    müde fliegen?[19]
Dich sättigt durch fruchtbare Weinstöcke das Trifolinische Feld,
der beargwöhnte Hang von Cumae und der hohle Gaurus
(denn wer verpicht mehr Fässer für langlebigen Most?):[20]
wieviel hätte es schon gekostet, die Lenden des erschöpften Klienten
mit wenigen Morgen zu beschenken! Ist es denn besser, wenn jetzt
                                                    das Landkind
samt seiner Mutter, den Häuschen und seinem Spielgefährten, dem
                                                    Hündchen,
die Erbschaft eines die Zimbeln schlagenden Freundes wird?[21]
„Unverschämt bist du, wenn du forderst," sagt er. Aber die Miete
                                                    schreit:
„Fordere!", aber es drängt mich mein Sklave, welcher der einzige ist
wie Polyphems breites Auge, wodurch der schlaue Ulixes entkam.[22]
Ein zweiter muß gekauft werden, denn jener genügt nicht, beide
sind zu ernähren. Was soll ich tun, wenn der Wintersturm bläst?
                                                    Was, bitteschön,

quid dicam scapulis puerorum aquilone Decembri
et pedibus? „durate atque expectate cicadas"?
verum, ut dissimules, ut mittas cetera, quanto   70
metiris pretio quod, ni tibi deditus essem
devotusque cliens, uxor tua virgo maneret?
scis certe quibus ista modis, quam saepe rogaris
et quae pollicitus. fugientem saepe puellam
amplexu rapui; tabulas quoque ruperat et iam   75
migrabat: tota vix hoc ego nocte redemi
te plorante foris. testis mihi lectulus et tu
ad quem pervenit lecti sonus et dominae vox.
[instabile ac dirimi coeptum et iam paene solutum
coniugium in multis domibus servavit adulter.]   80
quo te circumagas? quae prima aut ultima ponas?
nullum ergo meritum est, ingrate ac perfide, nullum
quod tibi filiolus vel filia nascitur ex me?
tollis enim et libris actorum spargere gaudes
argumenta viri. foribus suspende coronas,   85
iam pater es: dedimus quod famae opponere possis.
iura parentis habes, propter me scriberis heres,
legatum omne capis nec non et dulce caducum.
commoda praeterea iungentur multa caducis,

was soll ich den Schultern und Füßen der Sklaven sagen im Nord-
wind des Dezember? „Haltet aus und wartet auf die Zikaden"?[23]
Jedoch, selbst wenn du das übrige verleugnest, es übergehst, wie
hoch bewertest du es, daß deine Gattin, wäre ich nicht ein dir so
ergebener und hingebungsvoller Klient, Jungfrau geblieben wäre?[24]
Sicherlich weißt du noch, auf welche Weise, wie oft du mich
                                                    gebeten hast
und unter welchen Versprechungen. Oft hielt ich das schon
                                              fliehende Frauchen
durch meine Umarmung zurück; den Ehevertrag hatte sie auch
                                          zerrissen und war schon
dabei auszuziehen:[25] in einer ganzen Nacht kaum habe ich dies
                                                wieder gerichtet,
während du vor der Tür heultest. Mein Zeuge ist das Bettchen und du,
zu dem das Geräusch des Bettes drang und die Stimme der Herrin.
[Eine wankende Ehe, die sich schon aufzulösen beginnt und fast
                                                          schon
geschieden ist, hat in vielen Häusern ein Ehebrecher gerettet.][26]
Wie willst du dich herauswinden? Was an erster oder letzter Stelle
                                                  aufführen?[27]
Kein Verdienst also bedeutet es, du Undankbarer und Treuloser,
                                                        keines,
daß dir durch mich ein Söhnchen geboren wird oder eine Tochter?
Du erkennst sie nämlich an[28] und freust dich, in den Zeitungen die
Beweise deiner Mannheit zu verbreiten. An den Türen hänge
                                                  Kränze auf,
endlich bist du Vater: ich schenkte dir, was du dem üblen Gerede
                                        entgegensetzen kannst.[29]
Die Rechte eines Vaters hast du, wegen mir wirst du als Erbe
eingetragen, den ganzen Nachlaß erhältst du und auch den begehrten
                                                  Verfallsteil.[30]
Viele Vorteile werden sich darüber hinaus mit den Verfallsteilen
                                                    verbinden,

si numerum, si tres implevero." iusta doloris,   90
Naevole, causa tui; contra tamen ille quid adfert?
   „Neglegit atque alium bipedem sibi quaerit asellum.
haec soli commissa tibi celare memento
et tacitus nostras intra te fige querellas;
nam res mortifera est inimicus pumice levis.   95
qui modo secretum commiserat, ardet et odit,
tamquam prodiderim quidquid scio. sumere ferrum,
fuste aperire caput, candelam adponere valvis
non dubitat. nec contemnas aut despicias quod
his opibus numquam cara est annona veneni.   100
ergo occulta teges ut curia Martis Athenis."
   O Corydon, Corydon, secretum divitis ullum
esse putas? servi ut taceant, iumenta loquentur
et canis et postes et marmora. claude fenestras,
vela tegant rimas, iunge ostia, tollite lumen,   105
e medio fac eant omnes, prope nemo recumbat:
quod tamen ad cantum galli facit ille secundi
proximus ante diem caupo sciet, audiet et quae
finxerunt pariter libarius, archimagiri,
carptores. quod enim dubitant componere crimen   110
in dominos, quotiens rumoribus ulciscuntur
baltea? nec derit qui te per compita quaerat
nolentem et miseram vinosus inebriet aurem.

wenn ich erst die Zahl von drei vervollständigt habe."[31] Berechtigten
Grund hast du zu deinem Schmerz, Naevolus;[32] doch was führt
jener dagegen an?
„Er ignoriert es und sucht sich ein anderes zweibeiniges Eselchen.
Denk daran, dies wurde dir allein anvertraut, halte es geheim
und birg schweigsam tief in dir meine Klagen;[33] denn
eine todbringende Sache ist ein Feind, der vom Bimsstein glatt ist.[34]
Er, der mir soeben ein Geheimnis anvertraut hat, lodert vor Haß,
so als hätte ich alles verraten, was ich weiß. Zum Stahl zu greifen,
mit dem Knüppel den Schädel zu spalten, eine Lunte an die
Türflügel zu legen
trägt er keine Bedenken. Und unterschätze und mißachte nicht, daß
für solchen Reichtum der Preis für Gift nie zu teuer ist.
So halte das Geheime verborgen wie der Areopag in Athen."[35]
Mein Corydon, mein Corydon,[36] meinst du, es gäbe irgendein
Geheimnis
bei einem Reichen? Mögen auch die Sklaven schweigen, so werden
doch die Zugtiere reden
und der Hund und die Türpfosten und der Marmor. Verschließ'
die Fenster,
Vorhänge sollten die Ritzen verdecken, sperr zu die Eingangstür,
lösche das Licht,
laß alle sich entfernen,[37] niemand soll in der Nähe ruhen:
dennoch wird, was jener beim zweiten Hahnenschrei tut, noch vor
Tagesanbruch der Wirt in der Nachbarschaft wissen, er wird auch
hören,
was sich gleichermaßen ausgedacht haben[38] der Kuchenbäcker, die
Chefköche, die Trancheure. Denn welches Vergehen zögern sie, ihren
Herren anzudichten, wenn sie durch Gerüchte die Schläge mit dem
Gürtel rächen?[39] Und es wird nicht jemand fehlen, der dich gegen
deinen Willen
an den Kreuzungen aufsucht und dir weinselig das arme Ohr mit
trunkenem Geschwätz füllt.[40]

illos ergo roges quidquid paulo ante petebas
a nobis, taceant illi. sed prodere malunt   115
arcanum quam subrepti potare Falerni
pro populo faciens quantum Saufeia bibebat.
vivendum recte cum propter plurima, tum vel
idcirco, ut possis linguam contemnere servi.
[praecipue causis, ut linguas mancipiorum   120
contemnas, nam lingua mali pars pessima servi.
deterior tamen hic qui liber non erit illis,
quorum animas et farre suo custodit et aere.]
   „Utile consilium modo, sed commune dedisti.
nunc mihi quid suades post damnum temporis et spes   125
deceptas? festinat enim decurrere, velox
flosculus, angustae miseraeque brevissima vitae
portio. dum bibimus, dum serta, unguenta, puellas
poscimus, obrepit non intellecta senectus. "
   Ne trepida, numquam pathicus tibi derit amicus   130
stantibus et salvis his collibus: undique ad illos
conveniunt et carpentis et navibus omnes
qui digito scalpunt uno caput. altera maior
spes superest: tu tantum erucis inprime dentem.
[gratus eris, tu tantum erucis inprime dentem.]   134A

Sie solltest du also um das bitten, was du kurz zuvor von mir
verlangt hast, sie sollten den Mund halten.[41] Aber sie wollen lieber
ein Geheimnis verraten, als soviel an entwendetem Falerner

trinken,
wieviel Saufeia beim Opfer für das Volk zu trinken pflegte.[42]
Rechtschaffen muß man leben, sowohl aus vielerlei Gründen, als

auch
besonders deshalb, damit man die Zunge eines Sklaven unbeachtet

lassen kann.
[vornehmlich aus diesen Gründen, daß man die Zungen des

Gesindes
unbeachtet lassen kann; denn die Zunge ist der schlechteste Teil

eines schlechten Sklaven.
Schlechter jedoch ist der, der nicht frei ist, als jene,
deren Leben er durch sein Getreide und sein Geld behütet.][43]
    „Einen nützlichen Rat hast du mir eben gegeben, aber einen zu

allgemeinen.[44]
Was empfiehlst du mir jetzt nach dem Verlust an Zeit und nach
der Enttäuschung der Hoffnungen? Es verrinnt nämlich eilends, eine
flüchtige Blüte, die überaus kurze Spanne unseres knappen arm-

seligen
Lebens. Während wir trinken, während wir noch nach Girlanden,
Salböl, Mädchen[45] rufen, beschleicht uns unbemerkt das Alter."
    Ängstige dich nicht, niemals wird dir ein schwuler Freund fehlen,
so lange unversehrt diese unsere Hügel stehen: von überall
kommen zu ihnen auf Wagen und in Schiffen alle zusammen,
die mit einem einzelnen Finger den Kopf kratzen.[46] Eine zweite,

noch größere
Hoffnung bleibt dir noch, kaue du nur mit den Zähnen die

Rauken.[47]
[willkommen wirst du sein, kaue du nur mit den Zähnen die

Rauken.][48]

„Haec exempla para felicibus; at mea Clotho   135
et Lachesis gaudent, si pascitur inguine venter.
o parvi nostrique Lares, quos ture minuto
aut farre et tenui soleo exorare corona,
quando ego figam aliquid, quo sit mihi tuta senectus
a tegete et baculo? viginti milia fenus   140
pigneribus positis, argenti vascula puri,
sed quae Fabricius censor notet, et duo fortes
de grege Moesorum, qui me cervice locata
securum iubeant clamoso insistere circo;
sit mihi praeterea curvus caelator, et alter   145
qui multas facies pingit cito. sufficiunt haec.
quando ego pauper ero? votum miserabile, nec spes
his saltem; nam cum pro me Fortuna vocatur,
adfixit ceras illa de nave petitas,
quae Siculos cantus effugit remige surdo. "   150

„Diese Modelle halte für Glückliche bereit; aber meine Clotho
und Lachesis[49] sind schon froh, wenn durch mein Glied der Magen
                                                    gefüttert wird.
Ihr kleinen, zu mir passenden Laren, die ich mit bescheidenem
Weihrauch oder Spelt und einem schlichten Kranz anzuflehen
                                                    pflege,
wann werde ich etwas aufspießen, wodurch mein Alter sicher
wäre vor Matte und Bettelstab? Zwanzigtausend an Zinsen,
durch Pfänder abgesichert, Gefäßchen aus glattem Silber,
welche jedoch der Censor Fabricius rügen würde,[50] und zwei starke
                                                    Sklaven
aus der Herde der Moeser,[51] die mir ihren Nacken leihen und
mich sicher darauf ruhen heißen im lärmenden Zirkus;
haben möchte ich außerdem einen gebeugten Ziseleur, und einen
zweiten, der viele Gesichter schnell malt.[52] Dies genügt.
Wann werde ich endlich arm sein?[53] Ein erbärmlicher Wunsch, und
es besteht nicht einmal darauf Hoffnung; denn wenn für mich
                                                    Fortuna angerufen wird,
hat sie die Ohren mit Wachs verstopft, das von dem Schiff geholt
ist, welches den sizilischen Gesängen entkam, da der Ruderer taub
                                                    war."[54]

LIBER QUARTUS

SATURA X

Omnibus in terris, quae sunt a Gadibus usque
Auroram et Gangen, pauci dinoscere possunt
vera bona atque illis multum diversa, remota
erroris nebula. quid enim ratione timemus
aut cupimus? quid tam dextro pede concipis, ut te   5
conatus non paeniteat votique peracti?
evertere domos totas optantibus ipsis
di faciles. nocitura toga, nocitura petuntur
militia; torrens dicendi copia multis
et sua mortifera est facundia: viribus ille   10
confisus periit admirandisque lacertis.
sed pluris nimia congesta pecunia cura
strangulat et cuncta exuperans patrimonia census
quanto delphinis ballaena Britannica maior.
temporibus diris igitur iussuque Neronis   15
Longinum et magnos Senecae praedivitis hortos
clausit et egregias Lateranorum obsidet aedes
tota cohors: rarus venit in cenacula miles.
pauca licet portes argenti vascula puri
nocte iter ingressus, gladium contumque timebis   20
et motae ad lunam trepidabis harundinis umbram:

VIERTES BUCH

ZEHNTE SATIRE

In allen Ländern, die es gibt von Gades bis hin zur Morgenröte
und dem Ganges,[1] vermögen nur wenige zu trennen
die wahren Güter und die von diesen sehr verschiedenen,
frei vom Nebel des Irrtums. Was nämlich fürchten oder begehren
wir mit Vernunft?[2] Was nimmst du dir unter so günstigem
                                                    Vorzeichen vor,[3]
daß dich nicht der Versuch reut und die Erfüllung des Wunsches?
Ganze Häuser zerstören, wenn die Herren selbst darum beten,
willig die Götter. Schädliches wird erstrebt in der Toga, Schädliches
im Kriegsdienst;[4] die strömende Fülle der Worte und die eigene
Beredsamkeit sind todbringend für viele; zugrunde ging jener,
der auf seine Kräfte vertraute und seine staunenswerten Arme.[5]
Doch noch mehr erwürgt das mit allzu großem Bemühen
                                                    aufgehäufte
Geld und der alle anderen Vermögen so übertreffende Reichtum,
wie der Britannische Walfisch größer ist als die Delphine.
So schloß in schrecklichen Zeiten und auf Neros Befehl
den Longinus und den großen Park des steinreichen Seneca
eine ganze Kohorte ein und besetzte den prachtvollen Palast
der Laterani:[6] selten kommt ein Soldat in Dachstuben.
Nur weniges Geschirr aus glattem Silber magst du bei dir tragen,
wenn du nachts eine Reise antrittst, doch wirst du dich vor Schwert
                                                    und Spieß fürchten
und zittern vor dem Schatten des im Mondenschein bewegten
                                                    Schilfrohrs:

cantabit vacuus coram latrone viator.
prima fere vota et cunctis notissima templis
divitiae, crescant ut opes, ut maxima toto
nostra sit arca foro. sed nulla aconita bibuntur   25
fictilibus: tunc illa time cum pocula sumes
gemmata et lato Setinum ardebit in auro.
iamne igitur laudas quod de sapientibus alter
ridebat, quotiens a limine moverat unum
protuleratque pedem, flebat contrarius auctor?   30
sed facilis cuivis rigidi censura cachinni:
mirandum est unde ille oculis suffecerit umor.
perpetuo risu pulmonem agitare solebat
Democritus, quamquam non essent urbibus illis
praetextae, trabeae, fasces, lectica, tribunal.   35
quid si vidisset praetorem curribus altis
extantem et medii sublimem pulvere circi
in tunica Iovis et pictae Sarrana ferentem
ex umeris aulaea togae magnaeque coronae
tantum orbem, quanto cervix non sufficit ulla?   40
quippe tenet sudans hanc publicus et, sibi consul
ne placeat, curru servus portatur eodem.
da nunc et volucrem, sceptro quae surgit eburno,
illinc cornicines, hinc praecedentia longi
agminis officia et niveos ad frena Quirites,   45
defossa in loculos quos sportula fecit amicos.
tum quoque materiam risus invenit ad omnis
occursus hominum, cuius prudentia monstrat
summos posse viros et magna exempla daturos
vervecum in patria crassoque sub aere nasci.   50

singen wird in Gegenwart des Räubers ein Wanderer ohne Gepäck.
Das gewöhnlich erste und in allen Tempeln bekannteste Gebet
gilt dem Reichtum, daß die Schätze wachsen mögen, daß auf dem
ganzen Markt
unsere Geldtruhe die größte sei.[7] Doch keinerlei Gift trinkt man
aus Tongeschirr: fürchte es dann, wenn du juwelenbesetzte Becher
ergreifst und in der breiten Goldschale Setiner erglüht.[8]
Wirst du also jetzt[9] loben, daß von den beiden Weisen der eine
lachte, sooft er auch nur einen Fuß von der Schwelle hob
und davorsetzte, der andere Lehrmeister, sein Gegner, weinte?[10]
Doch fällt jedem der Tadel durch unnachsichtiges Gelächter leicht:
wundern muß man sich, woher bei jenem ausreichend Wasser für
die Augen herkam.
Mit ständigem Lachen pflegte Demokrit seine Lungen zu erschüttern,
obgleich es in jenen Städten[11] noch nicht die purpurgesäumte
und die purpurgestreifte Toga, die Rutenbündel, die Sänfte, das
Tribunal gab.[12]
Was erst, wenn er den Praetor gesehen hätte, wie er auf hohem
Wagen steht, emporgehoben in der Mitte des staubigen Zirkus,
in der Tunika Juppiters und von den Schultern herab den tyrischen
Vorhang[13] der bestickten Toga tragend und des großen Kranzes
so gewaltiges Rund, daß ihm kein Nacken gewachsen ist?[14]
Denn schwitzend hält ihn der Staatssklave und fährt, damit
der Konsul[15] sich nicht überhebe, im selben Wagen mit.
Nimm jetzt noch hinzu den Vogel, der sich auf dem Elfenbeinszepter
erhebt,[16] dort die Hornbläser, hier die in langem Zug vorausgehende
Eskorte und bei den Zügeln die weißgekleideten Bürger, welche
die in den Geldbeutel versenkte Sportel zu „Freunden" machte.[17]
Auch damals[18] schon fand er Stoff zum Lachen bei jeder
Begegnung mit Menschen, er, dessen Klugheit beweist,
daß vorzügliche Männer, die ein großes Vorbild abgeben sollten,
in der Heimat der Hammel und in dumpfer Luft geboren werden
können.[19]

ridebat curas nec non et gaudia volgi,
interdum et lacrimas, cum Fortunae ipse minaci
mandaret laqueum mediumque ostenderet unguem.
[ergo supervacua aut quae perniciosa petuntur,
propter quae fas est genua incerare deorum.]   55
    Quosdam praecipitat subiecta potentia magnae
invidiae, mergit longa atque insignis honorum
pagina. descendunt statuae restemque secuntur,
ipsas deinde rotas bigarum inpacta securis
caedit et inmeritis franguntur crura caballis.   60
iam strident ignes, iam follibus atque caminis
ardet adoratum populo caput et crepat ingens
Seianus; deinde ex facie toto orbe secunda
fiunt urceoli, pelves, sartago, matellae.
pone domi laurus, duc in Capitolia magnum   65
cretatumque bovem: Seianus ducitur unco
spectandus, gaudent omnes. „quae labra, quis illi
vultus erat! numquam, si quid mihi credis, amavi
hunc hominem. sed quo cecidit sub crimine? quisnam
delator quibus indicibus, quo teste probavit?"   70
„nil horum: verbosa et grandis epistula venit
a Capreis." „bene habet, nil plus interrogo." sed quid
turba Remi? sequitur fortunam, ut semper, et odit
damnatos. idem populus, si Nortia Tusco
favisset, si oppressa foret secura senectus   75
principis, hac ipsa Seianum diceret hora
Augustum. iam pridem, ex quo suffragia nulli

Er verlachte die Sorgen sowie die Freuden des Volkes,
bisweilen auch dessen Tränen, während er selbst der drohenden
Fortuna den Strick empfahl und ihr den mittleren Finger zeigte.[20]
[Es wird also Überflüssiges oder Verderbenbringendes erstrebt,
dessentwegen es recht ist, die Knie der Götter einzuwachsen.][21]
　　Manche stürzt die großer Mißgunst ausgesetzte Macht,[22]
es läßt sie untergehen die lange und glänzende Liste
der Ehrungen. Statuen steigen herab und folgen dem Seil,
darauf zerschlägt schmetternd das Beil sogar die Räder des
Zweigespanns, und den schuldlosen Gäulen zerbricht man die
Beine.[23]
Schon zischen die Feuerflammen, schon glüht durch die Blasebälge
und Essen das vom Volk angebetete Haupt, und es prasselt der
riesige Sejan; darauf entstehen aus dem Antlitz, das den zweiten
Rang in der
ganzen Welt einnahm, Krüge, Schüsseln, eine Pfanne, Nachttöpfe.
Bring' Lorbeer am Haus an, führ' zum Kapitol einen großen,
geweißten Stier:[24] Sejan wird am Haken geschleift als Schauspiel,[25]
alle sind voll Freude. „Welche Lippen,[26] welches Gesicht
er doch hatte! Niemals, wenn du mir je glaubst, habe ich diesen
Menschen gemocht. Doch durch welche Anschuldigung stürzte er?
Welcher
Ankläger hat sie durch welche Denunzianten, durch welchen
Zeugen bewiesen?"
„Nichts davon: es kam ein wortreicher und gewichtiger Brief
aus Capri."[27] „Gut denn, ich stelle keine weiteren Fragen." Aber was
tut der große Haufen des Remus? Er hält sich an das Glück, wie
immer,
und haßt die Verurteilten. Dasselbe Volk hätte, wenn die Nortia
dem Etrusker[28]
hold gewesen wäre, wenn das arglose Alter des Kaisers übertölpelt
worden wäre, Sejan zu eben dieser Stunde Augustus
genannt. Längst schon, seitdem wir unsere Stimmen niemandem

vendimus, effudit curas; nam qui dabat olim
imperium, fasces, legiones, omnia, nunc se
continet atque duas tantum res anxius optat,   80
panem et circenses. „perituros audio multos."
„nil dubium, magna est fornacula." „pallidulus mi
Bruttidius meus ad Martis fuit obvius aram:
quam timeo, victus ne poenas exigat Aiax
ut male defensus. curramus praecipites et,   85
dum iacet in ripa, calcemus Caesaris hostem!
sed videant servi, ne quis neget et pavidum in ius
cervice obstricta dominum trahat." hi sermones
tunc de Seiano, secreta haec murmura volgi.
visne salutari sicut Seianus, habere   90
tantundem atque illi summas donare curules,
illum exercitibus praeponere, tutor haberi
principis angusta Caprearum in rupe sedentis
cum grege Chaldaeo? vis certe pila, cohortis,
egregios equites et castra domestica: quidni   95
haec cupias? et qui nolunt occidere quemquam
posse volunt. sed quae praeclara et prospera tanti,
ut rebus laetis par sit mensura malorum?
huius qui trahitur praetextam sumere mavis
an Fidenarum Gabiorumque esse potestas   100
et de mensura ius dicere, vasa minora
frangere, pannosus vacuis aedilis Ulubris?
ergo quid optandum foret ignorasse fateris
Seianum; nam qui nimios optabat honores

mehr verkaufen,[29] hat es jedes Interesse von sich geworfen; denn
einst verlieh es
Befehlsgewalt, Rutenbündel, Legionen, alles sonst, jetzt hält es
sich zurück und wünscht ängstlich nur zwei Dinge,
Brot und Zirkusspiele. „Umkommen werden, wie ich höre, viele."
„Kein Zweifel, groß ist das Öfchen."[30] „Etwas bläßlich
begegnete mir mein Bruttidius am Altar des Mars:[31] ich bin
doch sehr besorgt, der besiegte Ajax werde auf Bestrafung dringen,
weil man ihn schlecht verteidigt habe.[32] Rennen wir also eiligst hin,
und treten wir ihn mit Füßen, solange er noch am Ufer liegt,[33] der
Feind des Kaisers!
Doch sollten es die Sklaven sehen, damit nicht einer es leugne und
den zitternden Herrn
mit dem Strick um den Hals vor Gericht schleppe."[34] Dies waren
damals die Gespräche über Sejan, dies das heimliche Flüstern der
Menge.
Willst du morgens hofiert werden[35] wie Sejan, ebensoviel
besitzen und jenem die Sessel der höchsten Ämter schenken,[36]
diesen an die Spitze von Heeren setzen, als Vormund des Herrschers
gelten, der auf dem schmalen Felsen von Capri herumsitzt mit
seiner Chaldäerherde?[37] Gewiß willst du Speere, Kohorten,
ranghohe Ritter und eine zum Haus gehörige Kaserne:[38] wie
solltest du
dies auch nicht begehren? Auch die niemanden töten wollen
möchten es doch können. Doch welcher Glanz und welches Glück
ist lohnend,
wenn dem Freudvollen gleichkommt das Maß an Übeln?
Möchtest du lieber die purpurgesäumte Toga des jetzt Geschleiften[39]
anlegen oder Obrigkeit sein von Fidenae und Gabii
und über das Maßwesen Recht sprechen, zu kleine Gefäße
zertrümmern als lumpenbekleideter Aedil im leeren Ulubrae?[40]
Du mußt also zugeben, daß Sejan nicht wußte, was man sich
wünschen sollte; denn er, der sich allzu große Ehren wünschte

et nimias poscebat opes, numerosa parabat   105
excelsae turris tabulata, unde altior esset
casus et inpulsae praeceps inmane ruinae.
quid Crassos, quid Pompeios evertit et illum,
ad sua qui domitos deduxit flagra Quirites?
summus nempe locus nulla non arte petitus   110
magnaque numinibus vota exaudita malignis.
ad generum Cereris sine caede ac vulnere pauci
descendunt reges et sicca morte tyranni.
    Eloquium ac famam Demosthenis aut Ciceronis
incipit optare et totis quinquatribus optat   115
quisquis adhuc uno parcam colit asse Minervam,
quem sequitur custos angustae vernula capsae.
eloquio sed uterque perit orator, utrumque
largus et exundans leto dedit ingenii fons.
ingenio manus est et cervix caesa, nec umquam   120
sanguine causidici maduerunt rostra pusilli.
„o fortunatam natam me consule Romam!"
Antoni gladios potuit contemnere si sic
omnia dixisset. ridenda poemata malo
quam te, conspicuae divina Philippica famae,   125
volveris a prima quae proxima. saevus et illum
exitus eripuit, quem mirabantur Athenae
torrentem et pleni moderantem frena theatri.
dis ille adversis genitus fatoque sinistro,

und allzu große Schätze beanspruchte, errichtete zahlreiche
Stockwerke eines hochragenden Turmes, daß von dort der Fall
umso tiefer sei und angestoßen in ungeheurem Sturz der Bau
                                    zusammenbreche.[41]
Was brachte Männer wie Crassus und Pompeius zu Fall und jenen,
der die gezähmten Bürger zu seinen Peitschenhieben abführen
                                    ließ?[42]
Gewiß doch die höchste Stellung, die mit jedwedem Mittel erstrebt
                                    wurde,
und die Gebete um Großes, die von übelwollenden Gottheiten
                                    erhört wurden.
Zum Schwiegersohn der Ceres[43] steigen nur wenige Könige ohne
Ermordung und Wunden hinab und Tyrannen unblutigen Todes.
   Um Beredsamkeit und Ruhm eines Demosthenes und Cicero[44]
beginnt zu beten und betet das ganze Minervafest hindurch,[45]
wer noch mit einem einzigen sparsamen As die Göttin[46] ehrt und
wem ein Haussklave folgt als Hüter der kleinen Buchschatulle.[47]
Aber durch ihre Beredsamkeit gingen beide Redner zugrunde,
                                    beiden
brachte die reichliche und überströmende Quelle der Begabung
                                    den Tod.
Der Begabung wegen wurden Hand und Haupt abgeschlagen,[48] und
                                    niemals
triefte die Rednerbühne vom Blut eines unbedeutenden Advokaten.
„Du glückliches Rom, geboren, als ich Konsul war!":[49]
die Schwerter des Antonius hätte er mißachten können, wenn er
immer so geredet hätte. Lachen erregende Gedichte ziehe ich
dir vor, göttliche Philippica mit deinem strahlenden Ruhm,
die du nach der ersten als nächste entrollt wirst.[50] Ein grausames
Ende raffte auch ihn dahin, den Athen bewunderte, wie er
dahinbrauste und das volle Theater am Zügel lenkte.[51]
Bei seiner Geburt waren feindlich die Götter und widrig das
                                    Schicksal,

quem pater ardentis massae fuligine lippus   130
a carbone et forcipibus gladiosque paranti
incude et luteo Volcano ad rhetora misit.

    Bellorum exuviae, truncis adfixa tropaeis
lorica et fracta de casside buccula pendens
et curtum temone iugum victaeque triremis   135
aplustre et summo tristis captivos in arcu
humanis maiora bonis creduntur. ad hoc se
Romanus Graiusque et barbarus induperator
erexit, causas discriminis atque laboris
inde habuit: tanto maior famae sitis est quam   140
virtutis; quis enim virtutem amplectitur ipsam,
praemia si tollas? patriam tamen obruit olim
gloria paucorum et laudis titulique cupido
haesuri saxis cinerum custodibus, ad quae
discutienda valent sterilis mala robora fici,   145
quandoquidem data sunt ipsis quoque fata sepulcris.
expende Hannibalem: quot libras in duce summo
invenies? hic est quem non capit Africa Mauro
percussa oceano Niloque admota tepenti
rursus ad Aethiopum populos aliosque elephantos.   150
additur imperiis Hispania, Pyrenaeum
transilit. opposuit natura Alpemque nivemque:
diducit scopulos et montem rumpit aceto.
iam tenet Italiam, tamen ultra pergere tendit.
„acti" inquit „nihil est, nisi Poeno milite portas   155

ihn sandte der vom Ruß des glühenden Eisens triefäugige Vater
weg von den Kohlen, den Zangen, dem Schwerter schaffenden
Amboß und dem schmutzigen Feuer zum Redelehrer.[52]
     Beutestücke aus Kriegen,[53] ein am Stumpf der Siegeszeichen[54]
befestigter Panzer und der vom zerschlagenen Helm herabhängende
                                                    Wangenschutz,
ein der Deichsel beraubtes Wagenjoch, die Heckzier eines besiegten
Dreiruderers und traurige Gefangene hoch oben am Triumphbogen,
dies hält man für Güter, größer als nach Menschenmaß. Dafür
begeistert sich ein Feldherr bei Römern, Griechen und Barbaren,
von daher nimmt er die Begründung für Gefahr und
Mühsal: soviel größer ist der Durst nach Ruhm als nach
Tugend; wer nämlich liebt die Tugend um ihrer selbst willen,
beseitigt man die Belohnungen? Dem Vaterland haben indessen
                                   immer wieder den Untergang
gebracht die Ruhmsucht weniger und die Begierde nach Lob und
                                             einem Ehrentitel,
der auf Steinen, den Wächtern der Asche, haften würde,
welche die schlimme Kraft des unfruchtbaren[55] Feigenbaumes zu
                                             sprengen vermag,
da doch auch den Grabmälern selbst ihr Schicksal beschieden ist.[56]
Leg' Hannibal auf die Waage:[57] wieviel Pfund wirst du bei dem
                                   überragenden Heerführer
feststellen? Er ist es, für den Africa zu klein ist, an das der Maurische
Ozean anbrandet und das in der anderen Richtung an den warmen
Nil heranrückt bis hin zu den Völkern der Aethiopen und den
                                   anderen Elefanten.[58]
Spanien wird zu den Herrschaftsgebieten gefügt, er überspringt die
Pyrenäen. Die Natur stellte ihm Alpen und Schnee entgegen:
er spaltet die Felsen und sprengt die Berge mit Essig.[59]
Schon gehört ihm Italien, dennoch sucht er weiter vorzudringen.
„Nichts," spricht er, „ist vollbracht, wenn wir nicht mit dem
                                   punischen Soldaten die Tore

frangimus et media vexillum pono Subura. "
o qualis facies et quali digna tabella,
cum Gaetula ducem portaret belua luscum!
exitus ergo quis est? o gloria! vincitur idem
nempe et in exilium praeceps fugit atque ibi magnus   160
mirandusque cliens sedet ad praetoria regis,
donec Bithyno libeat vigilare tyranno.
finem animae, quae res humanas miscuit olim,
non gladii, non saxa dabunt nec tela, sed ille
Cannarum vindex et tanti sanguinis ultor   165
anulus. i, demens, et saevas curre per Alpes,
ut pueris placeas et declamatio fias!
unus Pellaeo iuveni non sufficit orbis,
aestuat infelix angusto limite mundi
ut Gyarae clausus scopulis parvaque Seripho;   170
cum tamen a figulis munitam intraverit urbem,
sarcophago contentus erit. mors sola fatetur
quantula sint hominum corpuscula. creditur olim
velificatus Athos et quidquid Graecia mendax
audet in historia, constratum classibus isdem   175
suppositumque rotis solidum mare; credimus altos
defecisse amnes epotaque flumina Medo
prandente et madidis cantat quae Sostratus alis.
ille tamen qualis rediit Salamine relicta,
in Corum atque Eurum solitus saevire flagellis   180
barbarus Aeolio numquam hoc in carcere passos,

zerbrechen und ich mitten in der Subura[60] mein Banner aufpflanze."
Welch ein Anblick und welch eines Gemäldes wert,
wie das gätulische Untier den einäugigen Feldherrn trug![61]
Was schließlich ist das Ende? O Ruhm! Denn er wird besiegt,
flieht eiligst in die Verbannung und sitzt dort als großer,
bestaunter Klient vor dem Palast des Königs,
bis es endlich dem bithynischen Tyrannen beliebt wach zu sein.[62]
Das Ende für dieses Leben, das einst die Menschheit in Aufruhr
versetzte,
bringen nicht Schwerter, nicht Steine und Geschosse, sondern
jener Bestrafer von Cannae und Rächer so vielen Blutes,
der Ring.[63] Auf, du Tor, eile über die schrecklichen Alpen, damit
du den Knaben gefällst und Gegenstand der Deklamation wirst![64]
Eine Erde reicht dem Jüngling aus Pella nicht aus,[65]
erregt und unglücklich ist er über die engen Grenzen der Welt, als
wäre er von den Klippen von Gyara umschlossen und dem kleinen
Seriphos;[66]
wenn er jedoch die von Ziegelbrennern befestigte Stadt betreten
haben wird,
wird er mit einem Sarkophag zufrieden sein.[67] Allein der Tod läßt
erkennen,
wie klein doch die Körperchen der Menschen sind. Man glaubt, daß
einst der Athos durchsegelt wurde, und was sonst das lügnerische
Griechenland
in der Geschichte zu berichten wagt, daß von denselben Flotten das
Meer bedeckt und als fester Boden den Wagenrädern unterlegt
wurde;[68] wir glauben,
daß tiefe Ströme versiegten und Flüsse leergetrunken wurden vom
frühstückenden
Meder,[69] und was Sostratus singt mit nassen Achseln.[70]
Doch wie kehrte jener zurück nach der Aufgabe von Salamis,
der mit Peitschen gegen den Nordwest und den Südost zu wüten
pflegte, die solches nie im Kerker des Aeolus erlitten hatten,

ipsum conpedibus qui vinxerat Ennosigaeum –
mitius id sane, quod non et stigmate dignum
credidit: huic quisquam vellet servire deorum? –
sed qualis rediit? nempe una nave, cruentis   185
fluctibus ac tarda per densa cadavera prora.
has totiens optata exegit gloria poenas.
   „Da spatium vitae, multos da, Iuppiter, annos!"
hoc recto voltu, solum hoc et pallidus optas.
sed quam continuis et quantis longa senectus   190
plena malis! deformem et taetrum ante omnia vultum
dissimilemque sui, deformem pro cute pellem
pendentisque genas et talis aspice rugas
quales, umbriferos ubi pandit Thabraca saltus,
in vetula scalpit iam mater simia bucca.   195
plurima sunt iuvenum discrimina; pulchrior ille
hoc atque ore alio, multum hic robustior illo:
una senum facies, cum voce trementia labra
et iam leve caput madidique infantia nasi,
frangendus misero gingiva panis inermi.   200
usque adeo gravis uxori natisque sibique,
ut captatori moveat fastidia Cosso.
non eadem vini atque cibi torpente palato
gaudia; nam coitus iam longa oblivio, vel si
coneris, iacet exiguus cum ramice nervus   205

der Barbar, der den Erderschütterer selbst in Beinfesseln geschlagen
                                                                   hatte –
gnädiger freilich war es, daß er ihn nicht auch des Brandzeichens
für würdig hielt:[71] hätte einer der Götter bei ihm Sklave sein
                                                                 wollen?[72] –
doch wie kehrte er zurück? Tatsächlich mit einem einzigen Schiff,
auf blutigen Wogen und mit einem durch die vielen Leichen
                                                          langsamen Bug.[73]
Diese Strafen hat oft der ersehnte Ruhm eingefordert.[74]
    „Schenke eine lange Dauer des Lebens, schenke, Juppiter, viele
                                                                   Jahre!"[75]
Darum betest du, und darum allein, mit zuversichtlichem Gesicht
                           oder in ängstlicher Erwartung.
Doch wie sehr ist mit andauernden, großen Übeln ein langes
Alter erfüllt! Vor allem das häßliche, scheußliche und
sich selbst unähnliche Gesicht, das häßliche Fell anstelle
einer Haut sieh dir an, die hängenden Backen und derartige Falten,
wie sie dort, wo Thabraca[76] seine schattenspendenden Bergwälder
ausdehnt, sich die Affenmutter in die ältliche Backe kratzt.
Vielerlei Unterschiede bestehen bei jungen Männern; dieser ist
schöner als jener und hat ein anderes Gesicht,[77] viel kräftiger ist
                                                      dieser als jener:
einheitlich ist das Gesicht der Greise, samt der Stimme zittern die
                                                                    Lippen,
der Kopf ist schon glatt, die Nase trieft wie bei Säuglingen,
zerkauen muß der Arme das Brot mit unbewehrtem Kiefer.
So sehr fällt er lästig der Frau, den Kindern und sich selbst,
daß er Widerwillen sogar beim Erbschleicher Cossus erregt.[78]
Nicht mehr dieselben Freuden bieten Wein und Speise, da der
                                                              Gaumen
abgestumpft ist; der Beischlaf vollends ist schon lange vergessen,
                                                            oder wenn
du es versuchst, liegt das winzige Glied mit seinem Bruch darnieder

et, quamvis tota palpetur nocte, iacebit.
anne aliquid sperare potest haec inguinis aegri
canities? quid quod merito suspecta libido est
quae venerem adfectat sine viribus? aspice partis
nunc damnum alterius. nam quae cantante voluptas,   210
sit licet eximius, citharoedo sive Seleuco
et quibus aurata mos est fulgere lacerna?
quid refert, magni sedeat qua parte theatri
qui vix cornicines exaudiet atque tubarum
concentus? clamore opus est, ut sentiat auris   215
quem dicat venisse puer, quot nuntiet horas.
praeterea minimus gelido iam in corpore sanguis
febre calet sola, circumsilit agmine facto
morborum omne genus; quorum si nomina quaeras,
promptius expediam quot amaverit Oppia moechos,   220
quot Themison aegros autumno occiderit uno,
quot Basilus socios, quot circumscripserit Hirrus
pupillos, quot longa viros exorbeat uno
Maura die, quot discipulos inclinet Hamillus.
[percurram citius quot villas possideat nunc   225
quo tondente gravis iuveni mihi barba sonabat.]
ille umero, hic lumbis, hic coxa debilis; ambos
perdidit ille oculos et luscis invidet; huius
pallida labra cibum accipiunt digitis alienis,
ipse ad conspectum cenae diducere rictum   230
suetus hiat tantum ceu pullus hirundinis, ad quem
ore volat pleno mater ieiuna. sed omni

und wird, selbst wenn es die ganze Nacht gehätschelt wird,
                                            darniederliegen.
Kann denn etwas erhoffen dieses graue Alter des erschöpften
Gliedes? Wird nicht mit Recht beargwöhnt die Begierde,
die nach Liebesgenuß verlangt ohne Kräfte?[79] Betrachte jetzt
den Schaden an einem zweiten Körperteil.[80] Denn welche Lust
                                            schenkt ein Sänger,
mag er auch vorzüglich sein, ein Kitharöde oder gar Seleucus
und einer derer, die nach ihrem Brauch in goldverziertem Mantel
                                            erstrahlen?[81]
Was macht es aus, in welchem Teil des großen Theaters jemand
sitzt, der kaum die Hornbläser hört und das Tutti der Trompeten?
Schreien muß der Sklave, damit das Ohr es vernimmt,
wessen Ankunft er verkündet, welche Stundenzahl er meldet.[82]
Außerdem erwärmt sich das spärliche Blut in dem schon erkalteten
Körper allein noch durch das Fieber, es umtanzen ihn im Schwarm
Krankheiten jeglicher Art; wenn du nach deren Namen fragst,
könnte ich dir leichter angeben, wieviele Galane Oppia[83] geliebt hat,
wieviele Kranke Themison in einem einzigen Herbst umbrachte,[84]
wieviele Geschäftspartner Basilus, wieviele Mündel Hirrus
betrog, wieviele Männer die lange Maura an einem einzigen
Tag aussaugt, wieviele Schüler Hamillus verführt.
[Schneller könnte ich durchzählen, wieviele Landhäuser jetzt der
besitzt, der mir in der Jugend den heftig knisternden Bart schor.][85]
Jener ist an der Schulter behindert, dieser an den Lenden, dieser an
                                            der Hüfte;
beide Augen hat jener verloren und beneidet die Einäugigen; bei
diesem empfangen die bleichen Lippen die Speise aus fremden
                                            Fingern,
er selbst, der gewohnt war, beim Anblick eines Mahles den Rachen
aufzureißen, schnappt nur noch wie das Junge einer Schwalbe, zu
                                            dem
mit vollem Schnabel die Mutter, selbst nüchtern, hinfliegt. Doch

membrorum damno maior dementia, quae nec
nomina servorum nec voltum agnoscit amici
cum quo praeterita cenavit nocte, nec illos   235
quos genuit, quos eduxit. nam codice saevo
heredes vetat esse suos, bona tota feruntur
ad Phialen: tantum artificis valet halitus oris,
quod steterat multis in carcere fornicis annis.
ut vigeant sensus animi, ducenda tamen sunt   240
funera natorum, rogus aspiciendus amatae
coniugis et fratris plenaeque sororibus urnae.
haec data poena diu viventibus, ut renovata
semper clade domus multis in luctibus inque
perpetuo maerore et nigra veste senescant.   245
rex Pylius, magno si quicquam credis Homero,
exemplum vitae fuit a cornice secundae.
felix nimirum, qui tot per saecula mortem
distulit atque suos iam dextra conputat annos,
quique novum totiens mustum bibit. oro parumper   250
attendas, quantum de legibus ipse queratur
fatorum et nimio de stamine, cum videt acris
Antilochi barbam ardentem, cum quaerit ab omni
quisquis adest socio, cur haec in tempora duret,
quod facinus dignum tam longo admiserit aevo.   255
haec eadem Peleus, raptum cum luget Achillem,
atque alius cui fas Ithacum lugere natantem.
incolumi Troia Priamus venisset ad umbras
Assaraci magnis sollemnibus Hectore funus

schlimmer als jeder Schaden an den Gliedern ist der Schwachsinn,
durch den er weder die Namen der Sklaven noch das Gesicht des
                                                        Freundes
erkennt, mit dem er in der vergangenen Nacht speiste, noch jene,
die er zeugte, die er aufzog. Denn in einem grausamen Testament
schließt er sie als seine Erben aus, die Güter fallen ganz
an Phiale: soviel bewirkt der Hauch[86] ihres kunstfertigen Mundes,
mit dem sie sich viele Jahre im Käfig des Bordells feilgeboten hatte.
Mögen die Fähigkeiten des Geistes noch kräftig sein, so muß man
                                                        doch
die Leichen der Kinder bestatten, den Scheiterhaufen der geliebten
Gattin anschauen und des Bruders und die mit der Asche der
                                        Schwestern gefüllten Urnen.
Diese Strafe ist über die Langlebigen verhängt, daß sie durch eine
immer neue Heimsuchung des Hauses in vielfacher Trauer und
in beständigem Gram und im schwarzen Gewand alt werden.
Der König von Pylos war, wenn du dem großen Homer etwas
                                                        glaubst,
ein Beispiel für ein Leben, das nur dem der Krähe nachstand.
Glücklich ist gewiß, wer durch soviele Menschenalter den Tod
aufschob und seine Jahre schon an der Rechten abzählt[87]
und wer so oft den neuen Most trank. Beachte aber ein wenig, ich
bitte dich, wie sehr er selbst klagt[88] über die Gesetze des Schicksals
und seinen allzu langen Lebensfaden, da er des kampfbegierigen
Antilochus Bart brennen sieht,[89] da er jeden Gefährten fragt,
wer auch zugegen ist, warum er bis in diese Zeiten weiterlebe,
welches Verbrechen er begangen habe, das ein so langes Leben
                                                        verdiente.
Dasselbe klagt Peleus, da er um den ihm entrissenen Achill trauert,
und auch der andere, der nach Gebühr trauert um den Schwimmer
                                                        aus Ithaka.[90]
Priamus wäre, als Troja noch unversehrt war, zu den Schatten des
Assaracus[91] gelangt unter großen Feierlichkeiten, wobei Hektor

portante ac reliquis fratrum cervicibus inter   260
Iliadum lacrimas, ut primos edere planctus
Cassandra inciperet scissaque Polyxena palla,
si foret extinctus diverso tempore, quo non
coeperat audaces Paris aedificare carinas.
longa dies igitur quid contulit? omnia vidit   265
eversa et flammis Asiam ferroque cadentem.
tunc miles tremulus posita tulit arma tiara
et ruit ante aram summi Iovis ut vetulus bos,
qui domini cultris tenue et miserabile collum
praebet ab ingrato iam fastiditus aratro.   270
exitus ille utcumque hominis, sed torva canino
latravit rictu quae post hunc vixerat uxor.
festino ad nostros et regem transeo Ponti
et Croesum, quem vox iusti facunda Solonis
respicere ad longae iussit spatia ultima vitae.   275
exilium et carcer Minturnarumque paludes
et mendicatus victa Carthagine panis
hinc causas habuere: quid illo cive tulisset
natura in terris, quid Roma beatius umquam,
si circumducto captivorum agmine et omni   280
bellorum pompa animam exhalasset opimam,
cum de Teutonico vellet descendere curru?
provida Pompeio dederat Campania febres
optandas, sed multae urbes et publica vota
vicerunt; igitur Fortuna ipsius et urbis   285
servatum victo caput abstulit. hoc cruciatu
Lentulus, hac poena caruit ceciditque Cethegus
integer, et iacuit Catilina cadavere toto.

die Leiche getragen hätte und die übrigen Brüder auf ihren Nacken
unter den weinenden Troerinnen, indem Cassandra als erste
das Klagegeschrei angestimmt hätte und Polyxena mit zerrissenem
                                                   Gewand,[92]
falls er zu einer anderen Zeit gestorben wäre, nämlich als Paris
noch nicht begonnen hatte, kühne Schiffe zu bauen.[93]
Was also trug ihm das lange Leben ein? Alles sah er
zerstört und Asien durch Flammen und Schwert niedersinken.
Da legte er die Tiara ab, trug Waffen, ein zittriger Krieger,[94]
und stürzte nieder vor dem Altar des höchsten Juppiter wie ein alter
Stier, der dem Schlachtmesser des Besitzers den mageren,
armseligen Hals darbietet, da er von dem undankbaren Pflug schon
                                                verschmäht wird.
Immerhin war sein Ende das eines Menschen, dagegen bellte wild
mit dem Maul eines Hundes die Gattin, die ihn überlebt hatte.[95]
Ich komme eilig zu den Unseren und übergehe den König von Pontus
und Croesus, den das beredte Mahnwort des gerechten Solon[96]
auf die letzten Runden[97] eines langen Lebens zu schauen hieß.
Verbannung, Kerker und die Sümpfe von Minturnae,
das im besiegten Karthago erbettelte Brot hatten
hierin ihre Ursachen:[98] was hätte die Natur auf Erden,
was Rom je Glücklicheres hervorgebracht als diesen Bürger,
wenn er, nachdem der Zug der Gefangenen und die ganze Prunk-
                                        prozession
des Krieges umhergezogen war, die glorreiche Seele ausgehaucht
hätte, als er dabei war, von seinem teutonischen Triumphwagen
                                        herabzusteigen?[99]
Fürsorglich hatte Kampanien Pompeius wünschenswertes Fieber
geschenkt, doch die öffentlichen Gebete der vielen Städte
obsiegten; so rettete ihm das eigene Glück und das der Hauptstadt
das Haupt und raubte es dem Besiegten.[100] Von dieser Marter
blieb Lentulus, von dieser Strafe Cethegus verschont und sank
unverstümmelt dahin, und Catilina lag da als ganze Leiche.[101]

Formam optat modico pueris, maiore puellis
murmure, cum Veneris fanum videt, anxia mater   290
usque ad delicias votorum. „cur tamen" inquit
„corripias? pulchra gaudet Latona Diana. "
sed vetat optari faciem Lucretia qualem
ipsa habuit, cuperet Rutilae Verginia gibbum
accipere osque suum Rutilae dare. filius autem   295
corporis egregii miseros trepidosque parentes
semper habet: rara est adeo concordia formae
atque pudicitiae. sanctos licet horrida mores
tradiderit domus ac veteres imitata Sabinos,
praeterea castum ingenium voltumque modesto   300
sanguine ferventem tribuat natura benigna
larga manu (quid enim puero conferre potest plus
custode et cura natura potentior omni?),
non licet esse viro; nam prodiga corruptoris
improbitas ipsos audet temptare parentes: 305
tanta in muneribus fiducia. nullus ephebum
deformem saeva castravit in arce tyrannus,
nec praetextatum rapuit Nero loripedem nec
strumosum atque utero pariter gibboque tumentem.
i nunc et iuvenis specie laetare tui, quem   310
maiora expectant discrimina: fiet adulter
publicus et poenas metuet quascumque maritis
iratis debent, nec erit felicior astro
Martis, ut in laqueos numquam incidat. exigit autem
interdum ille dolor plus quam lex ulla dolori   315

Um Schönheit[102] betet mit leisem Gemurmel für die Knaben,
                                        mit lauterem
für die Mädchen, wenn sie das Heiligtum der Venus sieht, die
                                besorgte Mutter, und
ihre Wünsche gehen bis zum Ausgesuchten.[103] „Warum jedoch,"
                                        heißt es,
„schiltst du sie? An der schönen Diana erfreut sich Latona."[104]
Doch Lucretia verwehrt, ein solches Antlitz zu erbitten, wie sie
selbst es hatte, Verginia hätte gewünscht, den Buckel der Rutila[105]
zu erhalten und ihr Gesicht der Rutila zu schenken. Ein Sohn aber
mit vorzüglicher Gestalt hat immer unglückliche, sorgenerfüllte
Eltern: so selten ist die Eintracht zwischen Schönheit
und Keuschheit. Mag auch untadelige Sitten das schlichte und
die alten Sabiner nachahmende Haus ihm mitgegeben haben,
dazu ihm noch ein reines Wesen und ein von züchtigem Blut
errötendes Antlitz die gütige Natur mit freigebiger Hand
verleihen, – was nämlich kann einem Knaben die Natur mehr
bescheren, die mächtiger ist als jeder Wächter und jede Aufsicht? –
ein Mann sein darf er nicht;[106] denn die verschwenderische
                                        Schlechtigkeit
des Verführers wagt es, sogar die Eltern in Versuchung zu führen:
so groß ist das Vertrauen auf die Geschenke. Kein Tyrann hat
in seiner grausamen Burg einen mißgestalteten Epheben kastriert,
und Nero hat weder einen schiefbeinigen römischen Knaben
                                        vergewaltigt[107] noch
einen mit Kropf, dem zugleich ein Bauch und ein Buckel schwoll.
Auf denn, freue dich an der Schönheit deines Sohnes, den
noch größere Gefahren erwarten:[108] ein Stadtbuhle wird er
sein und die Strafen fürchten, die man den erzürnten
Ehemännern schuldet,[109] und er wird keinen glücklicheren Stern
haben als Mars, so daß er nie in ein Netz geriete.[110] Bisweilen aber
fordert jene Erbitterung[111] sogar mehr, als es irgendein Gesetz der
                                        Erbitterung

concessit: necat hic ferro, secat ille cruentis
verberibus, quosdam moechos et mugilis intrat.
sed tuus Endymion dilectae fiet adulter
matronae. mox cum dederit Servilia nummos,
fiet et illius quam non amat, exuet omnem   320
corporis ornatum: quid enim ulla negaverit udis
inguinibus, sive est haec Oppia sive Catulla?
[deterior totos habet illic femina mores.]
„sed casto quid forma nocet?" quid profuit immo
Hippolyto grave propositum, quid Bellerophonti?   325
[erubuit nempe haec ceu fastidita repulsa.]
nec Stheneboea minus quam Cressa excanduit, et se
concussere ambae: mulier saevissima tunc est
cum stimulos odio pudor admovet. elige quidnam
suadendum esse putes cui nubere Caesaris uxor   330
destinat. optimus hic et formonsissimus idem
gentis patriciae rapitur miser extinguendus
Messalinae oculis. dudum sedet illa parato
flammeolo Tyriusque palam genialis in hortis
sternitur et ritu decies centena dabuntur   335
antiquo, veniet cum signatoribus auspex.
haec tu secreta et paucis commissa putabas?
non nisi legitime volt nubere. quid placeat dic:
ni parere velis, pereundum erit ante lucernas;
si scelus admittas, dabitur mora parvula, dum res   340

zugesteht: dieser tötet mit dem Schwert, jener geißelt blutig
mit Knutenhieben, in manche Ehebrecher dringt auch der Stachel-
                                        fisch ein.[112]
Aber dein Endymion[113] wird ja der Galan einer von ihm geliebten
Matrone. Bald wird er, wenn Servilia[114] ihm Geld schenkt,
der Buhle auch dieser, die er nicht liebt, und er wird ihr den
ganzen Schmuck vom Körper ziehen: was nämlich würde je eine
                                         verweigern
mit feuchtem Schoß, mag sie eine Oppia sein oder eine Catulla?[115]
[Eine schlechtere Frau hat dort ihre ganzen Sitten.][116]
„Was schadet aber einem Keuschen die Schönheit?" Was vielmehr
nutzte dem Hippolytus der ernste Lebensgrundsatz, was dem
                                    Bellerophon?[117]
[Diese errötete nämlich über die Zurückweisung, als habe man sie
                                    verschmäht.][118]
Stheneboea ergrimmte nicht weniger als die Kreterin,[119] und
beide steigerten sich in die Wut: am wildesten ist eine Frau dann,
wenn ihren Haß die Beschämung anstachelt. Wähl' aus, was du
wohl dem raten zu müssen glaubst, mit dem die Gattin des Kaisers
sich zu vermählen beabsichtigt.[120] Der Beste und zugleich Schönste
eines patrizischen Geschlechts wird, der Arme, in den Untergang
gerissen durch die Augen Messalinas. Diese sitzt schon lange da
                                    mit bereitem
Brautschleier, und öffentlich wird im Park das purpurne Brautbett
aufgestellt, eine Million soll nach altem Brauch übergeben werden,
mit den Vertragszeugen wird der Vogelschauer kommen.[121]
Dachtest du, dies bleibe geheim und nur wenigen anvertraut?
Nur nach gesetzlicher Form will sie heiraten.[122] Sag, wofür du dich
                                    entscheidest:
wenn du nicht gehorchen willst, mußt du noch vor dem Anzünden
                                    der Lampen sterben;
wenn du den Frevel begehst, wird dir eine winzige Frist geschenkt,
                                    bis der

nota urbi et populo contingat principis aurem,
dedecus ille domus sciet ultimus. interea tu
obsequere imperio, si tanti vita dierum
paucorum. quidquid levius meliusque putaris,
praebenda est gladio pulchra haec et candida cervix.   345

    Nil ergo optabunt homines? si consilium vis,
permittes ipsis expendere numinibus quid
conveniat nobis rebusque sit utile nostris;
nam pro iucundis aptissima quaeque dabunt di:
carior est illis homo quam sibi. nos animorum   350
inpulsu et caeca magnaque cupidine ducti
coniugium petimus partumque uxoris, at illis
notum qui pueri qualisque futura sit uxor.
ut tamen et poscas aliquid voveasque sacellis
exta et candiduli divina thymatula porci,   355
orandum est ut sit mens sana in corpore sano.
fortem posce animum mortis terrore carentem,
qui spatium vitae extremum inter munera ponat
naturae, qui ferre queat quoscumque dolores,
nesciat irasci, cupiat nihil et potiores   360
Herculis aerumnas credat saevosque labores
et venere et cenis et pluma Sardanapalli.
monstro quod ipse tibi possis dare; semita certe
tranquillae per virtutem patet unica vitae.
[nullum numen habes, si sit prudentia: nos te,   365
nos facimus, Fortuna, deam caeloque locamus.]

Fall, der schon der Stadt und dem Volk bekannt ist, zum Ohr des
                                        Herrschers dringt,[123]
er wird die Schande des Hauses als letzter erfahren. Inzwischen
willfahre du dem Befehl, wenn dir das Leben von wenigen Tagen
soviel wert ist. Was du auch für leichter und besser halten wirst, dem
Schwert mußt du deinen schönen, leuchtenden Nacken darbieten.

Sollen also um nichts die Menschen bitten? Wenn du einen Rat
willst, überläßt du es den Gottheiten selbst abzuwägen, was
uns frommt und unserem Leben dienlich ist;[124] denn statt
des Angenehmen werden die Götter das Geeignetste schenken:
teurer ist ihnen der Mensch als er sich selbst. Wir wünschen uns
vom Drang unserer Herzen und von blinder, großer Begierde
verleitet eine Ehe und Nachwuchs durch die Gattin, ihnen dagegen
ist bekannt, wie die Söhne sein werden und welcher Art die Gattin.
Solltest du dennoch etwas verlangen und den Heiligtümern
Eingeweide geloben und gottgeweihte Würstchen vom weißen
                                        Schwein,[125]
so mußt du beten um einen gesunden Verstand in einem gesunden
                                        Körper.
Bitte um einen tapferen Geist, der frei ist von Todesfurcht,
der die Länge des Lebens als das geringste betrachtet unter den
Geschenken der Natur, der jedwede Schmerzen zu ertragen vermag,
nicht zu zürnen versteht, nichts begehrt und die Plagen
des Hercules[126] und seine furchtbaren Mühen für bedeutsamer hält
als Liebesgenuß, Gastmähler und Federbett eines Sardanapallus.[127]
Ich zeige dir auf, was du dir selbst schenken kannst; der einzige
Pfad zum ruhigen Leben eröffnet sich gewiß nur durch die Tugend.
[Keine göttliche Macht hättest du, wenn wir Vernunft besäßen: wir
sind es, wir, die dich, Glück, zur Göttin machen und in den Himmel
                                        versetzen.][128]

SATURA XI

Atticus eximie si cenat, lautus habetur,
si Rutilus, demens. quid enim maiore cachinno
excipitur volgi quam pauper Apicius? omnis
convictus, thermae, stationes, omne theatrum
de Rutilo. nam dum valida ac iuvenalia membra   5
sufficiunt galeae dumque ardent sanguine, fertur
non cogente quidem sed nec prohibente tribuno
scripturus leges et regia verba lanistae.
multos porro vides, quos saepe elusus ad ipsum
creditor introitum solet expectare macelli   10
et quibus in solo vivendi causa palato est.
egregius cenat meliusque miserrimus horum
et cito casurus iam perlucente ruina.
interea gustus elementa per omnia quaerunt
numquam animo pretiis obstantibus; interius si   15
attendas, magis illa iuvant quae pluris ementur.
ergo haut difficile est perituram arcessere summam
lancibus oppositis vel matris imagine fracta
et quadringentis nummis condire gulosum
fictile: sic veniunt ad miscellanea ludi.   20
refert ergo quis haec eadem paret; in Rutilo nam
luxuria est, in Ventidio laudabile nomen
sumit et a censu famam trahit. illum ego iure
despiciam, qui scit quanto sublimior Atlas
omnibus in Libya sit montibus, hic tamen idem   25

ELFTE SATIRE

Wenn ein Atticus erlesen tafelt, gilt er als vornehm, wenn
es Rutilus tut,[1] als Narr. Was nämlich wird mit größerem
Gelächter der Menge bedacht als ein armer Apicius?[2] Alle
Gesellschaften, Bäder, Treffpunkte, alle Theater reden
über Rutilus. Denn solange noch die starken, jugendlichen Glieder
dem Helm gewachsen sind und solange das Blut in ihnen feurig ist,
                                       läßt er sich treiben
und wird dann – wozu ihn der Tribun nicht zwingt, woran er ihn
aber auch nicht hindert – die Regeln und tyrannischen Worte des
                        Gladiatorenmeisters unterschreiben.[3]
Noch viele kann man sehen, die der oft geprellte Gläubiger
direkt am Eingang des Speisemarktes zu erwarten pflegt
und für die der Lebenszweck allein der Gaumen ist.
Besonders gewählt und gut tafelt der, um den es unter ihnen am
                                       schlimmsten steht,
der rasch stürzen wird und bei dem der Ruin sich schon ankündigt.[4]
Inzwischen[5] durchsuchen sie alle Elemente nach Leckerbissen,
nie stehen ihrem Verlangen die Preise entgegen; wenn man es
genauer betrachtet, befriedigt sie mehr, was teurer eingekauft wird.
Deshalb fällt es ihnen nicht schwer, eine Summe zum Verprassen
                                       zu beschaffen,
indem sie ihr Geschirr verpfänden oder das Bildnis der Mutter
                                       zerbrechen
und dann für 400 Sesterzen einen irdenen Schlemmertopf lecker
zubereiten:[6] so gelangen sie zum Eintopf der Gladiatorenschule.
Es kommt also darauf an, wer dasselbe kauft; denn was bei Rutilus
Verschwendung ist, erhält bei einem Ventidius[7] eine rühmliche
                                       Bezeichnung
und gewinnt von seinem Vermögen her Ansehen. Mit Recht
schätze ich den gering, der weiß, wieviel höher der Atlas
ist als alle übrigen Berge in Libyen, jedoch zugleich verkennt,

ignorat quantum ferrata distet ab arca
sacculus. e caelo descendit γνῶϑι σεαυτόν
figendum et memori tractandum pectore, sive
coniugium quaeras vel sacri in parte senatus
esse velis; neque enim loricam poscit Achillis   30
Thersites, in qua se traducebat Ulixes;
ancipitem seu tu magno discrimine causam
protegere adfectas, te consule, dic tibi qui sis,
orator vehemens an Curtius et Matho buccae.
noscenda est mensura sui spectandaque rebus   35
in summis minimisque, etiam cum piscis emetur,
ne mullum cupias, cum sit tibi gobio tantum
in loculis. quis enim te deficiente crumina
et crescente gula manet exitus, aere paterno
ac rebus mersis in ventrem fenoris atque   40
argenti gravis et pecorum agrorumque capacem?
talibus a dominis post cuncta novissimus exit
anulus, et digito mendicat Pollio nudo.
non praematuri cineres nec funus acerbum
luxuriae sed morte magis metuenda senectus.   45
hi plerumque gradus: conducta pecunia Romae
et coram dominis consumitur; inde, ubi paulum
nescio quid superest et pallet fenoris auctor,
qui vertere solum, Baias et ad ostrea currunt.
cedere namque foro iam non est deterius quam   50
Esquilias a ferventi migrare Subura.
ille dolor solus patriam fugientibus, illa

welcher Abstand besteht zwischen einer eisenbeschlagenen Truhe
und einem Geldbeutel. Vom Himmel stieg herab das „Erkenne dich
                                                         selbst",[8]
das man sich einprägen und es im Herzen bewahrend erwägen muß,
ob man nun eine Ehe eingehen oder ein Mitglied des ehrwürdigen
Senates sein will; es fordert nämlich auch nicht Thersites den
Panzer Achills, in dem sich Ulixes lächerlich machte;[9]
oder wenn du einen zweifelhaften Fall mit großem Risiko
zu vertreten begehrst, dann geh' mit dir zu Rate, mach' dir klar,
                                                         wer du bist,
ein machtvoller Redner oder ein Schreihals wie Curtius und
                                                         Matho.[10]
Erkennen muß man sein eigenes Maß und es bei den bedeutendsten
und geringsten Dingen beachten, auch wenn man einen Fisch kauft,
damit du nicht eine Barbe begehrst, während du nur Geld für einen
Gründling in der Börse hast. Denn welches Ende erwartet dich bei
                                                 schrumpfendem
Beutel und sich weitendem Schlund, nachdem Geld und Besitz
des Vaters in den Bauch versenkt worden sind, in dem für Zinsen
und schweres Silbergeschirr, Vieh und Äcker Platz ist?
Solche Besitzer verläßt nach allem zuletzt der
Ritterring, und Pollio bettelt mit nacktem Finger.[11]
Nicht vorzeitiges Begräbnis und bitteres Sterben muß
die Schwelgerei fürchten, sondern mehr als den Tod das Alter.
Dies sind meist die Stufen: das geliehene Geld wird in Rom
und vor den Besitzern[12] durchgebracht; wenn darauf noch ein
kleiner Rest übrig ist und der Geber des Darlehens bleich wird,
eilen die, die das Pflaster wechseln,[13] nach Bajae und zu den
                                                         Austern.
Denn das Forum verlassen zu müssen[14] hält man schon nicht mehr
für schlimmer, als aus der wimmelnden Subura auf den Esquilin
                                                 umzuziehen.[15]
Dies ist der einzige Schmerz für die aus der Heimat Fliehenden,

maestitia est, caruisse anno circensibus uno.
sanguinis in facie non haeret gutta, morantur
pauci ridiculum et fugientem ex urbe pudorem.   55

    Experiere hodie numquid pulcherrima dictu,
Persice, non praestem vita et moribus et re,
si laudem siliquas occultus ganeo, pultes
coram aliis dictem puero, sed in aure placentas.
nam cum sis conviva mihi promissus, habebis   60
Euandrum, venies Tirynthius aut minor illo
hospes, et ipse tamen contingens sanguine caelum,
alter aquis, alter flammis ad sidera missus.

    Fercula nunc audi nullis ornata macellis.
de Tiburtino veniet pinguissimus agro   65
haedulus et toto grege mollior, inscius herbae
necdum ausus virgas humilis mordere salicti,
qui plus lactis habet quam sanguinis, et montani
asparagi, posito quos legit vilica fuso.
grandia praeterea tortoque calentia feno   70
ova adsunt ipsis cum matribus, et servatae
parte anni quales fuerant in vitibus uvae,
Signinum Syriumque pirum, de corbibus isdem
aemula Picenis et odoris mala recentis
nec metuenda tibi, siccatum frigore postquam   75
autumnum et crudi posuere pericula suci.

dies ihr Kummer, daß sie für ein Jahr die Zirkusspiele entbehren
               müssen.
Kein Tropfen Blut läßt ihr Gesicht erröten,[16] nur wenige scheren
sich um das lächerliche und aus der Stadt fliehende Ehrgefühl.
 Erfahren wirst du heute, ob ich das, was sich wunderschön
            daherreden läßt,
Persicus, etwa nicht im Leben, in den Sitten, in der Tat beweise,
wenn ich nämlich Hülsenfrüchte preise als heimlicher Schlemmer,
vor anderen Speltbrei beim Sklaven bestelle, dagegen ins Ohr
           hinein Kuchen.
Denn da du mir zugesagt hast, mein Gast zu sein, wirst du an mir
einen Euander haben,[17] du wirst wie der tirynthische Gastfreund
            kommen
oder jener, der ihm nachstand, doch ebenfalls durch sein Blut mit
         dem Himmel verwandt war,
der eine durch die Fluten, der andere durch die Flammen zu den
          Sternen entsandt.[18]
 Vernimm jetzt die Gänge, die mir kein Speisemarkt ausgerichtet
            hat.[19]
Von Tiburs Land[20] kommt ein Böckchen, sehr feist und zarter
als die ganze übrige Herde, das noch nicht das Gras kennt
und noch nicht wagte, die Zweige der niedrigen Weide zu benagen,
das mehr Milch in sich hat als Blut, dazu Bergspargel, den die
Verwalterin erntete, nachdem sie die Spindel beiseite legte.
Außerdem gibt es große Eier, noch warm vom Heunest,[21]
samt ihren Müttern, und Weintrauben, einen guten Teil
des Jahrs so aufbewahrt, wie sie an den Rebstöcken waren,
Birnen aus Signia und syrische,[22] aus denselben Körben
Äpfel, die mit Picenischen wetteifern und noch frisch duften,
die du aber nicht zu fürchten hast, nachdem sie durch Kälte
getrocknet die Herbstfrische und die Gefahren des rohen Saftes
          verloren haben.[23]

Haec olim nostri iam luxuriosa senatus
cena fuit. Curius parvo quae legerat horto
ipse focis brevibus ponebat holuscula, quae nunc
squalidus in magna fastidit conpede fossor,   80
qui meminit calidae sapiat quid volva popinae.
sicci terga suis rara pendentia crate
moris erat quondam festis servare diebus
et natalicium cognatis ponere lardum
accedente nova, si quam dabat hostia, carne.   85
cognatorum aliquis titulo ter consulis atque
castrorum imperiis et dictatoris honore
functus ad has epulas solito maturius ibat
erectum domito referens a monte ligonem.
cum tremerent autem Fabios durumque Catonem   90
et Scauros et Fabricium, rigidique severos
censoris mores etiam collega timeret,
nemo inter curas et seria duxit habendum,
qualis in Oceani fluctu testudo nataret,
clarum Troiugenis factura et nobile fulcrum,   95
sed nudo latere et parvis frons aerea lectis
vile coronati caput ostendebat aselli,
ad quod lascivi ludebant ruris alumni.
[tales ergo cibi qualis domus atque supellex.]
tunc rudis et Graias mirari nescius artes   100
urbibus eversis praedarum in parte reperta
magnorum artificum frangebat pocula miles,
ut phaleris gauderet ecus caelataque cassis
Romuleae simulacra ferae mansuescere iussae
imperii fato, geminos sub rupe Quirinos   105
ac nudam effigiem ‹in› clipeo venientis et hasta

Dies war einst schon ein aufwendiges Mahl für unseren
Senat. Curius setzte das Gemüse, das er in seinem kleinen Garten
geerntet hatte, selbst auf den bescheidenen Herd,[24] das jetzt der
schmutzige Ackersklave in der großen Fußfessel verschmäht,[25]
der sich erinnert, wie Schweinebauch schmeckt in der warmen
Kneipe.[26]
Getrocknete Schweinerücken, die von weiten Sparren herabhängen,
war es einst Brauch, für Festtage aufzuheben
und zur Geburtstagsfeier den Verwandten Speck vorzusetzen,
wozu noch frisches Fleisch kam, wenn ein Opfertier es lieferte.
Jemand aus der Verwandtschaft, der dreimal den Titel eines Konsuls
erreicht hatte, den Oberbefehl über das Heerlager und das Ehrenamt
eines Diktators, ging zu solchen Mahlzeiten früher als üblich,
wobei er vom gezähmten Berg die ragende Hacke heimtrug.[27]
Als man noch zitterte vor den Fabiern und dem harten Cato,
vor Scaurern und Fabricius, und die strengen Sitten des
unbeugsamen Censors selbst sein Kollege fürchtete,[28]
glaubte niemand, man müsse zu den ernsthaften Sorgen rechnen,
welche Art Schildkröten in der Flut des Ozeans schwimme, um
den Trojaentstammten das Ruhelager edel und vornehm zu machen,
vielmehr zeigte an den schmalen Betten mit ihren unverzierten
Seiten das bronzene Kopfende das schlichte Haupt eines bekränzten
Eselchens,[29] bei dem die ausgelassenen Kinder vom Lande spielten.
[So sind also die Speisen wie das Haus und der Hausrat.][30]
Damals zerbrach der Soldat, noch roh und unfähig, griechische
Kunstwerke zu bewundern, nach der Zerstörung von Städten die in
seinem Anteil der Beute gefundenen Becher großer Künstler,
damit sein Pferd sich an Schmuckplatten freue[31] und der ziselierte
Helm ein Abbild des Tieres des Romulus, welchem zahm zu werden
das Schicksal des Reiches befahl, das Zwillingspaar der Quirinen
unter dem Felsen
und die nackte Gestalt des mit Schild und Lanze nahenden und in
der Luft

pendentisque dei perituro ostenderet hosti.
ponebant igitur Tusco farrata catino:
argenti quod erat solis fulgebat in armis.
[omnia tunc quibus invideas, si lividulus sis.]   110
templorum quoque maiestas praesentior, et vox
nocte fere media mediamque audita per urbem
litore ab Oceani Gallis venientibus et dis
officium vatis peragentibus. his monuit nos,
hanc rebus Latiis curam praestare solebat   115
fictilis et nullo violatus Iuppiter auro.
illa domi natas nostraque ex arbore mensas
tempora viderunt, hos lignum stabat ad usus,
annosam si forte nucem deiecerat eurus.
at nunc divitibus cenandi nulla voluptas,   120
nil rhombus, nil damma sapit, putere videntur
unguenta atque rosae, latos nisi sustinet orbis
grande ebur et magno sublimis pardus hiatu
dentibus ex illis quos mittit porta Syenes
et Mauri celeres et Mauro obscurior Indus,   125
et quos deposuit Nabataeo belua saltu
iam nimios capitique graves. hinc surgit orexis,
hinc stomacho vires, nam pes argenteus illis,
anulus in digito quod ferreus. ergo superbum
convivam caveo, qui me sibi comparat et res   130
despicit exiguas. adeo nulla uncia nobis
est eboris, nec tessellae nec calculus ex hac
materia, quin ipsa manubria cultellorum

schwebenden Gottes dem zum Untergang verurteilten Feind zeige.[32]
Sie setzten also den Speltbrei in etruskischer[33] Schüssel vor:
was es an Silber gab, erglänzte allein an den Waffen.
[Das war damals alles, worauf du neidisch sein konntest, wenn du
                                    ein bißchen zum Neid neigst.][34]
Auch die Gottheiten in den Tempeln waren uns mit ihrer Hilfe
                                                        näher,
und man hörte eine Stimme gegen Mitternacht mitten in der Stadt,
da von der Küste des Ozeans die Gallier kamen und die Götter
das Amt des Sehers ausübten.[35] Auf diese Weise mahnte uns
Juppiter, diese Fürsorge pflegte er dem latinischen Staat zu
                                                        gewähren,
als er aus Ton geformt und noch durch kein Gold entweiht war.[36]
Jene Zeiten sahen einheimische und aus unseren Bäumen
                                                    entstandene
Tische;[37] für diesen Gebrauch stand das Holz bereit, wenn
zufällig der Südost einen bejahrten Nußbaum niedergeworfen hatte.
Heute dagegen bereitet das Speisen den Reichen keinerlei Lust,[38]
weder der Steinbutt noch das Reh schmeckt, zu stinken scheinen
Parfüm und Rosen, falls nicht die breiten Tischplatten
mächtiges Elfenbein trägt, ein mit offenem Rachen sich hoch-
reckender Panther aus den Stoßzähnen, die das Tor Syenes schickt,[39]
die flinken Mauren und der Inder, noch dunkler als der Maure,
und die im Nabatäischen Wald das Untier ablegte,[40] da sie schon
zu groß und für den Kopf zu schwer wurden. Von daher[41] regt sich
                                                        der Appetit,
dies gibt dem Magen Kräfte; denn ein Fuß aus Silber ist für sie
wie am Finger ein Ring aus Eisen. Also hüte ich mich vor dem
arroganten Gast,[42] der mich mit sich selbst vergleicht und meinen
dürftigen Besitz verachtet. Denn in der Tat habe ich nicht eine
                                                        einzige
Unze Elfenbein, weder die Würfelchen noch die Brettsteine sind aus
diesem Stoff, sogar die Griffe der Messer bestehen aus Knochen.

ossea. non tamen his ulla umquam obsonia fiunt
rancidula aut ideo peior gallina secatur.   135
    Sed nec structor erit cui cedere debeat omnis
pergula, discipulus Trypheri doctoris, apud quem
sumine cum magno lepus atque aper et pygargus
et Scythicae volucres et phoenicopterus ingens
et Gaetulus oryx hebeti lautissima ferro   140
caeditur et tota sonat ulmea cena Subura.
nec frustum capreae subducere nec latus Afrae
novit avis noster, tirunculus ac rudis omni
tempore et exiguae furtis inbutus ofellae.
plebeios calices et paucis assibus emptos   145
porriget incultus puer atque a frigore tutus;
non Phryx aut Lycius: [non a mangone petitus
quisquam erit et magno] cum posces, posce Latine!
idem habitus cunctis, tonsi rectique capilli
atque hodie tantum propter convivia pexi.   150
pastoris duri hic filius, ille bubulci.
suspirat longo non visam tempore matrem,
et casulam et notos tristis desiderat haedos,
ingenui voltus puer ingenuique pudoris,
qualis esse decet quos ardens purpura vestit,   155
nec pupillares defert in balnea raucus
testiculos, nec vellendas iam praebuit alas,
crassa nec opposito pavidus tegit inguina guto.

Dennoch werden wegen ihnen nie irgendwelche Gerichte ranzig,
und es wird deshalb kein schlechteres Huhn aufgeschnitten.
   Aber du wirst auch keinen Trancheur[43] bei mir finden, dem jede
                                                    Lehrbude
den Vortritt lassen muß, einen Schüler des Meisters Trypherus,
bei dem samt einem großen Saueuter ein Hase, ein Eber,
eine Antilope, Fasane, ein gewaltiger Flamingo, eine gätulische
Gazelle mit stumpfem Messer zerschnitten werden und das
erlesene Mahl aus Ulmenholz in der ganzen Subura widerhallt.
Weder ein Stückchen Reh zu stibitzen noch ein Seitenteil vom
                                                    Perlhuhn
versteht mein Sklave, ein Anfänger und unbeholfen in jeder
                                                    Situation,
vertraut geworden nur mit dem Stehlen von winzigen Bissen.[44]
Plebejische Trinkbecher, für wenige As gekauft, wird dir ein
nicht herausgeputzter und vor der Kälte sicherer Knabe reichen,
kein Phryger oder Lykier: [und nicht vom Sklavenhändler
gekauft wird einer sein und teuer][45] wenn du bestellst, bestell' auf
                                                    Lateinisch![46]
Dasselbe Aussehen bei allen, die Haare geschnitten und
glatt und nur heute wegen des Gastmahls gekämmt.[47]
Dieser ist der Sohn eines rauhen Schäfers, jener eines Kuhhirten.
Er sehnt sich nach der Mutter, die er lange Zeit nicht gesehen hat,
und verlangt traurig nach dem Häuschen und den vertrauten
                                                    Böckchen,
ein Knabe mit dem Gesicht eines Freigeborenen und dem Scham-
                                gefühl eines Freigeborenen,
wie es bei denen sein sollte, die der flammende Purpur kleidet,[48]
und er trägt nicht, mit schon rauher Stimme, in die Bäder die
noch kindlichen Hoden, hat noch nicht in den Achseln die Haare
                                                    sich ausrupfen lassen
und verdeckt auch nicht ängstlich mit vorgehaltenem Ölkrug das
                                                    üppige Glied.[49]

hic tibi vina dabit diffusa in montibus illis
a quibus ipse venit, quorum sub vertice lusit.   160
[namque una atque eadem est vini patria atque ministri.]
   Forsitan expectes ut Gaditana canoro
incipiant prurire choro plausuque probatae
ad terram tremulo descendant clune puellae:
[spectant hoc nuptae iuxta recubante marito   165
quod pudeat narrare aliquem praesentibus ipsis,
inritamentum veneris languentis et acres
divitis urticae. (maior tamen ista voluptas
alterius sexus.) magis ille extenditur, et mox
auribus atque oculis concepta urina movetur.]   170
non capit has nugas humilis domus. audiat ille
testarum crepitus cum verbis, nudum olido stans
fornice mancipium quibus abstinet, ille fruatur
vocibus obscenis omnique libidinis arte,
qui Lacedaemonium pytismate lubricat orbem;   175
namque ibi fortunae veniam damus. alea turpis,
turpe et adulterium mediocribus: haec eadem illi
omnia cum faciunt, hilares nitidique vocantur.
nostra dabunt alios hodie convivia ludos:
conditor Iliados cantabitur atque Maronis   180
altisoni dubiam facientia carmina palmam:
quid refert, tales versus qua voce legantur?

Dieser wird dir Weine servieren, die auf jenen Bergen abgefüllt
sind, von denen er selbst kam, unter deren Gipfel er spielte.
[Denn ein und dieselbe Heimat haben der Wein und die Diener.][50]
   Vielleicht erwartest du, daß in harmonischem Chor Mädchen[51]
Gaditanische Lieder aufreizend anstimmen und, durch Beifall-
klatschen belobigt, mit vibrierendem Hintern zur Erde sinken:
[Dies betrachten verheiratete Frauen, während ihr Mann neben
                                                ihnen ruht,
was jemand in ihrer Gegenwart nur zu erzählen sich schämen
                                                würde,
ein Reizmittel für das erschlaffte Liebesbegehren und scharfe
                                                Nesseln
für den Reichen. (Größer ist jedoch die Wollust beim anderen
Geschlecht.) Er erregt sich stärker, und bald ergießt sich,
durch Ohren und Augen ausgelöst, der Samen.][52]
für diese Torheiten ist kein Platz in einem schlichten Haus. Jener
                                                lausche
dem Klappern der Kastagnetten samt der Worte, welche die im
                                                stinkenden
Bordell stehende nackte Sklavin meidet, jener genieße die
schamlosen Stimmen und jede sonstige Kunst der Ausschweifung,
der die lakedaemonischen Marmorplatten mit ausgespucktem Wein
                                                schlüpfrig macht;[53]
denn dabei haben wir Nachsicht mit dem hohen Rang. Das Würfel-
                                                spiel ist eine Schande,
eine Schande auch der Ehebruch für einfachere Leute: wenn jene
genau dasselbe machen, nennt man sie fröhlich und elegant.
Unser Mahl wird heute eine andere Art Unterhaltung bieten: den
Schöpfer der Ilias wird man rezitieren und des erhaben tönenden
Maro Gesänge, welche die Siegespalme umstritten sein lassen:
was macht es aus, mit welcher Stimme solche Verse vorgelesen
                                                werden?[54]

Sed nunc dilatis averte negotia curis
et gratam requiem dona tibi, quando licebit
per totum cessare diem. non fenoris ulla   185
mentio, nec, prima si luce egressa reverti
nocte solet, tacito bilem tibi contrahat uxor
umida suspectis referens multicia rugis
vexatasque comas et voltum auremque calentem.
protinus ante meum quidquid dolet exue limen,   190
pone domum et servos et quidquid frangitur illis
aut perit, ingratos ante omnia pone sodalis.
interea Megalesiacae spectacula mappae
Idaeum sollemne colunt, similisque triumpho
praeda caballorum praetor sedet ac, mihi pace   195
inmensae nimiaeque licet si dicere plebis,
totam hodie Romam circus capit, et fragor aurem
percutit, eventum viridis quo colligo panni.
nam si deficeret, maestam attonitamque videres
hanc urbem veluti Cannarum in pulvere victis   200
consulibus. spectent iuvenes, quos clamor et audax
sponsio, quos cultae decet adsedisse puellae:
nostra bibat vernum contracta cuticula solem
effugiatque togam. iam nunc in balnea salva
fronte licet vadas, quamquam solida hora supersit   205
ad sextam. facere hoc non possis quinque diebus
continuis, quia sunt talis quoque taedia vitae
magna: voluptates commendat rarior usus.

Doch jetzt[55] verschiebe die Sorgen, wälze ab von dir die Geschäfte
und schenke dir willkommene Erholung, da es dir vergönnt ist,
den ganzen Tag müßig zu sein. Kein Wort über den Zins soll
fallen, und deine Gattin, wenn sie beim ersten Tageslicht ausge-
gangen und nachts zurückzukehren pflegt, soll dir nicht im stillen die
                                      Galle verkrampfen,
da sie das Kleid feucht und mit verdächtigen Falten heimbringt,
zerzaust die Haare und erhitzt Gesicht und Ohr.
Sogleich vor meine Schwelle leg' ab, was immer dich schmerzt,
laß dein Haus und die Sklaven und was von ihnen zerbrochen oder
verloren wird, vor allem laß die undankbaren Geschäftspartner.
Inzwischen feiern die Zuschauer das Idaeische Fest, die Megalesia[56]
mit ihrem Starttuch, der Praetor thront ähnlich wie beim Triumph,
eine Beute der Gäule,[57] und, wenn ich dies ohne den Protest
der unermeßlichen und übergroßen Volksmenge sagen darf,
ganz Rom faßt heute der Zirkus, und ein Getöse schlägt an mein
Ohr, aus dem ich auf den Erfolg des grünen Tuches schließe.[58]
Denn würde es versagen, sähest du diese Stadt traurig und
erschüttert wie nach der Niederlage der Konsuln im Staub von
                                      Cannae.[59]
Zuschauen mögen die jungen Männer, denen das Geschrei und die
kühne Wette anstehen, das Sitzen neben dem herausgeputzten
                                      Mädchen:
unsere runzlige Haut soll die Frühlingssonne trinken und
der Toga entfliehen.[60] Schon jetzt darfst du ins Bad gehen
ohne Erröten, obwohl noch eine volle Stunde fehlt bis zur
sechsten.[61] Dies kannst du nicht fünf Tage hintereinander
tun, denn der Überdruß auch an einem solchen Leben ist
groß: seltenerer Genuß macht Vergnügungen reizvoller.

SATURA XII

Natali, Corvine, die mihi dulcior haec lux,
qua festus promissa deis animalia caespes
expectat. niveam reginae ducimus agnam,
par vellus dabitur pugnanti Gorgone Maura;
sed procul extensum petulans quatit hostia funem   5
Tarpeio servata Iovi frontemque coruscat,
quippe ferox vitulus templis maturus et arae
spargendusque mero, quem iam pudet ubera matris
ducere, qui vexat nascenti robora cornu.
si res ampla domi similisque adfectibus esset,   10
pinguior Hispulla traheretur taurus et ipsa
mole piger, nec finitima nutritus in herba,
laeta sed ostendens Clitumni pascua sanguis
et grandi cervix iret ferienda ministro,
ob reditum trepidantis adhuc horrendaque passi   15
nuper et incolumem sese mirantis amici.
nam praeter pelagi casus et fulminis ictus
evasit: densae caelum abscondere tenebrae
nube una subitusque antemnas inpulit ignis.
cum se quisque illo percussum crederet et mox   20
attonitus nullum conferri posse putaret
naufragium velis ardentibus (omnia fiunt
talia, tam graviter, si quando poetica surgit
tempestas), genus ecce aliud discriminis! audi
et miserere iterum, quamquam sint cetera sortis   25

ZWÖLFTE SATIRE

Erfreulicher als mein Geburtstag, Corvinus, ist mir dieser Tag,
an dem der festliche Rasenaltar die den Göttern gelobten Tiere
erwartet. Ein schneeweißes Lamm für die Götterkönigin führe ich
herbei,[1]
eines mit gleichem Fell wird der mit Hilfe der Maurischen Gorgo
Kämpfenden dargebracht werden;[2]
doch den langgezogenen Strick schüttelt mutwillig das für den
Tarpeischen Juppiter[3] bewahrte Opfertier und stößt mit der Stirn,
da der wilde Jungstier reif ist für Tempel und Opferaltar
und mit Wein zu besprengen;[4] schon scheut er sich, am Euter
der Mutter zu ziehen, mit sprossendem Horn erschüttert er die
Bäume.
Wenn ich häuslichen Besitz in Fülle hätte, der meinen Gefühlen
entspräche,[5]
würde ein Stier hergeschleppt, fetter als die Hispulla[6] und durch die
eigene Masse träge und nicht auf benachbarter Wiese genährt,
sondern einer der Rasse, die die prangenden Weiden am Clitumnus[7]
erkennen läßt,
würde dahinziehen, dem ein großer Diener den Nacken zerschlagen
müßte,
anläßlich der Rückkehr des Freundes, der noch zittert, Furchtbares
gerade erlebte und sich wundert, daß er unversehrt blieb.
Denn außer den Gefahren des Meeres entrann er auch dem
Blitzschlag: dichte Finsternis verbarg den Himmel in einer
einzigen Wolke, und plötzlich schlug Feuer in die Rahen.
Als jeder sich davon getroffen wähnte und darauf voller
Schrecken meinte, kein Schiffbruch lasse sich mit einem Brand
der Segel vergleichen (alles geschieht in dieser Art
und mit dieser Heftigkeit, wenn einmal in der Dichtung[8] ein
Unwetter aufsteigt): da eine andere Form der Gefahr!
Höre und fühle ein weiteres Mal Mitleid, obwohl das noch übrige

eiusdem pars dira quidem, sed cognita multis
et quam votiva testantur fana tabella
plurima: pictores quis nescit ab Iside pasci?
accidit et nostro similis fortuna Catullo.
cum plenus fluctu medius foret alveus et iam,   30
alternum puppis latus evertentibus undis,
arboris incertae, nullam prudentia cani
rectoris cum ferret opem, decidere iactu
coepit cum ventis, imitatus castora, qui se
eunuchum ipse facit cupiens evadere damno   35
testiculi: adeo medicatum intellegit inguen.
„fundite quae mea sunt" dicebat „cuncta" Catullus,
praecipitare volens etiam pulcherrima, vestem
purpuream teneris quoque Maecenatibus aptam,
atque alias quarum generosi graminis ipsum   40
infecit natura pecus, sed et egregius fons
viribus occultis et Baeticus adiuvat aer.
ille nec argentum dubitabat mittere, lances
Parthenio factas, urnae cratera capacem
et dignum sitiente Pholo vel coniuge Fusci;   45
adde et bascaudas et mille escaria, multum
caelati, biberat quo callidus emptor Olynthi:
sed quis nunc alius qua mundi parte, quis audet
argento praeferre caput rebusque salutem?
[non propter vitam faciunt patrimonia quidam,   50
sed vitio caeci propter patrimonia vivunt.]
iactatur rerum utilium pars maxima, sed nec
damna levant. tunc adversis urguentibus illuc
reccidit ut malum ferro summitteret, ac se

Teil desselben Geschicks ist, entsetzlich zwar, doch vielen bekannt,
und von dem sehr viele Heiligtümer duch ein Votivbild Zeugnis
ablegen: wer weiß nicht, daß die Maler von der Isis ernährt
werden?[9]
Ein ähnliches Schicksal traf auch unseren Catullus.
Als der mittlere Rumpf durch die Flut voll war und schon,
weil die Wellen die Seiten des Schiffs abwechselnd kippten,
der Mast schwankte, als die Erfahrung des grauhaarigen
Steuermanns keine Hilfe brachte, da begann er, durch Abwerfen
mit den Winden einen Vergleich zu suchen,[10] den Biber
nachahmend,
der sich selbst zum Eunuchen macht im Bestreben, durch den
Verlust
der Hoden zu entkommen: so sehr erkennt er, daß sein Geschlechtsteil heilkräftig ist.[11]
„Werft alles hinaus, was mir gehört!" sprach Catullus in der
Absicht, auch das Schönste hinabzustürzen, ein Purpurgewand,
das auch für einen empfindlichen Maecenas tauglich wäre,[12]
und andere, deren Schafwolle selbst die Natur des edlen
Grases färbte, der aber auch die vortreffliche Quelle mit
verborgenen Kräften und die Luft am Baetis förderlich ist.[13]
Er zögerte nicht, Silbergeschirr wegzuwerfen, für Parthenius
geschaffene Schüsseln, einen Mischkessel, der eine Urne faßt und
würdig wäre eines durstigen Pholus oder der Gattin des Fuscus;[14]
zähl' noch dazu Wannen und tausend Eßgeschirre, viel an
zisseliertem Silber, aus dem der gerissene Käufer Olynths trank:[15]
wer aber sonst wagt heute in welchem Teil der Welt, wer
dem Silber den Kopf vorzuziehen und dem Besitz die Rettung?[16]
[Manche machen Vermögen nicht wegen des Lebens, sondern
leben, durch ihr Laster[17] verblendet, um des Vermögens willen.][18]
Abgeworfen wird der größte Teil der nützlichen Dinge,[19] doch auch
die Verluste schaffen keine Abhilfe. Da gelangt er in der Bedrängnis
durch das Unheil dazu, den Mast mit dem Beil niederzulegen, und

explicat angustum: discriminis ultima, quando   55
praesidia adferimus navem factura minorem.
i nunc et ventis animam committe dolato
confisus ligno, digitis a morte remotus
quattuor aut septem, si sit latissima, taedae;
mox cum reticulis et pane et ventre lagonae   60
accipe sumendas in tempestate secures.
sed postquam iacuit planum mare, tempora postquam
prospera vectoris fatumque valentius euro
et pelago, postquam Parcae meliora benigna
pensa manu ducunt hilares et staminis albi   65
lanificae, modica nec multum fortior aura
ventus adest, inopi miserabilis arte cucurrit
vestibus extentis et, quod superaverat unum,
velo prora suo. iam deficientibus austris
spes vitae cum sole redit. tum gratus Iulo   70
atque novercali sedes praelata Lavino
conspicitur sublimis apex, cui candida nomen
scrofa dedit, laetis Phrygibus mirabile sumen,
et numquam visis triginta clara mamillis.
tandem intrat positas inclusa per aequora moles   75
Tyrrhenamque pharon porrectaque bracchia rursum
quae pelago occurrunt medio longeque relincunt
Italiam: non sic igitur mirabere portus
quos natura dedit. sed trunca puppe magister
interiora petit Baianae pervia cumbae   80
tuti stagna sinus, gaudent ubi vertice raso
garrula securi narrare pericula nautae.

befreit sich so aus der Zwangslage: das Äußerste an Gefahr ist
                                                          erreicht,
wenn wir Hilfsmittel anwenden, die das Schiff verkleinern sollen.
Auf denn, überlaß dein Leben den Winden im Vertrauen auf
das behauene Holz, vom Tode getrennt durch die vier oder,
wenn sie sehr dick ist, sieben Finger starke Fichte;
darauf[20] nimm an Bord mit den Brotkörben und der bauchigen
Flasche Beile, die du im Seesturm ergreifen mußt.
Aber nachdem das Meer eben dalag, nachdem die glücklichen
Umstände und das Schicksal des Seefahrers sich als mächtiger
                                                        erwiesen
als der Südost und die See, nachdem die Parzen mit gütiger Hand
bessere Fäden spannen, fröhlich und weißes Wollgarn[21]
drehend, und ein Wind, nicht viel stärker als eine mäßige Brise, sich
einstellt, da eilte das Schiff, mitleiderregend wegen des
                                            ohnmächtigen Kunstgriffs,
dahin mit Hilfe ausgespannter Kleider und seines Vorsegels,
das allein noch übrig war. Als der Südwest schon nachläßt,
kehrt mit der Sonne die Lebenshoffnung wieder. Da erblickt man
den von Julus geschätzten und dem Lavinium der Stiefmutter
als Wohnsitz vorgezogenen hochragenden Gipfel, dem die weiße
Sau den Namen gab, ein von den frohen Phrygern bestaunter
Euter, berühmt durch zuvor nie gesehene dreißig Zitzen.[22]
Endlich erreicht er die im umschlossenen Meer errichteten Dämme,
den tyrrhenischen Pharos und die ausgestreckten Arme, die mitten
in der See wieder aufeinander zulaufen und Italien weit hinter
sich lassen:[23] derart bestaunen wird man nicht die Häfen,
welche die Natur schenkte. Doch auf seinem verstümmelten Schiff
strebt der Kapitän zu dem inneren, für einen Kahn aus Bajae
                                                        befahrbaren
stillen Wasser des sicheren Beckens,[24] wo mit geschorenem Schädel[25]
voll Freude die Seeleute in Sicherheit geschwätzig von ihren
                                            Gefahren erzählen.

Ite igitur, pueri, linguis animisque faventes
sertaque delubris et farra inponite cultris
ac mollis ornate focos glebamque virentem.   85
iam sequar et sacro, quod praestat, rite peracto
inde domum repetam, graciles ubi parva coronas
accipiunt fragili simulacra nitentia cera.
hic nostrum placabo Iovem Laribusque paternis
tura dabo atque omnis violae iactabo colores.   90
cuncta nitent, longos erexit ianua ramos
et matutinis operatur festa lucernis.
      Neu suspecta tibi sint haec, Corvine: Catullus,
pro cuius reditu tot pono altaria, parvos
tres habet heredes. libet expectare quis aegram   95
et claudentem oculos gallinam inpendat amico
tam sterili; verum haec nimia est inpensa, coturnix
nulla umquam pro patre cadet. sentire calorem
si coepit locuples Gallitta et Pacius orbi,
legitime fixis vestitur tota libellis   100
porticus, existunt qui promittant hecatomben,
quatenus hic non sunt nec venales elephanti,
nec Latio aut usquam sub nostro sidere talis
belua concipitur, sed furva gente petita
arboribus Rutulis et Turni pascitur agro,   105
Caesaris armentum nulli servire paratum
privato, siquidem Tyrio parere solebant
Hannibali et nostris ducibus regique Molosso
horum maiores ac dorso ferre cohortis,
partem aliquam belli, et euntem in proelia turrem.   110

Geht also, ihr Sklaven, haltet Zungen und Herzen im Zaum,[26]
bekränzt die Schreine, streut Opfermehl auf die Messer[27]
und schmückt die zarten Altäre aus grünender Scholle.
Gleich folge ich nach und werde nach dem rechten Vollzug des
Opfers, das Vorrang hat,[28]
von dort nach Hause zurückkehren, wo die kleinen, von brüchigem
Wachs glänzenden Götterbilder zierliche Kränze empfangen.[29]
Hier will ich unseren Juppiter besänftigen, den väterlichen Laren
Weihrauch spenden und Veilchen jeglicher Farbe verstreuen.
Alles glänzt, lange Zweige wachsen empor an der Tür, die
festlich das Opfer begeht mit morgens brennenden Lampen.[30]
Und damit dir dies, Corvinus, nicht verdächtig erscheine:
Catullus, für dessen Heimkehr ich so viele Altäre errichte, hat drei
kleine Erben.[31] Lange warten könnte man auf einen, der ein krankes,
schon die Augen schließendes Huhn aufwenden würde für einen
so unergiebigen Freund; doch dieser Aufwand ist schon zu groß,
keine Wachtel wird je geopfert für jemand, der Vater ist. Wenn
das Fieber
Gallitta und Pacius,[32] kinderlose Reiche, zu spüren beginnen,
wird der ganze Säulengang in gebührender Form mit angehefteten
Votivtäfelchen
bedeckt, es treten welche auf, die eine Hekatombe geloben,[33]
da es hier keine Elefanten gibt und man sie nicht kaufen kann,
sich weder in Latium noch sonstwo in unserem Klima ein solches
Tier fortpflanzt, sondern von einem dunkelhäutigen Volk geholt
unter den Bäumen der Rutuler und auf dem Feld des Turnus
gefüttert wird,[34]
eine Herde des Kaisers und nicht bereit, einem Untertanen zu
dienen, da dem tyrischen Hannibal, unseren
Heerführern und dem Molosserkönig[35] ihre Vorfahren
zu gehorchen pflegten und auf dem Rücken Kohorten, einen
beachtlichen Teil der Kriegsmacht, zu tragen und den in die
Schlacht ziehenden Turm.[36]

nulla igitur mora per Novium, mora nulla per Histrum
Pacuvium, quin illud ebur ducatur ad aras
et cadat ante Lares Gallittae, victima sola
tantis digna deis et captatoribus horum.
alter enim, si concedas, mactare vovebit   115
de grege servorum magna et pulcherrima quaeque
corpora, vel pueris et frontibus ancillarum
inponet vittas et, si qua est nubilis illi
Iphigenia domi, dabit hanc altaribus, etsi
non sperat tragicae furtiva piacula cervae.   120
laudo meum civem, nec comparo testamento
mille rates; nam si Libitinam evaserit aeger,
delebit tabulas inclusus carcere nassae
post meritum sane mirandum atque omnia soli
forsan Pacuvio breviter dabit, ille superbus   125
incedet victis rivalibus. ergo vides quam
grande operae pretium faciat iugulata Mycenis.
vivat Pacuvius quaeso vel Nestora totum,
possideat quantum rapuit Nero, montibus aurum
exaequet, nec amet quemquam nec ametur ab ullo.   130

Kein Zögern gäbe es also bei Novius, kein Zögern bei Pacuvius
                                                    Hister,

dieses Elfenbein an die Altäre zu führen und es vor den Laren
einer Gallitta als Opfer niederstürzen zu lassen, das allein
so bedeutender Götter würdig ist und deren Erbschleicher.[37]
Der zweite[38] wird nämlich, wenn man es gestattet, aus seiner
Sklavenherde großgewachsene Körper und gerade die schönsten zu
schlachten geloben, um die Stirn der Sklaven und Sklavinnen
Opferbinden winden und, falls er im Hause eine heiratsfähige
Iphigenie hat,[39] diese den Altären darbringen, auch wenn er nicht
                                                    auf

das untergeschobene Opfer der Hirschkuh wie in der Tragödie hofft.
Da lobe ich meinen Landsmann und kann nicht tausend Schiffe
einem Vermächtnis gleichsetzen;[40] denn wenn der Kranke der
                                            Libitina[41] entkommt,

wird er sein Testament vernichten, im Gefängnis der Reuse
                                            eingeschlossen,[42]

nach dem zweifellos bewunderungswürdigen Verdienst und alles
vielleicht allein dem Pacuvius kurz und knapp vermachen; der aber
wird stolz einherschreiten nach dem Sieg über die Rivalen. Du
siehst also, welch großen Lohn die Mühe einbringt, eine Mykenerin
                                            abzuschlachten.[43]

Mag Pacuvius, so bitte ich, selbst eines Nestors sämtliche Jahre
                                                    leben,[44]

soviel besitzen, wie Nero raubte, sein Gold den Bergen angleichen,
doch weder jemanden lieben, noch von irgendwem geliebt werden.

LIBER QUINTUS

SATURA XIII

Exemplo quodcumque malo committitur, ipsi
displicet auctori: prima est haec ultio, quod se
iudice nemo nocens absolvitur, improba quamvis
gratia fallaci praetoris vicerit urna.
Quid sentire putas homines, Calvine, recenti   5
de scelere et fidei violatae crimine? sed nec
tam tenuis census tibi contigit, ut mediocris
iacturae te mergat onus, nec rara videmus
quae pateris: casus multis hic cognitus ac iam
tritus et e medio Fortunae ductus acervo.   10
ponamus nimios gemitus: flagrantior aequo
non debet dolor esse viri nec volnere maior.
tu quamvis levium minimam exiguamque malorum
particulam vix ferre potes spumantibus ardens
visceribus, sacrum tibi quod non reddat amicus   15
depositum? stupet haec qui iam post terga reliquit
sexaginta annos Fonteio consule natus?
an nihil in melius tot rerum proficis usu?
magna quidem, sacris quae dat praecepta libellis,

FÜNFTES BUCH

DREIZEHNTE SATIRE

Jede Tat, die ein schlechtes Beispiel gibt, mißfällt dem
Urheber selbst: dies ist die erste Bestrafung, daß vor dem
eigenen Gericht kein Schuldiger freigesprochen wird, wenn auch
unredlicher Einfluß durch die betrügerische Urne des Praetors
siegte.[1]
Was glaubst du, Calvinus,[2] denken die Menschen über den jüngst
geschehenen Frevel, das Verbrechen des Treubruchs? Doch weder
fiel dir ein so geringes Vermögen zu, daß dich das Gewicht
des mäßigen Verlustes untergehen ließe,[3] noch sehen wir selten,
was du erleidest: vielen ist dieser Fall bekannt und bereits
geläufig und mitten aus dem Haufen der Fortuna entnommen.[4]
Lassen wir also das übermäßige Stöhnen: brennender als
angemessen
und größer als die Verwundung darf der Schmerz nicht sein bei
einem Mann.
Du vermagst selbst von leichten Übeln auch nur das winzigste und
geringste
Teilchen kaum zu tragen, schäumst und glühst im Inneren,
weil dir der Freund nicht das geheiligte anvertraute Gut
zurückgibt? Staunt darüber jemand, der schon sechzig Jahre
hinter seinem Rücken zurückließ, geboren im Konsulatsjahr des
Fonteius?[5]
Machst du keinerlei Fortschritt zum Besseren durch die reiche
Lebenserfahrung?
Eine große Siegerin über die Glücksgöttin ist gewiß die Philosophie,

victrix Fortunae sapientia, ducimus autem   20
hos quoque felices, qui ferre incommoda vitae
nec iactare iugum vita didicere magistra.
quae tam festa dies, ut cesset prodere furem,
perfidiam, fraudes atque omni ex crimine lucrum
quaesitum et partos gladio vel pyxide nummos?   25
rari quippe boni; numera, vix sunt totidem quot
Thebarum portae vel divitis ostia Nili.
nona aetas agitur peioraque saecula ferri
temporibus, quorum sceleri non invenit ipsa
nomen et a nullo posuit natura metallo.   30
nos hominum divomque fidem clamore ciemus
quanto Faesidium laudat vocalis agentem
sportula? dic, senior bulla dignissime, nescis
quas habeat veneres aliena pecunia? nescis
quem tua simplicitas risum vulgo moveat, cum   35
exigis a quoquam ne peieret et putet ullis
esse aliquod numen templis araeque rubenti?
quondam hoc indigenae vivebant more, priusquam
sumeret agrestem posito diademata falcem
Saturnus fugiens, tunc cum virguncula Iuno   40
et privatus adhuc Idaeis Iuppiter antris,
nulla super nubes convivia caelicolarum
nec puer Iliacus, formonsa nec Herculis uxor
ad cyathos et iam siccato nectare tergens
bracchia Volcanus Liparaea nigra taberna;   45
prandebat sibi quisque deus nec turba deorum
talis ut est hodie, contentaque sidera paucis

die in heiligen Büchern Weisungen erteilt, wir halten aber auch
die für glücklich, welche die Mißhelligkeiten des Lebens zu tragen
und nicht das Joch abzuwerfen vom Leben als Lehrmeister lernten.[6]
Welcher Tag ist so festlich, daß er aufzudecken versäumte
                                                    Diebstahl,
Treulosigkeit, Betrug, durch jede Art Verbrechen erstrebten
Gewinn und mit Schwert oder Giftbüchse erworbenes Geld?
Denn selten sind die Guten; zähle sie, es sind kaum so viele
wie die Tore Thebens oder die Mündungsarme des reichen Nil.[7]
Das neunte Zeitalter[8] erleben wir und ein schlimmeres Jahrhundert
als die Epoche des Eisens, für seine Frevelhaftigkeit findet die Natur
selbst keinen Namen und hat es nach keinem Metall benannt.[9]
Sollen wir den Beistand der Menschen und Götter anrufen mit
                                                    gleichgroßem
Geschrei, wie die stimmgewaltigen Klienten den Faesidius[10] beim
Plädoyer bejubeln? Sag mir, Alter, wahrlich würdig des Kinder-
                                                    amuletts,[11]
weißt du nicht, welchen Charme fremdes Geld hat? Weißt du
nicht, welches Gelächter allgemein deine Naivität erregt, da du
von jemandem verlangst, daß er keinen Meineid leiste und glaube,
in irgendwelchen Tempeln und bei einem blutigen Altar walte eine
                                                    Gottheit?[12]
Einst lebten die Ureinwohner nach dieser Weise, bevor Saturn
auf der Flucht das Diadem ablegte und zur ländlichen Sichel
griff,[13] damals, als Juno noch ein Jüngferchen war
und Juppiter noch ein Privatmann in der Höhle des Ida,[14]
es keine Gastmähler der Himmelsbewohner gab über den Wolken,
nicht den Knaben aus Ilium und die schöne Gattin des Hercules
bei den Schöpfkellen[15] und einen Vulcanus, der nach bereits
                                                    geleertem Nektarbecher
sich die von der liparischen Werkstatt schwarzen Arme abwischte;[16]
für sich frühstückte jeder Gott, und es gab nicht den Haufen Götter
wie heutzutage, die mit wenigen Gottheiten zufriedenen

numinibus miserum urguebant Atlanta minori
pondere; nondum imi sortitus triste profundi
imperium Sicula torvos cum coniuge Pluton,   50
nec rota nec Furiae nec saxum aut volturis atri
poena, sed infernis hilares sine regibus umbrae.
inprobitas illo fuit admirabilis aevo,
credebant quo grande nefas et morte piandum,
si iuvenis vetulo non adsurrexerat et si   55
barbato cuicumque puer, licet ipse videret
plura domi fraga et maiores glandis acervos;
tam venerabile erat praecedere quattuor annis,
primaque par adeo sacrae lanugo senectae.
nunc si depositum non infitietur amicus,   60
si reddat veterem cum tota aerugine follem,
prodigiosa fides et Tuscis digna libellis
quaeque coronata lustrari debeat agna.
egregium sanctumque virum si cerno, bimembri
hoc monstrum puero et miranti sub aratro   65
piscibus inventis et fetae comparo mulae,
sollicitus, tamquam lapides effuderit imber
examenque apium longa consederit uva
culmine delubri, tamquam in mare fluxerit amnis
gurgitibus miris et lactis vertice torrens.   70
    Intercepta decem quereris sestertia fraude
sacrilega. quid si bis centum perdidit alter
hoc arcana modo, maiorem tertius illa
summam, quam patulae vix ceperat angulus arcae?
tam facile et pronum est superos contemnere testes,   75
si mortalis idem nemo sciat. aspice quanta

Sterne drückten den armen Atlas mit geringerem
Gewicht;[17] noch hatte nicht das traurige Reich der untersten Tiefe
der finstere Pluton mit seiner sizilischen Gattin erlost,[18]
noch fehlten das Rad, die Furien, der Fels, der schwarze Geier als
Strafe,[19] vielmehr waren die Schatten heiter ohne unterirdische
                                                             Könige.
Unmoral war in jener Epoche etwas Erstaunliches, in der
man es für einen großen, mit dem Tode zu sühnenden Frevel
hielt, wenn ein junger Mann vor einem Alten nicht aufstand und
ein Knabe vor jedem mit Bart, mochte er auch selbst zu Hause
mehr Beeren erblicken und größere Haufen von Eicheln;[20]
so ehrfurchtgebietend war es, vier Jahre älter zu sein,
und so sehr gleich war der erste Flaum dem geheiligten Alter.
Wenn jetzt ein Freund hinterlegtes Gut nicht verleugnet,
wenn er den alten Geldsack samt allem Grünspan[21] zurückgibt,
ist diese Treue widernatürlich und würdig der etruskischen
Bücher,[22] sie müßte mit einem bekränzten Lamm entsühnt werden.
Wenn ich einen außergewöhnlichen, lauteren Mann erblicke,
                                                          vergleiche
ich dieses Wunder mit einem Knaben mit zweifachem Leib[23] und
                                                          Fischen,
die man staunend unter dem Pflug fand, und mit einem trächtigen
Maultier, so erregt, als habe sich ein Steinregen ergossen und sich
ein Bienenschwarm in langer Traube am First eines
Heiligtums niedergelassen, als sei ein Strom mit auffälligen
Strudeln und reißendem Wirbel aus Milch ins Meer geflossen.
   Du klagst, 10 000 Sesterzen seien dir durch gottlosen Betrug[24]
entrissen worden. Wie, wenn ein zweiter im geheimen hinterlegte[25]
200 000 auf diese Weise einbüßte, ein dritter eine noch größere
Summe, welche die geräumige, bis in die Ecken gefüllte Geldtruhe
                                                          kaum faßte?
So leicht und einfach ist es, die himmlischen Zeugen zu mißachten,
wenn nur kein Sterblicher dasselbe weiß. Schau, mit welch lauter

voce neget, quae sit ficti constantia voltus!
per Solis radios Tarpeiaque fulmina iurat
et Martis frameam et Cirrhaei spicula vatis,
per calamos venatricis pharetramque puellae   80
perque tuum, pater Aegaei Neptune, tridentem;
addit et Herculeos arcus hastamque Minervae,
quidquid habent telorum armamentaria caeli.
si vero et pater est „comedam" inquit „flebile nati
sinciput elixi Pharioque madentis aceto."   85
sunt in fortunae qui casibus omnia ponant
et nullo credant mundum rectore moveri
natura volvente vices et lucis et anni,
atque ideo intrepidi quaecumque altaria tangunt.
[est alius metuens ne crimen poena sequatur.]   90
hic putat esse deos et peierat, atque ita secum:
„decernat quodcumque volet de corpore nostro
Isis et irato feriat mea lumina sistro,
dummodo vel caecus teneam quos abnego nummos:
et pthisis et vomicae putres et dimidium crus   95
sunt tanti. pauper locupletem optare podagram
nec dubitet Ladas, si non eget Anticyra nec
Archigene; quid enim velocis gloria plantae
praestat et esuriens Pisaeae ramus olivae?
ut sit magna, tamen certe lenta ira deorum est;   100
si curant igitur cunctos punire nocentes,

Stimme er abstreitet,[26] welche Festigkeit die verstellte Miene zeigt!
Bei den Strahlen des Sol und den tarpejischen Blitzen schwört er,[27]
dem Speer des Mars und den Geschossen des Sehers von Kirrha,[28]
bei den Pfeilen und dem Köcher des jagenden Mädchens[29]
und bei deinem Dreizack, Neptun, Vater der Aegeis;
und er fügt noch hinzu den Bogen des Hercules und die Lanze
                                                    Minervas
und was sonst an Geschossen die Waffenkammern des Himmels
                                                    enthalten.
Falls er jedoch auch Vater ist, spricht er: „Aufessen will ich das
beweinenswerte Haupt des gesottenen und von pharischem Essig
                                        triefenden Sohnes."[30]
Manche gibt es, die alles den Zufällen des Glücks zuweisen[31]
und glauben, das Weltall bewege sich ohne einen Lenker,
wobei die Natur den Wechsel beim Licht und beim Jahr bewirke,[32]
und die deshalb furchtlos jedweden Altar anfassen.[33]
[Es gibt einen anderen, der fürchtet, dem Verbrechen folge die
                                                    Strafe nach.][34]
Dieser hier glaubt, es gebe Götter, und schwört doch falsch,[35] und
                                                    er denkt
bei sich: „Mag Isis was sie auch will über meinen Körper verhängen
und im Zorn mit ihrem Sistrum meine Augen schlagen,[36] solange
ich nur, wenn auch blind, das Geld, das ich verleugne, festhalte:
Schwindsucht, faulende Geschwüre und ein verstümmeltes Bein
sind soviel wert. Arm würde ein Ladas[37] nicht einmal zögern,
sich die Gicht mit Reichtum zu wünschen, falls er nicht das Mittel
                                                    von Anticyra
und einen Archigenes nötig hat;[38] was nämlich bringt ihm ein der
Ruhm der schnellen Sohle und der Hungerzweig der pisäischen
                                                    Olive?[39]
Mag der Zorn der Götter auch groß sein, so ist er doch gewiß
                                                    langsam;[40]
wenn sie also sich darum kümmern, alle Schuldigen zu bestrafen,

quando ad me venient? sed et exorabile numen
fortasse experiar, solet his ignoscere. multi
committunt eadem diverso crimina fato:
ille crucem sceleris pretium tulit, hic diadema. "   105
sic animum dirae trepidum formidine culpae
confirmat, tunc te sacra ad delubra vocantem
praecedit, trahere immo ultro ac vexare paratus;
nam cum magna malae superest audacia causae,
creditur a multis fiducia. mimum agit ille,   110
urbani qualem fugitivus scurra Catulli:
tu miser exclamas, ut Stentora vincere possis,
vel potius quantum Gradivus Homericus: „audis,
Iuppiter, haec nec labra moves, cum mittere vocem
debueris vel marmoreus vel aeneus? aut cur   115
in carbone tuo charta pia tura soluta
ponimus et sectum vituli iecur albaque porci
omenta? ut video, nullum discrimen habendum est
effigies inter vestras statuamque Vagelli. "

Accipe quae contra valeat solacia ferre   120
et qui nec Cynicos nec Stoica dogmata legit
a Cynicis tunica distantia, non Epicurum
suspicit exigui laetum plantaribus horti.
curentur dubii medicis maioribus aegri:

wann werden sie bis zu mir kommen? Doch vielleicht erfahre ich
auch, daß die Gottheit sich erbitten läßt, derartiges pflegt sie zu
                                                    verzeihen.
Viele verüben dieselben Verbrechen, ihr Schicksal ist verschieden:
jener erhält als Lohn für seinen Frevel das Kreuz, dieser das
                                                    Diadem. "
So stärkt er sein Gemüt, das ängstlich ist aus Furcht wegen der
                                                    entsetzlichen
Schuld, danach geht er, wenn du ihn zu den heiligen Tempeln rufst,
dir voraus, überdies sogar bereit, dich hinzuschleppen und zu
                                                    nötigen;
denn wenn sich zu einer schlechten Sache große Dreistigkeit in
                                                    Fülle gesellt,
findet bei vielen das Selbstvertrauen Glauben. Theater spielt er,
wie der entlaufene Schelm beim witzigen Catullus:[41]
du armer Wicht schreist, daß du den Stentor übertreffen könntest
oder eher noch den Mars bei Homer:[42] „Du hörst dies, Juppiter,
und bewegst dennoch die Lippen nicht, wo du doch die Stimme
erheben müßtest, seist du aus Marmor oder aus Bronze? Oder
                                                    warum
sonst legen wir auf deine Altarkohlen aus dem Papier gewickelten
                                                    frommen
Weihrauch und die herausgeschnittene Leber eines Kalbes und das
                                                    weiße
Fett eines Schweines? Wie ich sehe, ist kein Unterschied zu machen
zwischen euren Standbildern und der Statue eines Vagellius. "[43]
    Höre nun, welche Trostworte dagegen jemand zu bieten vermag,
der weder die Kyniker noch die Lehrsätze der Stoiker gelesen hat,
die sich von den Kynikern nur durch die Tunika unterscheiden,[44]
                                                    der nicht
zu Epikur aufschaut, welcher Freude hat an den Setzlingen seines
                                                    winzigen Gartens.[45]
Ernstlich Kranke sollten sich von bedeutenderen Ärzten behandeln

tu venam vel discipulo committe Philippi.   125
si nullum in terris tam detestabile factum
ostendis, taceo, nec pugnis caedere pectus
te veto nec plana faciem contundere palma,
quandoquidem accepto claudenda est ianua damno,
et maiore domus gemitu, maiore tumultu   130
planguntur nummi quam funera; nemo dolorem
fingit in hoc casu, vestem diducere summam
contentus, vexare oculos umore coacto:
ploratur lacrimis amissa pecunia veris.
sed si cuncta vides simili fora plena querella,   135
si deciens lectis diversa parte tabellis
vana supervacui dicunt chirographa ligni,
arguit ipsorum quos littera gemmaque princeps
sardonychum, loculis quae custoditur eburnis,
ten, o delicias, extra communia censes   140
ponendum, quia tu gallinae filius albae,
nos viles pulli nati infelicibus ovis?
rem pateris modicam et mediocri bile ferendam,
si flectas oculos maiora ad crimina. confer
conductum latronem, incendia sulpure coepta   145
atque dolo, primos cum ianua colligit ignes;
confer et hos, veteris qui tollunt grandia templi
pocula adorandae robiginis et populorum
dona vel antiquo positas a rege coronas.
haec ibi si non sunt, minor exstat sacrilegus qui   150
radat inaurati femur Herculis et faciem ipsam

lassen: du vertrau deine Ader auch einem Schüler des Philippus an.[46]
Wenn du mir auf der Erde keine derart abscheuliche Tat
zeigen kannst, schweige ich und verbiete dir nicht, mit Fäusten
die Brust zu traktieren und mit der flachen Hand das Gesicht zu
zerschlagen,[47]
da man doch nach erlittenem Verlust die Tür schließen muß
und im Hause Geld mit größerem Stöhnen, mit größerem Lärm
bejammert wird als Leichen; niemand heuchelt seinen Schmerz
bei diesem Unglücksfall, zufrieden, nur oben sein Kleid
zu zerreißen,[48] die Augen mit erzwungenem Naß zu quälen:
wahre Tränen weint man beim Verlust von Geld.
Doch wenn du alle Märkte erfüllt siehst von ähnlicher Klage,[49]
wenn man zehnmal die Urkunde verlas und die von der Gegenseite
dann für nichtig erklären den Text auf dem wertlosen Holz,[50]
wo sie doch die eigene Handschrift überführt und der Siegelstein
aus bestem Sardonyx, der im Elfenbeinkästchen verwahrt wird,[51]
glaubst du – welche Einbildung! –, dir gebühre ein Platz außerhalb
des Gewöhnlichen, weil du der Abkömmling einer weißen Henne
bist,
wir aber unbedeutende Küken, aus Unglückseiern entstanden?[52]
Geringfügig ist, was du erleidest, und mit mäßiger Galle zu
ertragen,
wenn du auf größere Verbrechen die Augen richtest. Vergleiche
den gedungenen Banditen, die Brände, die mit Schwefel gelegt
werden
und dazu mit Heimtücke, da zuerst die Haustür Feuer fängt;[53]
vergleiche auch jene, die aus einem alten Tempel große Trinkgefäße
mit Ehrfurcht heischendem Rost entwenden, Weihegeschenke
fremder
Völker, oder von einem König der Frühzeit gestiftete Kronen.
Wenn es derartiges dort nicht gibt, findet sich ein kleinerer
Tempelräuber,
der den Schenkel eines vergoldeten Hercules abkratzt oder selbst

Neptuni, qui bratteolam de Castore ducat.
[an dubitet solitus totum conflare Tonantem?]
confer et artifices mercatoremque veneni
et deducendum corio bovis in mare, cum quo   155
clauditur adversis innoxia simia fatis.
haec quota pars scelerum, quae custos Gallicus urbis
usque a lucifero donec lux occidat audit?
humani generis mores tibi nosse volenti
sufficit una domus; paucos consume dies et   160
dicere te miserum, postquam illinc veneris, aude.
quis tumidum guttur miratur in Alpibus aut quis
in Meroe crasso maiorem infante mamillam?
caerula quis stupuit Germani lumina, flavam
caesariem et madido torquentem cornua cirro?   165
[nempe quod haec illis natura est omnibus una.]
ad subitas Thracum volucres nubemque sonoram
Pygmaeus parvis currit bellator in armis,
mox inpar hosti raptusque per aera curvis
unguibus a saeva fertur grue. si videas hoc   170
gentibus in nostris, risu quatiare; sed illic,
quamquam eadem adsidue spectentur proelia, ridet
nemo, ubi tota cohors pede non est altior uno.
    „Nullane peiuri capitis fraudisque nefandae
poena erit?" abreptum crede hunc graviore catena   175
protinus et nostro (quid plus velit ira?) necari

das Gesicht eines Neptun, der ein Goldblättchen von einem Castor
                                                          abzieht.[54]
[Sollte er denn zögern, da er doch einen ganzen Juppiter einzu-
                                                  schmelzen pflegte?][55]
Vergleiche auch die Mischer von Gift und dessen Händler und
jenen, der in der Rindshaut ins Meer zu fahren hat und mit dem ein
schuldloser Affe durch ein böses Geschick eingeschlossen wird.[56]
Welch geringer Teil der Verbrechen ist dies schon, die der Hüter
der Hauptstadt Gallicus[57] hört vom Morgenstern an bis das Licht
                                                          untergeht?
Willst du die Sitten des Menschengeschlechts kennenlernen,
genügt dir dieses eine Haus;[58] verbringe dort wenige Tage
und wage, wenn du von dort kommst, dich unglücklich zu nennen.
Wer wundert sich in den Alpen über einen schwellenden Kropf
                                                          oder wer
in Meroe über eine Brust, die größer ist als der dicke Säugling?[59]
Wer bestaunt die blauen Augen des Germanen, das blonde,
sich in fettiger Locke zu Hörnern drehende Haar?[60]
[Denn weil diese ihre Natur ihnen allen gemeinsam ist.][61]
Bei der plötzlichen Ankunft der Thrakervögel in kreischender
Wolke eilt der Pygmäenkrieger herbei in kleinen Waffen,[62]
ist dem Feind nicht gewachsen, wird bald mit krummen Klauen
durch die Luft entführt und von dem grausamen Kranich
                                                      weggeschleppt.
Wenn du dies in unseren Landen erblicktest, würdest du von Lachen
                                                      geschüttelt;
doch lacht, obwohl man dauernd eben diese Kämpfe sieht,
niemand dort, wo die ganze Kohorte nicht größer als ein Fuß ist.[63]
    „Soll es denn keine Strafe für das meineidige Haupt und seinen
frevelhaften Betrug geben?"[64] Nimm an, er würde sogleich fort-
                                                      geschleppt
in sehr schwerer Kette und nach unserem Gutdünken – was könnte
                              der Zorn mehr wollen? –

arbitrio: manet illa tamen iactura, nec umquam
depositum tibi sospes erit, sed corpore trunco
invidiosa dabit missus solacia sanguis.
„at vindicta bonum vita iucundius ipsa."   180
nempe hoc indocti, quorum praecordia nullis
interdum aut levibus videas flagrantia causis:
[quantulacumque adeo est occasio, sufficit irae.]
Chrysippus non dicet idem nec mite Thaletis
ingenium dulcique senex vicinus Hymetto,   185
qui partem acceptae saeva inter vincla cicutae
accusatori nollet dare. [plurima felix
paulatim vitia atque errores exuit omnes,
prima docet rectum sapientia.] quippe minuti
semper et infirmi est animi exiguique voluptas   190
ultio. continuo sic collige, quod vindicta
nemo magis gaudet quam femina. cur tamen hos tu
evasisse putes, quos diri conscia facti
mens habet attonitos et surdo verbere caedit
occultum quatiente animo tortore flagellum?   195
poena autem vehemens ac multo saevior illis
quas et Caedicius gravis invenit et Rhadamanthus,
nocte dieque suum gestare in pectore testem.
Spartano cuidam respondit Pythia vates
haut inpunitum quondam fore quod dubitaret   200
depositum retinere et fraudem iure tueri
iurando; quaerebat enim quae numinis esset
mens et an hoc illi facinus suaderet Apollo.
reddidit ergo, metu, non moribus, et tamen omnem
vocem adyti dignam templo veramque probavit   205

getötet: dennoch bleibt der Verlust bestehen, und nie wird
die hinterlegte Summe dir ersetzt, vielmehr wird dir das aus
dem verstümmelten Körper geflossene[65] Blut nur mit Haß verbundenen Trost gewähren.
„Jedoch ist die Rache ein teureres Gut als das Leben selbst."
Gewiß sagen dies die Ungebildeten, deren Brust man bisweilen
aus keinem oder einem geringfügigen Grund entflammt sieht:
[Wie klein auch der Anlaß ist, er genügt zum Zorn.][66]
Chrysippus wird dergleichen nicht sagen und auch nicht das sanfte
Wesen
eines Thales und der Greis, der Nachbar des süßen Hymettus,[67]
der nicht einen Teil des in grausamen Ketten empfangenen
Schierlings
seinem Ankläger hätte geben wollen. [Glücklich machend befreit die
Weisheit allmählich von den meisten Lastern und allen Irrtümern,
sie lehrt als erste das Rechte.][68] Denn immer ist die Rache
die Lust eines kleinmütigen, schwächlichen und unbedeutenden
Geistes. Dies schließe unmittelbar daraus, daß an Vergeltung
sich niemand mehr freut als ein Weib. Warum jedoch glaubst du,
jene seien davongekommen, die das Bewußtsein[69] einer scheußlichen
Tat in Schrecken hält und mit unhörbaren Hieben schlägt,
da die Seele als Peinigerin die verborgene Peitsche schwingt?
Eine Strafe aber, wirkungsvoll und viel grausamer als jene,
die der gestrenge Caedicius und Rhadamanthus ersinnen,[70] ist es,
Tag und Nacht in der Brust den Zeugen gegen sich selbst zu tragen.
Einem Spartaner antwortete die pythische Seherin,[71] es werde
dereinst nicht ungestraft bleiben, daß er erwäge,
anvertrautes Gut zurückzubehalten und seinen Betrug durch
einen Meineid zu sichern; er fragte nämlich, welche Meinung
die Gottheit habe und ob Apollo ihm zu dieser Untat rate.
Er gab es darum zurück, aus Furcht, nicht aus Moral, und erwies
dennoch jedes Wort aus dem Heiligtum als würdig des Tempels
und wahr,

extinctus tota pariter cum prole domoque
et quamvis longa deductis gente propinquis.
has patitur poenas peccandi sola voluntas,
nam scelus intra se tacitum qui cogitat ullum,
facti crimen habet. cedo, si conata peregit: 210
perpetua anxietas nec mensae tempore cessat
faucibus ut morbo siccis interque molares
difficili crescente cibo; Setina misellus
expuit, Albani veteris pretiosa senectus
displicet; ostendas melius, densissima ruga   215
cogitur in frontem velut acri ducta Falerno.
nocte brevem si forte indulsit cura soporem
et toto versata toro iam membra quiescunt,
continuo templum et violati numinis aras
et, quod praecipuis mentem sudoribus urguet,   220
te videt in somnis; tua sacra et maior imago
humana turbat pavidum cogitque fateri.
hi sunt qui trepidant et ad omnia fulgura pallent;
cum tonat, exanimes primo quoque murmure caeli,
non quasi fortuitus nec ventorum rabie, sed   225
iratus cadat in terras et vindicet ignis.
illa nihil nocuit, cura graviore timetur
proxima tempestas velut hoc dilata sereno.
praeterea lateris vigili cum febre dolorem

da er ausgelöscht wurde zusammen mit seiner ganzen Nachkom-
                                    menschaft und seinem Haus
sowie den Verwandten, selbst wenn sie von seinem Geschlecht nur
                                    entfernt abstammten.
Diese Strafen erleidet die bloße Absicht zu sündigen, denn
wer heimlich irgendein Verbrechen in seinem Inneren plant,
ist schuldig wie nach der Tat. Wie erst, wenn er das Vorgesehene
                                    vollbrachte:
die fortwährende Angst läßt auch zur Zeit des Mahles nicht nach,
da die Kehle wie durch Krankheit trocken ist und zwischen den
                                    Zähnen
die sich sträubende Speise quillt; Setiner Wein spuckt der Arme
aus, ein alter Albaner, kostbar durch die Jahre,
mißfällt ihm; zeigst du ihm besseren, sammeln sich auf der Stirn
dichteste Falten, gezogen von diesem Falerner, als sei er sauer.[72]
Wenn nachts die Sorge vielleicht einen kurzen Schlummer gewährt,
und die auf dem ganzen Polster gewälzten Glieder endlich zur Ruhe
                                    kommen,
sieht er sogleich Tempel und Altar der beleidigten Gottheit[73]
und, was den Geist besonders mit Schweißausbrüchen bedrängt,
dich selbst in seinen Träumen; dein ehrfurchtgebietendes und
                                    übermenschlich
großes Bild beunruhigt den Geängstigten und zwingt ihn zu gestehen.
Dies sind jene, die bei allen Blitzen zittern und erbleichen;
wenn es donnert, sind sie ohnmächtig schon beim ersten Grollen des
                                    Himmels,
als ob nicht zufällig und nicht wegen des Wütens der Winde,[74]
sondern im Zorn das Feuer auf die Erde stürze und Vergeltung übe.
Jenes Unwetter brachte keinen Schaden, mit tieferer Sorge fürchtet
man das nächste, als sei es durch das jetzige heitere Wetter nur
                                    aufgeschoben.
Wenn sie außerdem an Schmerzen in der Seite mit schlafrauben-
                                    dem Fieber

si coepere pati, missum ad sua corpora morbum   230
infesto credunt a numine: saxa deorum
haec et tela putant. pecudem spondere sacello
balantem et Laribus cristam promittere galli
non audent; quid enim sperare nocentibus aegris
concessum? vel quae non dignior hostia vita?   235
[mobilis et varia est ferme natura malorum.]
cum scelus admittunt, superest constantia; quid fas
atque nefas tandem incipiunt sentire peractis
criminibus. tamen ad mores natura recurrit
damnatos fixa et mutari nescia. nam quis   240
peccandi finem posuit sibi? quando recepit
eiectum semel attrita de fronte ruborem?
quisnam hominum est quem tu contentum videris uno
flagitio? dabit in laqueum vestigia noster
perfidus et nigri patietur carceris uncum   245
aut maris Aegaei rupem scopulosque frequentes
exulibus magnis. poena gaudebis amara
nominis invisi tandemque fatebere laetus
nec surdum nec Teresian quemquam esse deorum.

SATURA XIV

Plurima sunt, Fuscine, et fama digna sinistra
[et quod maiorum vitia sequiturque minores]   1A
et nitidis maculam haesuram figentia rebus,
quae monstrant ipsi pueris traduntque parentes.
si damnosa senem iuvat alea, ludit et heres
bullatus parvoque eadem movet arma fritillo.   5

zu leiden begonnen haben, glauben sie, die Krankheit sei ihnen von
einer feindlichen Gottheit auf den Leib geschickt worden: für Steine
und Geschosse der Götter halten sie dies. Ein blökendes Tier[75]
                                          einem Heiligtum
zu geloben und den Laren den Kamm eines Hahnes zu versprechen
wagen sie nicht; was nämlich dürfen schuldige Kranke erhoffen?
Oder welches Opfertier verdiente nicht eher zu leben als sie?
[Unstet und schwankend ist gewöhnlich die Natur der Schlechten.][76]
Wenn sie die Untat begehen, sind sie voller Festigkeit; was Recht
und Unrecht ist, beginnen sie erst zu erkennen nach vollbrachten
Verbrechen. Dennoch kehrt zu den vorher mißbilligten Sitten[77]
die Natur zurück, die festgelegt ist und unfähig zur Änderung. Denn
wer setzt sich je eine Grenze beim Sündigen? Wann gewinnt er die
einmal von der abgeriebenen Stirn vertriebene Schamröte zurück?[78]
Wen gibt es denn unter den Menschen, den du mit einer einzigen
Schandtat zufrieden siehst? Unser Treuloser wird seine Schritte
in die Schlinge lenken und den Haken[79] des finsteren Kerkers
                                                     erdulden
oder einen Felsen im Aegaeischen Meer und die von bedeutenden
Verbannten bevölkerten Klippen.[80] Du wirst dich an der bitteren
                                                        Strafe
für die verhaßte Person erfreuen und endlich freudig bekennen,
daß es weder einen Tauben noch einen Teresias unter den Göttern
                                                         gibt.[81]

VIERZEHNTE SATIRE

Sehr vieles, Fuscinus, was einen üblen Ruf verdient und[1]
reinen Dingen einen bleibenden Makel anheftet, gibt es,
das die Eltern den Kindern selbst zeigen und weitergeben.[2]
Wenn den Greis das verlustreiche Würfelspiel erfreut, spielt auch
der das Kinderamulett[3] tragende Erbe und schüttelt im kleinen
                            Würfelbecher dieselben „Waffen".

nec melius de se cuiquam sperare propinquo
concedet iuvenis, qui radere tubera terrae,
boletum condire et eodem iure natantis
mergere ficedulas didicit nebulone parente
et cana monstrante gula. cum septimus annus   10
transierit puerum, nondum omni dente renato,
barbatos licet admoveas mille inde magistros,
hinc totidem, cupiet lauto cenare paratu
semper et a magna non degenerare culina.
mitem animum et mores modicis erroribus aequos   15
praecipit atque animas servorum et corpora nostra
materia constare putat paribusque elementis,
an saevire docet Rutilus, qui gaudet acerbo
plagarum strepitu et nullam Sirena flagellis
conparat, Antiphates trepidi laris ac Polyphemus,   20
tunc felix, quotiens aliquis tortore vocato
uritur ardenti duo propter lintea ferro?
quid suadet iuveni laetus stridore catenae,
quem mire adficiunt inscripta, ergastula, carcer?
rusticus expectas ut non sit adultera Largae   25
filia, quae numquam maternos dicere moechos
tam cito nec tanto poterit contexere cursu,
ut non ter deciens respiret? conscia matri
virgo fuit, ceras nunc hac dictante pusillas
implet et ad moechum dat eisdem ferre cinaedis.   30

Und nichts Besseres gestattet irgendeinem Verwandten ein junger
Mann von sich zu erhoffen, der die Trüffeln zu schälen,
die Champignons zu würzen und die in derselben Sauce
                                                    schwimmenden
Drosseln hinabzuschlingen gelernt hat, da der Taugenichts von
                                                    Vater,
der grauköpfige Schlund, es ihm zeigte. Hat der Knabe das siebte
Jahr vollendet und ist ihm noch nicht jeder Zahn nachgewachsen,
magst du ihm tausend bärtige Lehrer[4] zur einen Seite beigeben
und ebenso viele zur anderen, er wird danach verlangen, stets an
                                                    üppiger
Tafel zu speisen und nicht von der erlesenen Küche abzugehen.
Lehrt Rutilus[5] einen milden Sinn und ein gerechtes Verhalten
                                                    gegenüber geringen
Verfehlungen und meint er, die Seelen und Körper der Sklaven
bestünden aus demselben Stoff wie unsere und aus den gleichen
                                                    Elementen,
oder erzieht er zur Grausamkeit, da er sich erfreut am schneidenden
Knallen der Schläge und keine Sirene für vergleichbar hält mit
Knutenhieben, ein Antiphates und ein Polyphem des verängstigten
                                                    Hauses,[6]
und dann jeweils glücklich, wenn jemand vom herbeigeholten
Folterer gebrandmarkt wird mit glühendem Eisen wegen zweier
                                                    Handtücher?[7]
Was rät einem Sohn an, wer Freude hat am Klirren der Kette,
wen herrlich erregen Brandmale, Arbeitshäuser,[8] der Kerker?
Erwartest du naiv, die Tochter einer Larga[9] werde keine
Ehebrecherin sein, wo sie doch nie die Galane der Mutter so schnell
herzusagen und derart eilig aneinanderzureihen vermag, daß sie
nicht dreizehnmal Luft holen müßte? Die Mitwisserin der Mutter
war sie als Mädchen, nach deren Diktat füllt sie jetzt[10] die kleinen
Wachstäfelchen und läßt sie von denselben Schwulen zu ihrem
                                                    Galan bringen.

sic natura iubet: velocius et citius nos
corrumpunt vitiorum exempla domestica, magnis
cum subeant animos auctoribus. unus et alter
forsitan haec spernant iuvenes, quibus arte benigna
et meliore luto finxit praecordia Titan,   35
sed reliquos fugienda patrum vestigia ducunt
et monstrata diu veteris trahit orbita culpae.
   Abstineas igitur damnandis. huius enim vel
una potens ratio est, ne crimina nostra sequantur
ex nobis geniti, quoniam dociles imitandis   40
turpibus ac pravis omnes sumus, et Catilinam
quocumque in populo videas, quocumque sub axe,
sed nec Brutus erit Bruti nec avunculus usquam.
nil dictu foedum visuque haec limina tangat
intra quae pater est. procul, a procul inde puellae   45
lenonum et cantus pernoctantis parasiti!
maxima debetur puero reverentia, si quid
turpe paras, nec tu pueri contempseris annos,
sed peccaturo obstet tibi filius infans.
nam si quid dignum censoris fecerit ira   50
quandoque et similem tibi se non corpore tantum
nec vultu dederit, morum quoque filius et qui
omnia deterius tua per vestigia peccet,
corripies nimirum et castigabis acerbo
clamore ac post haec tabulas mutare parabis: 55
unde tibi frontem libertatemque parentis,
cum facias peiora senex vacuumque cerebro
iam pridem caput hoc ventosa cucurbita quaerat?
hospite venturo cessabit nemo tuorum.

So befiehlt es die Natur: rascher und schneller verderben
uns die Beispiele von Lastern im eigenen Haus, da diese durch
gewichtige Vorbilder in die Seelen dringen. Vielleicht hält sie von
sich fern der eine oder andere Sohn, dem mit gütiger Kunst
und aus besserem Ton der Titan die Brust geformt hat,[11]
die übrigen aber verleiten der Väter Spuren, die sie meiden müßten,
und es zieht sie mit sich das lange gezeigte Wagengleis alter Sünde.
Meide also Verwerfliches![12] Ein gewichtiger Grund dafür ist
nämlich allein schon, daß unseren Freveln nicht folgen sollen,
die wir gezeugt haben, da wir doch alle gelehrig Schändliches
und Verkehrtes nachahmen, und einen Catilina[13] dürftest
du bei jedem Volke erblicken, unter jedem Himmel, doch nirgends
gibt es einen Brutus oder einen wie den Onkel des Brutus.[14]
Nichts, was abscheulich auszusprechen und anzuschauen ist,
berühre die Schwelle,
hinter der ein Vater lebt. Hinweg, ja hinweg[15] von dort mit den
Mädchen der Kuppler und den Liedern des die Nacht über verwei-
lenden Parasiten!
Höchste Rücksicht mußt du auf deinen Sohn nehmen, wenn du
etwas Übles planst, und achte nicht gering die Jahre des Knaben,
sondern deiner beabsichtigten Sünde stehe der kindliche Sohn im
Wege.
Denn wenn er irgendwann etwas getan haben wird, was den Zorn
des Censors verdient, und sich dir nicht nur ähnlich an Körper
und Antlitz erwies, sondern auch in der Moral als dein Sohn
und einer, der in deinen Spuren noch schlimmer in allem sündigt,
wirst du ihn zweifellos schelten, ihn mit bitterem Geschrei
tadeln und danach dich anschicken, das Testament zu ändern:
woher maßt du dir die Miene und den Freimut eines Vaters an,
wenn du in deinem Alter noch Schlimmeres begehst und nach
deinem hirnlosen Kopf schon längst der saugende Schröpfkopf
verlangt?[16]
Soll ein Gast kommen, wird keiner der Deinen müßig sein.

„verre pavimentum, nitidas ostende columnas,   60
arida cum tota descendat aranea tela,
hic leve argentum, vasa aspera tergeat alter"
vox domini furit instantis virgamque tenentis.
ergo miser trepidas, ne stercore foeda canino
atria displiceant oculis venientis amici,   65
ne perfusa luto sit porticus, et tamen uno
semodio scobis haec emendat servulus unus:
illud non agitas, ut sanctam filius omni
aspiciat sine labe domum vitioque carentem?
   Gratum est quod patriae civem populoque dedisti,   70
si facis ut patriae sit idoneus, utilis agris,
utilis et bellorum et pacis rebus agendis.
plurimum enim intererit quibus artibus et quibus hunc tu
moribus instituas. serpente ciconia pullos
nutrit et inventa per devia rura lacerta: 75
illi eadem sumptis quaerunt animalia pinnis.
voltur iumento et canibus crucibusque relictis
ad fetus properat partemque cadaveris adfert:
hic est ergo cibus magni quoque volturis et se
pascentis, propria cum iam facit arbore nidos.   80
sed leporem aut capream famulae Iovis et generosae
in saltu venantur aves, hinc praeda cubili
ponitur: inde autem cum se matura levavit
progenies, stimulante fame festinat ad illam
quam primum praedam rupto gustaverat ovo.   85

„Feg' den Fußboden, präsentier' die Säulen glänzend, man
hole die trockene Spinne samt ihrem ganzen Gewebe herunter,
das glatte Silber putze der eine, das verzierte Geschirr ein anderer!"
wütet die Stimme des Hausherrn, der antreibt und die Rute
bereithält.
Voller Angst bist du armer Tropf also, daß nicht ein mit Hundekot
beschmutztes Atrium den Augen des eintreffenden Freundes
mißfalle,
der Säulengang nicht mit Schlamm bespritzt sei, was doch mit nur
einem halben Eimer Sägemehl[17] ein einziger Sklave beseitigen kann:
darum bemühst du dich nicht, daß dein Sohn ein sittenreines
Haus erblicke, das ohne Makel ist und frei vom Laster?
　Dankenswert ist es, daß du Vaterland und Volk einen Bürger
geschenkt hast,[18]
wenn du bewirkst, daß er brauchbar ist für das Vaterland, tüchtig
für den Landbau,
tüchtig für die Aufgaben sowohl des Krieges als auch des Friedens.
Von größter Wichtigkeit nämlich ist es, in welchen Künsten und in
welchen Sitten du ihn erziehst. Mit einer Schlange ernährt der
Storch[19]
seine Jungen und mit einer Eidechse, die er im weglosen Feld fand:
sind sie flügge geworden, suchen sie dieselben Tiere.
Das Zugvieh, die Hunde und Kreuze verläßt der Geier,[20]
eilt zu seiner Brut und bringt einen Teil des Aases mit: dies ist
deshalb die Nahrung auch des erwachsenen und sich selbst
ernährenden Geiers, wenn er bereits auf eigenem Baum sein Nest
baut.[21]
Den Hasen aber oder das Reh jagen die Diener Juppiters[22] und die
edlen Vögel im Gebirgswald, die Beute von dort wird im Nest
vorgesetzt: wenn sich aber aus ihm der reife Nachwuchs
erhoben hat, eilt er angetrieben vom Hunger zu jener Beute,
die er zuerst gekostet hatte nach dem Zerbrechen des Eies.

Aedificator erat Caetronius et modo curvo
litore Caietae, summa nunc Tiburis arce,
nunc Praenestinis in montibus alta parabat
culmina villarum Graecis longeque petitis
marmoribus vincens Fortunae atque Herculis aedem,   90
ut spado vincebat Capitolia nostra Posides.
dum sic ergo habitat Caetronius, inminuit rem,
fregit opes, nec parva tamen mensura relictae
partis erat: totam hanc turbavit filius amens,
dum meliore novas attollit marmore villas.   95
    Quidam sortiti metuentem sabbata patrem
nil praeter nubes et caeli numen adorant,
nec distare putant humana carne suillam,
qua pater abstinuit, mox et praeputia ponunt.
Romanas autem soliti contemnere leges   100
Iudaicum ediscunt et servant ac metuunt ius,
tradidit arcano quodcumque volumine Moyses:
non monstrare vias eadem nisi sacra colenti,
quaesitum ad fontem solos deducere verpos.
sed pater in causa, cui septima quaeque fuit lux   105
ignava et partem vitae non attigit ullam.
    Sponte tamen iuvenes imitantur cetera, solam
inviti quoque avaritiam exercere iubentur.
fallit enim vitium specie virtutis et umbra,
cum sit triste habitu vultuque et veste severum,   110
nec dubie tamquam frugi laudetur avarus,
tamquam parcus homo et rerum tutela suarum
certa magis quam si fortunas servet easdem

Bauwütig war Caetronius[23] und errichtete bald am geschwungenen
Strand Caietas, bald auf dem höchsten Felsen Tiburs,
dann wieder in den Bergen von Praeneste[24] hohe Giebel von
Landhäusern, wobei er mit griechischem, von weither
geholtem Marmor Fortunas und des Hercules Tempel so übertraf,
wie der Eunuch Posides unser Kapitol übertraf.[25]
Da also Caetronius in dieser Weise wohnte, schmälerte er seinen
                                                        Besitz,
verschleuderte sein Vermögen, und dennoch war der Umfang des
verbliebenen Teils nicht gering: diesen hat der verrückte Sohn
völlig ruiniert, da er neue Villen baute mit besserem Marmor.
  Manche, denen ein den Sabbat ehrender Vater zuteil wurde,[26]
beten nichts an außer den Wolken und der Gottheit des Himmels,
glauben, von menschlichem Fleisch unterscheide sich nicht das
                                                eines Schweines,
dessen sich der Vater enthielt, und lassen bald auch ihre Vorhaut
                                                    beschneiden.
Gewohnt aber, die römischen Gesetze geringzuschätzen,
lernen sie das jüdische Recht genau, beachten und fürchten es,
ganz wie Moses es ihnen in geheimer Rolle überlieferte:
niemandem die Wege zu zeigen außer dem Anhänger desselben
                                                        Kults,
allein die Beschnittenen hin zur gesuchten Quelle zu führen.[27]
Doch liegt die Schuld beim Vater, der an jedem siebten Tag
müßig war und keinen Teil des Geschäftslebens anrührte.
  Von selbst ahmen jedoch die Söhne alles übrige nach, allein
den Geiz heißt man sie auch gegen ihren Willen einüben.[28]
Dieses Laster trügt nämlich durch den Anschein und Eindruck
                                                einer Tugend,
da es ernst ist in der Haltung und streng in Miene und Kleidung,
und zweifellos preist man ja den Geizigen als braven Mann,
als sparsamen Menschen und Hüter des eigenen Besitzes,
der zuverlässiger ist, als wenn dieselben Schätze bewachte

Hesperidum serpens aut Ponticus. adde quod hunc de
quo loquor egregium populus putat adquirendi   115
artificem; quippe his crescunt patrimonia fabris
[sed crescunt quocumque modo, maioraque fiunt]
incude adsidua semperque ardente camino.
[et pater ergo animi felices credit avaros.]
qui miratur opes, qui nulla exempla beati   120
pauperis esse putat, iuvenes hortatur, ut illa
ire via pergant et eidem incumbere sectae.
sunt quaedam vitiorum elementa; his protinus illos
inbuit et cogit minimas ediscere sordes,
mox adquirendi docet insatiabile votum.   125
servorum ventres modio castigat iniquo
ipse quoque esuriens, neque enim omnia sustinet umquam
mucida caerulei panis consumere frusta,
hesternum solitus medio servare minutal
Septembri nec non differre in tempora cenae   130
alterius conchem aestivam cum parte lacerti
signatam vel dimidio putrique siluro,
filaque sectivi numerata includere porri:
invitatus ad haec aliquis de ponte negabit.
sed quo divitias haec per tormenta coactas,   135
cum furor haut dubius, cum sit manifesta phrenesis,
ut locuples moriaris, egentis vivere fato?
interea, pleno cum turget sacculus ore,
crescit amor nummi, quantum ipsa pecunia crevit,
et minus hanc optat qui non habet. ergo paratur   140
altera villa tibi, cum rus non sufficit unum
et proferre libet finis maiorque videtur
et melior vicina seges; mercaris et hanc et

der Drache der Hesperiden oder des Pontus.[29] Hinzukommt, daß
den, von dem ich spreche, das Volk für einen hervorragenden
Künstler
im Erwerben hält;[30] denn diesen Schmieden wächst das Vermögen
[aber es wächst auf jede Weise und wird größer][31]
durch den rastlosen Amboß und die stets brennende Esse.
[Auch der Vater glaubt also, die Geizigen seien glückliche Seelen.][32]
Wer Reichtümer bewundert, wer meint, es gäbe keine Beispiele für
einen glücklichen Armen, fordert die Söhne auf, auf eben jenem
Wege voranzuschreiten und derselben Lebensweise anzuhängen.
Bei Lastern gibt es bestimmte Anfangsgründe;[33] in diese weiht er
sie sogleich ein und zwingt sie, den Geiz im kleinen gründlich zu
erlernen, danach lehrt er sie den unersättlichen Wunsch zu raffen.
Die Mägen der Sklaven kasteit er mit zu knappem Maß,[34]
hungert auch selbst, denn er bringt es nicht über sich, je alle[35]
Brocken des vom Schimmel blauen Brotes zu verzehren,
ist gewohnt, mitten im September[36] das Gehackte vom Vortag
aufzubewahren und für den Zeitpunkt eines weiteren Mahles
Bohnenbrei im Sommer versiegelt aufzuheben, samt einem
Stück Makrele oder einem halben fauligen Silurus,[37]
und die Stempel des Schnittlauchs abgezählt einzuschließen:
würde man einen von der Brücke[38] dazu einladen, er schlüge es aus.
Doch was sollen Reichtümer, die unter diesen Qualen zusammen-
gerafft wurden,
da es doch zweifellos Verrücktheit, da es doch offenkundig Irrsinn
ist, nur um reich zu sterben, das Leben eines Armen zu führen?
Inzwischen wächst, während das Geldsäckchen anschwillt, voll bis
zur Öffnung,
die Liebe zum Geld in dem Maße, wie das Kapital selbst wuchs,
und weniger begehrt es, wer es nicht hat. So wird denn die zweite
Villa von dir gekauft, da ein einziger Landsitz nicht genügt,
man die Grenzen ausdehnen möchte und größer und besser
das Getreidefeld des Nachbarn erscheint; du erwirbst auch dieses

arbusta et densa montem qui canet oliva.
quorum si pretio dominus non vincitur ullo,   145
nocte boves macri lassoque famelica collo
iumenta ad viridis huius mittentur aristas,
nec prius inde domum quam tota novalia saevos
in ventres abeant, ut credas falcibus actum.
dicere vix possis quam multi talia plorent   150
et quot venales iniuria fecerit agros.
sed qui sermones, quam foede bucina famae!
„quid nocet haec?" inquit „tunicam mihi malo lupini
quam si me toto laudet vicinia pago
exigui ruris paucissima farra secantem."   155
scilicet et morbis et debilitate carebis
et luctum et curam effugies et tempora vitae
longa tibi posthac fato meliore dabuntur,
si tantum culti solus possederis agri
quantum sub Tatio populus Romanus arabat.   160
mox etiam fractis aetate ac Punica passis
proelia vel Pyrrhum inmanem gladiosque Molossos
tandem pro multis vix iugera bina dabantur
vulneribus: merces haec sanguinis atque laboris
nulli visa umquam meritis minor aut ingratae   165
curta fides patriae. saturabat glebula talis
patrem ipsum turbamque casae, qua feta iacebat
uxor et infantes ludebant quattuor, unus
vernula, tres domini; sed magnis fratribus horum
a scrobe vel sulco redeuntibus altera cena   170
amplior et grandes fumabant pultibus ollae:

und den Weingarten[39] und den Berg, der dicht besetzt ist mit
                                        grauen Oliven.
Falls der Besitzer dessen durch keinen Preis bezwungen wird,
werden nachts die mageren Stiere und die ausgehungerten Zugtiere
mit ihren erschlafften Nacken in dessen grünen Ähren getrieben
und kehren von dort nicht früher heim, als bis das ganze Feld
in ihre gierigen Mägen verschwunden ist, man glaubt, es sei mit
                                        Sicheln geschehen.
Kaum läßt sich sagen, wieviele über dergleichen jammern
und wieviele Äcker ein Rechtsbruch käuflich werden ließ.[40]
Aber welches Gerede, wie häßlich tönt das Horn des üblen Rufs!
„Was schadet das schon", antwortet man, „lieber möchte ich für
                                        mich eine Lupinenhülse,[41]
als daß mich die Nachbarschaft in der ganzen Gegend preist
und ich nur spärlichen Spelt auf winzigem Feld mähe."
Gewiß wirst du auch frei sein von Krankheiten und Hinfälligkeit,[42]
wirst Trauer und Sorge entrinnen, und dir wird eine lange
Lebenszeit durch ein gütigeres Schicksal in der Zukunft geschenkt,
wenn du erst als Einzelner soviel an bestelltem Ackerland besitzt,
wie unter Tatius das römische Volk pflügte.[43]
Auch später gab man denen, die vom Alter gebrochen waren und
                                        die Schlachten
gegen die Punier erduldet hatten oder den schrecklichen Pyrrhus
und die Molosserschwerter,[44] schließlich für die vielen Wunden
                                        kaum zwei
Joch Land: dieser Lohn für das Blut und die Mühsal erschien keinem
je geringer als die Verdienste und als zu kärglicher Treuebeweis
eines undankbaren Vaterlandes. Eine solche Scholle sättigte
den Vater selbst und die Schar in der Hütte, in der die Ehefrau
im Kindbett lag und vier Kinder spielten, nur einer ein Sklave,[45]
drei kleine Herren; für deren erwachsene Brüder aber,
wenn sie von der Grube oder der Furche heimkehrten, dampften
eine zweite, reichlichere Mahlzeit und mächtige Töpfe mit Brei:[46]

nunc modus hic agri nostro non sufficit horto.
inde fere scelerum causae, nec plura venena
miscuit aut ferro grassatur saepius ullum
humanae mentis vitium quam saeva cupido   175
inmodici census. nam dives qui fieri volt,
et cito volt fieri: sed quae reverentia legum,
quis metus aut pudor est umquam properantis avari?
„vivite contenti casulis et collibus istis,
o pueri," Marsus dicebat et Hernicus olim   180
Vestinusque senex, „panem quaeramus aratro,
qui satis est mensis: laudant hoc numina ruris,
quorum ope et auxilio gratae post munus aristae
contingunt homini veteris fastidia quercus.
nil vetitum fecisse volet quem non pudet alto   185
per glaciem perone tegi, qui summovet euros
pellibus inversis: peregrina ignotaque nobis
ad scelus atque nefas, quaecumque est, purpura ducit."
haec illi veteres praecepta minoribus: at nunc
post finem autumni media de nocte supinum   190
clamosus iuvenem pater excitat: „accipe ceras,
scribe, puer, vigila, causas age, perlege rubras
maiorum leges! aut vitem posce libello
(sed caput intactum buxo narisque pilosas
adnotet et grandes miretur Laelius alas),   195
dirue Maurorum attegias, castella Brigantum,
ut locupletem aquilam tibi sexagesimus annus
adferat! aut longos castrorum ferre labores
si piget et trepidum solvunt tibi cornua ventrem
cum lituis audita, pares quod vendere possis   200

jetzt reicht ein Acker dieser Größe nicht einmal für einen heutigen

Küchengarten.

Daher[47] rühren gewöhnlich die Ursachen von Verbrechen, und nicht
mehr Gifte mischt oder wütet öfter mit dem Stahl irgendein Laster
des menschlichen Geistes als die wilde Gier nach
maßlosem Vermögen. Denn wer reich werden will, will es
auch schnell werden: doch welche Achtung vor den Gesetzen,
welche Furcht oder Scham findet sich je bei einem eiligen
Habsüchtigen? „Lebt zufrieden mit euren Häuschen und Hügeln,
ihr Söhne", sprach einst der Marser, der Herniker und der
Vestiner[48] im Alter, „mit dem Pflug wollen wir das Brot erwerben,
das ausreicht für den Tisch: das loben die Gottheiten der Flur,[49]
durch deren Beistand und Hilfe es nach dem willkommenen

Geschenk der Ähre
dem Menschen zuteil wurde, die frühere Eichel zu verschmähen.[50]
Verbotenes wird nicht begehen wollen, wer sich nicht schämt, mit
hohem Stiefel sich im Eis zu schützen, wer die Ostwinde abwehrt
durch umgewendete Felle: der ausländische und uns unbekannte
Purpur, was er auch sein mag, verleitet zu Verbrechen und Frevel."
Diese Lehren erteilten jene Alten den Jüngeren: heute dagegen
scheucht nach dem Ende des Herbstes[51] mitten in der Nacht der Vater
mit Schreien den ruhenden Sohn auf: „Nimm die Wachstäfelchen,
schreib', mein Sohn, bleib' wach, widme dich den Prozessen,

studier' die rot geschriebenen
Gesetze der Vorfahren! Oder bewirb dich mit einem Gesuch um

den Stab des Centurio,[52]
(aber den vom Kamm unberührten Kopf und die Haare in der Nase
sollte Laelius[53] bemerken und die mächtigen Oberarme bewundern),
reiß nieder die Hütten der Mauren, die Festungen der Briganten,[54]
damit dir dein sechzigstes Jahr den lukrativen Adler[55]
beschere! Oder falls du die langen Strapazen des Lagers nicht
ertragen magst und sich dir vor Furcht der Leib öffnet, wenn du
die Hörner samt der Zinken hörst, kaufe ein,[56] was du

pluris dimidio, nec te fastidia mercis
ullius subeant ablegandae Tiberim ultra,
neu credas ponendum aliquid discriminis inter
unguenta et corium: lucri bonus est odor ex re
qualibet. illa tuo sententia semper in ore   205
versetur dis atque ipso Iove digna poeta:
,unde habeas quaerit nemo, sed oportet habere.'"
[hoc monstrant vetulae pueris repentibus assae,
hoc discunt omnes ante alpha et beta puellae.]
talibus instantem monitis quemcumque parentem   210
sic possem adfari: „dic, o vanissime, quis te
festinare iubet? meliorem praesto magistro
discipulum, securus abi: vinceris, ut Aiax
praeteriit Telamonem, ut Pelea vicit Achilles.
parcendum est teneris, nondum implevere medullas   215
maturae mala nequitiae: cum pectere barbam
coeperit et longae mucronem admittere cultri,
falsus erit testis, vendet periuria summa
exigua et Cereris tangens aramque pedemque.
elatam iam crede nurum, si limina vestra   220
mortifera cum dote subit: quibus illa premetur
per somnum digitis! nam quae terraque marique
adquirenda putas brevior via conferet illi;
nullus enim magni sceleris labor. „haec ego numquam
mandavi" dices olim „nec talia suasi."   225

um die Hälfte teurer verkaufen kannst, und kein Widerwillen
überkomme dich gegen irgendeine Ware, die nach jenseits des Tibers
                                              zu verlegen ist,[57]
noch glaube, es sei ein Unterschied zu machen zwischen
Parfüm und Leder: gut ist der Geruch des Gewinns aus jedweder
Ware.[58] In deinem Munde sei stets jener Spruch, der würdig
wäre, von den Göttern, ja von Juppiter selbst gedichtet zu sein:
,Woher du etwas hast, fragt niemand, aber haben mußt du es.'"
[Dies zeigen die alten Ammen den noch kriechenden Knaben,
dies lernen alle Mädchen noch vor dem ABC.][59]
Jedem Vater, der mit solchen Ermahnungen drängt,
könnte ich folgendes entgegnen: „Sag, du Tor, wer heißt dich,
solche Eile zu haben? Der Schüler wird, dafür bürge ich, besser sein
als der Lehrer, geh unbesorgt davon: du wirst besiegt werden, wie
Ajax den Telamon übertraf, wie den Peleus Achill besiegte.[60]
Die zarten Wesen muß man schonen,[61] ihr Mark ist noch nicht
                                              erfüllt
von den Übeln der reifen Schlechtigkeit: wenn er sich den Bart zu
kämmen begonnen hat und, ist dieser lang geworden, die Schärfe
                                  des Schermessers anzusetzen,
wird er ein falscher Zeuge sein, seine Meineide für eine geringe
Summe verkaufen und dabei den Altar und den Fuß der Ceres
                                              berühren.[62]
Betrachte deine Schwiegertochter als bereits bestattet, wenn sie eure
Schwelle mit der ihr den Tod bringenden Mitgift überschreitet: wie
                                  wird sie doch im Schlaf
mit den Fingern gewürgt werden![63] Denn was, wie du meinst,
zu Lande und auf See zu erwerben sei,[64] wird ihm ein kürzerer
                                              Weg verschaffen;
keine Mühe nämlich ergibt sich bei einem großen Verbrechen.
„Dies habe ich ihn nie geheißen", wirst du dann sagen, „und ihm nie
                                  derartiges empfohlen."

mentis causa malae tamen est et origo penes te.
nam quisquis magni census praecepit amorem
et laevo monitu pueros producit avaros,
[et qui per fraudes patrimonia conduplicare]
dat libertatem et totas effundit habenas   230
curriculo, quem si revoces, subsistere nescit
et te contempto rapitur metisque relictis.
nemo satis credit tantum delinquere quantum
permittas, adeo indulgent sibi latius ipsi.
cum dicis iuveni stultum qui donet amico,   235
qui paupertatem levet attollatque propinqui,
et spoliare doces et circumscribere et omni
crimine divitias adquirere, quarum amor in te
quantus erat patriae Deciorum in pectore, quantum
dilexit Thebas, si Graecia vera, Menoeceus,   240
in quorum sulcis legiones dentibus anguis
cum clipeis nascuntur et horrida bella capessunt
continuo, tamquam et tubicen surrexerit una.
ergo ignem, cuius scintillas ipse dedisti,
flagrantem late et rapientem cuncta videbis.   245
nec tibi parcetur misero, trepidumque magistrum
in cavea magno fremitu leo tollet alumnus.
nota mathematicis genesis tua, sed grave tardas
expectare colus: morieris stamine nondum
abrupto. iam nunc obstas et vota moraris,   250
iam torquet iuvenem longa et cervina senectus.

Ursache und Ursprung der üblen Gesinnung liegen jedoch bei dir.
Denn wer die Liebe zum großen Vermögen lehrte
und mit verderblicher Mahnung geldgierige Söhne heranzieht,
[und wer durch Betrügereien das Vermögen zu verdoppeln][65]
gibt dem Rennwagen Freiheit und läßt ihm ganz die Zügel
schießen; rufst du ihn zurück, vermag er nicht anzuhalten, rast
davon, ohne dich zu beachten, und läßt die Zielsäulen hinter sich
                      zurück.
Niemand hält es für genug, nur soviel zu sündigen, wieviel man
ihm erlaubt, vielmehr billigen sich alle selbst größere Freiheit zu.
Wenn du dem Sohn sagst, es sei töricht, wer einen Freund
beschenke, wer die Armut eines Verwandten lindere und mildere,
dann lehrst du ihn zu rauben, zu betrügen und durch Verbrechen
jeder Art Reichtum zu erwerben, zu dem du in dir eine so große
Liebe trägst, wie in ihrer Brust die Decier zum Vaterland,[66] wie
Menoeceus, wenn Griechenland die Wahrheit berichtet, Theben
                      geliebt hat,
in dessen Ackerfurchen aus den Drachenzähnen Legionen
mit ihren Schilden erwachsen und sogleich schreckliche Kämpfe
beginnen, als sei zusammen mit ihnen auch ein Trompeter
                      erstanden.[67]
Darum wirst du das Feuer, zu dem du die Funken selbst geliefert
hast, weithin lodern und alles dahinraffen sehen.
Auch du Ärmster wirst nicht verschont, und den angsterfüllten
                      Dompteur
wird im Käfig mit großem Gebrüll der Löwe töten, den er aufzog.
Bekannt ist den Astrologen dein Horoskop, doch es ist lästig,
die träge Spindel abzuwarten: du wirst sterben, bevor noch dein
                      Faden
abgerissen ist.[68] Schon jetzt stehst du im Wege und verzögerst die
                      Erfüllung der Wünsche,
schon quält den Sohn dein langes, dem des Hirsches gleichendes
                      Alter.[69]

ocius Archigenen quaere atque eme quod Mithridates
composuit: si vis aliam decerpere ficum
atque alias tractare rosas, medicamen habendum est,
sorbere ante cibum quod debeat et pater et rex."   255
    Monstro voluptatem egregiam, cui nulla theatra,
nulla aequare queas praetoris pulpita lauti,
si spectes quanto capitis discrimine constent
incrementa domus, aerata multus in arca
fiscus et ad vigilem ponendi Castora nummi,   260
ex quo Mars Ultor galeam quoque perdidit et res
non potuit servare suas. ergo omnia Florae
et Cereris licet et Cybeles aulaea relinquas:
tanto maiores humana negotia ludi.
an magis oblectant animum iactata petauro   265
corpora quique solet rectum descendere funem
quam tu, Corycia semper qui puppe moraris
atque habitas, coro semper tollendus et austro,
perditus ac vilis sacci mercator olentis,
qui gaudes pingue antiquae de litore Cretae   270
passum et municipes Iovis advexisse lagonas?
hic tamen ancipiti figens vestigia planta
victum illa mercede parat, brumamque famemque
illa reste cavet: tu propter mille talenta
et centum villas temerarius. aspice portus   275
et plenum magnis trabibus mare: plus hominum est iam
in pelago. veniet classis quocumque vocarit

Such' dir rasch einen Archigenes und kauf', was Mithridates
sich mischte:[70] wenn du noch eine weitere Feige pflücken
und noch weitere Rosen in die Hand nehmen willst, mußt du die
                                                Arznei besitzen,
die ein Vater ebenso wie ein König vor dem Essen schlürfen muß."
    Ein herrliches Vergnügen zeige ich dir,[71] mit dem du kein
Theater, keine Bühne eines reichen Praetors vergleichen kannst,
wenn du nämlich schaust, welche Lebensgefahr kosten
die Vermehrung des häuslichen Besitzes, das viele Geld in der
                                                erzbeschlagenen
Truhe und die Summen, die beim wachsamen Castor zu deponieren
                                                sind,[72]
seitdem Mars der Rächer sogar den Helm verlor und seinen eigenen
Besitz nicht schützen konnte.[73] Darum magst du alle Bühnen-
vorhänge der Flora, der Ceres und der Cybele fahren lassen:[74]
soviel großartigere Spiele bietet das Treiben der Menschen.
Erheitern den Geist etwa mehr die mit dem Sprungbrett empor-
                                                geschleuderten
Körper und der, welcher auf gespanntem Seil hinabzusteigen
pflegt,[75] als du, der du stets auf korykischem Schiff[76] verweilst
und wohnst, immer in Gefahr, vom Nordwest- und Südwind fort-
                                                gerissen zu werden,
ein verwegener und verachteter Händler mit stinkendem Sack,[77]
den es erfreut, dicken Rosinenwein von der Küste des altehr-
                                                würdigen
Kreta herbeizufahren, Flaschen, die Landsleute Juppiters waren?[78]
Jener dagegen setzt seine Schritte mit unsicherer Sohle
und verschafft sich mit dem Lohn seinen Lebensunterhalt,[79] hält
Winterskälte und Hunger mit dem Seil fern: du bist wegen tausend
Talenten und hundert Villen leichtsinnig. Schau auf die Häfen
und das von großen Schiffen erfüllte Meer: die Mehrzahl der
Menschen ist schon auf See. Eine Flotte kommt dorthin, wohin nur
                                                die Hoffnung

spes lucri, nec Carpathium Gaetulaque tantum
aequora transiliet, sed longe Calpe relicta
audiet Herculeo stridentem gurgite solem: 280
grande operae pretium est, ut tenso folle reverti
inde domum possis tumidaque superbus aluta,
Oceani monstra et iuvenes vidisse marinos.
non unus mentes agitat furor: ille sororis
in manibus voltu Eumenidum terretur et igni,   285
hic bove percusso mugire Agamemnona credit
aut Ithacum. parcat tunicis licet atque lacernis,
curatoris eget qui navem mercibus implet
ad summum latus et tabula distinguitur unda,
cum sit causa mali tanti et discriminis huius   290
concisum argentum in titulos faciesque minutas.
occurrunt nubes et fulgura: „solvite funem!"
frumenti dominus clamat piperisve coempti,
„nil color hic caeli, nil fascia nigra minatur,
aestivom tonat." infelix hac forsitan ipsa   295
nocte cadet fractis trabibus fluctuque premetur
obrutus et zonam laeva morsuque tenebit.
sed cuius votis modo non suffecerat aurum
quod Tagus et rutila volvit Pactolus harena,
frigida sufficient velantes inguina panni   300
exiguusque cibus, mersa rate naufragus assem
dum rogat et picta se tempestate tuetur.

auf Gewinn ruft, und wird nicht nur das Karpathische und
Gaetulische Meer überqueren, sondern Calpe weit hinter sich lassen
und die im Strudel des Hercules zischende Sonne hören:[80]
daß du mit prallem Geldsack von dort heimkehren kannst und stolz
auf den geschwollenen Lederbeutel, ist ein großartiger Lohn für die
Mühe,
die Ungeheuer des Ozeans und die jungen Meermänner gesehen zu
haben.[81]
Nicht nur eine Art des Wahnsinns verstört den Menschengeist:
jener
wird in den Armen der Schwester von den Blicken und dem Feuer
der Eumeniden erschreckt,[82]
dieser erschlägt einen Stier und glaubt, es brülle Agamemnon oder
der Ithaker. Mag er auch die Hemden und Mäntel verschonen,[83]
einen Vormund braucht, wer sein Schiff mit Waren anfüllt
bis zur Bordkante und nur durch ein Brett von den Wellen getrennt
ist, wo doch der Grund für diese große Bedrohung und Gefahr
zerstückeltes Silber ist mit Inschriften und winzigen Gesichtern.[84]
Es ziehen Wolken heran und Blitze: „Löst das Haltetau!"
ruft der Besitzer des eingekauften Getreides oder Pfeffers,
„Keine Bedrohung bedeutet diese Färbung des Himmels, keine der
schwarze Wolkenstreif,
es ist nur ein Sommergewitter!" Der Unglückliche wird vielleicht in
derselben Nacht noch von den geborstenen Planken stürzen, von
der Flut überspült
hinabgedrückt werden und mit der Linken und den Zähnen den
Geldgürtel festhalten.[85]
Doch ihm, dessen Wünschen eben noch nicht das Gold genügte,
das der Tagus und der Pactolus im rötlichen Sand wälzen,[86]
werden die frierende Scham verhüllende Lumpen genügen und
spärliche Nahrung, wenn er nach dem Untergang seines Frachters
als Schiffbrüchiger ein
As erbettelt und sich mit einem Gemälde des Seesturms erhält.[87]

Tantis parta malis cura maiore metuque
servantur: misera est magni custodia census.
dispositis praedives amis vigilare cohortem   305
servorum noctu Licinus iubet, attonitus pro
electro signisque suis Phrygiaque columna
atque ebore et lata testudine: dolia nudi
non ardent Cynici; si fregeris, altera fiet
cras domus aut eadem plumbo commissa manebit.   310
sensit Alexander, testa cum vidit in illa
magnum habitatorem, quanto felicior hic qui
nil cuperet quam qui totum sibi posceret orbem
passurus gestis aequanda pericula rebus.
nullum numen habes, si sit prudentia: nos te,   315
nos facimus, Fortuna, deam. mensura tamen quae
sufficiat census, si quis me consulat, edam:
in quantum sitis atque fames et frigora poscunt,
quantum, Epicure, tibi parvis suffecit in hortis,
quantum Socratici ceperunt ante penates: 320
numquam aliud natura, aliud sapientia dicit.
acribus exemplis videor te cludere? misce
ergo aliquid nostris de moribus, effice summam
bis septem ordinibus quam lex dignatur Othonis.
haec quoque si rugam trahit extenditque labellum,   325
sume duos equites, fac tertia quadringenta.
si nondum implevi gremium, si panditur ultra,
nec Croesi fortuna umquam nec Persica regna
sufficient animo nec divitiae Narcissi,
indulsit Caesar cui Claudius omnia, cuius   330
paruit imperiis uxorem occidere iussus.

Das unter so großen Leiden Erworbene, wird mit noch größerer
Sorge und Angst
bewahrt: elend ist das Wachen über ein großes Vermögen.[88]
Der schwerreiche Licinus heißt eine Kohorte überall verteilter
Sklaven mit Eimern nachts Wache halten,[89] in größter Sorge um
sein Elektron, seine Statuen und die phrygischen Säulen
sowie das Elfenbein und das breite Schildpatt:[90] das Faß des nackten
Kynikers[91] brennt nicht; zerschlägt man es, entsteht morgen
ein zweites Haus, und auch das andere bleibt ihm, mit Blei geflickt.
Alexander empfand, als er in jener Tonne den großen[92] Bewohner
erblickte, wieviel glücklicher dieser sei, der nichts
begehrte, als wer den ganzen Erdkreis für sich fordere und
daher Gefahren zu erdulden habe, die seinen Taten entsprächen.
Keine göttliche Macht hättest du, wenn es Vernunft gäbe: wir sind
es, wir, die dich, Glück, zur Göttin machen. Welches Maß jedoch
beim Vermögen ausreicht, will ich, wenn mich jemand befragt,
kundtun:[93] wieviel Durst und Hunger und Kälte verlangen,
wieviel dir, Epikur, in deinem kleinen Garten ausreichte,
wieviel vor ihm das Haus des Sokrates enthielt:[94]
nie sagt etwas anderes die Natur, etwas anderes die Weisheit.[95]
Scheine ich dich durch strenge Beispiele einzuengen? Misch also
etwas von den heutigen Sitten dazu, bring die Summe zusammen,
die nach Othos Gesetz der zweimal sieben Sitzreihen würdig macht.[96]
Wenn selbst sie dich die Stirn runzeln und die Lippen verziehen
läßt, dann greif nach zwei Rittervermögen, verschaff dir die dritten
Vierhunderttausend.
Falls ich dir den Schoß noch nicht gefüllt habe, er sich noch weiter
öffnet,
dann werden deinem Herzen nicht die Schätze des Croesus,[97] nicht
das Perserreich je genügen noch der Reichtum des Narcissus,[98]
dem Kaiser Claudius alles gewährte, dessen Weisungen
er gehorchte, als jener ihm befahl, die Gattin zu töten.

SATURA XV

Quis nescit, Volusi Bithynice, qualia demens
Aegyptos portenta colat? crocodilon adorat
pars haec, illa pavet saturam serpentibus ibin.
effigies sacri nitet aurea cercopitheci,
dimidio magicae resonant ubi Memnone chordae   5
atque vetus Thebe centum iacet obruta portis.
illic aeluros, hic piscem fluminis, illic
oppida tota canem venerantur, nemo Dianam.
porrum et caepe nefas violare ac frangere morsu:
o sanctas gentes quibus haec nascuntur in hortis   10
numina! lanatis animalibus abstinet omnis
mensa, nefas illic fetum iugulare capellae:
carnibus humanis vesci licet. attonito cum
tale super cenam facinus narraret Ulixes
Alcinoo, bilem aut risum fortasse quibusdam   15
moverat ut mendax aretalogus. „in mare nemo
hunc abicit saeva dignum veraque Charybdi,
fingentem inmanis Laestrygonas et Cyclopas?
nam citius Scyllam vel concurrentia saxa
Cynaeis plenos et tempestatibus utres   20
crediderim aut tenui percussum verbere Circes
et cum remigibus grunnisse Elpenora porcis:
tam vacui capitis populum Phaeaca putavit?"
sic aliquis merito nondum ebrius et minimum qui
de Corcyraea temetum duxerat urna;   25
solus enim haec Ithacus nullo sub teste canebat.
nos miranda quidem, sed nuper consule Iunco

FÜNFZEHNTE SATIRE

Wer weiß nicht, Volusius Bithynicus,[1] welche Ungeheuer
Aegypten in seinem Wahn verehrt? Das Krokodil betet diese
Gegend an,[2] jene erbebt vor dem mit Schlangen gesättigten Ibis.
Golden erglänzt das Bildnis des heiligen geschwänzten Affen,
wo durch Zauber Saiten erklingen am verstümmelten Memnon[3]
und das alte Theben mit seinen hundert Toren in Trümmern liegt.
Dort verehren ganze Städte die Katzen, hier einen
Flußfisch, dort den Hund, niemand Diana.
Lauch und Zwiebel zu entweihen und mit den Zähnen zu kauen ist
Sünde:[4] welch religiöses Volk, dem diese Götter in den Gärten
wachsen! Der wolletragenden Tiere[5] enthält sich jeder
Tisch, Sünde ist es dort, das Junge einer Ziege zu schlachten:
Menschenfleisch zu essen ist erlaubt. Als eine solche
Untat Ulixes beim Mahl dem erschütterten Alcinous[6]
erzählte, hat er vielleicht manchen die Galle oder das Lachen
erregt wie ein verlogener Wundererzähler. „Wirft denn niemand
diesen da ins Meer, der eine grausame, eine echte Charybdis
                                                        verdient,[7]
weil er unmenschliche Laestrygonen erfindet und Kyklopen?[8]
Denn eher würde ich an die Scylla glauben oder die zusammen-
                                                        stoßenden
Kyaneischen Felsen, die mit Sturmwinden gefüllten Schläuche[9]
oder an Elpenor, der vom sanften Schlag der Circe getroffen
mit den Ruderern, den Schweinen, gegrunzt habe:[10]
glaubte er denn, daß das Phäakenvolk derart hohlköpfig sei?"
So sprach wohl einer mit Recht, der noch nicht betrunken war und
nur ganz wenig Wein aus der Corcyraeischen[11] Urne geschlürft
                                                        hatte;
allein nämlich sang dies der Ithaker, ohne irgendeinen Zeugen zu
                                                        haben.[12]
Ich aber will, was zwar Verwunderung erregen muß, doch kürzlich

gesta super calidae referemus moenia Copti,
nos volgi scelus et cunctis graviora coturnis;
nam scelus, a Pyrrha quamquam omnia syrmata volvas,   30
nullus apud tragicos populus facit. accipe nostro
dira quod exemplum feritas produxerit aevo.
    Inter finitimos vetus atque antiqua simultas,
inmortale odium et numquam sanabile vulnus
ardet adhuc Ombos et Tentura. summus utrimque   35
inde furor volgo, quod numina vicinorum
odit uterque locus, cum solos credat habendos
esse deos quos ipse colit. sed tempore festo
alterius populi rapienda occasio cunctis
visa inimicorum primoribus ac ducibus, ne   40
laetum hilaremque diem, ne magnae gaudia cenae
sentirent positis ad templa et compita mensis
pervigilique toro, quem nocte ac luce iacentem
septimus interdum sol invenit: horrida sane
Aegyptos, sed luxuria, quantum ipse notavi,   45
barbara famoso non cedit turba Canopo.
adde quod et facilis victoria de madidis et
blaesis atque mero titubantibus. inde virorum
saltatus nigro tibicine, qualiacumque
unguenta et flores multaeque in fronte coronae,   50
hinc ieiunum odium. sed iurgia prima sonare
incipiunt animis ardentibus; haec tuba rixae.
dein clamore pari concurritur, et vice teli
saevit nuda manus: paucae sine volnere malae,

unter dem Konsul Juncus geschah südlich der Mauern des heißen
                                             Coptos,[13] berichten,
ich eines Volkes Verbrechen und Schlimmeres als alle Tragödien;
denn ein Verbrechen begeht, wenn du auch von Pyrrha an[14]
                                             sämtliche
Stoffe nachliest, bei den Tragikern nie ein Volk. Vernimm,
welches Beispiel in unserem Zeitalter gräßliche Rohheit lieferte.
   Langdauernde und alte Feindschaft, unsterblicher Haß
und eine niemals heilbare Wunde brennen noch jetzt zwischen
den Nachbarstädten Ombi und Tentura. Die äußerste Wut
auf beiden Seiten rührt beim Volk daher, daß beide Orte
die Gottheiten der Nachbarn hassen, da jeder glaubt, allein die
hätten als Götter zu gelten, die er selbst verehrt.[15] Aber zur Festzeit
des einen Volkes schien es allen Ersten und Führern der Feinde,
die Gelegenheit sei rasch zu ergreifen, damit jene nicht einen
frohen, heiteren Tag genießen könnten, die Freuden eines großen
Festmahles an bei Tempeln und auf Kreuzwegen aufgestellten
                                           Tischen,
wachbleibend auf Speisesofas, die Tag und Nacht dastehend
bisweilen die siebte Sonne vorfindet:[16] unzivilisiert ist gewiß
Aegypten, jedoch in der Schwelgerei steht, soweit ich selbst fest-
                                           gestellt habe,[17]
die barbarische Masse nicht dem berüchtigten Canopus nach.[18]
Dazu kommt, daß auch ein Sieg leicht erschien über Betrunkene,
die schon lallen und vom Weine taumeln. Auf der einen Seite
gab es Tänze der Männer zur Flöte eines Schwarzen, Parfüm
welcher Art auch immer,[19] Blumen und viele Kränze auf der Stirn,
auf der anderen Seite hungrigen Haß. Doch zuerst beginnen sie,
Schimpfworte zu rufen mit brennenden Herzen; dies ist die
                                           Trompete zum Streit.
Darauf prallt man mit gleichem Geschrei aufeinander, und an
                                           Stelle einer Waffe
wütet die nackte Faust: wenige Backen bleiben ohne Wunde,

vix cuiquam aut nulli toto certamine nasus 55
integer; aspiceres iam cuncta per agmina voltus
dimidios, alias facies et hiantia ruptis
ossa genis, plenos oculorum sanguine pugnos.
ludere se credunt ipsi tamen et puerilis
exercere acies, quod nulla cadavera calcent. 60
et sane quo tot rixantis milia turbae,
si vivunt omnes? ergo acrior impetus et iam
saxa inclinatis per humum quaesita lacertis
incipiunt torquere, domestica seditioni
tela, nec hunc lapidem, qualis et Turnus et Aiax, 65
vel quo Tydides percussit pondere coxam
Aeneae, sed quem valeant emittere dextrae
illis dissimiles et nostro tempore natae.
nam genus hoc vivo iam decrescebat Homero,
terra malos homines nunc educat atque pusillos; 70
ergo deus quicumque aspexit, ridet et odit.
a deverticulo repetatur fabula: postquam
subsidiis aucti, pars altera promere ferrum
audet et infestis pugnam instaurare sagittis.
terga fugae celeri praestant instantibus Ombis 75
qui vicina colunt umbrosae Tentura palmae.
labitur hic quidam nimia formidine cursum
praecipitans capiturque. ast illum in plurima sectum
frusta et particulas, ut multis mortuus unus
sufficeret, totum corrosis ossibus edit 80
victrix turba, nec ardenti decoxit aeno

kaum einem oder gar keinem in dem ganzen Getümmel die Nase
unversehrt; schon konnte man überall in den Scharen verstümmelte
Gesichter sehen, entstellte Züge und durch das Platzen der Wangen
klaffende Knochen, Fäuste voll vom Blut der Augen.
Sie selbst glauben jedoch, nur zu spielen und wie Knaben
Gefechte zu üben, weil sie nicht auf Leichen treten.
Wozu freilich sind soviele Tausende an der Rauferei der Menge
                                                    beteiligt,
wenn alle am Leben bleiben? So wird der Angriff heftiger, und
schon beginnen sie, auf dem Boden gesammelte Steine mit
                                                zurückgebogenen
Armen zu werfen, vertraute Geschosse bei einem Aufruhr,
doch nicht einen Stein, wie ihn Turnus und Ajax schleuderten[20]
oder einen von solchem Gewicht wie der, mit dem der Tydide
die Hüfte des Aeneas traf, sondern wie ihn Hände zu werfen
vermögen, die jenen unähnlich und in unserer Zeit geboren sind.
Denn dieses Menschengeschlecht degenerierte schon zu Lebzeiten
                                                        Homers,[21]
die Erde bringt jetzt schlechte und winzige Menschen hervor;
darum lacht jeder Gott, der sie erblickt, über sie mit Abneigung.[22]
Nach der Abschweifung wieder zurück zur Geschichte: nachdem
sie sich durch Reserven verstärkt hatten, wagt die eine Partei, das
Schwert zu zücken und mit scharfen Pfeilen die Schlacht zu
                                                        erneuern.
Zur schnellen Flucht wenden den Rücken, bedrängt durch die Leute
                                                    aus Ombi,
jene, die das benachbarte Tentura mit seinen schattigen Palmen
                                                    bewohnen.
Da fällt einer hin, der aus übergroßer Furcht sich beim Laufen
überstürzte, und wird gefangen. Ihn aber zerschnitt in sehr viele
Bissen und Stückchen, damit ein einziger Toter für viele reiche,[23]
und aß ihn, die Knochen benagend, völlig auf die siegreiche
Schar, und kochte ihn nicht im heißen Bronzekessel gar oder an

aut veribus: longum usque adeo tardumque putavit
expectare focos, contenta cadavere crudo.
hic gaudere libet quod non violaverit ignem,
quem summa caeli raptum de parte Prometheus   85
donavit terris. [elemento gratulor, et te
exultare reor.] sed qui mordere cadaver
sustinuit, nil umquam hac carne libentius edit;
nam scelere in tanto ne quaeras et dubites an
prima voluptatem gula senserit: ultimus ante   90
qui stetit, absumpto iam toto corpore ductis
per terram digitis aliquid de sanguine gustat.
    Vascones, ut fama est, alimentis talibus usi
produxere animas, sed res diversa, sed illic
fortunae invidia est bellorumque ultima, casus   95
extremi, longae dira obsidionis egestas.
[huius enim quod nunc agitur miserabile debet
exemplum esse cibi, sicut modo dicta mihi gens.]
post omnis herbas, post cuncta animalia, quidquid
cogebat vacui ventris furor, hostibus ipsis   100
pallorem ac maciem et tenuis miserantibus artus,
membra aliena fame lacerabant, esse parati
et sua. quisnam hominum veniam dare quisve deorum
ventribus abnueret dira atque inmania passis
et quibus illorum poterant ignoscere manes,   105
quorum corporibus vescebantur? melius nos
Zenonis praecepta monent, [nec enim omnia quidam
pro vita facienda putant.] sed Cantaber unde
Stoicus, antiqui praesertim aetate Metelli?

Spießen: so sehr hielt sie es für langwierig und zeitraubend,
auf den Herd zu warten, begnügte sich mit dem rohen Leichnam.
Freuen kann man sich hier, daß sie nicht das Feuer entweihte,
das Prometheus vom höchsten Teil des Himmels raubte und
der Erde schenkte. [Das Element beglückwünsche ich und glaube,
auch du freust dich.][24] Doch wer in eine Leiche zu beißen
über sich brachte, aß nie mehr etwas lieber als dieses Fleisch;
denn bei einem solch großen Verbrechen solltest du nicht fragen
                                         und zweifeln,
ob der erste Schlund Genuß empfand: der letzte, der vorher
dastand, kostet, nachdem schon der ganze Körper verzehrt ist,
mit durch den Staub gezogenen Fingern noch etwas vom Blut.
  Die Vasconen[25] verlängerten, wie man erzählt, durch den
                                         Gebrauch
solcher Nahrung ihr Leben, aber der Fall war verschieden, dort
waren es die Ungunst des Schicksals und äußerste Not des Krieges,
                                         härteste
Umstände und entsetzlicher Mangel durch lange Belagerung.
[Dieses Beispiel der Speisen, um das es jetzt geht, verdient
Erbarmen ebenso wie das eben von mir erwähnte Volk.][26]
Nach dem Verzehr aller Kräuter, aller Tiere und alles dessen, wozu
das Wüten des leeren Bauches zwang, als die Feinde selbst
die Blässe, Magerkeit und die dünnen Glieder bemitleideten,
zerfleischten sie aus Hunger fremde Körperteile, bereit, auch die
eigenen zu essen. Denn wer unter den Menschen oder wer unter
                                         den Göttern
würde den Bäuchen[27] Vergebung verweigern, die Schreckliches und
                                         Unmenschliches
erlitten hatten und denen die Seelen derer verzeihen konnten,
deren Körper sie verzehrten? Zu Besserem mahnen uns
die Lehren Zenons,[28] [manche meinen nämlich, man dürfe
nicht alles für das Leben tun][29] doch wie sollte ein Cantabrer
Stoiker sein, zumal zur Zeit des alten Metellus?[30]

nunc totus Graias nostrasque habet orbis Athenas,   110
Gallia causidicos docuit facunda Britannos,
de conducendo loquitur iam rhetore Thyle.
nobilis ille tamen populus quem diximus, et par
virtute atque fide sed maior clade Zacynthos
tale quid excusat: Maeotide saevior ara   115
Aegyptos; quippe illa nefandi Taurica sacri
inventrix homines, ut iam quae carmina tradunt
digna fide credas, tantum immolat, ulterius nil
aut gravius cultro timet hostia. quis modo casus
inpulit hos? quae tanta fames infestaque vallo   120
arma coegerunt tam detestabile monstrum
audere? anne aliam terra Memphitide sicca
invidiam facerent nolenti surgere Nilo?
qua nec terribiles Cimbri nec Brittones umquam
Sauromataeque truces aut inmanes Agathyrsi,   125
hac saevit rabie inbelle et inutile volgus,
parvula fictilibus solitum dare vela phaselis
et brevibus pictae remis incumbere testae.
nec poenam sceleri invenies nec digna parabis
supplicia his populis, in quorum mente pares sunt   130
et similes ira atque fames. mollissima corda
humano generi dare se natura fatetur,
quae lacrimas dedit; haec nostri pars optima sensus.
plorare ergo iubet causam dicentis amictum

Heute hat die ganze Erde ihr griechisches und römisches Athen,[31]
das redegewandte Gallien bildete britannische Anwälte aus,[32] und
Thule[33] spricht bereits über die Anwerbung eines Rhetoriklehrers.
Bei jenem edlen Volk, von dem ich sprach, und dem ihm an

                                    Tapferkeit

und Treue gleichen, jedoch von größerem Unheil betroffenen
Zakynthos[34] ist indessen derartiges zu entschuldigen: Aegypten ist
grausamer als der Maeotische Altar;[35] denn die taurische Stifterin

                                  jener frevelhaften

Feier opfert lediglich Menschen, wenn du schon für glaubwürdig
hältst, was die Dichtung überliefert,[36] nichts darüber hinaus und

                                  Schlimmeres

als das Schlachtmesser fürchtet das Opfer. Welches Unglück
trieb kürzlich jene an? Welch gewaltiger Hunger und welche

                                  feindlichen Waffen

mit einem Belagerungswall[37] zwangen sie, eine so fluchwürdige

                                  Ungeheuerlichkeit

zu wagen? Welchen Schimpf sonst könnten sie, wenn das Land um
Memphis trocken bleibt, dem Nil zufügen, der nicht ansteigen

                                  will?[38]

Weder die schreckenerregenden Kimbern und Briten noch die
grimmigen Sauromaten oder wilden Agathyrser[39] wüteten
je mit derartiger Raserei wie das unkriegerische und nichtsnutzige
Volk, das winzige Segel auf tönernen Booten zu setzen pflegte und
sich in diesen bemalten Gefäßen in die kurzen Riemen zu legen.[40]
Weder eine Strafe für dieses Verbrechen wirst du finden noch
Martern schaffen, die für diese Völker angemessen wären, in deren

                                  Sinn

Zorn und Hunger gleiche oder ähnliche Dinge sind.[41] Die weichsten
Herzen bekennt die Natur dem Menschengeschlecht zu schenken,[42]
indem sie ihm die Tränen schenkte; dies ist der beste Teil unseres

                                  Gefühls.

Zu beweinen heißt sie also die Kleidung[43] des sich vor Gericht

squaloremque rei, pupillum ad iura vocantem   135
circumscriptorem, cuius manantia fletu
ora puellares faciunt incerta capilli.
naturae imperio gemimus, cum funus adultae
virginis occurrit vel terra clauditur infans
et minor igne rogi. quis enim bonus et face dignus   140
arcana, qualem Cereris volt esse sacerdos,
ulla aliena sibi credit mala? separat hoc nos
a grege mutorum, atque ideo venerabile soli
sortiti ingenium divinorumque capaces
atque exercendis pariendisque artibus apti   145
sensum a caelesti demissum traximus arce,
cuius egent prona et terram spectantia. mundi
principio indulsit communis conditor illis
tantum animas, nobis animum quoque, mutuus ut nos
adfectus petere auxilium et praestare iuberet,   150
dispersos trahere in populum, migrare vetusto
de nemore et proavis habitatas linquere silvas,
aedificare domos, laribus coniungere nostris
tectum aliud, tutos vicino limine somnos
ut conlata daret fiducia, protegere armis   155
lapsum aut ingenti nutantem volnere civem,
communi dare signa tuba, defendier isdem

Verteidigenden, das Trauergewand des Angeklagten, das den
                                                    Betrüger vor
das Tribunal rufende Mündel,[44] dessen mädchenhafte Haare das
tränenüberströmte Gesicht unbestimmt werden lassen.
Nach dem Gebot der Natur klagen wir, wenn uns der Leichenzug
einer herangewachsenen Jungfrau begegnet oder in die Erde ein
                                                    Kind geborgen wird,
das für das Feuer des Scheiterhaufens noch zu klein ist.[45] Welcher
Redliche, und der geheimen Fackel Würdige, wie ihn der Ceres-
                                                    Priester fordert,[46]
meint nämlich, es gäbe irgendein Unglück, das ihn nichts anginge?
                                                    Dies trennt uns
von der Herde der stummen Geschöpfe, und so haben wir als einzige
eine erhabene Geistnatur erlost, können Göttliches erfassen,
sind tauglich zum Ausüben und Erfinden von Künsten,
und haben das von der Himmelsburg herabgeschickte Mitgefühl
                                                    empfangen,
dessen die gebückten, auf die Erde blickenden Wesen entbehren.
Der gemeinsame Schöpfer gewährte am Anfang der Welt diesen
nur den Lebensatem, uns auch den Geist, damit die gegenseitige
Zuneigung uns gebiete, Hilfe zu erbitten und zu gewähren,
die Verstreuten zu einem Volk zusammenzuführen, aus dem alt-
                                                    gewohnten Hain
auszuwandern und die von den Vorfahren bewohnten Wälder zu
                                                    verlassen,
Häuser zu bauen, mit unserem Heim ein anderes Dach zu
                                                    verbinden,
damit wechselseitiges Vertrauen durch die Nachbarschaft der
                                                    Wohnung
sicheren Schlaf schenke, mit Waffen einen gestürzten oder einen
unter gewaltiger Wunde wankenden Bürger zu beschützen,[47]
mit gemeinsamer Trompete Signale zu geben, sich durch dieselben

turribus atque una portarum clave teneri.
sed iam serpentum maior concordia. parcit
cognatis maculis similis fera. quando leoni   160
fortior eripuit vitam leo? quo nemore umquam
expiravit aper maioris dentibus apri?
Indica tigris agit rabida cum tigride pacem
perpetuam, saevis inter se convenit ursis:
ast homini ferrum letale incude nefanda   165
produxisse parum est, cum rastra et sarcula tantum
adsueti coquere et marris ac vomere lassi
nescierint primi gladios extendere fabri.
aspicimus populos quorum non sufficit irae
occidisse aliquem, sed pectora, bracchia, voltum   170
crediderint genus esse cibi. quid diceret ergo
vel quo non fugeret, si nunc haec monstra videret,
Pythagoras, cunctis animalibus abstinuit qui
tamquam homine et ventri indulsit non omne legumen?

SATURA XVI

  Quis numerare queat felicis praemia, Galli,
militiae? nam si subeuntur prospera castra,
me pavidum excipiat tironem porta secundo
sidere. plus etenim fati valet hora benigni
quam si nos Veneris commendet epistula Marti   5
et Samia genetrix quae delectatur harena.

Türme zu verteidigen und mit einem einzigen Schlüssel für die
                    Tore eingeschlossen zu sein.
Doch jetzt herrscht unter den Schlangen größere Eintracht.[48]
Es verschont seine gefleckten Verwandten das diesen ähnliche Tier.
Wann raubte einem Löwen ein stärkerer Löwe das Leben? In
                    welchem
Wald verendete je ein Eber durch die Zähne eines größeren Ebers?
Der Tiger in Indien hält mit einem anderen grimmigen Tiger
                    dauernden
Frieden, untereinander vertragen sich die wütenden Bären:
dagegen genügt es dem Menschen nicht, auf frevelhaftem Amboß
tödliches Eisen zu strecken, während die ersten Schmiede, nur
gewohnt, Karste und Harken zu schmelzen, und von Hacke und
Pflug erschöpft nicht verstanden, lange Schwerter zu hämmern.
Wir sehen vor uns Völker, deren Zorn es nicht ausreicht,
jemanden zu töten, sondern die seine Brust, Arme, Gesicht
für eine Art Speise halten. Was also würde er
sagen oder wohin nicht fliehen,[49] wenn Pythagoras jetzt diese Greuel
sähe, der sich sämtlicher Tiere enthielt, als handele es sich
um einen Menschen, und der seinem Magen nicht jedes Gemüse
                    gönnte?[50]

SECHZEHNTE SATIRE

Wer könnte, Gallius,[1] die Belohnungen eines glücklichen
                    Militärdienstes
aufzählen? Denn wenn das verheißungsvolle Lager betreten wird,
dann sollte mich ängstlichen Rekruten sein Tor unter einem
glücklichen Stern aufnehmen.[2] Mehr nämlich bewirkt die Stunde
                    eines gütigen
Geschicks, als wenn uns an Mars ein Brief der Venus empfiehlt und
seine Mutter, die sich am Sand von Samos erfreut.[3]

Commoda tractemus primum communia, quorum
haut minimum illud erit, ne te pulsare togatus
audeat, immo etsi pulsetur, dissimulet nec
audeat excussos praetori ostendere dentes   10
et nigram in facie tumidis livoribus offam
atque oculum medico nil promittente relictum.
Bardaicus iudex datur haec punire volenti
calceus et grandes magna ad subsellia surae
legibus antiquis castrorum et more Camilli   15
servato, miles ne vallum litiget extra
et procul a signis. „iustissima centurionum
cognitio est, igitur de milite nec mihi derit
ultio, si iustae defertur causa querellae.“
tota cohors tamen est inimica, omnesque manipli   20
consensu magno efficiunt curabilis ut sit
vindicta et gravior quam iniuria. dignum erit ergo
declamatoris mulino corde Vagelli,
cum duo crura habeas, offendere tot caligas, tot
milia clavorum. quis tam procul adsit ab urbe   25
praeterea, quis tam Pylades, molem aggeris ultra
ut veniat? lacrimae siccentur protinus et se
excusaturos non sollicitemus amicos.
„da testem“ iudex cum dixerit, audeat ille
nescio quis, pugnos qui vidit, dicere „vidi“,   30

Als erstes wollen wir die allen gemeinsamen Vorteile behandeln,[4]
von denen nicht der geringste der ist, daß dich kein Zivilist zu
schlagen
wagt, vielmehr, obwohl er geschlagen wird, es verhehlt und nicht
wagt, die ausgeschlagenen Zähne dem Praetor zu zeigen,[5]
die schwärzlich verfärbte, schwellende Beule im Gesicht
und das Auge, das ihm zwar blieb, für das der Arzt jedoch nichts
verspricht.
Wer dies bestrafen will, der erhält einen Kommißstiefel[6] als Richter
und kräftige Waden auf großmächtigen Geschworenenbänken
nach den alten Gesetzen des Lagers und unter Bewahrung des
Brauchs des Camillus,[7] daß nämlich der Soldat nicht außerhalb des
Lagerwalles
prozessiere und fern von den Feldzeichen. „Überaus gerecht ist die
Verhandlung
vor den Centurionen; so wird es also auch mir nicht an einer
Bestrafung
des Soldaten fehlen, wenn der Fall mit meiner gerechten Klage
vorgebracht wird.“[8]
Jedoch ist die ganze Kohorte feindselig, und alle Manipeln werden
mit großer Einmütigkeit dafür sorgen, daß die Rache ärztliche
Behandlung erfordern
und schlimmer wird als der frühere Übergriff.[9] Zum Maultier-
verstand des Deklamators Vagellius[10] würde es deshalb passen, wenn
man nur zwei Beine hat, soviele Stiefel, soviele tausend
Schuhnägel zu reizen. Wer würde außerdem so weit von der Stadt
Beistand leisten,[11]
wer wäre so sehr ein Pylades, daß er sich über den mächtigen Wall[12]
hinausbegäbe? Auf der Stelle sollten wir die Tränen trocknen und
nicht die Freunde bemühen, die sich doch entschuldigen würden.
Wenn der Richter sprach: „Bringe einen Zeugen bei!“ und jener
Jemand, der die Faustschläge sah, zu sagen wagte: „Ich habe es
gesehen“,

et credam dignum barba dignumque capillis
maiorum. citius falsum producere testem
contra paganum possis quam vera loquentem
contra fortunam armati contraque pudorem.

   Praemia nunc alia atque alia emolumenta notemus   35
sacramentorum. convallem ruris aviti
improbus aut campum mihi si vicinus ademit
et sacrum effodit medio de limite saxum,
quod mea cum patulo coluit puls annua libo,
debitor aut sumptos pergit non reddere nummos,   40
[vana supervacui dicens chirographa ligni]
expectandus erit qui lites incohat annus
totius populi. sed tum quoque mille ferenda
taedia, mille morae; totiens subsellia tantum
sternuntur, iam facundo ponente lacernas   45
Caedicio et Fusco iam micturiente parati
digredimur, lentaque fori pugnamus harena.
ast illis quos arma tegunt et balteus ambit
quod placitum est ipsis praestatur tempus agendi,
nec res atteritur longo sufflamine litis.   50

   Solis praeterea testandi militibus ius
vivo patre datur; nam quae sunt parta labore
militiae, placuit non esse in corpore census,
omne tenet cuius regimen pater. ergo Coranum
signorum comitem castrorumque aera merentem   55
quamvis iam tremulus captat pater. hunc favor aequus

will ich ihn des Bartes und der langen Haare unserer Vorfahren
für würdig halten.[13] Rascher könntest du einen falschen Zeugen
gegen einen Zivilisten vorführen, als einen, der die Wahrheit sagt
gegen die Position und gegen die Ehre eines Bewaffneten.

Weitere Belohnungen und weitere Vergünstigungen für den
                                                    Fahneneid
wollen wir jetzt hervorheben.[14] Falls einen Talhang oder ein offenes
Feld vom Land der Väter mir ein schändlicher Nachbar wegnahm
und mitten aus dem Grenzstreifen den geheiligten Stein ausgrub,
den jedes Jahr mein Brei samt einem breiten Kuchenfladen ehrte,[15]
oder der Schuldner das geliehene Geld beharrlich nicht zurückgibt,
[indem er die Handschrift auf dem wertlosen Holz für gefälscht
                                                    erklärt][16]
muß ich abwarten, bis das Jahr beginnt für die Streitfälle
des ganzen Volkes.[17] Aber auch dann ist tausendfacher Ärger,
tausendfache Verzögerung zu erdulden; so oft werden lediglich die
                                                    Gerichtsbänke
gepolstert, und während der beredte Caedicius bereits den Mantel
ablegt[18] und Fuscus bereits pißt,[19] gehen wir, schon bereitstehend,
auseinander und führen einen zähen Kampf auf dem Sand des Forums.
Dagegen wird jenen, welche mit Waffen geschützt sind und den
                                                    Schwertgurt tragen,
die Zeit zum Prozeß gewährt, die ihnen selbst paßt, und ihr Besitz
wird nicht aufgerieben durch die Bremse des langen Rechtsstreits.

Allein den Soldaten wird außerdem das Recht zum Testament
bei Lebzeiten des Vaters gegeben;[20] denn was durch die Mühe des
                                                    Kriegsdienstes
erworben wurde, sollte, so hielt man für richtig, nicht zur Masse
                                                    des Vermögens gehören,
über das der Vater die ganze Verfügungsgewalt hat. Folglich
betreibt bei Coranus,[21] der den Feldzeichen folgt und den Wehrsold
                                                    verdient,
der Vater Erbschleicherei, obwohl er schon zittrig ist.[22] Jenen bringt

provehit et pulchro reddit sua dona labori.
ipsius certe ducis hoc referre videtur
ut, qui fortis erit, sit felicissimus idem,
ut laeti phaleris omnes et torquibus, omnes ...   60

die verdiente Anerkennung[23] voran und gewährt seiner edlen Mühe
ihre Auszeichnungen.
Und gewiß scheint es im Interesse des Herrschers zu liegen,
daß, wer tapfer ist, auch der Glücklichste sei,
so daß alle über Medaillen und Ketten[24] froh, alle ...

ANHANG

ANMERKUNGEN

ZUR SATIRE 1

Die erste Satire nimmt Stellung zur eigenen Position Juvenals als Dichter. Der Entschluß, überhaupt zu dichten, wird 1-18 ironisch motiviert als Akt der Vergeltung gegenüber der Heimsuchung durch die Rezitationen anderer Dichter. Die Partie 19-80 begründet dann die Entscheidung gerade für die Satire innerhalb des Rahmens der Poesie (vgl. auch Anm. 41). Der Stoff der Satire wird 81-146 näher bestimmt. Der Abschnitt 147-171 diskutiert schließlich die Gefährdung des Dichters durch seine satirische Kritik.

1 Die Aufzählung bedeutet zugleich eine Bezeichnung der Gattungen, die Juvenal für sich selbst ablehnt. 51-54 wird dieser Gedanke wieder aufgegriffen und dabei als Grund die fehlende Nähe zur Realität des Lebens genannt. – Cordus ist ein sonst unbekannter Verfasser eines Theseus-Epos, von dessen häufiger Rezitation (vgl. 3,9) er bereits heiser wurde.
2 Komödien mit römischem Kolorit.
3 Titel von Tragödien.
4 Die Papyrusrollen wurden üblicherweise nur auf der Innenseite beschrieben, mit Zwischenräumen zwischen den senkrecht zur Rollrichtung stehenden Kolumnen.
5 Zwei Beispiele für eine in Epen übliche Beschreibung (Ekphrasis): Im Hain des Mars in Kolchis bewachte ein Drache das Goldene Vlies. Von den Liparischen Inseln galt Strongyle (h. Stromboli) als Ort der Höhle des Aeolus, des Herrschers über die Winde, Hiera (oder Thermessa, h. Vulcano) als Ort der Schmiede des Vulcanus.
6 Richter in der Unterwelt.
7 Spöttische Bezeichnung für das von Jason geraubte Goldene Vlies im Argonautenepos.
8 Ein Kentaur im Kampf gegen die Lapithen bei der Hochzeit des Pirithous mit Hippodame (vgl. Ovid, met. 12,510ff.).

9 Nicht näher bekannter Literaturmäzen, der sein Haus mit dem Peristyl für Dichterlesungen zur Verfügung stellte.

10 Wandverkleidungen oder (eher) Statuen.

11 Ironisches Argument für die Beteiligung am Dichten: Da man dieselben Stoffe wie die genannten von den Dichtern unterschiedlichster Begabung in immer neuer Wiederholung zu erwarten hat, dürfte auch Juvenal unter ihnen nicht auffallen, zumal er wie diese die gleiche – dafür ausreichende – Schulbildung erhalten hat, beim prügelnden Elementarlehrer und beim Rhetor.

12 Beim Rhetor in einer Übungsrede (*suasoria*), die Sulla zur Niederlegung der Diktatur riet.

13 Ein zusätzliches Argument: etwaige Rücksicht auf den Papyrus sollte nicht vom Dichten abhalten, da er sonst ohnehin von einem der vielen anderen Poeten verbraucht würde.

14 Nach der prinzipiellen Entscheidung für die Dichtung (1-18) jetzt das Bekenntnis zur speziellen Gattung der Satire (19-80), die als Feld des aus Aurunca Suessa stammenden Lucilius bezeichnet ist (zu Horaz vgl. 51): die Fülle der Laster in Rom erzwingt diese Wahl.

15 Dame der Gesellschaft, als Jägerin im Aufzug einer Amazone.

16 Ein reicher Emporkömmling aus Canopus im Nildelta, Mitglied des Kronrates bei Domitian; vgl. 4,1-33. 108f. Durch seine Geste macht er protzig auf seinen kostbaren Purpurmantel aufmerksam, ebenso durch das Fächeln auf seinen Ring, der, weil es Sommer ist, nur einen kleineren Edelstein aufweist als der im Winter getragene, da in der Hitze das große Gewicht zu lästig sei.

17 Vgl. zu diesem fetten Anwalt 7,129. 11,34.

18 *Delatores* waren Ankläger, die zur Belohnung seit Nero ein Viertel des vom Fiscus eingezogenen Vermögens eines verurteilten Angeklagten erhielten, weshalb besonders reiche Adlige ihre Opfer waren. Jener ungenannte Delator hatte sogar als Klient seinen eigenen Patron (*magnus amicus*) verurteilen lassen (vgl. 3,116), was besonders verwerflich war, und wird noch die Adligen vernichten, die andere Delatoren übrig gelassen haben.

19 Jenen Delator fürchten Baebius Massa und Mettius Carus, selbst gefürchtete Delatoren unter Domitian, außerdem Latinus und Thymele, als Schauspieler des Mimus Günstlinge desselben Kaisers, und suchen der Bedrohung durch Bestechung zu begegnen.

20 Aus den Testamenten.

21 Die beiden im Testament belohnten Liebhaber der reichen Alten sind
     sonst unbekannt.

22 Dies ist, ebenso wie die Bleichheit, wahrscheinlich auf die sexuelle
     Überanstrengung zu beziehen (vgl. Courtney). – Argumente für eine
     Athetese der VV. 42-44 bei R. Henke, WüJBB N.F. 17, 1991, 257-266.

23 Drusus weihte 12 v. Chr. in Lyon einen Altar für Roma und Au-
     gustus. Caligula richtete dort Wettbewerbe in der Redekunst ein, bei
     denen die Verlierer grobe Erniedrigungen zu befürchten hatten.

24 Die Leber als Sitz der Affekte; trocken: von der Hitze des Zorns.

25 Das rücksichtslose Auftreten eines durch die Beraubung jenes jungen
     Mannes zu Geld gekommenen Reichen, dessen viele Klienten auf der Stra-
     ße die Passanten zur Seite drängen. – *premat* (einzelne Hss.) verdient ge-
     genüber *premit* wegen der sonstigen Konjunktive im Kontext den Vorzug.

26 Der Ungenannte verfiel zwar wegen des Urteils der Infamie, behielt
     aber das entscheidende Geld. Er ist zu trennen von dem aus Rom ver-
     bannten Marius Priscus (s. u.).

27 Marius Priscus (vgl. 8,120) wurde als ehemaliger Verwalter der Pro-
     vinz Africa angeklagt und 100 n. Chr. mit der *relegatio* aus Rom und
     Italien bestraft. Er vermochte offenbar große Teile des Vermögens zu
     retten, während die Provinz zwar seine Verurteilung erreichte, aber
     finanziell leer ausging.

28 Bereits am frühen Nachmittag.

29 D.h. der Götter, die ihm in Wirklichkeit zürnen.

30 Die Lampe bei der nächtlichen Arbeit an den Satiren, wie sie das Vor-
     bild Horaz (aus Venusia) benutzte.

31 Epen über den stierköpfigen Minotaurus im Labyrinth von Knossos
     (in einer Theseis) bzw. die Flucht des Icarus (mit dessen Absturz) und
     seines Vaters Daedalus (des Erbauers des Labyrinths) aus Kreta. In
     der Formulierung kommt der Spott über die Realitätsferne der my-
     thologischen Epen zum Ausdruck.

32 Der Ehemann fördert das ehebrecherische Treiben seiner Frau mit
     ihrem Galan beim Gastmahl, indem er wegsieht oder durch Schnar-
     chen Schlafen vortäuscht, in der Erwartung, daß der Galan ihn zum
     Lohn ersatzweise im Testament bedenken wird, da die Möglichkeit zu
     erben bei Frauen aus verschiedenen Gründen eingeschränkt sein
     konnte. Den Gewinn konnte sich das Ehepaar dann teilen.

33 Der durch seinen Pferdesport ruinierte junge Mann aus guter Familie erstrebt zunächst einen Eingangsposten beim Militär, um dann möglicherweise bis zum Procurator aufzusteigen und sich zu sanieren. – Automedon: Wagenlenker des Achill.

34 Bald werden es acht Träger sein. – Maecenas galt als Muster verweichlichter Lebensart.

35 Der als Zeuge zur Bestätigung eines Testaments gebetene Fälscher schob ein ihn als Erben nennendes Dokument unter und siegelte dieses. Der Stein des Siegelrings wurde angefeuchtet, um ein Haften auf dem Wachs der Täfelchen zu vermeiden.

36 Wein aus Cales in Campanien.

37 Sie übertrifft sogar Lucusta, die Giftmischerin in den Diensten Neros. – Auf dem Wege zur Bestattung außerhalb der Mauern erregen die verfärbten Leichen den Verdacht des Giftmords (der jedoch wegen des Fehlens staatlicher Aufsicht unbeweisbar blieb).

38 Gyara (oder Gyaros, h. Jaros): kleine, als Verbannungsort berüchtigte Insel der Kykladen. Vgl. 10,170.

39 Aus Geldgier beginnen Schwiegertöchter ein Verhältnis mit dem Schwiegervater; Bräute betrügen ihre Männer noch vor der Eheschließung; Heranwachsende treiben Ehebruch vor dem (im Alter von etwa 16 Jahren üblichen) Vertauschen der *toga praetexta* mit der *toga virilis*.

40 Trotz fehlender natürlicher Begabung erzwingt die Empörung Verse. – Cluvienus: unbekannter Dichter minderen Ranges.

41 Die Verse 19-80 begründeten den Entschluß zur Satirendichtung (vgl. 19-21. 79f.), die Partie 81-146 behandelt ihren Stoff (*farrago* 86, vgl. *materia* 151), jedoch enthielt die Aufzählung der den Dichter zur Satire drängenden Mißstände 22ff. bereits indirekt Angaben zum Stoff.

42 Nach der Sintflut landeten Deucalion und Pyrrha auf dem Gipfel des Parnassus. Gemäß der Weisung der Themis in Delphi warfen sie Steine hinter sich, die sich jeweils in Männer bzw. Frauen verwandelten (vgl. Ov. met. 1,262ff.).

43 Sowohl das Handeln der Menschen (*agunt*) als auch ihre Empfindungen und Triebe. *Farrago* (eig. Mischfutter für Tiere) zur ironischen Bezeichnung des Gegenstandes (*materia* 151) der eigenen Satire, in Anspielung auf *satura*, was urspr. Mischmasch, Potpourri bedeutete.

44 *Sinus* ist eig. der Bausch der Toga, in dem man die Geldbörse aufbewahrte: sie wird für die erwünschten Gewinne weit geöffnet.

45 Die Laster der Bauwut und der Schlemmerei (in der Form der Monositia).

46 *Sportula* war zunächst das Speisen enthaltende Körbchen zur Entlohnung der Klienten und diente später als Bezeichnung für das entsprechende Bargeld. An u. St. ist offenbar das Körbchen gemeint, aus dem das Geld verteilt wurde. Die Klienten werden nicht in das Haus gelassen, etwa zur Teilnahme am Mahl (der Patron speist allein), sondern am Eingang abgefunden. – 95 b-146: ein Bild der zerstörten Klientel.

47 Die Klienten.

48 Trotz der Bescheidenheit der Gabe überprüft der Patron die Empfänger.

49 Spöttische Bezeichnung für den *nomenclator*.

50 Ironische Benennung der Angehörigen vornehmer Geschlechter, die ihren Ursprung aus Troja herleiteten (vgl. 8,181. 11,95).

51 Der *latus clavus* (Purpurstreifen) auf der Tunica der Senatoren, der breiter war als der der Ritter. Der ausländische Parvenü hält sich für besser situiert als z.B. den verarmten adligen Senator Corvinus, dem seine Schafe nicht einmal selbst gehören.

52 In der Nähe von Ostia.

53 Pallas: ein Freigelassener des Claudius, er galt als einer der reichsten Männer der Zeit; Licinus: ein ebenfalls extrem reicher Freigelassener in den Diensten Caesars und des Augustus: der Parvenü übertreibt protzig.

54 Die aus Übersee eingeführten Sklaven wurden auf dem Markt zur Unterscheidung von den einheimischen durch geweißte Füße gekennzeichnet.

55 Auf dem Tempel der Concordia nisteten Störche. Der genaue Sinn ist umstritten. Entweder: Concordia, deren Tempel von Geklapper ertönt, wenn der Storch sein Nest begrüßt, oder: wer im Vorbeigehen den Tempel grüßte, konnte den Eindruck haben, Concordia lasse als Antwort aus ihrem Storchennest ein Klappern hören.

56 Selbst höchste Amtsträger wie ein Konsul betätigen sich als Klienten (vgl. 101. 3,128-130), um aus Gier die Sportel (vgl. Anm. 46) zu kassieren. Sie werden so zu Konkurrenten der schlichten Klienten, die

von der Sportel den Lebensunterhalt bestreiten müsssen. Diese greifen deshalb zur Verbesserung ihrer Lage auch zu unlauteren Tricks (s. u.).

57 Die Sänften bildlich als Bittsteller um die üblichen 25 As (= 6 ¼ Sesterzen) der Sportel. Durch das Mitführen der Ehefrau wurde die Verdoppelung des Betrags angestrebt. Mancher Betrüger brachte auch eine leere Sänfte mit.

58 Bei der morgendlichen Aufwartung (*salutatio*) wurden zur Mehrung der Einkünfte auch mehrere Patrone besucht.

59 Die Worte *noli vexare, quiescet* sind entweder noch dem betrügerischen Klienten zuzuweisen oder dem Verwalter des Patrons (bzw. diesem selbst), der nicht weiter prüfen will und so den Erfolg der List anzeigt.

60 Nach der *salutatio* mit dem Empfang der Sportel begleitet der Klient den Patron zu Rechtsgeschäften auf das Forum des Augustus. Die dortige Apollostatue ist durch die vielen Verhandlungen bereits zum Juristen geworden. Zu beiden Seiten dieses Forums waren Standbilder verdienter Politiker, besonders Triumphalstatuen, aufgestellt.

61 Arabarches: Titel eines Steuereinnehmers in Oberägypten. Wahrscheinlich eine Anspielung auf Tiberius Julius Alexander, ein Protegé von Vespasian und Titus. Als alexandrinischer Jude eignete er sich wegen der Abneigung Juvenals gegen Aegypten und die Juden besonders zum Gegenstand der Kritik.

62 Gedanklich ist zu ergänzen: *sed etiam cacare.*

63 Nach 131 wird von vielen eine kürzere Textlücke angenommen, die entsprechend der Ankündigung 127 Angaben über weitere Pflichten der Klienten in der Zeit bis zur Situation 132ff. enthalten habe, wohl zu Unrecht: die einschlägigen Texte zur Klientel nennen keine typischen weiteren Aufgaben, und die Darstellung 132ff. läßt hinreichend erkennen, daß die Klienten beim Patron weiter ausharren mußten, um dann den Ausschluß vom Mahl zu erleben. Auch 6,474ff. ist zunächst die Beschreibung eines Tagesprogramms (der Damen) angekündigt, die aber nicht konsequent ausgeführt wird.

64 Mit *orbes* sind runde Tische, z. B. aus kostbarem Citrusholz, gemeint. Trotz der Vielzahl der Tische wird nur ein einziger benutzt, da der Patron allein tafelt (Laster der Monositia), aber zugleich durch sein Schlemmen das Vermögen ruiniert. Der als Parasit betrachtete Klient

ist unerwünscht. *Comedunt*: der „König" (= Patron) und andere gleicher Gesinnung.

65 Der Schlemmer wartet nicht ab, bis der Pfau verdaut ist, sondern geht einer Unsitte folgend nach dem Essen ins heiße Bad, wo er an Herzversagen stirbt.

66 Das Baden nach übermäßigem Essen kann zwar die Ursache für einen plötzlichen Tod sein, nicht aber für die Tatsache, daß man im Alter noch kein Testament gemacht hat. Der Vers wurde deshalb athetiert von Knoche, zur Tilgung empfohlen von R.G.M. Nisbet, JRS 52, 1962, 234.

67 Die *amici* (oft zur Bezeichnung der Klienten) zürnen noch immer wegen der früheren schlechten Behandlung durch den toten Patron.

68 Da die Laster in der Gegenwart auf ihrem Höhepunkt angelangt sind, ergibt sich die Notwendigkeit einer möglichst scharfen Kritik: diese wird indessen Anstoß erregen und könnte den Dichter in Gefahr bringen. Die Erörterung dieses Problems im letzten Abschnitt 147-171.

69 Für die Bevorzugung der Variante *dicas* gegenüber meist rezipiertem *dices* vgl. die Begründung bei Courtney z. St.

70 Eine Erwiderung im Geiste des Vorgängers Lucilius (20), der u.a. Q. Mucius Scaevola (cos. 117 v. Chr.) attackierte.

71 „*Pone*" rhetorisch („mache zum Thema"); vgl. Oxf. Lat. Dict. *pono* Nr. 18.

72 Die Opfer wurden in ein pechgetränktes Gewand (*tunica molesta* Juv. 8,235) gehüllt aufrecht an einen Pfahl gefesselt und lebendig verbrannt. So die Christen unter Nero i. J. 64 (Tac. ann. 15,44), als Ofonius Tigellinus (oder Tigillinus) *praefectus praetorio* (seit 62) und mächtigster Ratgeber am Hofe war.

73 *deducis* die Hss. LO, sonst meist *deducit*. Der Vers 157 läßt sich nur auf das Fortschleifen der (verkohlten) Leiche mit dem Haken (*uncus*) beziehen. Statt der Annahme eines Versausfalls (Housman) scheint meine Änderung zu *deduces* die einfachere Lösung zu sein (s. *lucebis* 155; vgl. auch Friedlaender z. St.).

74 In der Sänfte.

75 Ungefährliche Epen: Aeneis (Kampf des Aeneas mit Turnus), Achilleis, Argonautica. Hylas, der Begleiter des Hercules auf dem Argonautenzug, wurde beim Wasserschöpfen von einer Quellnymphe in das Wasser hinabgezogen und von Hercules schmerzlich gesucht.

76 Anspielung auf ein sprichwörtlich gewordenes Zitat aus Terenz, Andr. 126 (*hinc illae lacrimae*).

77 Zu beiden Seiten dieser Straßen befanden sich Grabstätten.

ZUR SATIRE 2

Gegen die homosexuellen Adligen: Kritik an den Heuchlern, die ihre Homosexualität hinter einer altrömischen oder philosophischen Fassade zu verbergen suchen (1-65 a). Creticus kämpft sogar als Anwalt gegen die Unmoral, sein Laster ist dagegen an seinem durchsichtigen Gewand zu erkennen (65 b-83 a). Andere fühlen sich völlig als Frauen (83 b-116), und Gracchus schließlich feiert eine Hochzeit mit einem Mann (117-148). Das Urteil des Dichters: 149-170.

1 Sauromatae ist eine andere Bezeichnung für Sarmatae; hier als Barbarenvolk jenseits der Nordostgrenze des Reiches.

2 Genannt als Muster altrömischer Moral. M.' Curius Dentatus (vgl. 153. 11,78) war 272 v.Chr. Censor.

3 Orgiastischer Geheimkult des Bacchus; in Rom bereits 186 v. Chr. verboten.

4 Seit 232 drittes Schulhaupt der Stoa in Athen.

5 Pittacus (ca. 650-570 v. Chr.): Staatsmann in Mytilene auf Lesbos, den man unter die 7 Weisen rechnete.

6 Zweites Schulhaupt der Stoa (seit 262). Um den Eindruck philosophischer Sittenstrenge zu erwecken, kaufen sie wahllos Büsten unterschiedlicher Philosophen, es müssen aber Originale, keine Kopien späterer Zeit sein.

7 Spöttische Bezeichnung für die Hämorrhoiden, die hier auf den Geschlechtsverkehr zurückgeführt werden. Sie und der enthaarte Hintern verraten das Laster.

8 Beliebiger Name für einen Homosexuellen, der seine Veranlagung wenigstens nicht verhehlt.

9 Hercules hier als Musterheld der Stoa.

10 Unbekannter Homosexueller.

11 Tiberius und Gaius Gracchus, 133 bzw. 121 v. Chr. wegen revolutionärer Umtriebe getötet.

12 D.h. wer möchte nicht aus Protest das Chaos herbeiführen? – C. Verres, 73-71 v. Chr. räuberischer Verwalter der Provinz Sizilien, von Cicero 70 erfolgreich angeklagt.

13 Milo ermordete 52 v.Chr. Clodius.

14 Clodius wurde ein Verhältnis mit Caesars Frau Pompeia nachgesagt; als Harfenspielerin verkleidet suchte er beim Fest der Bona Dea d. J. 62 zu ihr zu gelangen (vgl. Sen. epist. 97,2). Caesar vollzog deshalb die Scheidung: Suet. Div.Iul. 6,2.

15 C. Cornelius Cethegus, prominenter Mitverschworener Catilinas bei dessen Putschversuch 63 v.Chr.

16 Die Proskriptionslisten Sullas 82 v. Chr., als dessen Schüler die Triumvirn Antonius, Lepidus, Oktavian (Proskription i.J. 43) erscheinen.

17 Domitian verführte, obwohl selbst verheiratet, seine verheiratete Nichte Julia, was in Rom als Inzest (wie in der Tragödie) galt, und zwang sie zu einer Abtreibung, die zu ihrem Tod führte. Um die gleiche Zeit (etwa 89) schärfte er das Ehegesetz (*Lex Iulia de adulteriis*) des Augustus erneut ein, was als Akt der Heuchelei interpretiert ist. Mars und Venus: wegen ihrer aus B.8 der Odyssee bekannten Ehebruchsaffäre.

18 Gedacht ist bes. an M. Aemilius Scaurus, Censor 109 v. Chr., als Vorbild republikanischer Sittenstrenge.

19 Wohl ein beliebiger Name. Sie ist offenbar eine der attackierten Ehebrecherinnen.

20 Die *Lex Iulia de adulteriis* (s. Anm.17).

21 Jener unbekannte heuchlerische Moralprediger (36/7) ist ironisch als dritter sittenstrenger Cato aufgefaßt nach Cato Censorius und Cato Uticensis.

22 Aus dem Schlaf (vgl. 1,126).

23 Die gegen Päderastie gerichtete *Lex Scantinia* (bereits republikanisch; vgl. Mommsen, Strafrecht 703f.). – V. 45 ist mit Courtney (s. dort) statt *qui* (bzw. *nam, hi*) *plura* (Hss.) die Verbesserung Herwerdens *peiora* aufgenommen.

24 Beliebige Namen; so auch Hispo 50.

25 Als aktiver (*pedico*) und passiver (*pathicus*) Homosexueller.

26 Penelope: Homer, Od. 2,93ff. 19,137ff. Die lydische Weberin Arachne im unheilbringenden Wettstreit mit Minerva: Ovid, met. 6,5ff.

27 Sklaven wurden zur Strafe an einen Holzblock gekettet; hier als Maß-
    nahme der eifersüchtigen Ehefrau gegen eine verdächtigte Sklavin.

28 Der Freigelassene als Liebhaber oder Geliebter des Hister, der das Ein-
    verständnis der eigenen Ehefrau erkaufte.

29 Der Name bezeichnet ihn als Adligen; er klagte offenbar Frauen nach
    der *Lex Iulia* wegen Ehebruchs an.

30 Die vier Frauennamen sind wieder beliebig gewählt. Verurteilte Ehe-
    brecherinnen mußten wie die professionellen Dirnen die Toga tragen.

31 Die Nacktheit als offensichtliches Zeichen des Wahnsinns: dieser
    Auftritt wäre dennoch weniger entehrend als das Tragen jenes Ge-
    wandes.

32 Creticus in seinem anstößigen Gewand wird hypothetisch als Magi-
    strat mit den Kriegern und Bauern Altroms konfrontiert.

33 Der Scholiast zitiert das Sprichwort: *uva uvam videndo varia fit.*

34 Das gegenwärtige Verhalten bietet den Ansatz zu einer hypothe-
    tischen Prognose, die gedanklich zur Schilderung der Kultfeier über-
    leitet.

35 Die aus dem Osten eingeführte Mitra hatte herabhängende Bänder.

36 Bei der nächtlichen Kultfeier dieser Frauengottheit waren die Männer
    strikt ausgeschlossen; dies ist hier ins Gegenteil verkehrt. Opfertier
    war ein Schwein; auch Wein soll eine Rolle gespielt haben.

37 Cotyto war ursprünglich eine thrakische Gottheit, deren orgiastischer
    Kult auch in Athen (kekropisch = athenisch) Eingang fand. Der atti-
    sche Dichter Eupolis verfaßte eine darauf bezogene Komödie mit dem
    Titel „Baptai". Wahrscheinlich spielte bei den Riten das Transvesti-
    tentum eine zentrale Rolle. Vgl. Courtney.

38 Beim Trinken aus diesem Gefäß in der Gestalt des phallischen Gottes
    Priapus entstand der Eindruck der Fellatio.

39 Sklaven schworen beim Genius ihres Herren, Sklavinnen bei der Juno
    ihrer Herrin.

40 Der Spiegel jenes Teilnehmers am Fest der Bona Dea wird verglichen
    mit dem Spiegel Othos, in dem dieser sich im Kriege (d.h. – vgl. 106
    – vor der Schlacht bei Bebriacum) betrachtete und der ihm soviel galt
    wie die Lanze, die Turnus von dem Aurunker Actor erbeutete (Zitat
    aus Aen. 12,94 *Actoris Aurunci spolium* verbunden mit der Anspie-
    lung auf Aen. 3,286 *clipeum, magni gestamen Abantis*): der iro-
    nische Kontrast zur epischen Welt intensiviert die Vorstellung der

moralischen Depravation, die nicht nur jene Feiernden, sondern sogar die Regierung Roms erfaßt hat und in Verbindung mit dem Krieg besonders hervortritt.

41 *Constantia* gehört zu beiden Antithesen: sowohl als Feldherr als auch als Bürger gerät Otho bei seinem Streben nach der höchsten Stelle im Staat in Widerspruch zu seiner weibischen Körperpflege. Die Tötung Kaiser Galbas am 15.1.69 in Rom, Othos Schlacht bei Bebriacum (bzw. Bedriacum) nahe Cremona gegen die Truppen des Vitellius am 14.4.69.

42 Als weiterer Kontrast zu Otho die kriegerischen weiblichen Herrscherinnen, die sagenhafte Sameramis (oder Semiramis) bzw. Cleopatra anläßlich der verlorenen Seeschlacht bei Actium in Epirus 31 v.Chr.

43 Im überlieferten Text liegt eine Störung vor.

44 Mit diesem Priester des Cybele-Kults ist wohl ein Trinker gemeint.

45 Konsequent wäre die Selbstkastration wie bei den Anhängern der Cybele.

46 Von der Kultfeier zu Ehren der Bona Dea erfolgt die Steigerung zur förmlichen Männerhochzeit. Gracchus (vgl. 8,199-210) als „Braut" schenkte als Mitgift die Summe, die für den „Bräutigam" den Census des Ritterstandes bedeutete.

47 Der die Sitten beaufsichtigende Censor reicht für die Ungeheuerlichkeit der Hochzeit nicht mehr aus, diese müßte vielmehr wie eine der beiden 123 genannten Naturwidrigkeiten (*monstra*) durch einen Haruspex behandelt werden (*procuratio*).

48 Gracchus gehörte der Patriziern vorbehaltenen Priesterschaft der Salii an, die bei ihren mit Tanz und Gesang verbundenen Umzügen die an Riemen befestigten heiligen Schilde König Numas (dies sind die *sacra*, die *ancilia*) trugen. Sein Laster und sein Verhalten bedeuten zugleich eine Entehrung der Staatsreligion.

49 Romulus und Mars (= Gradivus) werden, da sie von den Saliern besonders verehrt wurden, zum Einschreiten gegen dieses Treiben aufgerufen.

50 Anspielung auf seine Klage vor Zeus Ilias 5,872ff. (nach der Verwundung durch Athene).

51 Das Marsfeld, auf dem gewichtige Staatsgeschäfte (Wahlen usw.) stattfanden und dessen Würde der Gott nicht mehr verteidigt.

52 Die Ortsbezeichnung soll die Beziehung zum Vorwurf 126/7 herstel-

len (Quirinus = Romulus, der *pater urbis*; in seinem Tal findet ebenfalls eine derartige Hochzeit statt); geographisch bleibt sie unklar.

53 Eine sonst unbekannte Kurpfuscherin, die Fruchtbarkeitsmittel verkauft.

54 Am Fest der *Lupercalia* lief die Priesterschaft der *Luperci* um den Palatin und schlug mit Riemen aus der Haut der Opfertiere die Handflächen der Frauen zur Förderung der Fruchtbarkeit.

55 Die „Hochzeit" des Gracchus wurde an Verwerflichkeit noch übertroffen durch seinen Auftritt in der Arena: er kämpfte als *retiarius* mit Netz und Dreizack (vgl. 8,199-210).

56 Das *podium* war im Amphitheater die den Senatoren und dem Kaiser vorbehaltene erste die Arena umschließende Sitzreihe.

57 Nach Angabe des Scholiasten: Nero.

58 Abschließender Kommentar des Dichters (149-170): der Gegensatz zwischen den römischen Kriegern der Frühzeit und den gegenwärtigen degenerierten Adligen, zwischen den jetzigen militärischen Erfolgen und der Unmoral in Form der Homosexualität, die sogar zu den besiegten Völkern exportiert wird. – Vgl. die Beschreibung der Unterwelt bei Vergil, Aen. 6,296ff. – Kleinkindern wurde in den öffentlichen Bädern das Eintrittsgeld erlassen.

59 Altrömische Vorbilder der Tapferkeit; an der Cremera in Etrurien fielen 405 v.Chr. 306 Fabier im Kampf gegen Veji.

60 Schwefel, Fackeln (zum Entzünden des Schwefels) und Lorbeer (zum Besprengen mit Wasser) gehörten zum Lustrationsritus.

61 Ein Feldzug nach Irland war von Agricola lediglich geplant worden, die Orkneys hatte er 84 n.Chr. erobert.

62 Der Vorgang ist anderweitig nicht erwähnt.

63 Das Wort *indulsit* ist korrupt, da die Grammatik *indulserit* verlangt.

64 Die am Araxes gelegene Hauptstadt Armeniens.

ZUR SATIRE 3

Die Satire stellt die Situation in Rom aus der Sicht des unbegüterten, weitgehend von den Einkünften der Klientel abhängigen Bürgers dar: der als Beispiel gewählte alte Freund Juvenals Umbricius bezeichnet die Gründe, die ihn zur Emigration aus der Vaterstadt nach Cumae zwingen.

1-20: die äußere Situation, der Abschied des Dichters von Umbricius an der Porta Capena; 21-332: die Rede des Umbricius mit den Gründen für den Entschluß zum Verlassen Roms. 21-189: 1. Hauptteil; 21-57: die Unmöglichkeit einer ehrenhaften wirtschaftlichen Existenz in Rom; 58-126: die Ausländer als überlegene Konkurrenten um die Gunst der *Patroni*; 127-136: Beamte als weitere Konkurrenten; 137-164: Diskriminierung wegen fehlenden Vermögens; 165-189: Aufwand in Rom im Gegensatz zum Land. 190-314: 2. Hauptteil; 190-222: Gefahr durch Hauseinsturz und Brände; 223-231: Gegenbild der Provinz; 232-267: Schlaflosigkeit, Verkehrslärm, Gefahren in den Straßen bei Tage, 268-314: bei Nacht. 315-322: Ausblick in die Zukunft.

1   Cumae, die älteste griechische Siedlung in Italien, war Sitz einer Sibylle (vgl. Vergil, Aen. 6) und befand sich am Wege von Rom nach dem am Golf von Neapel gelegenen Badeort Baiae. Der geborene Römer ist zur Auswanderung in eine Griechenstadt gezwungen. Im Vergleich mit Rom ist sie ein menschenleeres Nest.

2   Prochyta (h. Procida), eine kleine Insel vor Neapel gegenüber von Kap Misenum, als Kontrast zur Subura, dem geschäftigsten Gewerbegebiet Roms.

3   Die Rezitationen (vgl. 1,1ff.) werden selbst im heißesten Monat nicht ausgesetzt; hier ironisch am Ende der Klimax von Übeln.

4   Der Karren für den bescheidenen Hausrat wartet vor dem Tor, da während des Tages private Lastwagen die Straßen der Stadt nicht befahren durften.

5   Über die Bögen der Porta Capena (südlich des Circus Maximus), an der die Via Appia begann, verlief ein Zweig der Aqua Marcia.

6   Die Quellnymphe Egeria soll die Beraterin König Numas gewesen sein; hier spöttisch als Liebesverhältnis gedeutet. Vor der Porta Capena erstreckte sich ein den Camenen (die mit den Musen gleichgesetzt wurden) geweihter Hain mit Quelle und Tempel. Er wurde den Juden überlassen, die eine besondere Kopfsteuer zu zahlen hatten. So kommt es zur Formulierung, daß jeder Baum eine Gebühr zu entrichten habe. Der Wald bettelt: eigentlich die dort zu findenden Juden.

7   Allgemein erklärt als Behälter zum Warmhalten der Speisen für den Sabbat, an dem nicht gekocht werden durfte.

8 Der heilige Bezirk ist nicht nur durch die eingedrungenen Ausländer seines religiösen Charakters beraubt, wofür auch die Geldgier der Römer verantwortlich ist, sondern zugleich durch den im Marmor sichtbaren Luxus.

9 Daedalus soll sich auf seinem Flug von Kreta in Cumae niedergelassen und den Apollo-Tempel gebaut haben (Vergil, Aen. 6,14ff.).

10 Eine der den Lebensfaden spinnenden Parzen.

11 Unbekannte Parvenüs.

12 Unternehmer führten gegen eine feste Summe die genannten öffentlichen Aufträge aus: von Juvenal als unseriöse Tätigkeiten betrachtet.

13 Die Lanze als Zeichen der öffentlichen Versteigerung. Gemeint ist der Verkauf von Sklaven oder (eher): jene Unternehmer nehmen das Geld, veranstalten einen betrügerischen Bankrott, ihr noch erreichbarer Besitz wird versteigert, und dies ist so hingestellt, als würden sie selbst in die Sklaverei verkauft.

14 Die ehemaligen Musiker, die auf dem Lande und in den kleineren Städten in ihrer untergeordneten Position die Truppe begleiteten, sind jetzt zu Magistraten und damit zu Veranstaltern von Spielen in Rom aufgestiegen.

15 Die Aufforderung zum Töten wurde offenbar durch den aufwärts gegen die Brust gerichteten Daumen angezeigt (als Zeichen des Todesstoßes), der abwärts gerichtete Daumen bedeutete Schonung.

16 Die Pächter der Bedürfnisanstalten nahmen Gebühren. Vielleicht ist auch an die Lieferung der Produkte u.a. an Gerber gedacht.

17 Empfehlenswert bei schriftstellernden reichen *Patroni*.

18 Als Astrologe im Dienst von geldgierigen Söhnen (vgl. 14,248ff.).

19 Es ist unsicher, ob die Tätigkeit als *haruspex* gemeint ist (vgl. *inspexi*) oder (wahrscheinlicher) das Bereiten von Krötengift (im Sinne einer Steigerung: nach der Vorhersage des Todes des Vaters die Mitwirkung bei dessen Ermordung).

20 Als Begleiter des Verwalters einer Provinz, um bei deren Ausplünderung mitzuhelfen (vgl. 8,127).

21 Das bekannte Vorbild für die Ausbeutung von Provinzen (vgl. 2,26. 8,106).

22 Der goldhaltige Sand des (von Bäumen gesäumten) Tagus (h. Tajo, Tejo) als Sinnbild unendlichen Reichtums.

23 Zu den Griechen des Mutterlandes gesellen sich in der folgenden Aufzählung die Bewohner des Orients (62f.), der Peloponnes (Sikyon),
aus Mazedonien (Amydon), von den Inseln (Andros, Samos), aus
Kleinasien (Tralles, Alabanda: jeweils in Karien).

24 Fluß (h. Nar el Asi) im Libanon und in Syrien, der westlich des heute
türkischen Antakya (Antiochia) in das Mittelmeer mündet.

25 Gemeint sind orientalische Harfen; die Tympana waren besonders im
Cybele-Kult üblich.

26 Die Römer haben nicht nur die Griechen in ihre Stadt aufgenommen,
sondern verwandelten sich selbst in Griechen. – Quirinus = Romulus
(vgl. 2,126f.). – Die Vorliebe für das Griechische ist durch die Fremd-
wörter ausgedrückt. *Trechedipna* bezeichnete offenbar Schuhe. Die
Kritik trifft auch den Sport der griechischen Palaestra.

27 Esquilin und Viminalis waren exklusive Wohngegenden.

28 Syrischer Grieche, der am Ende des 1. Jhs. n. Chr. in Rom bes. durch
seine Fähigkeit zur Stegreifrede beeindruckte (vgl. Plinius, ep. 2,3).
Eine hyperbolische Pointe: die Griechen allgemein übertreffen mit
ihrem Redefluß selbst einen Isaeus, ihren größten Redner.

29 Wie Daedalus aus Athen mit seinen Flügeln; vgl. V. 80.

30 Zeichen für den aufdringlichen Luxus jener ausländischen Empor-
kömmlinge.

31 Als Zeuge bei Testamenten, Eheverträgen usw.; die Reihenfolge gab
Auskunft über den Rang.

32 Früchte aus Syrien.

33 Ein bescheidenerer Stadtbezirk.

34 Antaeus: ein in Libyen lebender Riese, Sohn des Poseidon und der
Ge; er konnte von Hercules im Ringkampf nur dadurch getötet werden, daß dieser ihn über die ihm stets neue Kräfte verleihende Mutter
Erde emporhob. – Die Erwähnung des krähenden Hahns ist witzig in
eine Umschreibung in epischem Stil gekleidet.

35 Die drei weiblichen Typen der Komödie, die von den Männern täu-
schend echt gespielt werden. Thais: ein typischer Hetärenname; Doris
ist die *ancilla*, die wegen ihrer Arbeit das *pallium* (desh. *fabula pal-
liata*) als einzige nicht trägt. Schauspielerinnen kannte nur der Mimus.

36 Stratocles und Demetrius waren z. Zt. Domitians berühmt, Haemus
ist noch 6, 198 erwähnt; von Antiochus ist sonst nichts bekannt. Eine
erneute hyperbolische Pointe: die besten griechischen Schauspieler

fallen unter den Griechen überhaupt nicht auf, da diese alle Schauspieler (von vergleichbarer Perfektion) sind.

37 Zur Interpretation vgl. J.R.C. Martyn, Latomus 44, 1985, 394-7. –
Für *aut* und die übrigen Varianten der Hss. ist in V. 109 noch keine
überzeugende Verbesserung gefunden.

38 Der Vers wird in der Nachfolge von Pinzger in den modernen Ausgaben durchweg athetiert.

39 Diese griechische Einrichtung war wegen des nackt betriebenen
Sports den Römern stets als Stätte der Unmoral verdächtig.

40 Vom Gedanken der sexuellen Korruption der gesamten Familie des
Patrons durch den griechischen Klienten ergibt sich die Steigerung
zur Tötung des Patrons. Im Hochverratsprozeß gegen Marcius Barea
Soranus trat dessen Klient, der Stoiker P. Egnatius Celer, gegen ihn
als Zeuge auf (vgl. Tac. ann. 16, 30-33, bes. 32). Egnatius stammte
aus Berytus (Beirut), wurde aber nach u. St. in Tarsus aufgezogen.
Hier soll das aus dem Blut der Gorgo Medusa entstandene Flügelroß
Pegasus eine Feder verloren haben. Der gemeinte Fluß ist der
Cydnus.

41 Wohl beliebige Griechennamen.

42 *Servitium* als vergröbernde Bezeichnung der Klientel.

43 Den Klienten war bei der morgendlichen *salutatio* die offizielle Toga
vorgeschrieben. Zumal wenn mehrere *Patroni* besucht werden mußten, waren früher Aufbruch und Eile geboten.

44 Zu den Griechen kommen weitere Konkurrenten (126-136): Magistrate, die auf diese Weise ihr Amt entehren, wetteifern als Klienten
nicht nur mit dem armen Römer (vgl. 1,101. 117/8), sondern auch
mit anderen Kollegen. Das Ziel ist die Erbschleicherei bei den reichen
Damen (deren Namen wieder beliebig sind).

45 Polemische Bezeichnung für den ehemaligen Sklaven eines Reichen,
d.h. einen Freigelassenen, der seinerseits einen freigeborenen Römer
zum Klienten hat.

46 Sich prostituierende Damen der Gesellschaft, die gegen hohe Beträge
auch Freigelassene akzeptieren. Gemeint ist der Jahressold eines
Tribunen.

47 Der Arme zögert angesichts des Preises für eine Dirne der besseren
Klasse, die sich nicht nackt und stehend anbot.

48 Die soziale Diskriminierung des Armen als möglicher Zeuge, wegen

der schlechten Kleidung, im Theater, als Schwiegersohn, als Erbe, bei der Vergabe von Ehrenämtern (137-164).

49 P. Cornelius Scipio Nasica beherbergte 204 v. Chr. das von Pessinus nach Rom gebrachte Kultbild der Cybele. König Numa galt als Begründer des römischen Religionswesens. L. Caecilius Metellus rettete 241 v. Chr. als *pontifex maximus* das Kultbild Minervas (*Palladium*) aus dem brennenden Vestatempel.

50 Die Kabiren, im Mysterienkult auf Samothrake verehrte Götter, galten als Rächer von Meineiden.

51 Die Blitze Juppiters als Strafe für den Meineidigen. Vgl. 13,78. 223.

52 Die an die Orchestra (die den Senatoren vorbehalten war) anschließenden 14 Reihen im Theater waren durch die *Lex Roscia theatralis* des Volkstribunen L. Roscius Otho (67 v. Chr.) für die Ritter reserviert; dieses Gesetz hatte Domitian wieder zur Geltung gebracht. Es war stets umstritten. Juvenal lehnt die Trennung der Bürger nach dem Vermögen ab (159).

53 Die Väter übten zwar unehrenhafte Tätigkeiten aus, hatten aber durch diese das Mindestvermögen der Ritter von 400 000 Sesterzen erworben.

54 Nicht einmal niedere Magistrate wie die Aedilen, denen u.a. die Polizeigerichtsbarkeit zugewiesen war, werden einen wegen seiner Armut unbedeutenden Bürger in ihr *consilium* aufnehmen.

55 Anspielung auf die mehrfachen *secessiones* der Plebs in frührömischer Zeit.

56 Die hohen Kosten des Lebens in Rom im Gegensatz zum Land (165-189).

57 In Rom wird Tafelsilber verlangt, die Provinz ist genügsamer. Die Sabeller wurden mit den Samniten gleichgesetzt. Die Marser siedelten in der Nähe des *Fucinus lacus* in Mittelitalien.

58 Das Theater ist wegen der im Vergleich mit Rom seltenen Spiele grasüberwachsen. Gedacht ist offenbar an eine Atellane mit ihren typischen Masken; sie wurde oft als Schlußstück (*exodium*) nach anderen Aufführungen geboten.

59 In der Orchestra saßen in Rom die Senatoren, in den Landstädten die lokalen Honoratioren, wie die 179 genannten Aedilen. In Rom war im Theater generell die Toga vorgeschrieben.

60 D.h. geliehen.

61 Der arme Klient muß die Türhüter bestechen, um überhaupt vorgelassen zu werden. Veiento erwidert nicht einmal den Gruß. Cossus war ein häufiger Name bei den Cornelii, Veiento bei den Fabricii. Mit *ille* und *hic* sind weitere *Patroni* neben C. und V. bezeichnet, bei denen der Klient (bei den Zahlungen an die Sklaven) sogar die homosexuellen Neigungen berücksichtigen muß.

62 Beide Zeremonien wurden mit häuslichen Feiern begangen, allerdings bei Söhnen des Hauses.

63 Der Sinn der umstrittenen Stelle ist vermutlich: Der Klient muß bei den Sklaven Opferkuchen (die den Laren dargebracht wurden) kaufen und dies auch noch mit dem freundlichen Wunsch begleiten, daß das Geld beim Sklaven wie ein Sauerteig wirken, also Wachstum bringen möge. Vgl. Petron 76,7 *hoc fuit peculii mei fermentum.*

64 Die Gefährdung durch Hauseinsturz und Brand (190-222).

65 Volsinii (h. Bolsena) in Etrurien, die übrigen Städte in Latium; Praeneste: h. Palestrina; Tibur: h. Tivoli; Gabii: Ruinen zwischen Rom und Palestrina.

66 Anspielung auf eine Einzelheit beim Brande Trojas in der Schilderung Vergils: *iam proximus ardet Ucalegon* (Aen. 2, 311f.); ironisch übertragen auf den Brand im mehrstöckigen Mietshaus.

67 Cordus: beliebiger Name; Procula muß eine Zwergin gewesen sein.

68 Ein Kentaur, Lehrer Achills. Die Figur diente offenbar als Träger (*trapezophoron*) für den aus einer viereckigen Marmorplatte bestehenden *abacus*, auf dem die sechs Krüge präsentiert wurden.

69 Auf den Brand und den Zusammensturz des Hauses des prominenten Asturicus reagiert man mit öffentlicher Trauer, der Praetor ordnet sogar Gerichtsferien an.

70 Bildhauer aus dem 4. bzw. 5. Jh. v. Chr. Im Unterschied zu den Marmorskulpturen 216 sind offenbar Werke aus Bronze gemeint.

71 Eine reiche Matrone (= diese) spendet Skulpturen o. ä., die einst als Weihegaben in kleinasiatischen Tempeln standen und von römischen Provinzverwaltern nach Rom gebracht worden waren.

72 Persicus wohnte vielleicht in dem früher Asturicus gehörenden Haus, aber eher ist ein weiteres Beispiel für einen Reichen gemeint: P. spekuliert mit Erfolg auf die Gesinnung der Erbschleicher und kommt so zu einem noch prächtigeren Haus.

73 Die Provinz als Gegenbild zu Rom (223-231). – Die Orte in der Nähe von Aquinum (vgl. 319); h. Sora bzw. Frusinone, Fabrateria existiert nicht mehr.

74 Streng vegetarisch.

75 Schlaflosigkeit, Verkehrslärm, Gefahren in den Straßen (232-314).

76 Mit *caput morbi* (236) muß die durch den Verkehrslärm bedingte Schlaflosigkeit gemeint sein: Die Krankheit selbst nimmt ihren Anfang bei Verdauungsstörungen. Das Wesentliche an ihr jedoch, was den Kranken schließlich sterben läßt, ist die durch den Verkehrslärm verursachte Schlaflosigkeit. Wegen der engen Straßen waren private Transporte und der Durchzug von Viehherden nur nachts gestattet.

77 Mit Drusus ist der wegen seiner Neigung zum Einschlafen bekannte Kaiser Claudius gemeint. Den Robben sagte man einen besonders tiefen Schlaf nach.

78 Die Sänfte wird bildlich mit *Liburna* bezeichnet; dies war ein kleines, aber schnelles Schiff der römischen Kriegsflotte.

79 Im folgenden ist die Heimsuchung aus jeder nur denkbaren Richtung dargestellt, dazu kommen Qualm und Feuer.

80 Dem Holm einer Sänfte.

81 Beschreibung einer zum gemeinsamen Picknick eilenden Gesellschaft; jeder Teilnehmer führt die eigenen Utensilien mit sich.

82 Cn. Domitius Corbulo, ein Feldherr riesiger Größe unter Claudius und Nero (vgl. Tac. ann.13,8).

83 Der Transport von Material für die öffentlichen Bauten während des Tages war gestattet.

84 Aus Luna bei Carrara. Der Tod des Armen unter den Quadern verhindert sogar eine ordnungsgemäße Bestattung.

85 Die Vorbereitungen für Mahl und Bad.

86 Die Armut verfolgt den Toten selbst bis in die Unterwelt, da er dem Fährmann Charon nicht die für die Fahrt über die Styx oder den Acheron benötigte Münze bieten kann, die man den Toten auf die Zunge legte.

87 Vergleich mit Achill, der am Anfang von Il. 24 schlaflos den toten Patroklos betrauert.

88 Unechter Vers, getilgt von Heinecke; vgl. Courtney.

89 Der schon zuvor durch den Hinweis auf das schäbige Essen in der Gesellschaft eines Schusters beleidigte Arme muß sich auch noch als Ausländer, als bettelnder Jude beschimpfen lassen.

90 Wegen tätlichen Angriffs.

91 Die aus ihren üblichen Schlupfwinkeln, den Pontinischen Sümpfen
   südlich von Rom und dem Gallinarischen Wald nördlich von Cumae,
   vertriebenen Banditen suchen ihr neues Feld in Rom.

92 Die *tribuni militares consulari potestate* der Frühzeit.

93 Der von Ancus Marcius und Servius Tullius gebaute *carcer Mamerti-
   nus* mit dem Tullianum.

94 Juvenal hatte in Aquinum entweder ein Landgut oder war dort geboren.

95 Der Tempel wurde möglicherweise von einem Mitglied der *gens Hel-
   via* erbaut.

ZUR SATIRE 4

Dem Hauptteil 34-154 der Satire, der eine Debatte im Kronrat Domitians
schildert, geht der dem korrupten ausländischen Parvenü Crispinus gewidmete Eingangsteil 1-33 voraus, der jedoch mit dem Hauptteil vielfach
verbunden ist: mehr äußerlich durch das Motiv der Schlemmerei (für Crispinus und Domitian jeweils an einem Fisch demonstriert; vgl. die Über-
leitung 28-33) und die Mitgliedschaft des Crispinus im Kronrat (108), vor
allem durch die innere Entsprechung zwischen Crispinus und der Regierung überhaupt: er erscheint zunächst als individueller Fall von Unmoral,
dann tritt hervor, daß er ein charakteristischer Vertreter der insgesamt
durch Unfähigkeit, Grausamkeit, Korruption und Hingabe an den Luxus
gekennzeichneten Regierung Domitians ist.

1 Crispinus ist schon 1,26-29 erwähnt; 4,1 könnte sich auf jene Stelle beziehen, wahrscheinlicher ist jedoch gemeint: der Gedanke an Crispinus
  löst in Juvenal immer wieder empörte Kritik aus. Verlorene Satiren
  über Crispinus sind jedenfalls aus der Bemerkung nicht zu erschließen.

2 Überdachte Kolonnaden ermöglichten vor Regen geschützte Spazierfahrten (meist mit Maultieren); *vectetur* 6 ist eher auf die Erholung in
  einer Sänfte als auf das Reiten zu beziehen.

3 Der Gedankengang: Crispinus ist ein Muster an Unmoral, u.a. ein no-
  torischer Ehebrecher (2-4), womit verglichen sein anstößiger ungeheu-
  rer Reichtum schon gar nicht mehr ins Gewicht fällt (5-7), ja er beging
  sogar Religionsfrevel durch den Inzest mit einer Vestalin (9-10.) Inner-

halb dieser Steigerung hat der Gedanke *nemo malus felix* keinen Platz.
Vers 8 wurde durch Jahn getilgt. Vgl. M.D. Reeve, CR² 33,1983,30.

4 Vermutlich eine Anspielung auf Prozeß und Tod der Vestalin Cornelia
93 n.Chr., mit der offenbar Crispinus durch Gerüchte in Verbindung gebracht wurde. Die weiße wollene Kopfbinde (*vitta*) gehörte zur Amts-
tracht der Vestalinnen; sie ist hier erwähnt, um die Mißachtung der
Religion durch Crispinus hervorzuheben. Bei erwiesener Verletzung
des Keuschheitsgelübdes wurde eine Vestalin lebendig eingemauert.

5 Vor das Beispiel für eine weniger schlimme Tat, nämlich den Fischkauf,
schiebt sich eine gedankliche Parenthese: die Tat ist zwar weniger gra-
vierend als der Inzest, wäre aber von der Rüge des Censors getroffen
worden, wenn der Täter unbedeutend gewesen wäre, nicht jedoch bei
Crispinus, bei ihm mehrte sie sogar das Ansehen (vgl. 8,181f. 11,176-
8). Und überhaupt übertrifft seine Schlechtigkeit jede denkbare Anschuldigung. – *iudex morum* = *censor*; dieses Amt bekleidete Domitian seit 85 n.Chr.

6 Die Namen Titius und Seius wurden von den Juristen in Beispielen
verwendet; von daher die Bedeutung „der kleine Mann", „Hinz und
Kunz".

7 Die Seebarbe (*mullus*), ein gesuchter Delikatessfisch, wog selten
mehr als 2 Pfund; das ganz ungewöhnliche Gewicht von 6 Pfund erklärt den phantastischen Preis.

8 Zur Vorstellung der Erbschleicherei mit Hilfe von Leckerbissen vgl.
5,98. 6,39f. – Bei beiden Hypothesen wird ironisch gegen Crispinus
auf der Grundlage der relativen Moral argumentiert: sein Egoismus
wird so noch deutlicher.

9 Mit *antrum* ist bildlich die geräumige Sänfte bezeichnet, die eine Ab-
geschiedenheit wie in einer Grotte verschafft.

10 Apicius war ein sprichwörtlich gewordener Schlemmer unter Augustus und Tiberius. Selbst er bleibt hinter Crispinus zurück. Verbunden ist dies mit einem Seitenhieb auf die Herkunft aus Aegypten, wo
Papyrus auch für Kleidung verwendet wurde.

11 Verächtlich für den Fisch selbst.

12 Apulien als das Armenhaus des damaligen Italien.

13 Übergang von Crispinus zu Domitian. Das aus Ennius übernommene
Wort *induperator* steht mit seinem archaisch-feierlichen Klang in
ironischem Kontrast zum vulgären *gluttisse*.

14 Zur Vorliebe des Crispinus für auffälligen Purpur vgl. 1,27.

15 *Princeps equitum* ist kein offizieller Titel, es soll jedoch der unerträg-
    liche Aufstieg dieses Ausländers deutlich werden, zumal im Vergleich
    mit seiner (hier behaupteten) früheren Tätigkeit als Straßenverkäufer
    von Nilfischen, die zusätzlich als minderwertig charakterisiert sind:
    sie stammen (so der Scholiast) aus beschädigten Transportgefäßen.

16 Mit der Anrufung der zuständigen Muse Calliope scheint der Dichter
    ein Epos beginnen zu wollen. Dieser Anlauf wird jedoch sogleich ab-
    gebrochen. Die ironischen Motive des Sitzens (hohe Dichtung wurde
    stehend rezitiert) und des plumpen Kompliments an die „jungen"
    Musen deuten an, daß eine Satire das Ziel ist.

17 Domitian (der früh kahl wurde) wird wegen seiner Sympathie für
    Nero hier zur Betonung der Kontinuität der Tyrannen (vgl. 136f.)
    mit dessen Namen bezeichnet.

18 Ancona wurde im 4. Jh. v. Chr. durch Flüchtlinge aus dem dorischen
    Syrakus gegründet. Der Venustempel stand auf dem h. Monte Guasco.

19 Die Fische schwimmen aus dem Asowschen Meer (*Maeotis palus*) in
    das Schwarze Meer (*Pontus*) und mit dessen Strömung zur Mündung
    am Bosporus.

20 Der Fisch sollte als *monstrum* dem *pontifex maximus* (d. h. Domitian)
    zur Begutachtung und weiteren Behandlung (*procuratio*) übergeben
    werden.

21 Der Seetang war sprichwörtlich für Wertloses: selbst er wird in das
    Spitzelsystem einbezogen.

22 Der Fisch würde betrachtet wie ein entlaufener Sklave (*fugitivus*). –
    Kaiserliche Fischzuchtanlagen befanden sich im Lucriner See.

23 Beide Männer werden vom Scholiasten als Delatoren bezeichnet;
    M. Palfurius Sura soll nach dem Tode Domitians verurteilt worden
    sein. Juvenal charakterisiert übertreibend die Argumentationsme-
    thoden dieser Ankläger.

24 Eine Überlegung des Fischers; er hofft, wenigstens Anerkennung
    durch das Geschenk zu finden.

25 Besonders die Septemberhitze galt als gefährlich.

26 Dieses (nach unserer Rechnungsweise) alle 3 Tage wiederkehrende
    Fieber wurde als im Vergleich leichtere Krankheit betrachtet. Die Zeit-
    angabe ist als Paradoxie formuliert: die Kranken hoffen auf eine
    Krankheit.

27 Der Scirocco würde den Fisch rasch verderben lassen.

28 Von der steil nach Alba (wo sich der Palast Domitians befand) hinauf-
führenden Via Appia aus waren der Albanersee und der Nemisee zu
sehen.

29 Alba Longa wurde von Ascanius, dem Sohn des Aeneas, gegründet.
Trotz der Zerstörung des Ortes durch Tullus Hostilius wurde der Kult
der (kleineren, im Vergleich mit der römischen) Vesta hier fortgeführt.

30 Die Delikatesse wird vorgelassen, die natürlichen Berater des Kaisers
nicht.

31 Domitian wird mit dem Atreussohn Agamemnon, dem Oberfeldherrn vor Troja, verglichen. Ironisch ist auch das Pathos der Sprache.

32 Die Rede des Fischers (aus Ancona in Picenum) ist eine Mischung aus
feierlichen Phrasen und plumper Vertraulichkeit.

33 Wie andere Kaiser betrachtete auch Domitian seine Regierungszeit
als Beginn eines neuen Zeitalters. Zur behaupteten übernatürlichen
Wirkung Domitians auf Tiere vgl. Martial 9,31.

34 Domitian ließ sich als *dominus et deus* bezeichnen.

35 Die offizielle Bezeichnung *amici Caesaris* ist hier in Zweifel gezogen.

36 Ein Sklave aus Dalmatien, der den Zugang zum Kaiser beaufsichtigte.

37 Domitian betrachtete den Stadtpraefekten als Oberaufseher eines
Sklavenhaushaltes. Pegasus war Konsul unter Vespasian und ein berühmter Jurist. Die Aufzählung der herbeikommenden Ratgeber ist
in einer Klimax angeordnet, die von den Gutwilligen, aber Ohnmäch-
tigen zu den wirklichen Verbrechern führt.

38 Q. Vibius Crispus war dreimal Konsul, außerdem als Redner berühmt.

39 Bildlich vom Schwimmen.

40 Über den älteren Acilius ist sonst nichts bekannt; der jüngere, Manius
Acilius Glabrio, war 91 Konsul und wurde 95 hingerichtet.

41 Die Giganten waren Söhne der Erde (Ge), und *terrae filius* wurde
sprichwörtlich verwendet für „ein Niemand".

42 Acilius versuchte vergeblich, der Bedrohung durch Domitian durch
Willfährigkeit zu entkommen, indem er die Entehrung (vgl. 2,143-
148. 8,199-210) eines Auftritts im Amphitheater von Alba auf sich
nahm.

43 L. Iunius Brutus (*Brutus* = „Dummkopf") simulierte gegenüber dem
letzten König Tarquinius Superbus Schwachsinn, vertrieb ihn später und
richtete das Konsulat ein. Der Bart als Kennzeichen der frühen Römer.

44 Rubrius Gallus war General unter Nero und Vespasian. Der Scholiast
weist auf ein Vergehen sexueller Art hin.

45 Vielleicht Curtius Montanus. Der Antrag dieses Gourmets wird später angenommen (130-143).

46 Zwei das Portrait 1-33 ergänzende negative Eigenschaften, die Vorliebe für Parfüm und die Betätigung als Denunziant.

47 Hinweis auf die in Rom bei Bestattungen übliche reichliche Verwendung von Parfüm. Im Alltag wurde Parfüm in der Regel erst in Verbindung mit der abendlichen *cena* benutzt.

48 Pompeius läßt sich nicht identifizieren.

49 Cornelius Fuscus war zu jener Zeit Gardepraefekt (*praefectus praetorio*). Er erlitt, vermutlich 86 n. Chr., mit seiner Armee eine Niederlage gegen die Daker und fiel in der Schlacht.

50 A. Didius Gallus Fabricius Veiento war dreimal Konsul. Er überlebte
auch unter Nerva (vgl. zu ihm und Catullus Plinius, epist. 4,22,4-6).

51 L. Valerius Catullus Messalinus war 73 und 85 Konsul, jeweils mit
Domitian. Er war blind; der gefährlichste Ratgeber des Kaisers (vgl.
Plin. a.O., Anm. 50).

52 Der Vers wurde von Courtney getilgt; vgl. seinen Kommentar. Brük-
ken waren bevorzugte Plätze von Bettlern.

53 Die Via Appia mußte zu beiden Seiten des in einem Talkessel gelegenen antiken Aricia starke Steigungen überwinden. Die dadurch er-
zwungene langsame Fahrt der Reisewagen lockte zahlreiche Bettler
an. Wegen seiner Blindheit würde Catullus zu ihnen passen. Die
Kußhände aus Dankbarkeit für empfangene Almosen.

54 Offenbar ein prominenter zeitgenössischer Gladiator.

55 Gedacht ist wohl an Effekte von Bühnenmaschinen in Stücken mit
Rollen eines Icarus oder Ganymed. Catullus konnte diese ebensowenig sehen wie den Butt.

56 Die aus Komana in Kappadokien eingeführte Göttin Ma mit ihrem or-
giastischen Kult erhielt den Namen der römischen Kriegsgottheit Bellona.

57 Britannien war damals durch den Feldzug des Agricola ein aktuelles
Thema. Arviragus ist sonst nicht bekannt.

58 Fabricius ist Veiento. Er bezeichnet die Stacheln auf dem Rücken des Fisches als *sudes* (eig. Pfähle), um sich wegen deren Verwendung im Kriege die Vorhersage eines militärischen Sieges zu ermöglichen.

59 Die Frage Domitians nach der abschließenden *sententia*.

60 Prometheus formte die ersten Menschen aus Lehm. Man brauchte also jetzt einen besonders kunstfertigen Töpfer wie Prometheus.

61 Damit man derartigen Problemen künftig besser gewachsen sei.

62 Der Wein, hier edler Falerner aus Campanien, erregte erneut den Appetit.

63 Circei an der Küste von Latium unweit von Terracina; der Lucriner See bei Baiae; Rutupiae: h. Richborough an der Küste von Kent, Ausgangsort für die Überfahrt nach Boulogne.

64 Einen Feldzug gegen die Chatten führte Domitian i.J. 83; er endete mit geringem Erfolg, einem Triumph und der Annahme des Titels Germanicus. Die Sygambrer (zw. Sieg und Lippe) waren seit Augustus unterworfen und sind hier wohl nur zusätzlich als Stamm Germaniens erwähnt. Die Sicherung des Reiches gegen die Feinde wäre der angemessene Gegenstand einer Beratung gewesen und nicht die Zubereitung des Riesenfisches.

65 Die Mörder Domitians waren niederen Standes (vgl. Sueton, Dom. 17).

66 Die Aelii Lamiae sind als edles Geschlecht auch 6,385 erwähnt. Ein Opfer Domitians war L. Aelius Plautius Lamia Aelianus, Konsul d.J. 80 und erster Ehemann der Domitia.

ZUR SATIRE 5

Die Satire kritisiert die innere Zerstörung der Klientel in der Form, daß eine Vorausschau auf ein mögliches Gastmahl dem Klienten Trebius die am Tisch seines Patrons Virro zu erwartenden Demütigungen vor Augen führt: Mahnung zur Aufgabe des Parasitendaseins 1-11; der Wert einer Einladung zum Mahl 12-23; Übersicht über das Mahl 24-160; im einzelnen: Trinken (24-65), Essen (67-155, mit 24-65 verbunden durch das Motiv der Diener 52-79), Unterhaltung 156-160; Vorausschau auf die Zukunft des Trebius 161-173. Die Mißachtung des Trebius wird bei den einzelnen Bestandteilen des Mahls in der unterschiedlichen Bewirtung der Klienten und andererseits Virros immer neu sichtbar.

1 Sarmentus und Gabba waren Hofnarren bei Augustus.

2 Als Zeuge vor Gericht.

3 Trebius könnte sich mit dem bloßen Stillen des Hungers zufrieden geben, also die Delikatessen bei Virro verschmähen, oder, wenn selbst dazu das Geld fehlt, immer noch die Bettelei vorziehen.

4 Zum Betteln auf Treppen und Brücken genügt als Unterlage ein kurzes Mattenstück.

5 Eine mindere Brotsorte mit viel Kleie. – Subjekt zu *possit* ist *fames* i.S. von *fames tua*: du in deinem Hunger.

6 Das zentrale Argument: das Mißverhältnis zwischen den Diensten des Klienten und der Gegenleistung des Patrons.

7 Der dritte Platz auf dem dritten der drei Liegesofas bei Tisch war der am wenigsten ehrenvolle; Trebius erhält ihn nur, damit dieser nicht in peinlicher Weise leer bleibe.

8 Es fehlt die Zeit zum Festbinden.

9 Bei der morgendlichen Aufwartung (*salutatio*) wurden auch mehrere Patrone aufgesucht.

10 Das Sternbild des Bootes (Rinderhirten), der als Antreiber des Großen Wagens betrachtet wurde; kalt: wegen der Stellung im Norden; träge: wegen des späten Untergangs. Der Zeitpunkt liegt noch vor dem Verblassen der Sterne.

11 Das Trinken: Wein 24-37a, Becher 37b-48, Wasser 49-52a.

12 Die noch das natürliche Fett enthaltende Wolle wurde, auch in Verbindung mit Wein, für Umschläge verwendet: dieser Wein ist selbst dazu untauglich.

13 Korybanten: die fanatischen Priester der Cybele.

14 Den Klienten.

15 Irdene Flaschen aus Saguntum in Spanien.

16 D.h. in Roms Frühzeit.

17 Ebenso hyperbolisch: aus den Jahren 91-88 v. Chr., also etwa 200 Jahre alt.

18 Wein galt bei krankem Magen als besonders wirksame Medizin; *amico* ironisch für den Klienten.

19 Qualitätsweine aus den Albaner Bergen oder der Gegend von Setia in Latium. Die über das konkrete Mahl hinausreichenden Angaben sollen Geiz und Luxus Virros als Gewohnheit erscheinen lassen.

20 Zur Reifung wurden Weine in einem *fumarium* geräuchert, was das Etikett unleserlich werden ließ.

21 Thrasea Paetus und sein Schwiegersohn Helvidius Priscus, von den Kaisern verfolgte stoische Führer der Senatsopposition, feierten die Geburtstage der Caesar-Mörder D. und M. Brutus und Cassius.

22 Die jeweils aus Gold bestehenden Becher und Schalen haben wegen der Verzierung mit Bernstein (entstanden gedacht aus den Tränen der um den abgestürzten Phaethon trauernden Schwestern, der Heliaden) bzw. Edelsteinen eine rauhe Oberfläche (*crustas, inaequales*).

23 Damit die Steine nicht aus der Fassung gekratzt werden.

24 Ironisch wird von Trebius die Hinnahme der Einschätzung als potentieller Dieb verlangt.

25 Der Freier Jarbas wurde von Dido zugunsten des Aeneas verschmäht (Vergil, Aen. 4,198ff.). Der Jaspis (Aen. 4,261) am Trinkbecher statt an der Schwertscheide verdeutlicht die Degeneration der Gegenwart.

26 Vatinius aus Benevent stieg vom Schuster zu einem der Mächtigen am Hofe Neros auf. Nach ihm wurde eine Sorte Trinkbecher benannt.

27 Nach Auskunft des Scholiasten wurde Glas mit Schwefel gekittet; andere denken an Händler, die Schwefelhölzer gegen zerbrochenes Glas tauschten.

28 Die Geten waren ein Volk an der unteren Donau.

29 Der den Gedankengang unterbrechende Vers wurde von Pinzger getilgt.

30 Ein (nordafrikanischer) Stallknecht, der für den Klienten gut genug scheint. Das hier eingeführte Motiv der Diener (52-79) ist bis 65 noch mit dem Trinken verknüpft, danach mit dem Essen.

31 Zu den (Räubern Unterschlupf bietenden) Gräbern vgl. 1,171.

32 Der Preis für den aus Kleinasien importierten schönen Knaben wird in Gegensatz gebracht zum Besitz der reichsten Römer der (nicht ohne Ironie geschilderten) Frühzeit. Der dritte und vierte König Roms repräsentieren Schlichtheit und Kriegertum gegenüber dem modernen Luxus.

33 Ganymed: der von Zeus als Mundschenk in den Olymp entführte Königssohn aus Troja. Vgl. 9,47. 13,43.

34 Der nachlässige Gaetuler.

35 Als Beimischung für den Wein.

36 Der störende Vers mit seiner banalen Feststellung wurde von Heinrich athetiert.

37 Vgl. den Kommentar von Weidner: „*vix fractum* (sc. *mola*), kaum in der Mühle gewesen, … also grobes Brot, das fast noch aus ganzen Körnern besteht (*solidae farinae*)." Bei *farinae* als Gegensatz zu *siligine* ist offenbar an die Herkunft von *far* = Dinkel, Spelt gedacht.

38 Das Brot wird außerdem frisch in der Backform serviert, im Gegensatz zu *iam mucida frusta* 68.

39 Trebius erkennt jetzt selbst das Mißverhältnis zwischen seinen Entbehrungen und der jetzigen Behandlung (vgl. 19ff.).

40 Der Esquilin als Wohnsitz der Prominenz.

41 Speisen, die den Toten nach neun Tagen auf das Grab gestellt wurden.

42 Öl bester Qualität aus Venafrum in Samnium.

43 Minderwertiges afrikanisches Öl, tiberaufwärts importiert. Micipsa war der Sohn des Masinissa und König von Numidien.

44 Boccar (ebenfalls ein – beliebiger – numidischer Name) verwendet jenes übelriechende Öl auch im öffentlichen Bad.

45 Der Vers fehlt in P und weiteren Hss. Ein Beleg dafür, daß Öl vor Schlangen schütze, existiert nicht. Nach der Pointe mit dem üblen Geruch ist die positive Bemerkung witzlos. Der einzeilige Zusatz ist mit Pulmannus, Schurzfleisch und anderen als unecht zu tilgen.

46 Heute Taormina in Sizilien.

47 Das Tyrrhenische Meer; vgl. 96.

48 Zur Erbschleicherei mit Hilfe von Delikatessen, bes. Fischen, vgl. 4,18f. 6,39f. Die von Laenas so umworbene Aurelia verkauft jedoch aus Geiz das Geschenk weiter.

49 Der sizilische Strudel (= Charybdis): die Meerenge zwischen Italien und der Insel. Der regenbringende Südwest ist im Kerker des Windgottes Aeolus gefangen (vgl. 10,181. 1,8. Vergil, Aen. 1,51ff.). Der Luxus wird dem gefährlichen Meer abgetrotzt.

50 Wie bei dem als mögliche Alternative genannten Tiberfisch soll das Ekelhafte und damit die Mißachtung des Klienten hervortreten.

51 Der unter dem korrupten Wort *glacie* verborgene Fischname ist nicht mehr zu ermitteln (vielleicht *glutto*, s. Courtney). Dieser Fisch stammt ebenso wie der Aal aus dem Tiber, im Gegensatz zur importierten Muräne Virros. Die *Cloaca Maxima* führte an ihrem oberen Ende unter die Subura, das lebhafteste Geschäftsviertel Roms.

52 Kommentar des Dichters in der Form einer fiktiven Anrede an Virro.

53 Gemeint sind wie V. 113 die Klienten.

54 C. Calpurnius Piso, Anführer der Verschwörung unter Nero i.J. 65, in der auch Seneca zugrunde ging. Cotta ist vermutlich identisch mit dem in der Liste der früheren Mäzene 7,94f. genannten M. Aurelius Cotta Maximus aus augusteischer Zeit.

55 Die Auszeichnungen der Magistrate, d.h. der Ruhm durch öffentliche Ämter.

56 Der Eber wird so serviert, daß er noch den Eindruck der Lebendigkeit erweckt, mit Schaum am Maul. In der Größe hält er den Vergleich mit dem von Meleager erlegten Kalydonischen Eber aus.

57 Trüffeln wurden angeblich nach Gewittern größer. Das Frühjahr war die beste Saison.

58 Alledius, ein unbekannter Gourmet, ist nur an den Trüffeln interessiert, nicht an dem ebenfalls aus Libyen importierten Getreide für das gewöhnliche Volk.

59 Die Klienten dürfen während dieses Ganges nur zuschauen und müssen dazu noch den Auftritt des Trancheurs ertragen.

60 Für diese zu einem förmlichen Lehrfach gewordene Tätigkeit vgl. 11,136ff.

61 Hercules tötete an der Stätte des späteren Rom den feuerspeienden räuberischen Riesen Cacus; seine Leiche wurde an den Füßen aus seiner Höhle geschleift (Vergil, Aen. 8,264f.).

62 Virro betrachtet die Klienten nicht als mit drei Namen ausgestattete freie Bürger.

63 Man trank bei einem Toast zuerst selbst und reichte den Becher an den Geehrten weiter.

64 Der Trennung zwischen Klienten und Patron, die weder das Trinken aus dem gleichen Becher noch ein bloßes Zuprosten zuläßt, wird jetzt hypothetisch die Situation gegenübergestellt, daß der von Virro als Unfreier betrachtete Trebius durch ein Geschenk den Census eines Ritters erlangte.

65 Nach der Hypothese würde Trebius bis zum *domini rex* aufsteigen, da Virro als Erbschleicher sich um einen Platz im Testament bemühen würde.

66 Virro würde seine Wertschätzung des Trebius noch steigern, wenn er nicht nur auf einen Platz im Testament sondern auf das Gesamterbe

hoffen könnte, falls Trebius nämlich keinen erbberechtigten Sohn und keine Tochter hätte. – Die Anspielung bezieht sich auf den Wunsch Didos, von Aeneas einen Sohn zu haben (Vergil, Aen. 4,328f.): *si quis mihi parvulus aula luderet Aeneas.*

67 Offenbar ein verdeutlichender späterer Zusatz, getilgt von Jahn.

68 Die wahrscheinlichste Erklärung: Gesetzt den Fall, Trebius wäre nicht völlig kinderlos, sondern hätte Kinder, diese stammten aber von Mycale, einer Konkubine, und Virro hätte sie deshalb im Testament nicht als wirkliche Konkurrenten zu fürchten, dann würde er sich sogar dazu erniedrigen, diese Kinder zu beschenken, um sich die Gunst des potentiellen Erblassers zu erhalten.

69 Anspielung auf Verg. Aen. 12,475 (von der Schwalbe): *pabula parva legens nidisque loquacibus escas.*

70 Wie sie die Rennfahrer der grünen Partei (vgl. 11,198) im Zirkus trugen.

71 Nach der die Gesinnung Virros offenbarenden Hypothese 132-145 zurück zur Realität: auch beim letzten Teil des Hauptganges, den Pilzen, wird die Trennung beibehalten. Die Äpfel (149-155) bilden dann den Nachtisch (*mensa secunda*).

72 Claudius wurde von Agrippina mit einem Champignongericht vergiftet. Also vorzügliche Champignons, durch die jedoch, so wird nahegelegt, Virro das gleiche Schicksal treffen möge.

73 In den Gärten des Königs Alcinous (Homer, Od. 7,114ff.). Dort war stets Erntezeit (= Herbst).

74 Die goldenen Äpfel der Hesperiden in Afrika, von Hercules geraubt.

75 Ein dressierter Affe auf dem als Promenade dienenden Wall des Servius Tullius, im Soldatenkostüm auf einer Ziege reitend: entsprechend dem Bild Virros von Trebius.

76 Der letzte Punkt in der Abfolge des Mahls, die Unterhaltung. Virro hält hier kein Programm bereit (etwa eine Komödie oder einen Mimus): der frustrierte Klient genügt völlig als Amüsement.

77 D.h. wenn man als Freier zur Welt kam. Die freigeborenen Kinder trugen ein Amulett, die reichen eines aus Gold (*bulla*), die armen ein nur aus einem Lederknoten bestehendes. Vgl. 13,33. 14,5. Die Sitte war etruskisch. Das Zeichen: der freien Geburt.

78 Das Brot wird wie ein Schwert in Erwartung der Schlacht bereitgehalten, hier in der Hoffnung auf die Leckerbissen.

79 Wie der Dümmling im Mimus.

ZUR SATIRE 6

Diese gegen die Damen der römischen Gesellschaft, nicht die Frauen schlechthin, gerichtete Satire weist keine straffe Gliederung auf, sondern ist katalogartig gestaltet, ähnlich wie s. 1,22ff. Deshalb sei lediglich jeweils am Beginn der Abschnitte auf den Inhalt hingewiesen. – Adressat ist der zur Eheschließung bereite Postumus, der vor diesem Vorhaben nachdrücklich gewarnt wird (21-37).

1 Das (Goldene) Zeitalter unter dem Gott Saturnus ist charakterisiert als Epoche der Moral (bes. der Keuschheit), der Anwesenheit von Göttern auf Erden und eines einfachen Lebens der Menschen (vgl. bes. Hesiods Erga, Lukrez B.5, Properz 2,32, Ovid, met. 1,89ff.). Pudicitia (Aidos) und Astraea (identifiziert mit Iustitia, Dike) werden von Juvenal als Schwestern bezeichnet (20). Bei der Gegenüberstellung von moralischer Frühzeit und verderbter Gegenwart ist ironisch die Primitivität des Lebens der ersten Menschen hervorgehoben.

2 Bevor sie mit Astraea die Erde verließ (19f.).

3 Cynthia, die Geliebte des Properz, und die Lesbia Catulls (Trauer über den *passer*: c. 2.3) als Beispiele für kultivierte Damen der Gegenwart.

4 Eicheln als Nahrung der Menschen vor der Einführung des Getreides; vgl. 13,57. 14,182-184.

5 Zur Entstehung der ersten Menschen aus Baumstämmen, bes. aus Eichen, vgl. Vergil, Aen. 8,315; die Erschaffung der ersten Menschen aus Lehm durch Prometheus (vgl. 14,35).

6 Am Beginn des (Silbernen) Zeitalters nach der Vertreibung Saturns durch Juppiter (zu seiner Jugend vgl. 13,38-41), in dem Spuren der Keuschheit noch existierten, aber als erstes Laster überhaupt bereits der Ehebruch Einzug hielt (24).

7 Üblich war der Schwur beim eigenen Haupt. Polemisch wird den (generell als unzuverlässig geltenden) Griechen unterstellt, sie hätten den Schwur beim Haupt eines anderen eingeführt, um die Strafe für einen Meineid auf diesen abzuleiten.

8 Zur Flucht von der Erde vgl. Ovid, met. 1,149f., Vergil, georg. 2,473f., Hesiod, Erga 199f.

9 Der *genius* ist der Schutzgeist des Hausherrn, der hier als über die Keuschheit des Ehebettes wachend aufgefaßt ist (vgl. allgemein Wissowa, RuKR 176f., Latte, RRG 103f.).

10 Trotz des dargestellten sittlichen Niedergangs, bei dem der Ehebruch besonders früh üblich wurde (1-24), will Postumus sogar jetzt in der Gegenwart eine Ehe eingehen: in heftigem Ton (vgl. s. 5, s. 13) wird ihm abgeraten (25-37). – *Conventum* (*conventio*) und *pactum* sind allgemeine Bezeichnungen für vertragliche Vereinbarungen, *sponsalia* meint das Eheversprechen von Seiten der Familie der Braut; an u. St. ist an drei Schritte bei der Konkretisierung des Ehevorhabens gedacht.

11 Der vom Bräutigam als Zeichen der Bindung geschenkte Ring.

12 Die Furien, wie Tisiphone, werden mit Schlangenhaar und Schlangenpeitschen dargestellt; die Schlangen verursachten beim Opfer Wahnsinn.

13 Gegenüber der Ehe wird Postumus ironisch als Alternative zunächst der Selbstmord durch Erhängen, durch einen Sprung aus dem Fenster oder von einer Brücke in den Tiber empfohlen.

14 Die Fenster sind an sich personifiziert gedacht: ihnen wird wegen der Höhe selbst schwindlig.

15 Die erste steinerne Brücke Roms, h. Ponte rotto.

16 Auch die Beziehung zu dem Knaben wird nicht etwa als positive Alternative genannt (vgl. die Kritik an der Homosexualität in den Satiren 2 und 9), sondern als gemäßigte Form der Verrücktheit.

17 Beliebiger Name für einen an Kindern interessierten Heiratswilligen. Vgl. auch 42ff.

18 Ein möglicher Einwand: Ehe und Kinder bieten rechtliche Vorteile (demonstriert an Ursidius, der sich aus diesem Grunde sogar vom Ehebruch zur Ehe bekehrt). Dieses Argument wird (bis 59) zurückgewiesen, bes. mit dem Hinweis auf die Unkeuschheit der Frauen. – Die *Lex Iulia de maritandis ordinibus* aus d. J. 18 v. Chr. (sowie die *Lex Papia Poppaea* aus d. J. 9 n. Chr.) des Augustus sah Benachteiligungen der Unverheirateten und Kinderlosen z. B. im Erbrecht vor.

19 Durch das Aufheben (*tollere*) des neugeborenen Kindes vom Boden erkannte der Vater es als legitim an.

20 Die Formulierung enthält ein erstes ironisches Gegenargument: Ursidius wäre dann auch nicht mehr der von Erbschleichern umwor-

bene kinderlose Reiche (*orbus*), der u.a. durch die Übersendung von Geschenken vom Delikatessenmarkt gewonnen werden soll (vgl. 4,18f. 5,98). Zu diesen Delikatessen gehört auch der *mullus barbatus* (vgl. 4,15).

21 D.h. das Unmögliche scheint auch sonst möglich, wenn der Ehebrecher Ursidius jetzt heiratet, der Vorgang ist schier unbegreiflich.

22 Latinus war unter Domitian ein berühmter Schauspieler des Mimus (vgl. 1,36); in dieser Gattung waren Ehebruchsszenen (hier die Zuflucht des Galans in einer Truhe) verbreitet.

23 Aderlaß als Heilmittel gegen den Wahnsinn.

24 *Capitis* mit Pointe: Ursidius dürfte größte Schwierigkeiten haben, eine Frau zu finden, bei der auch nur das Haupt (d.h. der Mund) keusch geblieben ist. (Verdacht der Fellatio, deshalb auch die Scheu des Vaters vor den Küssen der Tochter.) Falls er wider alle Wahrscheinlichkeit auf eine derartige Frau trifft, solle er aus Dankbarkeit lang hingestreckt die Schwelle des Kapitolinischen (= Tarpejischen) Tempels der Juno, der Schützerin der Ehe, küssen, ihr eine Kuh opfern und das Haus zur Hochzeit schmücken. – Bei besonders feierlichen Opfern wurden die Hörner vergoldet.

25 Die Rolle der (am Kopf befestigten) Binden im Ceres-Kult ist unklar; Ceres galt als besonders keusche Göttin.

26 Für die Schmückung der Türpfosten bei einer Hochzeit vgl. 6,79. 227.

27 Hiberina ist wieder ein beliebiger Name. – Vor der Hoffnung auf eine keusche Frau sollte auch die Promiskuität der Frauen warnen.

28 Zweifel sind angezeigt: sie muß ihre Standhaftigkeit erst einmal unter Menschen beweisen, und sei es auch nur in kleinen Flecken wie Gabii (vgl. 3,192) und Fidenae (um von Rom zu schweigen).

29 *Credo* ist eine Emendation Thierfelders (aus *cedo*): erst nach der Bewährung in G. und F. will ich an die Geschichte von der angeblichen Keuschheit auf dem väterlichen Äckerchen glauben.

30 Selbst wenn die Keuschheit auf dem väterlichen Landgut tatsächlich bewahrt blieb, ist doch mit Versuchungen in ländlichen Schlupfwinkeln zu rechnen, und schließlich droht noch Gefahr durch die stets liebeshungrigen Götter Juppiter und Mars.

31 Weder auf dem Lande dürfte also Postumus eine keusche Frau finden, noch erst recht in Rom mit seinen bekannten Treffpunkten wie den zum Promenieren einladenden Arkaden, dem Theater usw.

Vom Gedanken des Ortes ergibt sich der Übergang zur Kritik an der Leidenschaft der Damen für die Bühnenkünstler (60-77) und Gladiatoren (78-113).

32 Bathyllus war zusammen mit Pylades der Begründer der hier gemeinten Form des Pantomimus (Solotanz mit Begleitung durch Chor und Orchester), einer Nachfolgegattung der Tragödie. An u. St. handelt es sich wohl um einen späteren Vertreter gleichen Namens. Mythische Themen waren beliebt; hier die Begegnung Ledas mit dem Schwan.

33 Der Vers wurde von Guyet getilgt; vgl. Courtney z. St. und Nisbet, JRS 52,1962,235.

34 Tuccia und Apula sind wieder beliebige Namen. Die berühmte Schauspielerin Thymele (vgl. 1,36. 8,197) müßte an sich durch ihre Tätigkeit im Mimus Expertin in obszönen Darstellungen sein: ihr wird jetzt noch Neues geboten.

35 Die Gerichtstätigkeit auf dem Forum dauert fort.

36 Von den *ludi plebeii* im November bis zu den *ludi Megalenses* im April.

37 Accius (vielleicht Actius, s. Ferguson 18) stellte offenbar einen Satyrn dar. Die Damen trösten sich mit Teilen seines Kostüms als Souvenirs.

38 Die kampanische Posse Atellane wurde oft als Abschluß (*exodium*) nach anderen Stücken gespielt. Dem geringeren Ansehen der Gattung entsprechend ist auch der Kurswert des Urbicus niedriger (als z.B. der der Komödienschauspieler 73).

39 Autonoe war die Mutter des Actaeon und Schwester der Agaue; sie beteiligte sich an der Zerstückelung von deren Sohn, des Königs Pentheus. Diese Atellane bot offensichtlich eine Mythenparodie.

40 Da man annahm, Geschlechtsverkehr beeinträchtige die Stimme, wurde durch die Vorhaut eine Fibel gesteckt. Der Verzicht auf die Enthaltsamkeit war entsprechend teuer zu bezahlen.

41 Der Kitharöde Chrysogonus (vgl. 7,176) wird (s. Anm. 40) sogar so sehr beansprucht, daß er nicht auftreten kann.

42 Der berühmte Redner und Rhetoriklehrer (vgl. 280) als Beispiel für einen unattraktiven Intellektuellen.

43 Die Häufung der griechischen Namen auch zum Ausdruck der Kritik am Ausländischen.

44 Bei Hochzeiten der großen Familien (wie der Cornelii Lentuli) wurden offenbar Zuschauertribünen für das Volk aufgebaut.

45 Von der Liebe zu Bühnenkünstlern erfolgt der Übergang zum Faible für Gladiatoren (78-113): die Beziehung der Frau des Lentulus zu Euryalus (der als *murmillo* mit Helm, Schild und Schwert gerüstet war) sowie die Affäre der Senatorenfrau Eppia mit Sergius.

46 Alexandria (Lagus war Vater von Ptolemaeus I.) vorgelagert sind die mit dem Festland durch einen Damm verbundene Insel Pharos (die den berühmten Leuchtturm trug) und die Halbinsel Canopus. Selbst diese wegen ihrer Sittenlosigkeit berüchtigte Gegend nimmt Anstoß an diesem Beispiel für die Unmoral Roms.

47 Paris war ein berühmter Pantomime unter Domitian (von diesem 83 hingerichtet). Zum Motiv der über alles geschätzten Spiele vgl. 11,53. 3,223.

48 Nach dem Tyrrhenischen Meer das Ionische zwischen Sizilien und der Peloponnes und schließlich das *mare Aegyptium*.

49 Eppia verließ nicht nur ihre Familie und das Leben in Rom und nahm die beschwerliche Seereise auf sich, sondern ihr Geliebter war auch noch alles andere als eine Schönheit.

50 Das Deminutivum wie auch *ocelli* 109 zum Ausdruck von Eppias zärtlichen Gefühlen.

51 Mit etwa 40 Jahren rasierten die Männer den Bart völlig ab.

52 Hyacinthus war der schöne Geliebte Apollos (Ovid, met. 10,162ff.).

53 Die Gladiatoren erhielten bei ihrer Entlassung ein hölzernes Schwert überreicht.

54 Vermutlich auf den 4,113ff. erwähnten Konsular Fabricius Veiento zu beziehen als Beispiel für einen häßlichen alten Mann.

55 Nach der Senatorengattin in einer Steigerung die Kaiserin selbst. Das verbindende Motiv ist weiterhin die eheliche Untreue, hier in besonders extremer Form (114-132).

56 Die Untreue seiner dritten Frau Messalina, die er schließlich i.J. 48 hinrichten ließ. – Der besseren gedanklichen Abfolge wegen wurde Hermanns Vertauschung von V. 117 (mit der Ergänzung von *et*) und 118 übernommen.

57 Die Matte als Bett von Bettlern und hier von Prostituierten.

58 Auf dem Schild über dem Eingang zu ihrer Kammer.

59 Britannicus war der Sohn des Claudius und der Messalina.

60 Der von Ribbeck (zusammen mit 125) getilgte Vers 126 ist nur in den jüngeren Hss. erhalten und enthält überdies sprachliche Schwierigkeiten. Vgl. Högg 86f., Courtney z.St.

61 Vgl. unten Anm. 249.

62 Der Gedanke der als Praeteritio formulierten drei Verse: Soll ich noch von Zauberei und Giftmord reden? Sie vollbringen sogar noch schlimmere Taten, weil ihr Geschlecht sie dazu zwingt, d.h. weil sie Frauen sind. (*Imperio sexus* meint nicht „wegen des Geschlechtstriebes".) Demgegenüber sind die Sünden aus Wollust (wofür Messalina ein weiteres Beispiel war) noch die geringsten. Die Verse sind also verständlich, stören jedoch den Zusammenhang, nehmen Motive der Partie 610ff. vorweg (vgl. bes. 610. 616. 626. 628), sind offenbar aus dieser entwickelt und wurden an u. St. in der Absicht einer weiteren Steigerung angeflickt. Getilgt von Gruppe.

63 Ein mögliches Gegenbeispiel: der Mann der Caesennia bezeugt selbst, daß es noch eine *pudica* gibt. Der Zeuge ist jedoch korrumpiert durch die Habsucht. Auch seine Frau hat Beziehungen zu Liebhabern, setzt also in Wirklichkeit die Reihe der Treulosen fort (136–141).

64 Als Mitgift. Die Summe entspricht dem Census eines Senators.

65 Die Pfeile, der zugehörige Köcher, die Hochzeitsfackeln als Attribute der Venus bzw. ihres Sohnes Cupido. Die Magerkeit als typische Eigenschaft des Verliebten, hier in kühner Verbindung mit dem Köcher, aus dem die Liebespfeile stammen.

66 Zum Austausch von Briefen mit dem Galan vgl. 233f.

67 Wie der Mann der Caesennia zeigt auch Sertorius Liebe. Sie ist jedoch echt, wird aber ebenfalls in Zweifel gezogen, denn sie wird mit der Schönheit Bibulas rasch schwinden. Zugleich hat auch Sertorius ein Laster bei seiner Frau zu erdulden: statt der bisher betrachteten Treulosigkeit ist es jetzt die Kaufwut (142–160).

68 Die Augen wirken kleiner wegen der dicker werdenden Backen.

69 Der Freigelassene gibt im Auftrag des Ehemannes arrogant die Scheidung bekannt.

70 Moniert als Zeichen des Alters.

71 Canusium in dem bekannten Weideland Apulien. D.h. sie fordert den Ankauf einer Schaffarm, außerdem eines Weingutes.

72 Den Wein (hier Falerner aus Nordkampanien) ließ man an Ulmen emporwachsen.

73 Hyperbolisch: sie verlangt herrisch gleichsam alle auf dem Markt
    verfügbaren Sklaven für den Stadthaushalt sowie für das Land die in
    allen Arbeitshäusern gehaltenen Feldsklaven.
74 Anläßlich des Saturnalienfestes am 17. Dezember fand ein mehrtä-
    giger Markt auf dem Marsfeld in der Nähe der Porticus Agrippae
    statt. Die dabei errichteten Verkaufsbuden aus weißer Leinwand
    verdeckten das den Argonautenzug darstellende Wandgemälde der
    Porticus. Jason ist hier ironisch als Überseekaufmann bezeichnet, die
    Argonauten als seine bewaffneten Matrosen.
75 Die Deutung von *murrina* sc. *vasa* als Gefäße aus Flußspat ist die
    wahrscheinlichste. Sie waren extrem teuer.
76 Beronice (bzw. Berenice) war die Schwester des Judenkönigs Ag-
    rippa II., mit dem sie ein Verhältnis gehabt haben soll. In Rom
    wurde sie bekannt als Geliebte des Titus. – *gestare* ist Housmans
    überzeugende Verbesserung für überliefertes *dedit hunc* (bzw.
    hoc).
77 Wohl zu beziehen auf das Ablegen der Schuhe beim Betreten heili-
    gen Bodens sowie auf das bekannte Verbot des Genusses von
    Schweinefleisch.
78 Über die ironische Feststellung, daß eine perfekte Frau ebenfalls un-
    erträglich sei, gelangt Juvenal zur Kritik am Fehler des Adelsstolzes
    (161-183).
79 Gedacht ist an die Aufstellung von Ahnenbildnissen, vielleicht auch
    von Triumphalstatuen, im Peristyl innerhalb des rückwärtigen Teils
    des Hauses.
80 Hinweis auf den Bericht bei Livius 1,13. Die Sabinerin als Muster
    altrömischer Keuschheit; vgl. 10,298f.
81 Beliebiger Name für eine Frau aus dem schlichten Volke.
82 Die Triumphe der *gens Cornelia*, bes. des Vaters der Cornelia, des
    älteren Scipio: er verbrannte 203 v. Chr. das Heerlager des Syphax
    und besiegte Hannibal 202 bei Zama.
83 Apollo (hier mit seinem Beinamen Paean bezeichnet) und seine
    Schwester Diana rächten die Hybris der Niobe, die sich wegen ihrer
    zahlreichen Kinder (die Zahlen schwanken in den Quellen) über La-
    tona (Leto) erhob, indem sie die Kinder mit Pfeilen erschossen. Am-
    phion (König von Theben) kam ebenfalls um, Niobe wurde verstei-
    nert. Juvenal läßt Amphion reden wie einen römischen Ehemann,

der den Ahnenstolz seiner Frau satt hat. – *dea, pone* 172 wurde von Graevius aus überliefertem *depone* hergestellt.

84 Die weiße Sau mit ihren 30 Frischlingen als wegweisendes Wunderzeichen bei Vergil, Aen. 3,390f. 8,43-45. 81-83. Vgl. Juv. 12,72-74. Zum Stolz der Niobe auf ihr bis auf Juppiter zurückgeführtes Geschlecht vgl. Ovid, met. 6,170-186.

85 Der als Heilmittel verwendete Saft des Aloe-Strauches war bitter.

86 D.h. mehr als den halben (römischen) Tag.

87 Ein weiterer Fehler: die Schwäche für alles Griechische (184-199).

88 Selbst die Damen aus der Provinz (Sulmo im Paelignerland war der Geburtsort Ovids) möchten als Athenerinnen erscheinen (Kekrops galt als Gründer Athens).

89 Die Tilgung des unechten Verses durch Barth wurde einhellig von den neueren Herausgebern übernommen.

90 „Mein Leben und meine Seele".

91 *ferendis* ist eine Verbesserung Housmans für das überlieferte *relictis*. Der Sinn der Stelle ist wohl: Bei einer Alten ist der Gebrauch griechischer Koseworte besonders abstoßend. Sie wären allenfalls erträglich im Schlafzimmer, nicht jedoch in der Öffentlichkeit. Außerdem: Im allgemeinen haben sie wohl Erfolg, sie erregen; aber bei einer Alten versagen sie stets, mag sie sie auch zärtlicher aussprechen als die besten Schauspieler.

92 D.h. damit du dir keine übertriebenen Vorstellungen von der Wirkung deines zärtlichen Griechisch machst.

93 Der *mollis Haemus* ist 3,99 als Komödienschauspieler erwähnt. Vermutlich war er wie auch der sonst unbekannte Carpophorus ein Darsteller weiblicher Rollen.

94 Wenn Postumus eine Frau nicht liebt, ist der Aufwand bei der Hochzeit sinnlos, wenn er sie liebt, wird sie diese Liebe ausnützen und ihn und das Haus tyrannisch beherrschen; dennoch wird sie ihn am Ende verlassen (200-230).

95 Die Kuchen wurden den Gästen als sog. Apophoreta mitgegeben.

96 Als Morgengabe wurden Goldmünzen mit dem Bilde Trajans geschenkt. Den Titel Germanicus nahm er 97 n.Chr. an, den Titel Dacicus 102.

97 D.h. der in deinem Haus bereits in seiner Jugend verkehrte, bevor er seinen Bart erstmals feierlich kürzte.

98 Die Vertreter dieser drei verachteten Gewerbe waren zwar z. B. von der Ausübung öffentlicher Ämter ausgeschlossen, konnten jedoch, soweit sie Freie waren, ein Testament verfassen: dem Ehemann wird nicht nur die Freiheit beim Testieren genommen, sondern er muß auch noch die Liebhaber seiner Frau in das Testament eintragen.

99 Nicht nur beim Umgang mit Geld, bei den Beziehungen zu Freunden, beim Testament zwingt sie dem Mann ihren Willen auf, sondern selbst bei der Behandlung der Sklaven.

100 Der Gipfel der willkürlichen Freiheit gegenüber dem Ehemann: sie verläßt ihn, kehrt zurück und wählt weitere Männer nach Belieben. – Durch den häufigen Gebrauch wird ihr Brautschleier verschlissen.

101 Zur Zahl vgl. Martial 6,7 (10 Männer in einem Monat). Juvenals Vorschlag ist das ironische Gegenstück zu Grabinschriften, die das Leben als *univira* rühmten.

102 Die Rolle der Schwiegermutter als weiteres Ehehemmnis. Zugleich wird dabei das Motiv der Untreue wieder aufgegriffen (231-241).

103 Die Schwiegermutter stiftet die eigene Tochter zum Ehebruch an: Sie instruiert sie in der Kunst der Liebesbriefe, korrumpiert die vom Ehemann seiner Frau beigegebenen Aufpasser, simuliert selbst eine Krankheit (deren Schwere durch die Konsultation einer Kapazität wie des unter Trajan berühmten Archigenes verdeutlicht wird), um der Tochter den Vorwand eines Krankenbesuches in ihrem Haus zu liefern, in das sie bereits den Liebhaber der Tochter eingelassen hat.

104 Die schlimme Rolle der Frauen im Gerichtswesen: in fast allen Prozessen sind sie aktiv oder passiv der eigentliche Anlaß. Manche gehen sogar so weit, daß sie selbst Prozeßreden verfassen (242-5).

105 Mit Celsus ist sehr wahrscheinlich der von Quintilian mehrfach erwähnte Verfasser einer rhetorischen Lehrschrift A. Cornelius Celsus gemeint: die Expertin sieht sich in der Lage, selbst dem berühmten Rhetor noch etwas beizubringen.

106 Die unweibliche Betätigung der Frauen im Ringkampf und Gladiatorensport (246-267). Die Häufung der griechischen Termini drückt wieder die Kritik am Ausländischen aus.

107 An dem Pfahl übten die Gladiatoren mit dem Holzschwert die verschiedenen Schläge und Stöße.

108 Beim Florafest (28. April – 3. Mai), das wie alle Feste mit einem
    Trompetensignal eröffnet wurde, traten nach Auskunft des Scholia-
    sten Frauen in Gladiatorenkämpfen auf, allerdings nur *meretrices*.
    Juvenal läßt *matronae* an eine Beteiligung hier oder sogar in der
    wirklichen Arena denken.

109 Nach der Meinung Juppiters ist die Lust der Frauen größer als die der
    Männer, was von dem zeitweise in eine Frau verwandelten Tiresias
    bestätigt wird: Ovid, met. 3,320ff.

110 Das private Vergnügen am Fechten wird durch eine Auktion über-
    zähligen Besitzes, wie sie in Rom verbreitet waren, zu einer öffentli-
    chen Schande.

111 Die Ausrüstung eines sog. *Samnites*, zu der auch noch der Schild
    zählte.

112 Als *Thraex*, der an beiden Beinen Schienen trug (außerdem ein
    Sichelschwert und einen kleinen Schild).

113 Die robusten Fechterinnen zeigen sich sonst überaus empfindlich.

114 Dicke Knieschützer beim Training.

115 Drei Vertreter altrömischen Adels. Lepidus: ein (nicht näher
    bestimmtes) Mitglied der Familie der Aemilii Lepidi (vgl. 8,9). L.
    Caecilius Metellus rettete 241 v. Chr. als *Pontifex maximus* das
    Palladium aus dem brennenden Vesta-Tempel und soll in diesem
    Zusammenhang erblindet sein, was den Beinamen Caecus erklärt.
    Q. Fabius Maximus Gurges war 292 und 276 Konsul.

116 Die vernünftigere Frau des Gladiators Asylus, dem zur Verschär-
    fung des Kontrasts ein ausländischer Sklavenname gegeben ist.

117 Die Streitsucht der Frauen, verbunden wieder mit dem Motiv der
    Untreue (268–285).

118 Das Bewußtsein der eigenen Schuld veranlaßt sie zu einem Gegen-
    angriff gegen den Mann, dem sie eine homosexuelle Beziehung zu
    Sklaven oder ein Verhältnis mit einer Sklavin unterstellt.

119 Die Tränen stehen gleichsam wie Soldaten auf Wache bereit.

120 Sie verbergen hinter Tränen über die angebliche Untreue des
    Mannes ihre eigenen Verfehlungen, die nur in den versteckten Brie-
    fen faßbar wären. Bei offenkundigem Ehebruch jedoch bedarf es
    wirkungsvoller Argumente: selbst der fiktiv zur Verteidigung auf-
    gerufene berühmteste Rhetoriklehrer erscheint hilflos (*color* be-
    zeichnet die für die jeweilige Position möglichst günstige „Färbung"

des Tatbestandes). So fordert der Dichter die Frau selbst zur Verteidigung auf: sie weiß auch jetzt Rat, sie reagiert mit Unverschämt-
heit.

121 Vgl. zu dieser Vorstellung 2,25.

122 Die Ursachen für den moralischen Niedergang: die Abkehr von der
strengen, einfachen Lebensweise Altroms und das Eindringen des
ausländischen Luxus (286-300a). Dieser Gedanke führt zur Darstellung sexueller Exzesse, die mit einer Mißachtung der römischen
Religion verbunden sind (300b-351).

123 Hannibal befand sich 212 v. Chr. vor Rom; die Römer hatten ihr
Lager zwischen dem Collinischen und dem Esquilinischen Tor.

124 Zum Gedanken vgl. 3,60ff.

125 Anspielung auf die Fellatio.

126 Sie trinken den Wein nicht nur ohne Beimischung von Wasser, sondern versetzen ihn auch noch mit Würzessenzen.

127 Große, muschelförmige Trinkgefäße, aus denen vermutlich alle
tranken.

128 Die beste Lösung der Schwierigkeiten des überlieferten Textes besteht darin, die Reihenfolge der Verse 307 und 308 mit Jahn, Clausen
zu vertauschen, wie sich dies auch in einzelnen Handschriften findet: Maura verhöhnt mit einer Grimasse, die von einem Einziehen
der Luft begleitet wird, die Göttin Pudicitia (deren Heiligtum sich
am Vicus Longus befand), Tullia stiftet dann Maura (die 10,223f. erneut erwähnt ist) zu dem 309ff. beschriebenen Tun an. – Beide
hatten die gleiche Amme.

129 Bei der morgendlichen *salutatio* der *Patroni*.

130 Die 314-334 beschriebene Feier zu Ehren der Bona Dea ist privat,
335ff. wendet sich Juvenal der offiziellen Feier zu. Die Gegenwart
von Männern war an sich strikt ausgeschlossen, die Orgie 314ff. dagegen läuft auf das Einlassen der Männer zu, und zwar in der Abfolge: Aufreizung zum Beischlaf, Bereitschaft, Fähigkeit, Vollzug.

131 Die Doppeltibia hatte ein gerades und ein hornartig gebogenes Rohr.
Zu ihrem Gebrauch im Bona Dea-Kult vgl. 2,90.

132 Die Mänaden sind an sich Begleiterinnen des Bacchus. Die Frauen
werden hier jedoch ironisch als Mänaden dem Fruchtbarkeitsgott
Priap zugeordnet.

133 Sexuelle Metapher.

134 Saufeia ist (wie Medullina) durch ihren Namen als Adlige charakte- risiert. 9,117 wird sie erwähnt als (stark trinkende) Leiterin der Kultfeier für die Bona Dea, eine Aufgabe, die der Frau des Konsuls oder des *Praetor urbanus* zufiel.

135 Die Prostituierten als Expertinnen werden dennoch im Wettbewerb um den von Saufeia ausgesetzten Siegeskranz von dieser übertroffen.

136 Saufeia und Medullina.

137 Priamus und Nestor als sprichwörtliche Alte; vgl. 10,245. 258. Mit *hirnea* ist ein Hodenbruch gemeint.

138 D.h. von den in dem Raum versammelten Frauen, der im Hinblick auf die Feiern des Bacchus oder Priap als Grotte bezeichnet ist.

139 Die an sich verbotene Zulassung der Männer wird in perverser Wei- se als *fas* hingestellt. Vgl. auch 2,87ff.

140 Mit dem Liebhaber (*adulter*) ist offensichtlich der *iuvenis* 330 iden- tisch: er wird zu dieser späten Stunde aus dem Schlaf eilends her- beizitiert und soll sich, um nicht gleich erkannt zu werden, in die Kapuze hüllen.

141 D.h. die ganze Welt.

142 P. Clodius Pulcher schlich sich 62 v. Chr. als Musikantin verkleidet wegen seiner Beziehung zu Caesars Frau Pompeia in dessen Haus ein, wo die Kultfeier der Bona Dea stattfand. – Cicero verfaßte nach dem Selbstmord des Cato Uticensis 46 v. Chr. einen Lobpreis auf den Toten, der von Caesar in einer zwei Buchrollen umfassenden Gegen- schrift beantwortet wurde.

143 Seneca berichtet epist. 97,2 unter Hinweis auf den Bona Dea-Skan- dal des Clodius, daß bei den Feiern sogar die Bilder männlicher Tiere verhüllt wurden.

144 Numa, der zweite König Roms, galt als Schöpfer des römischen Sakralwesens. Auf dem Vatikan befanden sich Töpfereien, die min- dere Qualität produzierten.

145 Die Straßen Roms waren meist mit schwarzem Basalt gepflastert. – Von den Herausgebern, welche die sog. Oxford-Verse (s. zu V. 365) für echt halten, werden die Verse 346-8 als Interpolation getilgt, da sie eine Konkurrenz zu O 30-34 darstellen. – In den Versen 346-351 scheint eine tiefergehende Textstörung vorzuliegen.

146 Die als Beispiel für das Laster der Verschwendungssucht (352-365) gewählte verarmte Adlige sucht bei den Spielen den Eindruck alten

Glanzes zu erwecken. Die gemieteten *comites* sollen dabei die Klienten der Familie darstellen.

147 Zu den Argumenten gegen die Echtheit der folgenden nur im Codex Oxoniensis Canon. 41 überlieferten und 1899 von ihrem Entdecker E.O. Winstedt publizierten 34 Verse (sowie der Verse 373 A B) vgl. S. 496 f. Einige Gelehrte wie Griffith, Luck, Martyn ordnen die Partie hinter V. 345 ein. Der mehrfach gestörte Text ist hier in der Fassung Clausens wiedergegeben. In ihr sind folgende Verbesserungen gegenüber der Überlieferung aufgenommen: 2 *promittens* (v. Winterfeld) statt *promittit;* 9 *psyllus* (Postgate) statt *psillus;* 13 *has* (Housman) statt *as;* 13 *aliusque* (Housman) statt *aliosque;* 15 *recuset* (Platt) statt *recusat;* 25 *lecto* (Postgate) statt *tecto;* 31 *cohibe* und *custodiet* (aus V. 347) statt *cohibes* und *custodiat.*

148 Das unechte Stück kritisiert die üble Rolle von Homosexuellen als Domestiken der Hausherrin.

149 Die Damen des jeweiligen Hauses erlauben den Kinäden die Teilnahme am eigenen Mahl. *Colocyntha* und (*barbata*) *chelidon* werden von einzelnen Interpreten als Eigennamen aufgefaßt, von Housman als Umschreibung für einen *cunnilingus* bzw. *fellator.* Eine überzeugende Detailerklärung steht jedoch aus. In der Übersetzung wurde die zu postulierende allgemeine Bedeutung des Verses zu erfassen versucht.

150 Es schließt sich ein ausführlicher Vergleich des einen Homosexuellen beherbergenden Hauses mit der Kaserne eines Gladiatorenmeisters an (7-13), in der jene Menschen von den übrigen Mitgliedern der Truppe abgesondert werden.

151 Welche Wörter sich unter *psyllus* und *eupholio* verbergen, ist bisher ungeklärt, ebenso die Unterscheidung zwischen *retia* und *turpis tunica.* Einer der beiden Begriffe meint jeweils den Homosexuellen.

152 Der ursprüngliche Text statt des korrupten *pulsatamque arma* muß ein Teil der Rüstung beschrieben haben. Der Sinn der Stelle: die homosexuellen Gladiatoren wurden sowohl beim Wohnen (*cella*) als auch sogar im Gefängnis von den übrigen getrennt.

153 Damit wird an die Situation im Haus und das Motiv des Geschirrs (1-6) angeknüpft. – Die großen Grabanlagen an den Ausfallstraßen dienten Prostituierten als Unterschlupf.

154 Verbesserungsvorschläge für das korrupte *servant: solvunt* (Housman, Postgate), *relevant* (Housman), *reserant* (Axelson).

155 Unter der Maske des passiven Homosexuellen verbirgt sich jedoch
oft ein aktiver Ehebrecher.

156 Der Kinäde, der vorgab, eine Thais (typischer Hetärenname der
Komödie) zu sein, erweist sich im Bett als Triphallus (Beiname des
Fruchtbarkeitsgottes Priapus).

157 Der argwöhnische Ehemann wendet sich direkt an den ehebecheri-
schen Kinäden. – Bei der *sponsio* wurde die Zahlung einer bestimmten Summe versprochen, falls eine Behauptung (in diesem Fall die
der Virilität des Kinäden) sich im folgenden Verfahren nicht bestätigen ließ.

158 Die von den Folterern (öffentlichen Sklaven, die derartige Dienste
erfüllten; vgl. 6,480. 14,21) verhörten Sklavinnen würden den Verdacht des Ehebruchs bekräftigen.

159 Der Sinn der an die als anwesend vorgestellten Freunde gerichteten
Worte: Das Einsperren und Bewachen der Ehefrau zur Verhinderung der Beziehung zum Kinäden wäre zwecklos, da die Frau auch
die Wächter durch Ehebruch korrumpieren würde. – Der Text kon-
kurriert mit den Versen 346-348.

160 Der Preis ist die Zusage des Ehebruchs.

161 Die Liebe mancher Damen zu Eunuchen, bes. zu denen, die erst nach
der Pubertät kastriert wurden (366-378). Diese waren zwar nach der
Operation unfruchtbar, blieben aber noch einige Zeit zum Geschlechtsverkehr fähig. Vgl. Courtney. – *quom* in V. 369 ist Ribbecks
zumeist rezipierte Verbesserung für überliefertes *quod*.

162 Heliodorus ist der Chirurg. Da der Eunuch potent bleibt, ist lediglich
der Friseur wegen des nicht mehr wachsenden Bartes geschädigt.

163 Für die beiden ebenfalls nur im Oxoniensis überlieferten Verse vgl.
Anm. 147.

164 Die Vorstellung ist offenbar, daß der Eunuch mit erigiertem Glied
das Bad betritt, entsprechend den Darstellungen des Gottes Priapus,
der u. a. die Gärten vor Dieben schützte.

165 Ironisch wird der Beischlaf mit der Herrin zugestanden, aber eine
Warnung hinzugefügt: Der noch immer potente Eunuch wird sich
damit nicht begnügen, sondern sich auch Knaben wie etwa Bromius
zuwenden (dieser ist mit einem Beinamen des Bacchus benannt),

und dies, obwohl Bromius fast schon ein Mann und damit weniger reizvoll ist: ein Beleg für die Geilheit. Die Anrede an Postumus besagt: falls du den Fehler einer Eheschließung begehen solltest und sich in deinem Hause ein derartiger Eunuch findet, achte nicht nur auf deine Frau, sondern schütze auch deinen *puer delicatus* vor seiner Gier.

166 Die Liebe zu Musikern (379-397). Vgl. 63-77; dort auch 73 bereits das Motiv der Fibel (vgl. Anm. 40).

167 Die Praetoren als Veranstalter der Spiele engagieren die Sänger.

168 Die Edelsteine in den vielen Ringen an ihren Fingern funkeln bei ihrem Spiel.

169 Zu diesem Souvenir vgl. V. 70.

170 Die beiden Gottheiten wurden in Gebeten als erste bzw. als letzte angerufen (Cicero, nat. 2,67). Die Dame, die durch beide Eltern aus höchstem Adel stammt, opfert ein Lamm (vgl. 392), das mit Spelt (*mola salsa*) und Wein überschüttet wurde, und erfragt die Aussichten des von ihr geliebten Kitharöden Pollio. Dieser beteiligte sich an dem von Domitian 86 n. Chr. eingerichteten kapitolinischen Wettbewerb, bei dem die Sieger Eichenkränze erhielten.

171 Beim Opfer wurde das Haupt verhüllt, der Opfernde sprach die Worte des Priesters nach, der Haruspex untersuchte die Eingeweide des Lammes.

172 Die Götter müssen im Himmel wahrlich nichts zu tun haben (wie die Epikureer behaupten), wenn sie sich um solche Trivialitäten wie die Gebete von in Künstler verliebten Frauen kümmern.

173 Vom vielen Stehen wegen der immer neuen Aufträge.

174 Die Vorliebe der Frauen für Neuigkeiten und Klatsch (398-412).

175 Zu beziehen auf den 115 n. Chr. erschienenen Kometen sowie die Feldzüge Trajans gegen Armenien 114 und gegen die Parther 116.

176 Niphates war an sich eine Gebirgsgegend in Armenien, in der der Tigris entspringt, wurde aber auch als Fluß aufgefaßt.

177 Im Dezember 115 suchte ein Erdbeben Antiochia heim.

178 Die Verse 413-418 und 419-433 sind durch den Gedanken der üblen Behandlung verbunden, nämlich der Nachbarn und der Gäste. Die einfachen Nachbarn sind wahrscheinlich von ihr abhängige Mieter in ihrem Haus, etwa Inhaber von Geschäftslokalen, die zur Bewachung Hunde hielten. – Für das korrupte *exortata* ist bisher keine befriedigende Verbesserung gefunden.

179 Vermutlich das Bad im eigenen Haus. Die übliche Zeit für das Bad
    wäre die achte oder neunte Stunde (also gegen 3 Uhr nachmittags
    unserer Rechnung). Sie bevorzugt dagegen die Zeit nach Sonnenun-
    tergang.

180 Natürlich schreit die Herrin selbst auf bei dieser speziellen Massage.

181 Eine *urna* entsprach 13,1 Litern, ein *sextarius* war davon 1/24. Sie
    trinkt also mehr als einen Liter. Die Praxis, Wein in großen Mengen
    zur Anregung des Appetits zu trinken, um ihn noch vor dem Essen
    wieder zu erbrechen, ist auch sonst bezeugt. Hier fließt das vergol-
    dete Auffangbecken über.

182 Die Expertin für Literatur (434-456). Sie billigt die Haltung Didos
    vor ihrem Selbstmord am Ende des 4. Aeneis-Buches.

183 Zu den *grammatici* und *rhetores* vgl. 7,215-243 bzw. 150-206. Die
    beiden anderen Berufe sind gewählt wegen der Stimmgewalt ihrer
    Vertreter.

184 Da man glaubte, eine Mondfinsternis werde durch Dämonen verur-
    sacht, suchte man diese durch Lärm zu vertreiben.

185 Der Gedanke, sie solle sich dann doch gleich wie ein Mann verhalten,
    wird an drei Beispielen illustriert: sie solle statt der knöchellangen
    Stola die Tunika des Mannes tragen, dem Silvanus opfern, was nur
    Männern erlaubt war, und statt des höheren Eintrittsgeldes für
    Frauen nur den bei Männern üblichen *quadrans* (= 1/4 As) be-
    zahlen.

186 Das Enthymem ist ein Argument, das auch als rhetorischer oder
    unvollständiger Syllogismus bezeichnet wurde. Vgl. Quintilian
    5,14,1-4. Als Bild schweben mit Drall geschleuderte Waffen wie
    Speere oder Pfeile vor.

187 Q. Remmius Palaemon, berühmter Grammatiker und Lehrer Quin-
    tilians.

188 Selbstbewußtsein für ihr Treiben gewinnt eine Frau durch ein-
    drucksvollen Schmuck; diesem Auftritt in der Öffentlichkeit geht
    jedoch eine abstoßende Prozedur der Schönheitspflege voraus (457-
    473).

189 Der eigentliche Gedanke ist nicht der Reichtum, sondern das innere
    Sicherheit verleihende wirkungsvolle Auftreten. Außerdem stört
    der sentenzenartige, eher banale Vers den ohnehin etwas losen Zu-
    sammenhang zwischen 457-9 und 461ff. Getilgt von Paldamus.

190 Poppaea, die Ehefrau Neros, hatte diese Schönheitscreme entwickelt.

191 Eine erneute Anspielung auf Poppaea, die sich 500 Eselinnen hielt, deren Milch sie als Schönheitsmittel bzw. zum Baden verwendete. Die Hyperboreer waren ein sagenhaftes Volk im äußersten Norden. – *educet* Jahn (*educat* Housman) statt überliefertem *educit*, da an eine künftige Möglichkeit gedacht ist.

192 Mit Umschlägen aus heißem Brotteig wurden an sich Geschwüre kuriert.

193 Der Abschnitt wird zwar durch den Hinweis auf den gesamten Tagesablauf eingeleitet, wendet sich aber dann der grausamen Behandlung der Sklaven zu (474-507).

194 Die Verbindung von *libraria* mit *librarius* (so das OLD) ist plausibler als die übliche Auffassung als *lanipendia*, als Sklavin, die den anderen das Pensum an Wolle zuwiegt.

195 Um für die zu erwartenden Prügel bereit zu sein.

196 Der wohl als eine Art Butler (vgl. 4,75) tätige Liburner büßt für den Schlaf des Ehemannes.

197 Die Folterknechte waren öffentliche Sklaven (vgl. 14,21). Sie werden von den Damen so häufig im eigenen Hause herangezogen, daß dies einer Dauerbeschäftigung gleichkommt.

198 *Diurnum* erklärt der Scholiast zu Recht mit *ratiocinium diurnum*, Buch für die täglichen Ausgaben (vgl. OLD). *Transversa*: die Zeilen bilden hier nicht wie sonst in den Buchrollen einzelne nebeneinander stehende Kolumnen, sondern sind entsprechend der Rollrichtung in einer einzigen bis zum Ende der Rolle fortlaufenden Abfolge untereinander geschrieben.

199 Unter den grausamen sizilischen Tyrannen zeichnete sich besonders Phalaris (vgl. 8,81) aus.

200 Der Tempel der Isis auf dem Marsfeld wird öfter als Treffpunkt für Liebespaare erwähnt.

201 Die Dienerin Psecas erwartet bereits die Prügel; vgl. 476f.

202 Andromache, die Gattin Hektors, galt als besonders groß (vgl. Ovid, ars am. 2,645. 3,777).

203 Der hohe Bühnenschuh der Tragödienschauspieler.

204 Die aufgetürmte Frisur wirkt bei kleinem Körper noch grotesker.

205 Für das Motiv einer rücksichtslosen Verschwendung der Güter des Ehemannes bieten die Gaben an Mitglieder religiöser Sekten ein Bei-

spiel (vgl. 518f., 540f., 546), aber die Schwäche für – zumeist ausländischen – Aberglauben bildet den Mittelpunkt des Abschnitts
508-591 (Cybele, Isis, Juden, orientalische Haruspices, Astrologie,
sonstige Zukunftsdeuter).

206 Die mit der altrömischen Gottheit Bellona identifizierte Kappadoki-
sche Göttin Ma (vgl. 4,123f.) und die Göttermutter Cybele sind oft
verbunden.

207 Die kultische Kastration dieser sog. *Galli* erfolgte in der Regel mit
einer Tonscherbe.

208 Die asiatischen Kopfbedeckungen *tiara* und *mitra* (die seitliche,
unter dem Kinn zusammengebundene Bänder besaß) werden auch
sonst nicht immer unterschieden.

209 Er droht mit den Gefahren des Herbstes (bes. Fieber), die ohnehin zu
gewärtigen waren, um so milde Gaben zu erbetteln.

210 Er fühlt sich als Frau.

211 Diese Reinigung durch Wasser (im Rahmen des Isis-Kultes) nimmt
sie nicht etwa am Ufer, sondern mitten im Strom vor.

212 Umschreibung für das Marsfeld, das einst vom König Tarquinius
Superbus besetzt wurde. Dort stand auch der Isis-Tempel (vgl.
V. 529).

213 Die von Juppiter zur Täuschung Junos in eine weiße Kuh verwandel-
te Io wurde mit Isis gleichgesetzt (vgl. Ovid, met. 1,745ff.).

214 Meroe mit seinem Isis-Heiligtum befindet sich noch etwa 1000
römische Meilen südlich der bei Syene (Assuan) gelegenen Reichs-
grenze.

215 *Ovile* wurden die *Saepta* auf dem Marsfeld genannt, der durch
Schranken unterteilte Aufstellungsplatz für die einzelnen Centurien
bei den Wahlen.

216 Die Stimme der Isis im Traum.

217 Wegen ihrer allgemeinen Verehrung der ägyptischen Kulte.

218 Einer der kahlköpfigen Isis-Priester, die aus Reinheitsgründen nur
Leinen tragen durften, hat eine den schakalköpfigen Gott Anubis,
den Diener der Isis, darstellende Maske. Juvenal interpretiert deren
Ausdruck ironisch als spöttisches Grinsen über die Menge, die den
Tod des Osiris, des Gatten der Isis, betrauert.

219 Der Isis-Kult schrieb den Frauen Enthaltsamkeit an bestimmten
Tagen vor. Die Schlange gehört zu den Attributen der Göttin.

220 Vgl. 3,14 mit Anm. 7.

221 Die Bezeichnung *sacerdos arboris* ist bisher nicht befriedigend geklärt.

222 Die Juden galten als Verehrer des Himmels (vgl. 14,97).

223 Bewußt werden nicht etruskische, sondern orientalische Haruspices genannt. Commagene: eine Landschaft in Syrien.

224 Er übernimmt einen verbrecherischen Auftrag, um die Auftraggeberin anschließend anzuzeigen.

225 Chaldaeer sind ursprünglich die Bewohner von Babylonien, später wird der Name auf die dortigen Priester bezogen, die durch ihre Wahrsagekunst, vor allem mittels der Astrologie, bekannt waren.

226 Die Prophezeiungen gelten als so zuverlässig, als kämen sie vom Orakel des Juppiter Ammon in Libyen (h. Oase Siwa).

227 Das Orakel in Delphi hatte seit augusteischer Zeit stark an Bedeutung verloren.

228 Die beiden unechten Verse (getilgt von Hermann; vgl. die Gründe bei Courtney) beziehen sich auf den Astrologen Ptolemaeus oder Seleucus, der Otho zur Ermordung Kaiser Galbas drängte.

229 Mehrfache Verbannung oder lange Haft im Gefängnis der *castra praetoria* gelten als Beweis für besondere Befähigung.

230 Die Kykladeninseln, darunter Seriphos (vgl. 10,170, ferner 1,73. 13, 246f.), als Verbannungsorte.

231 Tanaquil, die Gattin des Königs Tarquinius Priscus, verstand sich auf die Deutung von Vogelzeichen (Livius 1,34,9). Statt damit jedoch wie diese ihren Mann zu unterstützen, wird die Tanaquil, die Postumus zu erwarten hat, als erstes zu erfahren suchen, ob er nicht bald sterben werde.

232 Die Frau der Verse 565-8 muß wegen fehlender eigener Kenntnisse die Astrologen konsultieren, weit gefährlicher ist jedoch jene, die selbst Expertin ist und die astrologischen Berechnungstafeln so oft in den Händen hält wie andere Damen die Bernsteinkugeln, die die Hände kühlen sollten und bei Erwärmung Duft verbreiteten.

233 Thrasyllus war der Astrologe des Tiberius.

234 Der aegyptische Priester Petosiris wird zu den Begründern der Astrologie gerechnet. Seine Anweisung ist ihr wichtiger als der Rat eines Arztes.

235 Sie wird preiswertere Wahrsager im Zirkus befragen, bei denen sie Lose zieht oder sich aus der Stirn oder der Hand die Zukunft deuten läßt.

236 Vermutlich sollte durch das Schmatzen mit den Lippen die Magie unterstützt werden.

237 *Inde conductus* bedeutet: von dort angemietet, i.S. von „ein echt phrygischer"; das Wort *inde* scheint jedoch korrupt zu sein.

238 D.h. ein Haruspex, der im Auftrage der Pontifices eine Entsühnung (*procuratio*) vornahm und alles vom Blitz Getroffene am Ort des Einschlags feierlich begrub. Die Reiche kann sich diesen offiziellen Haruspex leisten.

239 Die Neigung zum Erfragen der Zukunft wird im Wechsel an der Unbegüterten (582-4), der Reichen (585-7) und wieder der Unbegüterten (588-91) verdeutlicht, und von hier aus ergibt sich der Übergang zum Thema des Kindergebärens (592f. weiterhin die Unbegüterten, dann wieder 594ff. die Reichen). – Die Unbegüterte erhält die gewünschten Auskünfte im wesentlichen im Zirkus, oder auch auf dem ergänzend erwähnten, als Promenade beliebten Wall des Servius Tullius (vgl. 8,43. 16,26).

240 Sie trägt ihr Prunkstück deutlich sichtbar, zum Beweis, daß sie nicht zu den völlig Armen gehört.

241 Der Zweck der Holzgerüste (*falae*) im Zirkus ist nicht genau bekannt. Die Rennbahn war in der Mitte durch die durchlaufende *Spina* geteilt, an deren Ende jeweils zu umfahrende Zielsäulen standen und auf der von Säulen getragen sieben Delphine angebracht waren, die bei den sieben Runden nacheinander abgenommen wurden.

242 Die Manipulationen der Damen bei der Nachkommenschaft (Abtreibung, Geburt von Bastarden, untergeschobene Kinder 592-609).

243 Der Ehemann soll ihr die Abtreibungsmittel selbst anbieten, damit er nicht als Sohn und Erben einen Neger erhält, dessen Anblick am frühen Morgen ein böses Omen war (wie auch die Begegnung mit einem Affen oder Eunuchen).

244 Dort wurden oft unerwünschte Kinder ausgesetzt.

245 Die Salier mußten patrizischen Ursprungs sein (wie etwa die Aemilii Scauri), die Pontifices Senatoren.

246 Die Verwendung von Zauber und Gift gegen den Ehemann (610-626).

247 D.h. wie ein Kind zu bestrafen.

248 Die drei Verse 614 ABC sind nur in ganz wenigen Handschriften überliefert. Das Motiv der in der Unterwelt vergeblich Wasser zu

den löchrigen Fässern tragenden Danaiden und die Vorstellung von dem in einen grausamen Tyrannen wie Phalaris verwandelten Caligula ergeben weder zusammen noch im Kontext einen vernüftigen Sinn. Weitere Argumente gegen die Echtheit bei G. Jachmann, Nachr. Akad. Göttingen, phil.-hist. Kl. 1943, Nr. 6, 232-240 (= Textgeschichtl. Studien 791-799), und bei Courtney z.St.

249 Caesonia soll ihren Gatten C. Caesar (Caligula) durch einen Liebestrank in den Wahnsinn getrieben haben. Das dabei benutzte sog. *Hippomanes* (vgl. 626) ist ein Auswuchs auf der Stirn eines neugeborenen Fohlens.

250 Im Unterschied zum Gifttrank Caesonias, durch den die Welt aus den Fugen geriet, tötete das vergiftete Pilzgericht Agrippinas (vgl. 5,147f.) nur den einen Claudius. Er litt an einem Zittern des Kopfes und an Speichelfluß. Die Wendung *descendere in caelum* erinnert ironisch an die bespöttelte Apotheose.

251 Caligula ließ Senatoren und Ritter auspeitschen, foltern und töten.

252 Das mörderische Wüten gegen Stiefkinder, eigene Kinder, den Ehemann (627-661). – *Paelex* ist die gehässige Bezeichnung der Stiefmutter für die erste Frau ihres Mannes.

253 Das Ermorden der Stiefkinder steht mit den gegenwärtigen Moralvorstellungen bereits in Einklang: aber die Frauen machen nicht einmal vor den eigenen Kindern Halt.

254 Die im Testament des verstorbenen Vaters als Erben eingetragenen Kinder, deren Vermögen die Mutter durch Mord erlangen möchte.

255 *Papas* ist die kindliche Bezeichnung für den *paedagogus*. – Die in den Hss. P G fehlenden Verse 632/3 wurden von Paldamus und Späteren athetiert und bleiben suspekt.

256 Juvenal scheint die von den Vorgängern Lucilius und Horaz gezogenen Grenzen der Gattung Satire zu überschreiten und sich auf das Gebiet der griechischen Tragödie zu begeben, aber die Realität in Rom, die Gegenstand der Satire ist, weist die gleichen Untaten wie die Tragödie auf. Die Kindesmörderin Pontia war eine historische Figur.

257 Medea, die ihre beiden Söhne tötete, um sich an Jason zu rächen.

258 Procne tötete ihren Sohn Itys und setzte ihn ihrem Gatten Tereus zum Mahl vor, um die Schändung ihrer Schwester Philomele zu rächen. Beide Kindesmörderinnen der Tragödie bleiben jedoch hinter

der römischen Wirklichkeit zurück, da sie aus Leidenschaft und nicht aus kalter Geldgier handelten.

259 Die Leber als Sitz der Erregung; vgl. 1,45.

260 Gemeint ist in dem Bild offenbar: den Felsblöcken wird sowohl von unten her (*mons subtrahitur*) als auch von der Seite (*latus recedit*) durch Erosion der Halt genommen, und dies bei steiler Neigung des Hanges (*clivo pendente*).

261 Sie sehen im Theater, wie Alcestis für ihren Gatten Admetus freiwillig in den Tod geht.

262 Von den 50 Töchtern des Danaus, den Enkelinnen des Belus, töteten alle außer Hypermestra in der Hochzeitsnacht ihre Männer. Eriphyla trieb, von Polynices mit einem goldenen Halsband bestochen, ihrenGatten Amphiaraus zum Zug gegen Theben, bei dem er umkam. Derartige Gattenmörderinnen – die dritte ist Clytaemestra – bevölkern auch die Straßen Roms.

263 Auch in der Methode sind die Heroinen der Tragödie wie Clytaemestra den modernen Römerinnen unterlegen.

264 Der jeweilige Ehemann, wie Agamemnon, der Sohn des Atreus.

265 Mithridates, König von Pontus, der nacheinander von Sulla, Lucullus, Pompeius besiegt wurde, schützte sich vor Giftmordanschlägen durch die Einnahme von kleinen Dosen immunisierenden Giftes.

ZUR SATIRE 7

Die Satire verdeutlicht an fünf Beispielen die Mißachtung der geistigen Berufe in Rom, wobei im Vordergrund der Gedanke der wirtschaftlichen Existenz steht (vgl. s. 3. 5. 9). Deshalb wird jeweils das Mißverhältnis zwischen Leistung und Entlohnung herausgearbeitet: bei den Dichtern (1-97; die erhoffte künftige Förderung durch den Kaiser [1-21] läßt hier umso deutlicher das Versagen der reichen *Patroni* [22ff.] hervortreten), den Historikern als Vertretern der Prosa (98-104), den Anwälten (105-149), den Rhetoren (150-214), den *Grammatici* (215-243).

1 Gabii (Beispiel für ein winziges Provinznest: 3,192. 6,56. 10,100) besaß Schwefelbäder. Zum Motiv der aus wirtschaftlichen Gründen erzwungenen Auswanderung aus Rom vgl. s. 3.

2 Clio, an sich die Muse der Geschichtsschreibung, steht hier für die
   Musen allgemein. Aganippe war eine den Musen geweihte Quelle
   am Helikon in Böotien.

3 Ein Vertreter der geringschätzig betrachteten Zunft der *praecones*.

4 Die zu Auktionatoren gewordenen Dichter verkaufen auch Dichtun-
   gen. Alcithoe war eine der Töchter des Minyas, verweigerte sich
   dem Dienst des Bacchus und wurde schließlich in eine Fledermaus
   verwandelt (Ovid, met. 4,1ff. 405ff.). Paccius ist sonst unbekannt,
   ebenso Faustus. Tereus vergewaltigte seine Schwägerin Philomela;
   seine Frau Procne setzte ihm aus Rache den gemeinsamen Sohn Itys
   zum Mahle vor. Alle drei wurden in Vögel verwandelt (Ovid, met.
   6,424ff.). Der Theben-Stoff entweder in einer Tragödie oder einem
   Epos, die beiden übrigen Themen wohl in Tragödien.

5 Ein Meineid vor Gericht gegen Bezahlung.

6 In den Ritterstand aufgestiegene ehemalige Sklaven aus Kleinasien.

7 Für die von Pinzger vorgenommene Tilgung des Verses vgl. die
   Argumente bei Högg 118-220 und Courtney z. St.

8 Der niedrige Schuh (*gallica*) läßt die Knöchel frei, von denen der
   eine noch die Spuren der Eisenfessel des früheren Sklaven erkennen
   läßt.

9 Der Lorbeer war dem Dichtergott Apollo heilig.

10 Das (mit Zedernöl gelb gefärbte) Pergament wurde für Manuskripte,
   aber auch bei der Publikation verwendet.

11 Da von den *Patroni* kein finanzieller Beistand zu erwarten ist, soll
   der (unbekannte) Dichter Telesinus seine Werke dem Vulcanus opfern, d.h. sie verbrennen.

12 Der Wunschtraum des Poeten, in einer Bibliothek seine efeube-
   kränzte Büste stehen zu sehen; an ihr sind die Entbehrungen des
   Dichterdaseins zu erkennen.

13 Den Pfau.

14 Die Zeit der Jugend, in der man als Überseekaufmann, Soldat, Bauer
   den Lebensunterhalt sichern könnte.

15 Wie Clio (7) als Vertreterin der Musen allgemein genannt.

16 Auf dem Palatin kam zum Apollo-Tempel des Augustus später ein
   weiterer, ebenfalls mit einer Bibliothek verbundener Tempel hinzu.
   – Der Dichter hat den Musendienst aufgegeben und ist Klient eines
   reichen Patrons geworden.

17 Der Standpunkt des Patrons: unter Kollegen sind Unterstützungs-
gelder nicht üblich.

18 Der Patron betrachtet sich als den größten Dichter nach Homer, und
auch diesem gesteht er diesen Rang nur wegen des Alters zu, nicht
wegen der Qualität.

19 Der Wunsch des Klienten nach einer Rezitation verursacht ebenfalls
keine Kosten: das Gebäude ist sonst unbrauchbar, wird wie ein un-
williger Sklave charakterisiert und verhält sich abweisend.

20 Die Claque der Freigelassenen und Klienten steht unentgeltlich zur
Verfügung, dagegen muß das die eigentlichen Kosten verursachende
Gestühl vom Dichter selbst beschafft werden.

21 Der Hörsaal ist wie ein Theater angelegt: vorn das mit Sesseln ausgestattete Parkett (*orchestra*) für die Prominenz, dann die den Plät-
zen für die Ritter entsprechenden Reihen (*subsellia*) und schließlich
die auf einem Gerüst emporstrebenden Sitze (*anabathra*) für das
übrige Publikum.

22 Sprichwörtliches Bild für eine vergebliche Tätigkeit.

23 *Consuetudo mali* war offenbar eine später hinzugefügte Erklärung
für *cacoethes*, die dann zu dem interpolierten Vers vervollständigt
wurde. Jahn hat ihn unter Änderung von *ambitiosi* zu *ambitiosum*
(50) getilgt.

24 Es schwebt das Bild der Münzprägung vor: Gewinnung des Metalls
aus einer Erzader (*vena*), Schmelzen und Ableiten in eine Form
(*deducere*), Prägen (*moneta*). Zugleich ist aber bei *vena* auch an das
ingenium des Dichters gedacht (vgl. z.B. Hor.c. 2,18,9 [dazu Nisbet-
Hubbard], epist. 2,3,409ff.).

25 *Aonides* heißen die Musen des Helikon (Aonia = Böotien). Pierisch
= zu den Musen gehörig wegen ihrer Geburt in Pieria = Makedonien.

26 Attribut des die Dichter inspirierenden Bacchus.

27 Hinweis auf c. 2,19,5.

28 Apollo ist der Herr von Cirrha bei Delphi; Nysa: der (in verschiedenen Weltgegenden angenommene) Ort, an dem Bacchus aufgezogen
wurde.

29 Vergil konnte unbelastet von materiellen Sorgen die Aeneis dichten.
Die Begegnung des Rutulerfürsten Turnus mit Allecto (= *Erinys*)
Aen. 7,406ff.

30 D.h. dann könnte er Allecto mit den Schlangen in ihrem Haar (Aen. 7,447ff.) nicht darstellen. Vergil ist als gegenwärtig noch lebend vorgestellt.

31 Der (sonst unbekannte) Tragödiendichter Rubrenus Lappa versetzt zwar sogar Hausrat und Kleidung, nur um an seinem Atreus arbeiten zu können, aber die extreme Not führt unausweichlich zu qualitativen Einbußen gegenüber früheren Leistungen.

32 Numitor, ein Beispiel für die geizigen Reichen, hat nur Geld für seine Freundin und sein Löwen-Hobby, nicht für den Klienten, einen Dichter.

33 Deshalb ist er noch teurer.

34 Der Verfasser des Bürgerkriegsepos „Pharsalia" verfügte über ererbten Reichtum (Tacitus, ann. 16,17), er ist als moderner begüterter Dichter eine Ausnahme.

35 Serranus und Saleius Bassus sind bei Quintilian (10,1,89f.) unter den Epikern als begabte, frühverstorbene Dichter genannt, nach Tacitus (dial. c.5 und 9) gehörte Saleius Bassus in die Zeit Vespasians.

36 Die in der Charakterisierung der Situation des Statius, des Verfassers der Thebais, Achilleis und der Silvae, verwendeten sexuellen Metaphern sollen ausdrücken, daß der Dichter sein Talent prostituieren muß: der Termin für eine Rezitation der Thebais wird wie das Versprechen eines Stelldicheins betrachtet, das Werk wie eine Geliebte vom Volk erwartet. Da die Rezitation des Epos nichts einbringt, muß Statius ein Libretto an Paris (vgl. Anm. 38) verkaufen: diese Agaue wird wie ein jungfräuliches Mädchen aufgefaßt, das er dem als Kuppler angesehenen Paris in die Hände gibt.

37 Die Begeisterung der Zuhörer führt dazu, daß die Sitzplätze zu Bruch gehen. Selbst der hier sichtbare außergewöhnliche Ruhm führt nicht zu Geld (ebensowenig wie bei Serranus und Saleius), Statius muß seinen Unterhalt mit Werken minderen Ranges bestreiten.

38 Das für die Aufführung eines Pantomimus bestimmte Libretto (*fabula saltica*) des Statius, das die Tötung des Pentheus durch seine von Bacchus in den Wahnsinn getriebene Mutter Agaue zum Gegenstand hatte, war noch nicht aufgeführt worden: *intactam* kann aber auch die Bedeutung „unberührt" haben (s. Anm. 36). Der berühmte Pantomime Paris wurde 83 n.Chr. von Domitian hingerichtet. Vgl. 6,87.

39 Durch seinen Einfluß am Hof konnte Paris Dichtern militärische Sinecure-Posten verschaffen. Eine sechs Monate bekleidete Stellung als *tribunus legionis* brachte den Rang eines Ritters ein, mit dem das Tragen eines goldenen Ringes verbunden war. Weitere militärische Positionen waren die *praefectura cohortis sociorum* und die *praefectura alae*.

40 Vertreter der zur Unterstützung von Dichtern nicht bereiten Adligen, die zur Salutatio aufgesucht werden. Camerinus war ein Beiname im Geschlecht der Sulpicii (vgl. 8,38). Q. Marcius Barea Soranus wurde 66 unter Nero hingerichtet (vgl. 3,116. Tacitus, ann. 16,32).

41 Weitere an Paris gelieferte Libretti. Mit seiner Tochter Pelopea zeugte Thyestes den Aegisthus, Philomela war die von ihrem Schwager Tereus vergewaltigte Schwester der Procne (vgl. Anm. 4).

42 Der Vers wurde von Markland als unecht getilgt (vgl. die Begründung bei Courtney).

43 Zeitgenossen des Maecenas: C. Proculeius ist als großzügig bei Horaz (c. 2,2,5) erwähnt, Paulus Fabius Maximus war der Förderer Ovids, M. Aurelius Cotta Maximus protegierte ebenfalls Ovid; welcher der Cornelii Lentuli gemeint ist, läßt sich nicht bestimmen. Diese Förderung (vgl. 5,108-111) wird den gegenwärtigen Reichen ebenso entgegengehalten wie vorher die Einstellung des Paris.

44 Bleich wegen der Arbeit in der Kammer; der Verzicht auf den Wein selbst an den Saturnalien.

45 Bei den Geschichtsschreibern ist der Ertrag noch geringer, die Kosten sind höher (98-104). (Freilich gehörten die Historiker meist der wohlhabenden Senatorenschicht an.)

46 Sollte ein Historiker sein Werk vor einem der banausischen Reichen rezitieren, erhielte er weniger, als wenn er die Zeitung mit den Gesellschaftsnachrichten (vgl. 2,136) rezitierte.

47 Möglicher Einwand gegen die den Müßiggang im Schatten von Wäldern (vgl. 8.79) liebenden Literaten, die deshalb nicht mehr verdient hätten: aber selbst die praktische Dienste anbietenden Anwälte werden nicht besser entlohnt (105-149).

48 Sie sprechen von bedeutenden Einnahmen, um den eigenen Gläubiger zu beruhigen (bei dem sie Kredit wegen der notwendig aufwendigen Lebensführung [vgl. 129ff.] aufgenommen haben). Dies geschieht nicht nur, wenn dieser zuhört, sondern noch mehr (Stei-

gerung von *magna* zu *immensa mendacia*), wenn ein Gläubiger ihnen direkt mit dem Schuldbuch auf den Leib rückt (Steigerung von *audit* zu *tetigit latus*). (So wohl richtig Friedlaender gegenüber der von anderen rezipierten Erklärung Madvigs, 109f. sei ein potentieller Klient [mit einer Schuldforderung gegen einen Dritten] gemeint, der durch Großsprecherei gewonnen werden solle.) Die Apodosis (tatsächliche geringe Einnahmen) folgt 112ff. (*veram messem ...*).

49 Die mit Blasebälgen verglichenen Anwälte spucken in den Bausch ihrer Toga, um den wegen der Großsprecherei befürchteten Zorn der Nemesis abzuwehren.

50 Ein Zirkusrennfahrer der roten Partei.

51 Der vor Aufregung bleiche Anwalt gleicht bei seinem Auftritt vor den (wegen der fehlenden Bildung kritisierten) römischen Richtern dem Ajax vor den Griechenfürsten im *armorum iudicium*, dem Streit um die Waffen Achills (Ovid, met. 13,1ff.). Der Fall ist jetzt eine umstrittene Freilassung.

52 Die Leber als Sitz der Leidenschaften.

53 Anwälten wurde nach Siegen vor Gericht die Haustür mit Palmenzweigen geschmückt. Diese sind jedoch nur eine symbolische Geste, und sie werden an der zur Mietwohnung führenden Treppe angebracht: der erfolgreiche Anwalt ist arm.

54 Billiger Wein wie z.B. der Sabiner; teure Weine wurden den Tiber hinauf transportiert (aus Kampanien oder Griechenland).

55 Manche Fälle verlangten ein viermaliges Auftreten vor Gericht. Der Lohn: ein *aureus* oder 25 Denare bzw. 100 Sesterzen.

56 Die *pragmatici* versorgten den in der Jurisprudenz oft unbewanderten Anwalt mit den notwendigen Spezialkenntnissen.

57 Seit Claudius war ein Höchsthonorar von 10 000 Sesterzen gestattet.

58 Das Honorar hängt ab vom Prestige, nicht von der Leistung. Der aus altem Adel stammende Aemilius beeindruckt die Klienten durch den Triumphwagen eines seiner Vorfahren und das eigene Reiterstandbild. Die Bedeutung von *curvatum* und *lusca* ist nicht sicher. Vermutlich ist Ironie im Spiel (vgl. 8,4-5): die Lanze der pompösen Selbstdarstellung ist wegen der zu schweren Spitze bereits verbogen, und einer der die Augen bildenden Steine ist herausgefallen.

59 Verweis auf das Folgende, den Ruin durch das Konkurrieren mit den reichen Adligen im Lebensstil: die Vorspiegelung von Reichtum

aber erscheint notwendig, um eine erfolgreiche Tätigkeit zu doku-
mentieren und damit Kunden anzulocken sowie ein höheres Honorar zu erzielen.

60 Zu Matho vgl. 1,32. 11,34. Tongilius sucht durch die protzige Salb-
ölflasche aus Nashorn und die Schar der Klienten, die ihn tagsüber auf
seinen Wegen begleitet haben, auf mögliche Kunden Eindruck zu machen, außerdem durch die von Sklaven aus Thrakien getragene Sänfte
und den Kauf von Luxusgütern. Dieser erfolgt freilich auf Kredit, der
ihm von den Verkäufern wegen des teuren Purpurgewandes gewährt
wird. – Die Bedeutung von *stlattaria* ist nicht befriedigend geklärt, die
wahrscheinlichste ist „ausländisch", „importiert".

61 Der Vers fehlt in der Handschrift U, ist banal und verdoppelt die
Vorstellungen des Purpurs und des Nutzens. Getilgt von Knoche,
Nisbet (FS. Skutsch 95) und jetzt auch Clausen.

62 Amethystfarben: eine besonders gesuchte Schattierung des Purpurs.
D.h. ein Purpurgewand sichert nicht nur den Kredit bei Verkäufern
(134), sondern gehört auch zu den Mitteln, Klienten zu gewinnen.

63 Das Vortäuschen von Reichtum, das letztlich in den Ruin führt
(129ff.), entspricht nicht einfach verkehrten Überlegungen der Anwälte, sondern das Publikum bemißt tatsächlich deren Fähigkeit und
Entlohnung nach dem zur Schau getragenen Reichtum.

64 Die acht Sklaven tragen die dem Anwalt folgende Sänfte (eine sog.
lectica octophoros); die zehn Begleiter sind identisch mit den dem Anwalt vorausgehenden (zum Tragen der Toga verpflichteten) Klienten.

65 Drei unbekannte Anwälte.

66 Die Meinung des Volkes, das von der Bekleidung auf die Leistung
schließt.

67 Im Schlußteil der Rede (*peroratio*) war es üblich, zur besseren Erregung des Mitleids trauernde nahe Verwandte dem Gericht vorzu-
führen. Diese nur großen Prozessen angemessene Möglichkeit erhält Basilus gar nicht, weil man ihn wegen seiner Armut nicht mit
derartigen Fällen betraut. – Zugleich hält man nur bei einem reichen
Anwalt große Redekunst für passend.

68 Gallien hatte sich recht früh zu einem Zentrum der Rhetorik entwickelt, in Africa blühte die Beredsamkeit bald danach in der Kaiserzeit auf. Dort wäre es den Anwälten möglich, den unsinnigen Maßstäben Roms zu entkommen.

69 Vettius ist ein sonst unbekannter Vertreter der *Rhetores* (150-214), zu deren Übungsformen vor allem die Deklamation gehörte. Das von den Griechen übernommene Thema des Tyrannenmordes war dabei sehr verbreitet.

70 Die tödliche Langeweile des Lehrers wird verdeutlicht durch das Zusammenwirken der Faktoren der großen Zahl von Schülern und der immer neuen Wiederholung des Gleichen (im Sitzen – im Stehen [dies ist die eigentliche Deklamation]; Intensivierung durch den Gedanken des *cantare*, des ständigen Ableierns). Als gemeinsames Subjekt ist *classis* anzunehmen, da so die Fülle der Wiederholungen besonders sinnfällig wird.

71 Zum Begriff des *color*, der beschönigenden Version der in einem Fall vertretenen Position, vgl. 6,280. *Genus causae* wird von den Rhetoren zur Bezeichnung verschiedener Sachverhalte verwendet; vgl. J. Martin, Antike Rhetorik, 23ff. Die Argumente der Gegenseite werden in der sog. *refutatio* (oder *reprehensio*) widerlegt.

72 Der Schüler lehnt in dem fingierten Dialog jede Bezahlung mit dem Hinweis auf die fehlenden eigenen Kenntnisse ab, der Lehrer reagiert ähnlich entrüstet wie Trebius s. 5,76-79.

73 Die Bezeichnung arkadisch zum Ausdruck des Bäurischen; das Herz ist als Sitz des Verstandes aufgefaßt.

74 Der Schüler sucht den Lehrer mit Deklamationen heim, in denen Hannibal in bestimmten Situationen Ratschläge erteilt werden (Typ der *suasoria*). Das erste Thema bezieht sich auf die bei Livius 22,51 wiedergegebene Lage nach der Schlacht bei Cannae 216 v. Chr., das zweite auf das Unwetter vor Rom 211 (vgl. Livius 26,11).

75 Der Rhetor besteht nicht einmal auf Bezahlung, sondern bietet seinerseits Geld dafür an, daß der Vater des Schülers diesen ebenso oft erdulden müsse. Der Grundgedanke des Ausdruckes ist also: Ich würde jede Summe dafür bieten, daß der Vater ... Dies ist in die Vorstellung gekleidet, daß der Rhetor einem imaginären Unterredner jede von diesem zu benennende Summe anbietet, wenn er bewirke, daß der Vater ebenso oft zuhören müsse. Bei der üblichen *stipulatio* wurde die Zahlung der Summe für einen bestimmten Termin, z.B. in einem Jahr, zugesagt, der Rhetor will sogar auf der Stelle zahlen.

76 Weitere sechs außer Vettius.

77 Die Rhetoren werden Anwälte (nicht: führen Prozesse um ihr Honorar) und geben die Deklamation von Gerichtsfällen (*controversiae*)
auf, in denen der Vergewaltiger (*raptor*) eine verbreitete Figur war.

78 Weitere bekannte Motive aus den *controversiae*.

79 Der Dichter rät den Rhetoren, die sogar auf dem Forum vor Gericht
um ihr geringes Honorar kämpfen müssen, die Aufgabe ihres Beru-
fes an (ausgedrückt in dem Bild des mit dem Überreichen des Holz-
schwertes ausgemusterten Gladiators; vgl. 6,113).

80 Die *tessera frumentaria* berechtigte bestimmte Bürger zum verbil-
ligten Bezug von Getreide; sie konnte vererbt oder auch verkauft
werden. Für diese recht billige Getreidemarke müßte der Rhetor sein
ganzes Honorar aufwenden.

81 Das Entgelt für den Unterricht von Musikern (Chrysogonus [vgl.
6,74] war wie Pollio [vgl. 6,387] Kitharöde) ist unverhältnismäßig
höher. Theodorus leitete die unter Tiberius bedeutendste Rhetorenschule.

82 Die Reichen verwenden ihr Geld lieber für Luxusbauten als für das
Salär von Rhetoren, die ihre Söhne erziehen, so für aufwendige private Bäder oder überdachte Kolonnaden, in denen man ungeachtet
des Wetters Spazierfahrten unternehmen konnte (vgl. 4,5f.).

83 Der Vers ist offenbar als (einfältige) Antwort auf die rhetorische Frage 179f. nachträglich hinzugefügt. Getilgt von Heinrich.

84 Der Speisesaal in einem anderen Teil der weitläufigen Hausanlage
ist (auf Säulen aus rotgelbem numidischem Marmor ruhend) so angeordnet, daß er die Wintersonne einfängt.

85 Zum Häuserluxus kommt noch der Aufwand für angemietete Ex-
perten des Tafelluxus (*structor*, Koch), womit die geringe Entlohnung der Rhetoren kontrastiert wird. Das Arrangieren der Gänge
hatte sich zu einer Kunst entwickelt: 5,120-124. 11,136-141.

86 D.h. die Ausbildung des Sohnes. Selbst der berühmteste Rhetoriklehrer der Zeit erhielt nur ein kümmerliches Honorar. Dies führt zu
dem möglichen Einwand, daß doch Quintilian bekanntlich reich geworden sei. Er ist indessen als schicksalsbedingter Sonderfall zu betrachten, sein Geld verdankt er jedenfalls nicht den Zahlungen der
geizigen Väter. (Es stammte vor allem aus der Besoldung als erster
Professor für lateinische Rhetorik durch Vespasian und aus den Einkünften als Anwalt vor Gericht.)

87 Juvenal überträgt hier ironisch auf den Glückspilz (*felix*), wie Quintilian einer ist, was die Stoiker vom Weisen (*sapiens*) behaupteten, nämlich daß ihm zu seiner Weisheit auch automatisch alle anderen guten Eigenschaften zufallen. Beide sind Ausnahmen.

88 Einen Halbmond aus Elfenbein trugen Patrizier oder Senatoren an ihren Schuhen. – Die im Text der Handschriften vorhandene Schwierigkeit wird beseitigt durch die von Reeve (CR² 21,1971,328) und Courtney (s. dort) vorgenommene Tilgung von *sapiens ... adpositam*.

89 Anders der Weise bei Horaz, epist. 1,1,118.

90 Wie Quintilian, dem von Domitian die *insignia consularia* verliehen wurden.

91 P. Ventidius Bassus wurde 89 v. Chr. als Kriegsgefangener im Triumphzug des C. Pompeius Strabo mitgeführt, kam dann im Transportwesen zu einem Vermögen, wurde 43 Konsul und erhielt 38 einen Triumph über die Parther. Servius Tullius, der Sohn einer Sklavin, wurde später König.

92 Dem seltenen Glücksfall Quintilian werden zwei im Unglück gestorbene Rhetoren gegenübergestellt: zu Thrasymachus aus Chalcedon, dem aus Platons „Staat" bekannten Rhetoren, bietet der Scholiast die sonst nicht bezeugte Nachricht, daß er sich erhängt habe. Der von Caligula verbannte Secundus Carrinas hat sich, wieder nach Auskunft des Scholiasten, vergiftet.

93 Er endete ebenso mittelos wie Thrasymachus in Athen. Offenbar wagte niemand, den Verbannten zu beschäftigen. – Der Schierling ist eisig genannt, weil er die Glieder langsam erkalten läßt.

94 Achill wurde vom Kentauren Chiron in den Bergen des Pelion im Leierspiel unterrichtet. Selbst das groteske Attribut des Pferdeschwanzes hätte er nicht zu belächeln gewagt. Wie oft in den Vergleichen mit der besseren Vergangenheit läßt der Dichter diese zugleich in einem ironischen Licht erscheinen.

95 Die Bezeichnung für den aus Gallien stammenden, sonst unbekannten Rhetor Rufus war vermutlich nicht höhnisch gemeint, sondern er wurde trotz der Anerkennung seiner Fähigkeiten respektlos mißhandelt.

96 In den Schoß, d.h. in den die Geldbörse bergenden Gewandbausch. Celadus wird nur hier erwähnt, dagegen war Remmius Palaemon in der Zeit von Tiberius bis Nero der berühmteste römische Grammatiker (vgl. 6,452).

97 Von dem geringen Salär der in die höhere Bildung, bes. die Dichtung einführenden *Grammatici* (215-243) geht ein Skonto für den *paedagogus*, der den Knaben zur Schule bringt und sich offenbar als Mittelsmann betrachtet, und den das Geld des Herrn auszahlenden *dispensator* ab.

98 Hyperbolische Bezeichnung für den sehr frühen Schulbeginn in Rom.

99 Die Lehre des *Grammaticus* wird mit der Anleitung durch den Wollarbeiter (*docet* 224) in Parallele gebracht.

100 Jeder der Schüler, die den sitzenden (223) Lehrer umstanden, brachte seine eigene Öllampe mit.

101 Über die Rolle der Volkstribunen bei der Durchsetzung derartiger Ansprüche wird sonst nichts berichtet.

102 Der Knausrigkeit stehen bei den Eltern die extremen fachlichen Anforderungen an die *Grammatici* gegenüber.

103 Eine privat betriebene Badeanstalt.

104 Abstruse Spezialfragen, die sämtlich aus der Aeneis abgeleitet sind: Die Amme des Anchises soll nach Auskunft des Scholiasten Tisiphone geheißen haben. Zu Anchemolus, einem Gefolgsmann des Turnus, und seinem sexuellen Verhältnis zur Stiefmutter vgl. Aen. 10,389; nach Servius soll sie eine Griechin namens Casperia gewesen sein. Die Acestes betreffende Frage knüpft an Aen. 5,73 an, wo der König als in reifem Alter stehend (*aevi maturus*) bezeichnet wird. Sein Geschenk von Fässern mit Wein ist Aen. 1,195 erwähnt.

105 Gedacht ist wohl an die Wachsmasken der Ahnen (*imagines*).

106 Gegenseitige Masturbation.

107 Offenbar ist (s. Courtney) der Siegeslohn eines Gladiators gemeint (500 bzw. 400 Sesterzen = 5 bzw. 4 *aurei*), den dieser freilich für einen einzigen Sieg erhielt.

ZUR SATIRE 8

Das traditionelle Thema des Adelsstolzes liefert Juvenal in der s. 8 den Ausgangspunkt für eine erneute Kritik der Führungsschicht Roms: Ein ererbter erlauchter Name ist wertlos, wenn sein Träger moralisch versagt, vielmehr muß er sich durch eigene Leistungen der Vorfahren würdig erweisen (1-38). Nach diesem Grundsatz erscheint Rubellius Blandus als unzulänglich (39-70). Notwendig ist die Bewährung in den Aufgaben des öffentlichen Lebens, u.a. in der Verwaltung einer Provinz (71-139). Dies gilt um so mehr, als, wie Beispiele zeigen, adlige Abstammung Vergehen besonders deutlich hervortreten läßt (140-268). Im Grunde zählt nicht die Abkunft, sondern allein der Wert des Menschen (269-275).

1 Der Beiname deutet auf eine vornehme Abkunft des Adressaten.

2 Die gemalten Gesichter waren offenbar Portraits in Medaillonform, die zu einem Stammbaum verbunden wurden (vgl. die Diskussion bei Courtney). Aemilianus als Beiname bei den Cornelii Scipiones. Gemeint sind Triumphalstatuen. Intendiert ist jeweils die Rückführung der eigenen Abkunft in eine möglichst frühe Zeit.

3 Die Statuen sind durch die Zeit geschädigt. Derselbe Spott über die geschwundene Pracht auch 7,125-8.

4 Curius: der Gegner des Königs Pyrrhus. M. Valerius Corvinus war berühmt durch seinen Kampf mit einem Gallier 349 v.Chr. Galba als Beiname bei den Sulpicii. – Zu den Gründen für *umerosque* (P) statt *(h)umeroque* (cod. Dresd. 155) vgl. Courtney z.St.

5 Die Verse wurden von Guyet und Jachmann getilgt (vgl. die Diskussion bei Courtney 384ff.).

6 Beiname der Aemilii.

7 Numantia wurde von Scipio Aemilianus erobert.

8 Q. Fabius Maximus, Konsul des J. 121 v.Chr., besiegte die Allobroger. Die Fabii leiteten ihren Stammbaum von Hercules ab. Die angeblich von diesem errichtete *ara maxima* stand auf dem *forum boarium*.

9 Die Euganei waren ein Stamm in Venetien. Das dortige Altinum produzierte vorzügliche Wolle.

10 Catina (h. Catania) lieferte vulkanischen Bimsstein. Wie im vorausgehenden Vers wird Homosexualität angedeutet.

11 Ein bei verurteilten Verbrechern üblicher Brauch.

12 Gemeint sind wohl L. Aemilius Paulus, Sieger über Perseus, und Drusus, der Bruder des Tiberius. Cossus war ein üblicher Vorname der Cornelii; in Betracht kommt besonders Cossus Cornelius Lentulus (Konsul 1 v.Chr.), der Sieger über die Gaetuli.

13 Vgl. die Vorstellung V. 11.

14 Gaetulicus: ein Nachfahre des Anm. 12 genannten Cornelius Lentulus. Durch Adoption tritt der Beiname auch bei den Iunii Silani
   auf. – *alto* (27) ist die allgemein rezipierte Verbesserung des überlieferten *alio* durch Richards.

15 Nach der Auffindung des toten Osiris rief die Kultgemeinde:
   εὑρήκαμεν, συγχαίρομεν.

16 Die Namen schreiben scherzhaft den Personen das Gegenteil ihrer
   tatsächlichen Eigenschaften zu. Atlas als Träger der Welt. Europa:
   die wegen ihrer Schönheit von Zeus in der Gestalt eines Stieres geraubte Tochter des phönikischen Königs Agenor.

17 Creticus: Beiname der Caecilii Metelli; Camerinus: einer der Sulpicii.

18 Rubellius Blandus war wahrscheinlich ein Bruder des 62 von Nero
   hingerichteten Rubellius Plautus. Zum Großvater hatte er Drusus
   Caesar, den Sohn des Tiberius, zur Großmutter eine Tochter des
   Tiberius-Bruders Drusus, seine Mutter war eine Iulia (vgl. Courtney). Dieser tote degenerierte Adlige wird wie ein Lebender mit
   einer tadelnden Paränese bedacht (39-70).

19 D.h. der von Drusus abstammenden Kaiser Claudius, Caligula und
   Nero.

20 Unterhalb des Walls des Servius Tullius befanden sich offenbar
   Textilwerkstätten.

21 Da ihre Väter Sklaven waren.

22 König Kekrops war ein mythischer Ahnherr der Athener. Also von
   uraltem Adel wie ein Abkömmling des Kekrops.

23 Ironischer Glückwunsch, dem die Widerlegung folgt: Männer aus
   dem schlichten Volk haben wirkliche Leistungen vollbracht, während Rubellius allein seinen Adel vorzuweisen hat. Der Beweis
   orientiert sich an den drei Berufen, die üblicherweise den Aufstieg
   ermöglichten: Redner, Jurist, Militär.

24 Eine Revolte der Bataver war 69 n.Chr. niedergeschlagen worden.

25 Die Hermen waren Marmorblöcke, die nur mit dem Kopf und dem
   Phallos ausgestattet waren.

26 Viele Geschlechter leiteten ihren Ursprung über Aeneas und seine
   Gefährten von Teukros, König von Troja, her.

27 Ein weiteres (despektierliches) Argument gegen den Ahnenstolz:
   auch bei den Tieren zählt nicht die Abstammung, sondern nur die
   eigene Tüchtigkeit.

28 Coryphaeus und Hirpinus: Namen berühmter Rennpferde.

29 Auf dem Joch des Gespannes (in dem z.B. Hirpinus das Leitpferd links außen war).

30 *Segnipedes* ist ein nach griechischem Muster gebildetes und hier ironisch verwendetes Epitheton epischer Sprache. – Die Tätigkeit in der Mühle ist für ein Pferd entehrend und gewöhnlich Eseln vorbehalten.

31 Die Ehrenämter werden zwar den jungen Adligen verliehen, aber in Wirklichkeit denkt man dabei nur an ihre Vorfahren.

32 Rubellius Blandus hatte mit Nero einen gemeinsamen Urgroßvater.

33 Der Ruhm der Ahnen sollte nicht die Funktion der Säulen beim Haus haben.

34 An stützenden Ulmen ließ man Weinreben emporranken (vgl. 6,150. Oft mit dem Bild der Ehe verknüpft.). Der Gedanke: nur wer sich aus eigener Kraft nicht vom Boden erheben kann (wie der unfähige Adlige), ist auf eine Stütze (hier den Ruhm der Ahnen) angewiesen.

35 Phalaris, der Tyrann von Agrigent in Sizilien, ließ in einem Stier aus Bronze seine Opfer lebendig verbrennen.

36 Die moralische Haltung als Grundlage des Lebens.

37 Der Berg Gaurus oberhalb des Austern liefernden Lucriner Sees (vgl. 4,140). Cosmus: ein bekannter Parfümhändler Roms. – Die Motive des Schlemmens und des Parfüms sind für das Argument irrelevant. Außerdem ist das grammatische Subjekt unklar. Die Verse sind offenbar ein fremder Zusatz und wurden von P.G.McC. Brown, CQ² 22,1972,375, zur Tilgung vorgeschlagen.

38 Nach der allgemeinen Aufforderung zur Bewährung der Moral (79-84) jetzt deren Anwendung bei der Verwaltung einer Provinz (87-139).

39 *Socii* war die übliche Bezeichnung der Provinzbewohner.

40 Die Kurie: der Senat.

41 Cossutianus Capito wurde vor dem Senatsgericht 57 n.Chr. wegen Plünderung der Provinz Kilikien angeklagt und verurteilt. Tutor ist nicht näher benannt.

42 Eine paradoxe Pointe: die Kilikier galten selbst traditionell als Piraten.

43 Chaerippus, ein Provinziale, verfügt nicht mehr über anständige Kleidung und muß selbst die Lumpen versteigern, um Geld an Pansa

zahlen zu können, der die Räuberei seines Vorgängers Natta fort-
führt (beides wohl beliebige Namen für Provinzverwalter). Ein Protest würde nur zum Verlust des letzten Besitzes, des Fährgeldes,
führen: dieses wird entweder als Betrag für die Fahrt zu einem
Prozeß in Rom oder (wahrscheinlicher) als Lohn für den Fährmann
Charon in der Unterwelt aufgefaßt.

44 Jeweils kostbare Purpurkleider; die Stoffe aus Kos waren meist fein
und durchsichtig.

45 Die berühmtesten griechischen Künstler: Parrhasius als Maler,
Myron, Polyklet, Phidias als Schöpfer von Statuen (letzterer bekannt durch seine Gold-Elfenbein-Werke), Mentor bes. als Verferti-
ger von verziertem Metallgeschirr.

46 Cn. Cornelius Dolabella wurde 78 v. Chr. wegen der Plünderung Kili-
kiens verurteilt (ein Mann gleichen Namens 77 v. Chr. angeklagt wegen seiner Habgier in Makedonien). C. Antonius Hybrida: angeklagt
76 v. Chr. wegen Räubereien in Griechenland, 59 verurteilt wegen der
Ausbeutung Makedoniens. C. Verres beutete nach Raubzügen in Griechenland und Kleinasien als Propraetor Sizilien aus und ging 70 v. Chr.
aufgrund der Anklage Ciceros ins Exil. – Eine befriedigende Verbesserung der in *hinc* (105) liegenden Korruptel ist bisher nicht gefunden.

47 Sie betrachteten die schon unterworfenen Provinzialen wie Feinde
(*hostes*) und ihre eigenen Plünderungen wie Triumphzüge.

48 Die Statthalter als Religionsfrevler.

49 Die Verse sind offenbar eine wortreiche spätere Ergänzung; sie
wurden athetiert von Manso.

50 Andeutung der Homosexualität und Degeneration allgemein.

51 Die Beraubung der Provinzialen ist nicht nur unmoralisch, sondern
auch gefährlich (113ff.). Neben den drei genannten Provinzen sind
auch die Rom mit Getreide versorgenden Bewohner Afrikas zu fürchten.

52 Die Beraubung der Afrikaner wäre auch nicht einmal ergiebig.
Marius Priscus wurde i. J. 100 verurteilt, die Anklage vertraten
Plinius d. J. und Tacitus. Vgl. 1,49f.

53 Jenen Völkern bleibt immer noch die Möglichkeit eines bewaffneten
Aufstandes.

54 Der Vers stellt eine überflüssige gedankliche Wiederholung dar.
Getilgt von Lachmann.

55 Die Sibylle soll ihre Weissagungen auf Palmblätter niedergeschrie-
   ben haben. Ironisch beansprucht der Dichter für sich die Autorität
   der Seherin.

56 Das Problem der Korruption des Provinzverwalters mit Hilfe seines
   Gefolges; die Beeinflussung eines Gerichtsentscheides durch einen
   geliebten Knaben.

57 Celaeno war eine der Harpyien (raubgierige Wesen mit Menschen-
   leib, Klauen und Flügeln). Vgl. Vergil, Aen. 3,211f.

58 Falls Ponticus in der Provinz für korrektes Verhalten sorgt und so die
   allein wichtige Moral sichert, mag er hinsichtlich seines – ohnehin un-
   wichtigen – Stammbaums alle Phantasie walten lassen. Picus: Sohn des
   Saturn und Vater des Faunus, der erste der laurentinischen Könige.

59 Rückführung der Abstammung sogar bis auf die Teilnehmer am
   Kampf der Titanen gegen Zeus und die olympischen Götter oder auf
   Prometheus selbst (ebenfalls einen der Titanen), der die Menschen
   aus Lehm bildete.

60 Der mit mancherlei Schwierigkeiten (vgl. Courtney) behaftete Vers
   wurde von Ribbeck athetiert.

61 Die Liktoren, die Amtsdiener des Provinzstatthalters, nahmen auch
   Hinrichtungen mit ihren *Fasces* vor (Prügel mit den Ruten, Enthauptung mit den Beilen).

62 Maßlose Grausamkeit tritt auf dem Hintergrund des makellosen
   Verhaltens der Vorfahren um so deutlicher hervor.

63 Dieser Grundsatz der besonderen moralischen Anforderungen an
   die Adligen wird in der Partie 140-268 vorwiegend an negativen Beispielen illustriert; am Ende (235ff.) stehen Fälle vorbildlichen
   Handelns von Männern geringerer Herkunft.

64 Testamente und andere Dokumente bewahrte man oft in Tempeln
   auf. Triumphe wurden in der Kaiserzeit nur Mitgliedern der kaiserli-
   chen Familie gewährt, jedoch erhielten siegreiche Generäle Statuen.

65 Gallische Importware (h. Saintonge).

66 146-182: das Beispiel des pflichtvergessenen Konsuls Lateranus. Die
   meist vorgeschlagene Identifizierung mit Plautius Lateranus, de-
   signiertem Konsul d.J. 65, der von Nero als Verschwörer hingerichtet wurde (vgl. Tacitus, ann. 15,53), ist sehr fraglich.

67 Durch das eigenhändige Lenken des Gespanns (auf einer der von
   Grabmälern gesäumten Ausfallstraßen Roms) entehrt er sein Amt.

68 Er wird sich selbst vor einem konservativ eingestellten Freund nicht
    genieren.

69 Während ihm das Amt noch gewisse Fesseln auferlegt.

70 Beim Opfer der Konsuln für *Iuppiter Latiaris* auf dem Albanerberg
    während der *feriae Latinae*. Numa, der zweite König Roms, galt als
    Begründer des römischen Religionswesens.

71 Während des Opfers für den höchsten Staatsgott betet er zu der
    gallischen Göttin der Maultiertreiber und vergeht sich so gegen den
    römischen Kult.

72 Wahrscheinlich ist die Porta Capena gemeint, bei der sich Juden an-
    gesiedelt hatten: sie wird spöttisch als *Idymaea* nach dem Idumea
    bzw. Idymea genannten Teil Palästinas bezeichnet. – Die in der
    überlieferten Fassung unbefriedigende Syntax läßt sich durch die
    Änderung von *salutat* zu *salutans* (Leo) oder (eher) durch die Til-
    gung von V. 160 (Jahn) verbessern.

73 Cyane ist die Wirtin.

74 Bei der feierlichen *depositio barbae* der Heranwachsenden (vgl.
    3,186).

75 Den Thermen waren Bars angegliedert, die am Eingang Tücher mit
    Reklame aufwiesen.

76 Euphrat und Tigris (die wie Rhein und Donau Reichsgrenzen sind).

77 Der Hafen, von dem aus er zum Schutz des Reiches aufbrechen sollte.

78 In Etrurien (und Lukanien) existierten viele Latifundien, die durch
    in Arbeitshäusern gehaltene Sklaven bewirtschaftet wurden. Die
    Entsendung dorthin galt als schwere Strafe.

79 Vgl. Anm. 26.

80 Volesus, Ahnherr der Valerii, kam mit Titus Tatius nach Rom und
    stiftete zwischen diesem und Romulus Frieden. L. Iunius Brutus be-
    freite Rom vom letzten König Tarquinius Superbus. Abkömmlinge
    derartiger Männer tolerieren bei sich solche Fehler.

81 Eine Steigerung in den Verfehlungen: die Entehrung der Adligen
    durch Auftritte auf der Bühne und in der Arena (183-210).

82 Bei diesem Mimus des Catullus (Zeit Caligulas), in dem Damasippus
    auftrat, entstand offenbar durch die Erscheinung des Gespenstes
    häufiges Geschrei.

83 Catullus war auch der Verfasser des „Laureolus", benannt nach einem
    Räuberhauptmann, der auf der Bühne gekreuzigt wurde. Lentulus

war Beiname der Cornelii; er ließ sich auch als Deminutivform von *lentus* (langsam) verstehen, was in Verbindung mit *velox* (schnell) ein Oxymoron ergab.

84 Das Volk müßte sich aus Schamgefühl von der Schande abwenden, statt sie durch seine Gegenwart zu begünstigen.

85 Die Fabier waren Patrizier; die Schauspieler im Mimus trugen keinen Bühnenschuh wie den *cothurnus* der Tragödie oder den *soccus* der Komödie, sondern traten barfüßig oder mit flachen Sandalen auf.

86 Mamercus als Vor- und Beiname bei den patrizischen Aemilii. Im Mimus waren Ohrfeigen üblich.

87 Der wahrscheinliche Sinn: Der Preis, die Belohnung, für die sie (wegen ihrer Mittellosigkeit: 185) ihren moralischen Untergang auf der Bühne verkaufen, ist ohne Bedeutung, wichtig ist nur dieser selbst, und sie bieten diesen moralischen Selbstmord selbst an, ohne daß etwa ein Kaiser Nero sie dazu zwänge, sie verkaufen ihn auch an einen bloßen Praetor bei den üblichen Spielen.

88 Nero zwang Mitglieder vornehmer Familien zu Bühnenauftritten (Tacitus, ann. 14,14.20).

89 Gemeint ist offenbar: nicht nur bei privaten Veranstaltungen des Kaisers, sondern auch in aller Öffentlichkeit bei den Spielen, bei denen der in einer erhöhten Loge sitzende Praetor den Vorsitz hatte.

90 Gesetzt den Fall, es würde dennoch Zwang ausgeübt bis hin zur Bedrohung des Lebens, so wäre der Tod der Schmach auf der Bühne vorzuziehen.

91 Die berühmte Schauspielerin Thymele (vgl. 1,36. 6,66) spielt die treulose Ehefrau, der Schauspieler Corinthus hat die im Mimus übliche Rolle des Dümmlings (*stupidus*): mit ihnen stellt sich der Adlige als Kollege auf die gleiche Stufe. Aber freilich trat auch ein Kaiser (Nero) als Kitharöde auf (vgl. 230).

92 Eine Steigerung: schlimmer als die Bühne ist die Arena, in der Gracchus als Kämpfer zu sehen war (199-210).

93 Gracchus kämpft nicht in der Rüstung des *Murmillo* (gallischer Art: Helm, Schild, Schwert) oder des *Thraex* (Beinschienen, sichelartiges Krummschwert, kleiner Schild), vielmehr als *Retiarius* (Netz, Dreizack, Dolch, Panzerung des linken Armes): entscheidend ist, daß die beiden anderen Typen durch den geschlossenen Helm das Gesicht

verdeckten, während beim *Retiarius* das Gesicht sichtbar blieb und so die Schande noch offenkundiger wurde. Zu Gracchus vgl. 2,143-148.

94 Für die Athetese von *sed – abscondit* (Hermann) vgl. die Gründe bei Courtney.

95 Die Verse 207/8 sind nicht sicher zu erklären (vgl. Courtney). Die Zuschauer sehen zwar das Gesicht des Gracchus, trauen aber ihren Augen nicht. Gewißheit bei der Identifizierung bietet ihnen die mit einem Goldsaum versehene Tunica (*tunica picta*) des Saliers (vgl. 2,125f.) Gracchus, die am Hals hervorquillt. Außerdem trägt Gracchus die hohe Mütze (*pilleus*, hier offenbar mit *galerus* bezeichnet) der Salier, die am Kinn mit einer Schnur (*spira*) festgemacht war. Die heftige Bewegung bei der Flucht schleuderte die Schnur zur Seite, wodurch die Tunica noch besser erkennbar wird.

96 Der *Secutor* war der übliche Gegner eines *Retiarius*.

97 Die Kritik an Nero selbst (211-230). Seneca hatte in den ersten Jahren von Neros Herrschaft die Regierungsgeschäfte (zusammen mit dem Gardepraefekten Burrus) geführt. Einige der Teilnehmer an der Pisonischen Verschwörung 65 n.Chr. wollten Seneca zum Kaiser machen (Tacitus, ann. 15,65).

98 Wegen *parricidium*, der Ermordung naher Verwandter, Verurteilte wurden zusammen mit einem Hahn, einem Hund, einer Schlange und einem Affen in einen Sack eingenäht und in das Meer geworfen. Diese Strafe scheint dem Dichter für den Muttermörder Nero nicht einmal ausreichend.

99 Orestes tötete ebenfalls seine Mutter (Clytaemestra), aber auf Geheiß Apollons nach dem Willen des Zeus.

100 Electra war die Schwester des Orestes, Hermione (Tochter des Menelaus und der Helena) seine Ehefrau: Nero ließ seine Gattin Octavia und Antonia, durch Adoption seine Schwester, töten; bei der Vergiftung von Verwandten ist wohl besonders an den Adoptivbruder Britannicus gedacht. Nero trat bekanntlich vielfach auf der Bühne auf; sein Epos „Troica", das den Untergang Trojas darstellte, trug er 65 bei einem Dichterwettbewerb vor: es erscheint hier ironisch als Höhepunkt seiner Schandtaten.

101 Verginius, Vindex und Galba erscheinen hier gleichermaßen als Gegner Neros, die Verhältnisse waren jedoch komplizierter: Vergi-

nius Rufus besiegte 68 als Kommandeur von Obergermanien den
Statthalter von Gallia Lugdunensis Iulius Vindex, der sich gegen
Nero mit dem Ziel erhoben hatte, den in Spanien weilenden Galba
zum Kaiser zu machen. Nach dem Tod Neros war er mit der Über-
nahme des Prinzipats durch Galba einverstanden.

102 Auf der einjährigen Tournee durch Griechenland 67-68. Bei den
Eppichkränzen denkt Juvenal wohl an die Nemea und Isthmia.

103 Die empfohlene „Ehrung" der Ahnen würde das Mißverhältnis zwischen Neros Bühnentriumphen und deren wahren Triumphen noch
deutlicher werden lassen. Cn. Domitius war Neros Vater. Angespielt wird auf tragische Soloszenen Neros.

104 Nero als verachtenswerter Kitharöde. Mit der Kolossalstatue ist
nicht die berühmte riesige Statue aus Bronze des Sonnengottes (mit
dem Antlitz Neros) gemeint, wenn auch der Leser an sie denken soll.

105 Adlige suchten sogar den Staat zu vernichten, Nichtadlige machten
sich um ihn verdient (231-268). Catilina, der Anführer der nach ihm
benannten Verschwörung des J. 63 v.Chr., gehörte zu den patrizischen Sergii, sein Komplize Cethegus zu den patrizischen Cornelii.

106 Gallia Narbonensis hieß zuvor Gallia Bracata nach der üblichen
Tracht. Die Senonen aus Gallia Comata brandschatzten Rom 390 v.
Chr.

107 *Tunica molesta* war die euphemistische Bezeichnung für das pechge-
tränkte Gewand, in dem Brandstifter zur Strafe angezündet wurden.
(Von Nero nach dem Brande Roms 64 gegen die Christen angewendet: Tacitus, ann. 15,44.)

108 Cicero, Sohn eines Ritters aus dem Municipium Arpinum. Da keiner
seiner Vorfahren ein kurulisches Amt bekleidet hatte, war er nicht
nobilis, sondern *homo novus*.

109 Die Toga als Kleid des Friedens im Gegensatz zum Schwert des Octavius, des späteren Augustus, bei seinem Seesieg über Antonius 31 v.
Chr. bei Actium, ca. 45 km südlich von Leucas, und beim Sieg über
die Caesarmörder 42 v.Chr. bei Philippi in Mazedonien (das von antiken Autoren oft mit Pharsalus in Thessalien verwechselt wird.) –
sibi 241 ist eine überzeugende Verbesserung Jahns für überliefertes
non oder *in*.

110 M. Marius aus Arpinum im Volskerland hatte Land gepachtet und
schlug später die Militärlaufbahn ein. Dies ist, um die niedrige Ab-

kunft zu betonen, ins Negative gesteigert (z.B. Mißhandlung durch den Centurio mit dessen üblichem Stock aus Rebenholz).

111 Die 102 v.Chr. nach Italien hereingebrochenen Kimbern besiegte Marius 101 bei Vercellae zusammen mit Q. Lutatius Catulus, der an seinem Triumph teilhaben durfte.

112 P. Decius weihte 340 v.Chr. sein Leben als Opfer für die unterirdischen Götter und die Mutter Erde, um dem Heer in der Schlacht gegen die Latiner bei Veseris den Sieg zu sichern. Die Hilfstruppen bestanden aus Samniten, der Hinweis auf die latinische Jugend beruht auf einem Irrtum, da die Latiner die Kriegsgegner waren. In derselben Weise opferte sich der gleichnamige Sohn 295 v.Chr. im Kampf gegen die Samniten und Gallier bei Sentinum (Livius 8,9 bzw. 10,28).

113 Der wohl als Inhaltsangabe am Rande gedachte Vers wurde von Markland, Dobree und allen neueren Herausgebern für unecht erklärt. Vgl. Courtney.

114 Servius Tullius übernahm von Romulus (= Quirinus) die Insignien der Königswürde: die *Trabea* (eine kurze, purpurn und weiß gestreifte Toga), das Diadem (eine weiße Kopfbinde) und die *Fasces*.

115 Die Söhne des Konsuls Brutus suchten dem vertriebenen Tarquinius Superbus in Rom Einlaß zu verschaffen.

116 Drei Helden aus dem Kampf gegen den etruskischen König Porsena 507 v.Chr.: Horatius Cocles verteidigte die Tiberbrücke, bis sie hinter ihm abgebrochen war, Mucius Scaevola suchte den König in dessen Lager zu töten und verbrannte vor diesem seine Rechte im Feuer zum Zeichen seiner Vaterlandsliebe, Cloelia wurde Porsena als Geisel gegeben, entkam aber aus dem Lager und durchschwamm den Tiber.

117 Der Sklave Vindicius verriet die Verschwörung der Söhne des Brutus. Nach Meinung des Dichters hätte er ebenso wie Brutus ein Jahr lang von den Matronen betrauert werden sollen. Dessen Söhne wurden hingerichtet.

118 Von Bedeutung ist allein die eigene Person und Leistung, die ahnenstolzen Adligen vergessen die Herkunft der Römer aus der Asylstätte des Romulus (269-275). – Thersites als Inbegriff der Häßlichkeit und Bosheit: Ilias 2,212ff. Der Aeacusenkel Achill erhielt auf Vermittlung seiner Mutter Thetis neue, von Vulcanus gefertigte Waffen (Ilias 19,18ff.).

119 Romulus richtete zur Mehrung der Bevölkerung das *asylum* ein, das zur Zufluchtstätte von allerlei Gesindel wurde (Livius 1,8,5).

120 Juvenal will Bezeichnungen wie *fur, latro* usw. vermeiden.

ZUR SATIRE 9

Der Text verbindet zwei schon in den frühen Satiren vorgestellte Themen, die Kritik an der Homosexualität (s. 2) und an der Zerstörung der Klientel (s. 1.3.5, auch 7): der Adressat Naevolus leistet als Klient im Hause des homosexuellen Patrons sexuelle Dienste unterschiedlicher Art und beklagt jetzt mit den Topoi des schlecht behandelten Klienten die Undankbarkeit seines Gönners. – Der Dichter zeigt sich bei der Begegnung mit Naevolus verwundert über die Verwandlung des eleganten Lebemannes, seine Ungepflegtheit und bedrückte Stimmung (1-26). In einer langen Anklage enthüllt Naevolus seine wahre Situation, die Verstoßung durch den herzlosen Patron (27-90a). Über diese darf er, wie der weitere Dialog (90b-150) demonstriert, nicht einmal öffentlich klagen. Der Dichter rät deshalb zu einer grundsätzlichen Änderung der Lebensweise, doch Naevolus erweist sich als unbelehrbar, und dies ist der Hauptpunkt der Kritik. So wird er ironisch mit den guten Aussichten in Rom, dem Sammelplatz der Homosexuellen, getröstet. Doch er bleibt skeptisch, ob sich sein Programm der Alterssicherung verwirklichen läßt.

1 Marsyas war ein kleinasiatischer Silen oder Satyr, der mit seiner Flöte den Gott Apollo und dessen Kithara zum musikalischen Wettstreit herausforderte, den er verlor. Apollo hängte ihn an einen Baum und zog ihm die Haut ab. Eine der Statuen des Marsyas stand auf dem Forum in Rom.

2 Beide sind nicht näher bekannt. Rhodope ist ein unter Damen zweifelhaften Rufs verbreiteter Name.

3 Zur Begründung der Tilgung des Verses durch Guyet vgl. Jachmann, Nachr. Akad. Göttingen 1943,6. 197-199 (= Textgesch. Stud. 756-758).

4 Pollio (vielleicht identisch mit dem 11,43 genannten) bietet so wenig Sicherheit, daß er selbst für das Dreifache des sonst üblichen Maximums von zwölf Prozent Zinsen jährlich kein Darlehen erhält.

5 Naevolus ist Ritter, wenn auch in bescheidenen Verhältnissen lebend, und bekannt wegen seines typisch stadtrömischen Witzes (*urbanitas*).

6 Mit Harz (das u.a. aus Bruttium in Unteritalien stammte) getränkte Binden wurden zur Enthaarung verwendet.

7 Der Kranke ist von einer chronischen Form jenes Fiebers befallen, das jeweils nach zwei Tagen Pause wiederkehrte (nach antiker Rechnungsart wurden der letzte und dann wieder der erste Tag eines Anfalles mitgezählt, deshalb vier Tage). Vgl. 4,57.

8 Die Tempel der weiblichen Gottheiten in Rom als Treffpunkte mit Frauen: der bekannteste Isistempel (vgl. 6,489) war der auf dem Marsfeld. Der von Vespasian in der Nähe des Forums errichtete Pax-Tempel zählte zu seinen zahlreichen Kunstschätzen offenbar auch ein Bildnis Ganymeds, des Mundschenks Juppiters. Der Tempel der aus Kleinasien eingeführten Magna Mater (Cybele) befand sich auf dem Palatin, der Ceres-Tempel zwischen Circus maximus und Aventin.

9 Aufidius ist vielleicht identisch mit Aufidius Chius, der bei Martial 5,61,10 erwähnt wird.

10 Naevolus wehrt nicht etwa die moralische Kritik ab, sondern beklagt lediglich die geringe Entlohnung für seine sexuellen Dienste.

11 Minderwertige gallische Importware: gut durchgeschlagener Stoff wäre dichter gewebt.

12 Naevolus erregte zwar im Bade wegen seiner Ausstattung die Aufmerksamkeit der Schwulen wie Virro und wurde deshalb als Liebhaber heftig begehrt, doch stieß er dann, wie das Schicksal es wollte, auf Geiz. – Es ist durchaus unsicher, ob der hier als Beispiel genannte Virro identisch ist mit dem undankbaren Patron des Naevolus.

13 Parodische Variation eines Homerverses (Odyssee 16,294. 19,13), in dem nicht der Kinäde, sondern das Schwert (σίδηρος) den Mann anzieht.

14 Motiv der geringen Entlohnung für die großen Dienste und Mühen: typisch für die Klage des sich ungerecht behandelt fühlenden Klienten, hier in perverser Weise auf die Beziehung zu dem schwulen Patron übertragen, dessen Einstellung Naevolus wiedergibt.

15 Für vergleichbar mit dem schönen Königssohn Ganymed, der von Juppiter als Mundschenk in den Himmel entführt wurde.

16 Die homosexuellen *Patroni* sind weder bereit, für ihr Laster zu zahlen, noch an ihre Pflichten aus dem Klientelverhältnis zu denken. Vielmehr (s. u.) erwarten sie sogar selbst Geschenke.

17 Bernsteinkugeln sollten im Sommer die Hände kühlen. Der Patron verlangt, da er sich als Frau fühlt, Geschenke auch am 1. März, dem Fest der *Matronalia*.

18 Der Spatz galt als geil.

19 Latifundien in Apulien, bestehend aus Bergweiden und Ackerland. Milane galten als ausdauernde Flieger; dennoch werden sie müde, bevor sie die Grenzen der gewaltigen Weideflächen erreichen.

20 Das Trifolinische Feld in der Nähe von Neapel, ebenso wie Cumae (verdächtig wegen möglicher vulkanischer Tätigkeit) und der Berg Gaurus, der einen Krater hat (h. Monte Barbaro). Manche der tönernen Weinfässer wurden mit Pech ummantelt, zur besseren Konservierung und zur Beeinflussung des Geschmacks.

21 Das erwünschte Landgütchen würde jetzt ein Cybele-Priester erben (der als Eunuch dem Patron nichts nutzt). – *meliusne hic* bzw. *melius nec his* (Hss.) wurde von Housman zu *melius nunc* verbessert (vgl. Courtney).

22 Odysseus entkam, weil Polyphem nur ein einziges Auge (das geblendet wurde) statt zweier hatte: dies ist ebenso unnatürlich wie ein einziger Sklave.

23 Die Sklaven benötigen Kleidung und Schuhe.

24 Zu den sexuellen Diensten für den Patron selbst kommt die Leistung bei der Frau des Patrons, wodurch dieser zwei Kinder erhielt.

25 Die Leistungen des Naevolus: neben der Entjungferung (= *ista* 73) die immer neue Sicherung ihres Verbleibens im Hause und schließlich die Verhinderung eines schon beschlossenen völligen Auszuges. – Das überlieferte *signabat* würde bedeuten, daß sie noch im Hause des Patrons lebend bereits einen neuen Ehevertrag besiegelt hätte, was schwerlich vorstellbar ist: *migrabat* Highet (s. Courtney).

26 Die beiden Verse unterbrechen mit ihrem gnomischen Charakter und der banalen Zusammenfassung die Auseinandersetzung mit dem Patron. Getilgt von Pinzger.

27 Bei der möglichen Verteidigung gegen die vorgebrachten Argumente.

28 Ein Kind wurde durch Aufheben vom Boden als legitim anerkannt.

29 Das Bekränzen der Türen war ein übliches Zeichen für ein freudiges
   Ereignis im Hause. Zur Bekanntgabe in der Zeitung vgl. 2,136.

30 Dazu kamen erbrechtliche Vorteile: der Kinderlose konnte nur die
   Hälfte eines Nachlasses erhalten, das Übrige (*caducum*, Verfallsteil)
   fiel einem anderen im Testament genannten Vater zu.

31 Das *ius trium liberorum* gewährte Privilegien bei der Bewerbung um
   Ämter und bei deren Ausübung, befreite von lästigen Pflichten (z.B.
   Vormundschaft) und bot weitere Vorteile im Erbrecht.

32 Ironisch äußert der Dichter sein Mitgefühl mit dem Klagenden.

33 Naevolus sieht zwar ein, daß er wie ein Tier betrachtet wird (vgl. auch
   45f.), aber dies bleibt ohne Konsequenz. Seine Enttäuschung darf er
   wegen der Rachsucht des Patrons nicht einmal äußern.

34 Wie die Pechbinden (14) ein Mittel zur Enthaarung.

35 Die Verhandlungen im Areopag, dem höchsten Rechtsorgan Athens,
   unterlagen strikter Geheimhaltung.

36 Zitat aus Vergil: *A Corydon, Corydon, quae te dementia cepit!* (ecl.
   2,69; die Interjektion *a* ist dem niederen Stil der Satire entsprechend
   durch *o* ersetzt). Damit wird Naevolus als einfältiger Tor charakterisiert.

37 *fac eant* ist Haupts überzeugende Verbesserung für überliefertes
   taceant bzw. *clament*.

38 Zum Tatsächlichen tritt auch noch das Erfundene.

39 Frühere Züchtigungen mit dem Ledergürtel des Herrn.

40 Zu den absichtlichen Verleumdungen kommt der unfreiwillige Verrat durch Betrunkene.

41 D.h. alle vorher genannten Schwätzer und nicht (vgl. 93f. 101) den
   Dichter.

42 Der Drang der Sklaven, die Geheimnisse des Hauses auszuplaudern,
   ist stärker als selbst ihre Gier, Mengen erstklassigen, aus dem Vorrat
   des Herrn gestohlenen Weines zu genießen. – Saufeia war die Frau
   des Konsuls oder des *Praetor urbanus*, denn diese leitete die Opfer-
   feierlichkeiten beim Fest der Bona Dea.

43 Die Verse 119 bzw. 120/1 sind einander ausschließende Alternativen.
   Die ausführlichere Version ist offenbar interpoliert. Das korrupte
   tunc est bzw. *tunc his* bzw. *tunc* der Handschriften wurde von Jahn zu
   tum vel verbessert, der auch 120/1 athetierte. Noch problematischer
   (s. Courtney) als diese sind die Verse 122/3. (Ihr Sinn soll wohl sein:

wer sich nicht frei fühlen kann gegenüber dem Geschwätz der von ihm ernährten Sklaven, ist noch schlechter als diese.) Die Verse wurden von Pinzger getilgt. Die überzeugendste Lösung ist die Athetese von 120–123 (so Jachmann, Knoche).

44 Der Rat, sich an die Moral zu halten, selbst wenn dies nur zur Vermeidung von Sklavengeschwätz geschieht, ist für Naevolus unbefriedigend, da er zu einer grundsätzlichen Abkehr von seinem Lebenskonzept nicht bereit ist und einen Rat nur auf dessen Grundlage erhalten möchte.

45 Die üblichen Zutaten zu einem Trinkgelage.

46 Eine typische Geste passiver Homosexueller.

47 Da Naevolus unbelehrbar nur über sein Fiasko und die verrinnende Zeit lamentiert, wird ihm ironisch empfohlen, unbeirrt an seinem Metier festzuhalten: die Aussichten auf eine zweite, noch bessere Chance seien in Rom überwältigend, er solle nur durch Aphrodisiaka wie die Rauke seine Leistungsfähigkeit ständig erhalten.

48 Beide Versionen können nicht nebeneinander bestehen. V. 134A findet sich nur in P A, und V. 134 ist mit dem vorausgehenden Text eng verbunden. – *exempla* in V. 135 macht nicht die Annahme einer vorherigen Lücke (so Ribbeck u. a.) notwendig.

49 Gegenüber der Aussicht auf einen großzügigen Kinäden bleibt Naevolus skeptisch: bei seinem Schicksal (wofür die beiden Parzen stehen) muß er schon zufrieden sein, wenn er durch seine sexuellen Dienste wenigstens die Nahrung beschafft. Entsprechend bescheiden ist auch das (extrem perverse) Gebet an seine Hausgötter um eine Jagdbeute. Danach entwickelt er jedoch recht anspruchsvolle Vorstellungen von seinem Lebensunterhalt.

50 Bei dem Rittercensus von 400 000 Sesterzen würden 20 000 eine Rendite von bescheidenen 5 Prozent bedeuten, es sei denn, das Vermögen des Naevolus ist bereits unter den Rittercensus gesunken. – Gemeint sind (wie 10,19) schlichte glatte (*puri* 141) und nicht ziselierte bzw. mit hervortretenden Figuren oder Ornamenten verzierte (vgl. 14,62. 12,47) Silbergefäße. Jedoch sollten sie ein beträchtliches Gewicht haben: C. Fabricius Luscinus, Censor 275 v. Chr., stieß den Konsular P. Cornelius Rufinus aus dem Senat, weil er Silbergeschirr von 10 Pfund besaß.

51 Die Sklaven würden ihn in einer Sänfte sicher durch das Gewühl des Zirkus zu seinem Platz bringen.

52 Die beiden Sklaven, der Silberziseleur und der Portraitmaler, brächten zusätzliche, dauernde Bareinkünfte.

53 Naevolus betrachtet sich (wider besseres Wissen) derzeit als so notleidend, daß man ihn nicht einmal als *pauper* bezeichnen könne.

54 In Erinnerung an Odysseus, der seinen rudernden Gefährten bei der Vorbeifahrt an den singenden Sirenen Siziliens die Ohren mit Wachs verstopfte (Od. 12,173ff.).

ZUR SATIRE 10

Für das Thema der rechten und verkehrten menschlichen Wünsche (vgl. s. 2 des Persius) ist in den Eingangsversen (1-11) als Ausgangspunkt die Erkenntnis gewählt, daß die Menschen Richtiges und Falsches selten zu unterscheiden vermögen und deshalb Wünsche äußern, deren Erfüllung sie selbst ins Verderben stürzt. Nachdem hier bereits Beispiele genannt sind, wird der Satz an dem am weitesten verbreiteten Wunsch nach Reichtum erläutert (12-27). Dem ist ein erster Kommentar des Dichters gegenübergestellt (28-53): er zieht als Reaktion auf die Torheit dem Weinen des Heraklit das spöttische Lachen Demokrits vor. Fünf weitere Wünsche werden noch betrachtet, deren Befriedigung ebenfalls oft Unheil über die Wünschenden bringt, die Bitten um politische Macht (56-113), Redekunst (114-132), Kriegsruhm (133-187), langes Leben (188-288), Schönheit (289-345). Ein zweites Mal bezieht der Dichter Stellung (346-364): die Konsequenz des Dargelegten sollte das Unterlassen aller Bitten an die Götter sein, da sie im Unterschied zum Menschen (vgl. 1-11) das ihm wahrhaft Nützliche erkennen und ihm schenken (346-353). Dem tritt eine zweitbeste Lösung an die Seite (354-364): wer dennoch eine Bitte vortragen will, sollte um geistige und körperliche Gesundheit und moralische Güter beten.

1 Vom äußersten Westen (Cadiz in Spanien) bis zum äußersten Osten (dem indischen Ganges), d.h. überall. Juvenal richtet in der s. 10 den Blick über Rom hinaus, seine Beispiele beziehen auch Griechenland, Karthago, Persien ein.

2 D.h.: wann sind unsere Affekte mit Vernunft verbunden, so daß wir die richtige Entscheidung treffen?

3 Wörtlich: mit dem rechten Fuß, weil z.B. das Überschreiten der Schwelle in dieser Weise als glückbringend galt.

4 Unheil bringt das Streben nach einer Karriere sowohl im zivilen Staatsleben (in der Toga) als auch im Militärdienst.

5 Milo von Croton, der berühmteste Athlet der Antike (aus dem 6. Jh.). Er starb eingeklemmt in einen Baum, den andere mit Keilen zu spalten suchten und den er selbst mit den Händen auseinanderreißen wollte.

6 Drei Opfer der Verfolgung im Zusammenhang mit der Pisonischen Verschwörung: Der Jurist C. Cassius Longinus wurde 65 n.Chr. nach Sardinien verbannt. Der Philosoph und Lehrer Neros Seneca hatte während seiner Regierungtätigkeit große Reichtümer angehäuft; als Soldaten Neros seine Villa umstellten, nahm er sich das Leben. Plautius Lateranus, designierter Konsul d.J. 65, starb ebenfalls. Die Sextii Laterani besaßen einen Palast auf dem Mons Caelius.

7 Die Geldtruhen der Reichen wurden in den Tempeln der Fora verwahrt.

8 Setia in Latium (h. Sezze), mit berühmtem Wein (vgl. 5,34).

9 Nach dem Gesagten.

10 Zwei unterschiedliche Einstellungen zu den Torheiten der Menschen, repräsentiert durch die griechischen Philosophen Demokrit und Heraklit. Demokrit aus Abdera (5./4. Jh.) lachte über sie, Heraklit aus Ephesus (6./5. Jh.) beweinte sie. Juvenal gibt Demokrit den Vorzug, da das spöttische Lachen der Satire entspricht.

11 In den Griechenstädten der damaligen Zeit gab es noch nicht Erscheinungen des römischen Lebens, über die Demokrit noch heftiger gelacht hätte.

12 Die *praetexta* mit dem Purpursaum wurde von den curulischen Beamten getragen, die weiß und purpurn gestreifte *trabea* von Auguren und Rittern bei feierlichen Angelegenheiten. Das *tribunal* war das erhöhte Podest, auf dem die Amtssessel der curulischen Beamten standen.

13 Die feierliche Prozession zur Eröffnung der Zirkusspiele (*pompa circensis*), bei welcher der vorsitzende Praetor wie ein triumphierender General einzog: auf einem Wagen stehend, in der *tunica palmata*, dem mit Palmenmuster verzierten Untergewand, und der *toga picta*, dem mit Gold bestickten purpurnen Obergewand des *Iuppiter Capitolinus*. Die Toga ist so groß, daß sie an einen Vorhang erinnert (*Sarrana* = Tyrisch, purpurn).

14 Hinter dem Praetor (bzw. Triumphator) stand ein Staatssklave, der einen großen goldenen Kranz über ihn hielt.

15 Die Erwähnung des Konsuls (der ebenfalls Vorsitzender der Spiele sein konnte) ist suspekt, da vorher stets vom Praetor die Rede war. Möglicherweise (so Mayor) ist hier der Konsul gewählt, um den Abstand zum Sklaven noch größer erscheinen zu lassen. Der Sklave fuhr im gleichen Wagen mit, damit der Vorsitzende, der ja wie Juppiter auftrat, sich nicht gottgleich fühle, und um die Strafe der Götter abzuwehren.

·16 Das Elfenbeinszepter mit dem Adler, das der Vorsitzende bzw. Triumphator in der Hand trug.

17 Die antiken Quellen zur *pompa circensis* sind in diesem Punkt unergiebig (vgl. bes. Tertullian, spect. 7). Mit *officia* sind offenbar die vorausziehenden offiziellen Begleiter gemeint, während der Hinweis auf die Sportel und die übliche Bezeichnung *amici* die Erklärung nahelegen, daß in unmittelbarer Nähe des Wagens (*ad frena*) die persönlichen Klienten gingen.

18 Im Gegensatz zum geschilderten gegenwärtigen Rom.

19 Die Einwohner von Abdera in Thrakien standen im Ruf der Dummheit (deshalb Hammel), die wiederum auf das Klima zurückgeführt wurde. (Tatsächlich stammten neben Demokrit und Protagoras noch andere Intellektuelle aus dem Ort.)

20 Er empfahl ihr, sich zu erhängen. Der ausgestreckte mittlere Finger zusammen mit der geballten Faust als eine das männliche Geschlechtsteil symbolisierende obszöne Geste.

21 Die mit mehreren Problemen behafteten, als Übergang hinzugefügten Verse wurden von Knoche athetiert (54 bereits von Leo).

22 Der verderbenbringende Wunsch nach Macht (56-113).

23 Gedacht ist an das Entfernen von Triumphalstatuen von ihrem Sockel mit Hilfe von Seilen (der Triumphator stand auf dem Wagen). Das Metall wird zerkleinert und eingeschmolzen. Muster ist der Sturz des L. Aelius Seianus am 18. Oktober 31 n.Chr. (vgl. Tacitus, ann. 4,1ff.): Sejan stieg zum Praetorianerpraefekten und allmächtigen engsten Vertrauten des Tiberius auf, bis dieser ihn wegen Hochverrats beseitigen ließ.

24 Darstellung der Reaktion auf den Sturz in einer lebendigen Szene: Aufforderung zum Schmücken des Hauses (Lorbeer wurde dazu bei

freudigen Anlässen verschiedener Art verwendet) und zum Stieropfer. Das Tier mußte makellos weiß sein, dunkle Flecken wurden
mit Kreide geweißt.

25 Die Leiche Sejans wurde vom Kerker, wo er getötet wurde, an einem
Haken auf die *Scalae Gemoniae* geschleift, dort drei Tage lang der
Mißhandlung durch das Volk preisgegeben und dann in den Tiber
geworfen.

26 Die Lippen als Ausdruck seiner Arroganz.

27 Nach Capri hatte sich Tiberius 27 n. Chr. zurückgezogen. Die näheren Umstände von Sejans Sturz und der lange Brief, an dessen Verle-
sung im Senat sich rasch und ohne förmliches Gerichtsverfahren die
Hinrichtung anschloß, sind bei Cassius Dio 58,9/10 wiedergegeben.

28 Der Kommentar des Dichters: das Volk zeigt den üblichen Opportunismus. Sejan stammte aus dem etruskischen Volsinii (h. Bolsena);
Nortia war das etruskische Gegenstück zur römischen Fortuna.

29 Hinweis auf die Republik, in der es Stimmenkauf bei den jährlichen
Wahlen der Beamten gab. Diese Wahlen wurden 14 n. Chr. von
Tiberius dem Senat übertragen. Das daraus resultierende Desinter-
esse des Volkes an der Politik führte zur Anpassung und zur Konzentration auf die Getreidespenden und die Unterhaltung (s. u.).

30 Das Gespräch der römischen Bürger 67-72 wird nach dem Kommentar des Dichters wieder aufgenommen (81-88). Das Motiv des Ofens
knüpft an 61-64 an: in dem Ofen, in dem die Statuen Sejans zugrunde gehen, ist auch noch Platz für viele andere (Komplizen usw.): ein
derartiges Schicksal gilt es zu vermeiden.

31 Bruttidius (oder Bruttedius) Niger war ein bekannter Redner unter
Tiberius. Der Altar des Mars befand sich auf dem Marsfeld.

32 Beim Streit um die Waffen des Achill unterlag (*victus*) Ajax dem
Ulixes und tötete daraufhin im Wahnsinn Mengen von Schafen in der
Meinung, es seien Griechen. Ebenso fürchtet man jetzt, Tiberius werde wie Ajax blindlings wüten und viele hinrichten in der Überzeugung, man habe ihn unzureichend gegen die Machenschaften Sejans
geschützt. Der Vergleichspunkt liegt also in dem jeweiligen wahnhaf-
ten wahllosen Töten. Die Begründung *ut male defensus* gehört zur
speziellen Situation des Tiberius, ebenso wie *victus* zu der des Ajax.

33 Beteiligung an der Mißhandlung der Leiche am Tiberufer, zum Zeichen der Distanzierung.

34 Bei Hochverrat konnten ausnahmsweise auch Sklaven gegen ihren eigenen Herrn Anzeige erstatten.

35 Willst du denselben Weg zur Macht einschlagen wie Sejan, mit ähnlichen Konsequenzen? Ausdruck des großen Einflusses ist die Zahl der Klienten bei der morgendlichen *salutatio*.

36 Die den höchsten Magistraten vorbehaltenen *sellae curules*.

37 Tiberius wird in Anspielung auf den Namen der Insel (*Capreae* = Ziegeninsel) mit einem Hirten verglichen. Die Chaldaei waren seine Astrologen, vor allem Thrasyllus.

38 Das Kommando über die Praetorianergarde, deren Praefekt Sejan war und die er erstmalig in einer Kaserne bei Rom stationierte: sie erscheint wie zu seinem eigenen Hause gehörig. Mit jenen Rittern ist wahrscheinlich die höhergestellte Gruppe unter den Rittern gemeint, die als *procuratores Augusti* vorgesehen war und wohl eine Dienstzeit bei den Praetorianern ableistete.

39 Sejan trug die *toga praetexta* als Konsul seines Todesjahres 31.

40 Gabii und Fidenae als kleine Landgemeinden auch 6,56/7, Ulubrae bei Horaz, epist. 1,11,29: alle in der Nähe Roms. Die *aediles* in diesen Städtchen kontrollierten auch als Marktpolizei das Maßwesen (vgl. Persius 1,130). Zur schlichten Kleidung dieser Beamten vgl. 3,178f.: an u. St. übertrieben (*pannosus*) wegen des erstrebten Kontrastes zur *praetexta* (99).

41 Unwillentlich wurde der eigene Sturz von Sejan zu einem besonders wirkungsvollen gemacht.

42 Die Triumvirn Crassus, Pompeius und Caesar: letzterer behandelte die Mitbürger wie Sklaven.

43 Zu Pluto, dem Gott der Unterwelt.

44 Gebet um eine Redekunst wie die des jeweils berühmtesten Redners der Griechen und Römer (114-132).

45 Die vom 19. bis zum 23. März dauernden *Quinquatrus* waren besonders ein Fest der Lehrer und Schüler.

46 Der kleine Schüler kann nur eine geringe Gabe darbringen.

47 Der den Sohn des Hauses zum Lehrer begleitende Sklave trägt zugleich die Schulsachen in einer hölzernen Schatulle (*capsarius*).

48 Die (vom Redner zur Gestik benutzte) Rechte und der Kopf Ciceros wurden auf Befehl des Antonius an die Rednertribüne des Forums angeheftet.

49 Ein Vers Ciceros aus seiner epischen Darstellung seines Konsulats (*De consulatu suo*), der wegen der kakophonen Abfolge *–natam natam*, aber auch wegen des übertriebenen gedanklichen Anspruchs Spott erregte, denn gemeint ist, daß durch die Rettung vor den Catilinariern Cicero Rom das Leben geschenkt habe.

50 Von den 14 gegen Antonius gerichteten Philippischen Reden (*orationes Philippicae*; so benannt nach den Reden des Demosthenes gegen Philipp von Makedonien) enthielt besonders die (in Wirklichkeit nie gehaltene) zweite heftige, vielbewunderte Schmähungen: vor allem diese Rede aber brachte Cicero den Tod, da Antonius darauf bestand, daß der Name Ciceros auf der ersten Proskriptionsliste eingetragen wurde.

51 Die Volksversammlung Athens tagte gelegentlich statt auf der Pnyx im Theater. Nach der endgültigen Niederlage Athens tötete sich Demosthenes 322 v.Chr. im Poseidon-Tempel auf der Insel Kalaureia durch Gift, um der Festnahme durch die Makedonen zu entgehen.

52 Der Vater des Demosthenes war ein wohlhabender Waffenfabrikant, bei den Rhetoren wird er zum gewöhnlichen Schmied. Er und nicht der Sohn erscheint verantwortlich für die Karriere als Redner. In Wirklichkeit war D. beim Tode des Vaters erst 7 Jahre alt.

53 Der verkehrte Wunsch nach Kriegsruhm (133-187).

54 Ursprünglich war das zum Aufhängen erbeuteter Waffen bestimmte *Tropaeum* ein seiner Äste beraubter Baumstumpf.

55 Der wilde Feigenbaum vermag sich nicht fortzupflanzen.

56 Wie den Toten widerfährt auch den Grabmälern ihr Schicksal: sie werden vom Feigenbaum gesprengt, die Ehrentitel gehen zugrunde.

57 D.h. seine Asche.

58 *Africa* wird im Westen durch den Atlantik vor Mauretanien, im Osten und Südosten durch den Nil und die Aethiopen mit ihren Elefanten (vgl. Elephantine) begrenzt: die anderen Elefanten sind die indischen.

59 Diese Methode, zu der das Erhitzen mit Hilfe großer Feuer kam, ist bei Livius 21,37 beschrieben.

60 Das Gewerbe- und Geschäftszentrum Roms. Gesprochen in der Situation nach Cannae 216 v.Chr.

61 Die Karikatur eines Feldherrn: 217 war Hannibal nur noch ein einziger Elefant geblieben (gätulisch: aus Nordafrika), außerdem hatte er
durch eine Krankheit ein Auge verloren.

62 Nach der durch Scipio 202 bei Zama erlittenen Niederlage floh
Hannibal in Wirklichkeit nicht gleich aus Karthago, sondern erst
195, zunächst zu Antiochos III. nach Syrien, dann 190 zu Prusias
von Bithynien. Auf seine Situation in Kleinasien wird ironisch die
Vorstellung der römischen Klientel mit der Pflicht zur morgendlichen *salutatio* beim Patron übertragen.

63 Als die Römer die Auslieferung Hannibals forderten, tötete er sich
183 mit Gift, das er in einem Ring bei sich trug.

64 Das glorreiche Ende aller Mühen und Leistungen des großen Feldherren: er erhält die Ehre, ein beliebtes Deklamationsthema der
Rhetorikschüler zu werden.

65 Alexander der Große, der in der Residenz Pella geboren wurde.

66 Gyara (oder Gyaros, h. Jaros; vgl. 1,73) und Seriphos (vgl. 6,564): kleine Kykladeninseln, die als Aufenthaltsort von Verbannten dienten.

67 Das von Ziegelmauern umgebene Babylon, wo Alexander 323 starb.

68 Auf seinem Zuge gegen Griechenland ließ Xerxes 480 v.Chr. durch
die Athoshalbinsel einen Kanal für seine Flotte ziehen (Herodot
7,22-24.37.122). Außerdem errichtete er zwischen Abydos und
Sestos eine Schiffsbrücke über den Hellespont (Herodot 7,33ff.).

69 Der Gedanke, daß von dem riesigen Heer die Flüsse leergetrunken
wurden, steht ebenfalls bei Herodot (7,21,1: „außer den großen
Flüssen"; vgl. 7,58,3. 108,2).

70 Ein sonst unbekannter griechischer Dichter, der den Feldzug besang.
Die Bedeutung von *madidis alis* ist unsicher; der Scholiast bezieht
die Wendung auf den durch die Anstrengung beim Rezitieren ent-
stehenden Achselschweiß.

71 Als Reaktion auf die Zerstörung der Brücke über den Hellespont
durch einen Sturm ließ Xerxes das Meer peitschen (Herodot 7,35): bei
Juvenal als gegen die Winde gerichtete Maßnahme dargestellt. (Zum
Kerker der Winde bei Aeolus vgl. 5,100f.; dort Anm. 49.) Außerdem
wurde ein Paar Fußfesseln in das Meer geworfen. Herodot will auch
gehört haben, daß der König Leute schickte, den Hellespont zu
brandmarken. Dies ist an u.St. als Möglichkeit erwähnt. – Der Erderschütterer: der Meeresgott Neptun.

72 Da die genannten Maßnahmen grausame Sklavenstrafen waren, wäre der König für Götter – der Mythos berichtete von der Dienstbarkeit von Göttern bei Menschen – sicher kein wünschenswerter Herr gewesen.

73 Diese Fassung der Situation nach der Niederlage bei Salamis (480) ist nachherodoteische (vgl. dort 8,113ff.) Ausmalung.

74 Die Echtheit des Verses erscheint verdächtig.

75 Das Gebet um ein langes Leben (188-288).

76 Thabraca in Numidien (h. Tabarca). – *iam* (195) ist suspekt.

77 *ore* ist eine ansprechende Verbesserung Housmans für überliefertes *ille*.

78 Selbst ein Erbschleicher, der hartgesotten zu sein pflegt, wendet sich angeekelt ab. Cossus ist wohl ein beliebiger Name.

79 Der Greis setzt sich dem Verdacht aus, ein *cunnilingus* zu sein.

80 Am Gehör.

81 Selbst die herrlichste Musik nimmt ein tauber Alter nicht wahr. Gemeint sind Sänger bzw. ihren Gesang auf der Kithara begleitende Kitharöden, zu denen Seleucus gehört. Die Musiker in V.212 sind vielleicht *tibicines*, wahrscheinlicher jedoch Kitharöden (die das Publikum mit prachtvollen Roben zu beeindrucken suchten).

82 Da es keine tragbaren Uhren gab und die Feststellung der Zeit allgemein schwierig war, weil die Länge der 12 Stunden, in die der Sonnentag eingeteilt war, je nach Jahreszeit differierte, war es für reiche Römer praktisch, sich die Zeit von einem Sklaven melden zu lassen.

83 Oppia (vgl. Larga 14,25-28) ist sonst ebensowenig bekannt wie Basilus, Hirrus und Maura.

84 Themison war ein berühmter Arzt augusteischer Zeit. Möglicherweise ist hier ein späterer Arzt gleichen Namens gemeint oder Th. als Vertreter des ganzen Berufsstandes aufgefaßt.

85 V. 226 ist eine Wiederholung von 1,25. Während er sich dort gut einfügt, wird hier ein störender Nachtrag geboten. Vgl. die Argumente gegen die Echtheit von 225/6 bei L. Braun, ANRW II 33,1. 773 Anm. 12.

86 Phiale ist bei dem Greis als *fellatrix* tätig, woher der üble Geruch ihres Mundes herrührt. Die ironische Pointe: wegen dieses Geruchs (in Wirklichkeit wegen der ihn bewirkenden Dienste) wird sie Alleinerbin.

87 Nestor sah nach Homer (Ilias 1,250) drei Menschengeschlechter. Die Krähe erreicht, wie Hesiod sagt, neun Menschenalter. Die Einer und Zehner wurden an der linken Hand gezählt, die Hunderter und Tausender an der Rechten. D. h. für Juvenal wurde Nestor über hundert Jahre alt.

88 Die Klage stand offenbar in einer Tragödie und wurde vor dem Scheiterhaufen des Sohnes vorgetragen.

89 Antilochus wurde vor Troja beim Versuch, den Vater zu schützen, von Memnon erschlagen (Homer, Od. 4,187. 11,52).

90 Laertes, der Vater des Ulixes aus Ithaka, der nach dem Verlust seines Floßes zur Insel der Phäaken schwimmen mußte. Zur Trauer um den Abwesenden vgl. Homer, Od. 15,353-5.

91 Assaracus war der Bruder des Ilus, des Großvaters des Priamus. Dieser hätte nicht einen Tod im Anblick seiner brennenden Stadt erleben müssen.

92 Cassandra und Polyxena: Töchter des Priamus.

93 Die Entführung Helenas aus Sparta, die Ursache des Feldzugs gegen Troja wurde.

94 Der Tod des Priamus von der Hand des Neoptolemus, Achills Sohn, war den Römern bes. aus Vergils Aeneis vertraut (2,506-558).

95 Hecuba (Hekabe) hätte nicht, wäre sie ebenfalls früher gestorben, die Metamorphose in einen Hund erdulden müssen. Dazu Ovid, met. 13,567ff.

96 Nach den ausländischen Exempla müssen die römischen folgen, weitere ausländische Fälle werden übergangen, d. h. (Figur der Praeteritio) nur kurz erwähnt. Mithridates, König von Pontus, erlebte noch seine Niederlage durch Pompeius, den Verlust seines Reiches und starb durch eine Intrige seines Sohnes. Croesus, König von Lydien, erfuhr ebenfalls noch den Verlust seiner Herrschaft (durch Kyros), entsprechend der Warnung Solons (vgl. Herodot 1,29ff.).

97 *Spatia* ist eine Metapher aus dem Zirkus.

98 In dem langen Leben. – Auf der Flucht vor Sulla versteckte sich der geächtete Marius in den Sümpfen von Minturnae in Latium, wurde gefaßt und in Minturnae eingekerkert, floh nach Afrika, wo er in manchen Schilderungen als Bettler in Karthago erscheint.

99 Nach seinen Siegen über die Teutonen bei Aquae Sextiae 102 und über die Kimbern bei Vercellae 101.

100 Pompeius wurde 50 v.Chr. in Kampanien von heftigem Fieber befallen. Daran wäre er, auf der Höhe der Macht, besser gestorben. Stattdessen wurde er gerettet, so daß zwei Jahre später nach der Niederlage bei Pharsalus ihm in Aegypten das Haupt abgeschlagen werden konnte.

101 Vor der Enthauptung wurden selbst die Vaterlandsverräter, die Catilinarier, bewahrt: P. Lentulus und C. Cethegus wurden 63 im Tullianum erdrosselt, L. Sergius Catilina selbst fiel Anfang 62 in der Schlacht bei Pistoria.

102 Das verkehrte Gebet um Schönheit (289-345).

103 Die Mutter betet in ihrer Liebe nicht nur einfach um Schönheit, sondern äußert auch sehr spezielle Wünsche (etwa nach einer besonderen Haar- und Augenfarbe).

104 Latona, die Mutter Dianas und Apollos.

105 Die schöne Lucretia, Gattin des Collatinus, wurde vom Königssohn Sextus Tarquinius vergewaltigt und erdolchte sich darauf. Verginia wurde vom Decemvir Appius Claudius vergeblich begehrt; als dieser sie als Richter einem seiner Klienten als angebliche Sklavin zusprach, erstach sie der Vater, um sie vor der Schande zu bewahren. Rutila ist sonst nicht bekannt. – *osque suum* (295) ist eine Verbesserung der korrupten Überlieferung *atque suum* durch Weidner.

106 Vielmehr wird er selbst als Geliebter begehrt werden.

107 Neben den griechischen Tyrann tritt der römische.

108 Wenn er nicht mehr Objekt der Begierde, sondern selbst Liebhaber sein wird.

109 *maritis iratis debent* (Rigaltius) scheint noch der beste Vorschlag zur Heilung des in der Überlieferung gestörten Textes zu sein (*irati debet* bzw. *exire irati debent* bzw. *exigere irati debent*).

110 Hinweis auf den Ehebruch des Mars mit Venus, als beide sich in einem Netz des Vulcanus verfingen und dem Gelächter der Götter preisgegeben waren (Homer, Od. 8,266ff.).

111 Der Rachedurst der geprellten Ehemänner.

112 Der Fisch wurde zur Strafe in den After eingeführt.

113 Der schöne Endymion wurde von der Mondgöttin Luna geliebt.

114 Nach der geliebten verheirateten Frau wird der Sohn sich auch der ungeliebten adligen Servilia zuwenden, um sie auszunehmen.

115 Oppia als typischer Adelsname, Catulla als Name einer Frau aus dem Volke: d.h. jede Frau, welchen Standes auch immer.

116 Der eine das Sexuelle vergröbernde, banale Sentenz enthaltende
    Vers wurde von Heinrich getilgt.

117 Nicht nur der aktive Ehebrecher, sondern auch der Keusche wird das
    Opfer seiner Schönheit, da er ebenfalls begehrt wird und auf diese
    Weise ins Verderben gerät: so Hippolytus, der Sohn des Theseus,
    durch die Liebe seiner Stiefmutter Phaedra. Bellerophon wurde von
    Stheneboea, der Frau des Proteus, geliebt und sah sich dadurch viel-
    fachen Gefahren ausgesetzt.

118 *Haec* ist in dem Vers ohne Beziehung, dieser scheint eine erläutern-
    de Glosse zu sein; getilgt von Knoche.

119 Beide denunzierten nach der Zurückweisung jeweils fälschlich ihre
    Geliebten bei den Ehemännern. Phaedra war die Tochter des Kreter-
    königs Minos.

120 Ein römisches Gegenstück: Messalina, die dritte Gattin des Kaisers
    Claudius, begehrte den ebenfalls verheirateten designierten Konsul
    C. Silius, bestand aber auf einer förmlichen Eheschließung. Der Be-
    richt vom Untergang beider 48 n.Chr. bei Tacitus, ann. 11,12. 26ff.

121 Die Zeremonie in dem (wahrscheinlich einst dem Lucullus gehören-
    den) Park: die Braut mit dem roten Brautschleier um den Kopf, das
    Brautbett, die übliche Übergabe der Mitgift, die als Zeugen den
    Ehevertrag unterschreibenden Freunde, der Auspex, der durch
    die Beobachtung der Vorzeichen die Zustimmung der Götter fest-
    stellte.

122 Worte des Dichters an den als anwesend gedachten Silius: wegen der
    offiziellen Zeremonie ist an eine Geheimhaltung der Beziehung
    nicht zu denken.

123 Claudius mußte erst durch den Freigelassenen Narcissus unterrich-
    tet werden und verhielt sich sehr zögernd. Vgl. Tacitus.

124 Die Konsequenz aus der Darstellung der verkehrten menschlichen
    Wünsche (346-366).

125 Die Beschreibung der Opfer und die Deminutiva sollen diese Form der
    Hinwendung zu den Göttern ironisieren (vgl. 13,116-8), nicht den
    folgenden Inhalt des Gebets. – J. Bodel, HSCPh 92,1989,349-366, hat
    mit überzeugenden Argumenten nachgewiesen, daß an Stelle des
    hier (sowie bei Petron und Martial) stets hergestellten *tomacula*
    vielmehr *thymatula* zu schreiben ist (rezipiert auch von Clausen);
    vermutlich ist diese Wurstsorte auch zum Zwecke einer Anspielung

auf das griechische Wort für Opfer gewählt. – V.356 wurde von
M.D. Reeve, CR² 20,1970,135f., athetiert.

126 Hercules war, besonders bei den Stoikern, ein Vorbild für die Über-
nahme von Mühen und Leiden zugunsten der Menschheit.

127 Der assyrische König Assurbanipal, sprichwörtlich für Luxus und
Genußleben.

128 Die beiden Verse sind eine erweiterte Dublette zu 14,315/6, und an
u. St. ist der Hinweis auf Fortuna schwerlich angebracht. Getilgt
von Guyet. Auch die beiden vorausgehenden Verse sind nicht frei
von Verdacht.

ZUR SATIRE 11

Die gegen das Laster der Schlemmerei gerichtete s. 11 entwickelt in ihrem
Eingangsteil (1-55) an den Typen des armen und des reichen Schlemmers
ein Bild ihres Verhaltens und ihrer Mentalität. Dieses wird 56-208 kon-
frontiert mit der Vorausschau auf ein schlichtes Gastmahl, das der Dichter
dem Adressaten Persicus am gleichen Tag bieten will. Die Übersicht über
die einzelnen Bestandteile (Speisen, Lager, Geschirr, Tische, Tafelgerät,
Diener, Unterhaltung) bildet jeweils den Ausgangspunkt für die Kritik am
Tafelluxus. Neben die Einfachheit beim Dichter tritt als weiterer Kontrast
zu den Schlemmern die Frugalität der frühen Römer, so daß für den Angriff bei fortschreitender Betrachtung der Elemente des Mahles jeweils
verschiedene Ebenen als Grundlage gewählt sind: 56-76 und 129b-182
werden die Schlemmer durch den Vergleich mit der Bescheidenheit des
Dichters kritisiert, 77-119 durch die Konfrontation mit Altrom und
120-129a direkt, wie schon 1-55.

1 Der reiche Atticus im Gegensatz zum armen Rutilus: nach der communis opinio (nicht nach Meinung des Dichters) wird bei beiden die
Schlemmerei unterschiedlich bewertet.

2 Also jemand, der den bekannten Gourmet der Zeit des Augustus und
Tiberius M.Gavius Apicius (vgl. 4,23) nachahmen möchte, aber nicht
das Geld dazu hat.

3 Die Prognose für den Typ des armen, jugendlichen Schlemmers: nach
der Vergeudung des Besitzes wird er sich als Gladiator verdingen (20).
Als freier Bürger mußte er dies den Volkstribunen anzeigen, die den

412   ANMERKUNGEN

Wunsch verweigern konnten. Mit dem Vertrag begab er sich in die
völlige Gewalt des *lanista*.

4 Eigentlich: bei dem das vom Einsturz bedrohte Gebäude (durch Risse)
   schon Licht hereinläßt, dessen Fall also unmittelbar bevorsteht.

5 Bis zum Eintritt des Ruins.

6 Indem das Silbergeschirr verpfändet oder pietätlos sogar das Silber-
   bildnis der Mutter zerbrochen und nach Gewicht verkauft wird, läßt
   sich noch einmal Geld beschaffen, die letzte Schlemmermahlzeit vor
   dem Eintritt in die Gladiatorenschule muß aber wegen des fehlenden
   Silbers aus irdenem Topf gegessen werden.

7 Ventidius tritt hier an die Stelle des Atticus (V.1) als Typ des Reichen.

8 Der am Apollo-Tempel in Delphi angebrachte Spruch. Er ist hier ironisch auf Alltägliches angewendet, u.a. als Entscheidungshilfe in der
   Frage, ob man sich finanziell die Schlemmerei leisten könne.

9 Der mißgestaltete Thersites beteiligte sich klug nicht am Streit um die
   Waffen des toten Achill, die Ulixes gegenüber Ajax für sich gewann
   und denen sogar er nicht gerecht werden konnte. Vgl. auch 8,269-271.

10 Curtius ist nicht zu identifizieren, Matho wird noch 1,32f. und 7,129
   erwähnt.

11 Die Besitzer der vorher genannten Güter. – Pollio ist vielleicht mit
   dem nach einem Kreditgeber suchenden Crepereius Pollio 9,6-8 identisch. Das Standeszeichen des goldenen Ringes mußte ein Ritter ablegen, wenn sein Vermögen unter die vorgeschriebenen 400 000 Sesterzen sank oder er bankrott wurde.

12 Den Geldverleihern.

13 *Vertere solum* hatte ursprünglich die Bedeutung des Exils in einem
   italischen Municipium; hier von der Flucht vor den Gläubigern.

14 Das Forum (den Ort der Finanzgeschäfte) verlassen = bankrott sein.

15 Der Bankrott bringt eine Verbesserung: von Rom nach Bajae mit
   seinen Austern vom Lucriner See bzw. aus dem geschäftigen Gewer-
   bezentrum der Subura hinauf auf den Esquilin, das Wohnquartier der
   Prominenz.

16 Das Erröten des Gesichts als Zeichen für das noch vorhandene Schamgefühl.

17 Persicus, der sonst nicht bekannte Freund Juvenals, wird bei dem am
   gleichen Tag stattfindenden Gastmahl (56-208) überprüfen können,
   ob der Dichter selbst das Prinzip der Schlichtheit befolgt: er soll mit

derselben Einfachheit bewirtet werden, wie sie Euander, der aus Arkadien stammend auf dem Palatin eine Siedlung gegründet hatte, nach dem Bericht Vergils auch dem Hercules und später Aeneas bot (bes. Aen. 8,359-365).

18 Hercules, aus Tiryns in der Argolis, war Sohn Juppiters, der ihm an Rang nachstehende Gast ist Aeneas, der jedoch durch seine Mutter Venus ebenfalls göttlichen Ursprungs war. Jener verbrannte sich, durch das mit dem Blut des Nessus getränkte Gewand gemartert, auf dem Berge Oeta und wurde in den Olymp versetzt, dieser kam während des Kampfes mit den Rutulern in dem Fluß Numic(i)us um und wurde als *Iuppiter Indiges* verehrt.

19 Das bei der Diskussion um Schlemmerei wichtige Motiv, daß die Speisen (erörtert 64-89) nicht auf dem teuren Delikatessenmarkt Roms gekauft sind, sondern aus eigener Produktion stammen.

20 Die Stelle läßt auf ein kleines Landgut des Dichters in Tibur (h. Tivoli) schließen.

21 Worin sie während des Transports lagen.

22 Da das Mahl im April stattfindet (193), sind die Weintrauben rund ein halbes Jahr aufbewahrt worden. Die Birnen aus Signia (h. Segni) in Latium, die aus Syrien eingeführte Sorte wurde besonders bei Tarent gezogen.

23 Picenum (Landschaft zwischen Adria und Apennin) war durch sein Obst berühmt. Man glaubte, daß gelagerte Äpfel bekömmlicher seien als frisch gepflückte.

24 Die Übersicht über die bereitgehaltenen Speisen wird mit dem Mahl eines Senators der Frühzeit verglichen (es wäre bescheidener), und dieses wiederum mit den Ansprüchen eines gegenwärtigen Ackersklaven (er würde es verschmähen). Gedacht ist an die Geschichte von Manius Curius Dentatus, Censors 272 v. Chr., eines erfolgreichen Heerführers gegen die Samniten und Pyrrhus, den die Gesandten der Samniten beim Kochen von Gemüse vorfanden.

25 Der im Arbeitshaus (*ergastulum*) untergebrachte niedrigste Sklave auf den Latifundien (vgl. 8,180).

26 Schweinebauch (eigentlich die Gebärmutter) galt als Leckerbissen. Die Maßstäbe des Sklaven stammen noch aus Rom.

27 Charakteristisch für die Frühzeit war der stete Wechsel zwischen hohen Ämtern und eigenhändiger Feldarbeit.

28 Mehrere Fabii waren Censor, M. Cato 184, M. Aemilius Scaurus 109, Fabricius 275 v. Chr. Angespielt wird auf den Streit zwischen M. Livius Salinator und C. Claudius Nero, die als Kollegen in der Censur 204 sich gegenseitig zum Verzicht auf Luxus aufforderten (Livius 29,37).

29 Nach den Speisen der Frühzeit (77-89) jetzt zur Vertiefung des Kontrastes zur Gegenwart Beipiele für die übrige Einrichtung des damaligen Lebens (90-119). Die Ruhebetten bei Tisch (90-98) sind bei den heutigen Altadligen (zur Herleitung der Abstammung aus Troja vgl. 1,100. 8,181. 56) mit Schildpatt verziert, früher waren die Betten klein, ihre Seiten gar nicht verziert, und nur am Kopfteil (*frons* = *fulcrum*) fand sich schlichter Bronzeschmuck in Form eines Eselskopfes.

30 Der Vers mit seiner banalen Zusammenfassung wurde getilgt von Markland, Heinrich und allen neueren Herausgebern.

31 Das Geschirr (100-109), z.B. die Trinkbecher: griechische Meisterwerke wurden in Schmuckmedaillons für Pferde umgewandelt und zur Verzierung der Helme verwendet, d.h. kriegerische Kraft und Unempfindlichkeit gegenüber ausländischem Luxus zeichneten jene frühen Römer aus.

32 Auf dem Helm wurden die Wölfin, Romulus und Remus (= die Quirinen, da Romulus mit Quirinus identifiziert wurde) sowie Mars als nackter Krieger dargestellt: diese Symbole römischen Wesens sollten dem Feind drohend seine Unterlegenheit verkünden. - Die Ergänzung von *in* im V. 106 wurde von Hadrianus Valesius vorgenommen.

33 Das Eßgeschirr: schlichte, in Etrurien gefertigte Tonware.

34 Die Bemerkung unterbricht im Ton den Kontext. Getilgt von Knoche.

35 Zwischen den Göttern und den Römern der Frühzeit bestand eine engere Beziehung als in der Gegenwart; dokumentiert durch den Hinweis auf die 391 v. Chr. vor den Galliern warnende Stimme, die M. Caedicius nachts hörte und den Tribunen meldete (Livius 5,32,6). (Später wurde an jener Stelle der Tempel des *Aius Locutius* errichtet: 5,50,5.) – Die Gallier stammten zwar ursprünglich von der Küste des Ozeans im Norden (Livius 5,37,2), waren jedoch seit langem im nördlichen Italien ansässig.

36 Wie das Geschirr waren die Götterbilder früher aus Ton (Terrakotta), bevor der Luxus auch sie erfaßte.

37 Die Tische (117-129a): einst aus einheimischem, schlichtem Holz, jetzt breite Platten (z. B. aus importiertem, nordafrikanischem Zitrusholz) auf einem geschnitzten Elfenbeinfuß ruhend, der etwa einen Panther darstellte.

38 Nach dem Gegenbild Altroms erfolgt 120-129a die Rückkehr zur direkten Kritik an den Schlemmern.

39 Syene (h. Assuan), die südlichste Stadt des römischen Reiches.

40 Neben dem Elfenbein aus dem südlichen Afrika auch nordafrikanisches und indisches. Dagegen lebten bei den Nabataeern (im heutigen südlichen Jordanien) keine Elefanten, ihre Hauptstadt Petra war jedoch ein bedeutender Handelsplatz, über den auch indisches Elfenbein eingeführt wurde. Die Annahme, Elefanten legten ihre Stoßzähne ab, beruht auf Unkenntnis.

41 Erst der Luxus bei den Tischen macht sogar exquisite Speisen (s. o.) überhaupt erträglich und läßt Appetit aufkommen, selbst Silber statt Elfenbein bei den Tischsäulen reicht dazu nicht aus.

42 Ein Gast wie einer jener Reichen mit ihrem überfeinerten Geschmack ist für den Dichter nicht geeignet. – 129bff. geht die Kritik wieder vom vorgesehenen Gastmahl Juvenals aus (Angabe der Dinge, die sich dort nicht finden werden); die Aufzählung der einzelnen Bestandteile einer *cena* wird weitergeführt mit der Beschreibung des Bestecks (129b-135).

43 Übergang von den Messern zum Trancheur und damit zu den Dienern (136-160). Das Zerlegen und Präsentieren von Gerichten (vgl. 5,120-4) hat sich zu einem förmlichen Lehrfach entwickelt; die Kunst wird bei einem Meister in einer Werkstatt an Modellen aus weichem Ulmenholz erlernt, wobei die Stöße mit dem Messer in der Subura weithin zu hören sind. Zugleich enthält die Aufzählung der zerschnittenen Delikatessen Kritik.

44 Der bedienende Sklave ist das Gegenstück zum gerissenen Stadtsklaven bei den Reichen.

45 Offenbar eine eingedrungene Randglosse; getilgt von Guyet.

46 Der Diener ist kein Importsklave, dessen Schönheit zusätzlich durch knappe Kleidung hervortreten soll, vielmehr trägt er wärmende Gewänder.

47 Der gedachte Gegensatz ist das lange, gekräuselte Haar der schönen Knaben am Tisch der Schlemmer.

48 Die freigeborenen Knaben in ihrer *toga praetexta* sollten dieselbe Gesinnung haben.

49 Der Grundgedanke: er ist auch nicht sexuell korrupt. Die Bedeutung
von *pupillares* und *raucus* ist bisher nicht befriedigend geklärt, vermutlich ist insgesamt gemeint: der Sklave bietet sich nicht im Bad
sexuell Interessierten an. Dabei sind zwei Phasen und zwei Möglichkeiten ins Auge gefaßt: wenn er noch nicht voll entwickelt ist, aber die
Stimme schon in den Stimmbruch gerät (*raucus*), könnte er die Aufmerksamkeit von Päderasten erwecken; er fördert dies nicht, indem
er sein Achselhaar beseitigen ließe und sich als glatter Lustknabe
empfehlen würde. Andererseits die Phase der Mannbarkeit: er könnte wegen der *crassa inguina* Kinäden (vgl. 9,34ff.) anlocken. Er hält
sich also sowohl von den aktiven als auch von den passiven Homosexuellen fern.

50 Getilgt von Markland und allen neueren Herausgebern. Vgl. Courtney z. St.

51 Nach den Dienern das Motiv der Unterhaltung bei Tisch (162-182):
keine der spanischen Tanztruppen aus Gades (h. Cadiz) ist zu erwarten.

52 Die Verse 165/6 und 168b-169a sind untragbar. Aber auch die ver-
bleibenden Verse sind mit schweren Problemen behaftet. Offenbar
handelt es sich um vergröbernde spätere Zusätze. Vgl. die Diskussion
bei Courtney.

53 Gemeint ist das Ausspucken des Weins (auf die im Fußboden eingelas-
senen runden Marmorplatten) beim Verkosten. Diesen und die anderen genannten Fehler verzeiht man den Reichen: damit wird die am Beginn erwähnte communis opinio wieder aufgegriffen (vgl. 1-5. 21-23).

54 Das Urteil über den Vorrang zwischen Homer und Vergil bleibt un-
entschieden. Es entspricht dem schlichten sonstigen Mahl, daß kein
Rezitationskünstler auftritt.

55 Der abschließende Appell an den Freund Persicus (183-208).

56 Die *Megalesia*, das Fest der Magna Mater (Cybele; *Idaeum*, weil sie auf
dem Gipfel des Idagebirges in Kleinasien verehrt wurde), dauerten vom
4. bis zum 10. April, wobei am letzten Tag Zirkusrennen stattfanden.
Als Startzeichen warf der Praetor als Leiter der Spiele ein weißes Tuch.

57 Zum triumphartigen Einzug des Praetors vgl. 10,36-46. Er hatte die
Rennen zu finanzieren und wird deshalb ironisch als Beute der Gäule
bezeichnet (mit dem Wortspiel *praeda – praetor*).

58 Die Grünen waren die populärste der vier Parteien des Zirkus (mit den Farben rot, weiß, blau, grün).

59 Der Staub, den bei der Niederlage von Cannae 216 v.Chr. ein Sturm den Römern ins Gesicht blies, wird ironisch mit dem von den Gespannen aufgewirbelten Staub in Beziehung gesetzt.

60 Die warme und schwere Toga war als offizielle Kleidung bei den Schauspielen vorgeschrieben.

61 Die übliche Stunde für das Bad wäre die achte. Des Festes wegen gesteht Juvenal dem Freund ein Bad bereits eine Stunde vor dem Mittag zu.

ZUR SATIRE 12

Die Absicht der Satire, nämlich die Polemik gegen die Erbschleicher, bleibt zunächst verborgen, der Dichter beschreibt gegenüber dem sonst unbekannten Corvinus die anläßlich der Rettung des Freundes Catullus aus Seenot der kapitolinischen Trias darzubringenden Opfergaben (1-16); ein weiteres Opfer soll sich im eigenen Haus anschließen (83-92). Eingelagert in diese Partien ist der Rückblick auf die von Catullus durchlittenen Gefahren und seine Rettung (17-82). Die Gesinnung des Dichters, der mit seinen Opfern keine Erbschleicherei beim Freund betreiben will, und die Haltung des Catullus im Unwetter, der sich ohne Zögern von der kostbaren Fracht trennt, bilden durch die jeweilige innere Distanz zum Besitz den Gegensatz zur Gier der Erbschleicher (93-130), die selbst vor Verbrechen nicht zurückschrecken würden.

1 Von den auf dem Kapitol verehrten drei Gottheiten erhalten Juno und Minerva je ein weißes Lamm, Juppiter einen jungen Stier.

2 Umschreibung für Minerva. Ein Teil ihrer Rüstung ist die Aegis, ein Ziegenfell mit dem Haupt der Gorgo. Von den drei unter diesem Namen bekannten Schwestern ist Medusa gemeint, der Perseus das (Versteinerung bewirkende) Haupt abschlug und es seiner Helferin Minerva schenkte. Maurisch heißt Gorgo wegen ihrer Herkunft aus Libyen.

3 Der kapitolinische Hügel hieß auch *mons Tarpeius;* deshalb die Bezeichnung *Tarpeius* für Juppiter.

4 Das Besprengen des Tieres mit Wein gehörte zur Opferzeremonie.

5 Der tatsächlich geopferte Jungstier entspricht dem bescheidenen Vermögen des Dichters, seinen Gefühlen für den Freund Catullus wäre nur der erlesenste Stier angemessen.

6 Hispulla ist nicht zu identifizieren.

7 Am Fluß Clitumnus in Umbrien wurden berühmte weiße Stiere gezüchtet. – sanguis und cervix sind an sich zu iret gehörige Subjekte. Die Fassungen der Handschriften iret et a grandi cervix (Gegenargumente bei Courtney) bzw. iret et grandi cervix (was unmetrisch ist) wurden von Housman zu et grandi cervix iret verbessert, aber die Stelle bleibt problematisch.

8 Der Catullus heimsuchende Sturm wird ironisch mit den gewaltigen Stürmen verglichen, welche die Dichter, bes. die Epiker, als effektvolle Einlagen liebten.

9 In den Tempeln der Isis, der Schutzgöttin der Seefahrer, hängten Gerettete aus Dank Votivbilder auf, welche die überwundene Gefahr darstellten.

10 Decidere ist ein Terminus der Geschäftssprache, passend zu Catullus, der offenbar (vgl. 38-49) Überseekaufmann war: er bietet bei dem Vergleich den Winden die kostbare Fracht an, wenn sie ihm dafür das Leben lassen.

11 Der Biber wurde wegen des Bibergeils (castoreum) gejagt, eines Drüsensekrets, das als Heilmittel verwendet wurde und von dem man (fälschlich) glaubte, daß es in den Hoden enthalten sei. So entstand die Fabel, daß der Biber, um dem verfolgenden Jäger zu entgehen, sich selbst die Hoden abbeiße und dem Jäger zurücklasse. Damit wird ironisch das Abwerfen der Fracht verglichen.

12 Catullus hängt nicht am Besitz und trennt sich davon in vorbildlicher Weise, u.a. von kostbarer Kleidung, die selbst der für Luxus und verfeinerte Lebensweise sprichwörtliche Maecenas akzeptiert hätte.

13 Die Schafe aus dem Tal des Baetis (h. Guadalquivir) waren berühmt wegen ihrer goldfarbenen Wolle.

14 Mit Parthenius ist vermutlich der Höfling Neros gemeint (die Römer schätzten Kunstobjekte mit berühmten Vorbesitzern). Eine Urne entsprach 13,1 Litern. Pholus war ein Kentaur, der im Kampf mit den Lapithen einen großen Krater als Wurfgeschoß benutzte. Die Gattin des Fuscus war offenbar eine stadtbekannte Trinkerin.

15 *Bascauda* ist bisher nicht befriedigend erklärt. Unter dem ziselierten Silber sind Trinkbecher zu verstehen. Sie soll Philipp II. von Makedonien besessen haben; er eroberte Olynthus 348 v. Chr. durch Bestechung.

16 Üblicherweise klammert man sich an den Besitz, selbst wenn es das Leben kostet (vgl. 14,295-7): Catullus erweist sich deshalb durch den Verzicht im Sturm als rühmliche Ausnahme.

17 Gemeint ist die Habsucht (*avaritia*).

18 Die Verse wurden von Britannicus und Bentley sowie allen neueren Herausgebern getilgt; vgl. Courtney.

19 Zu denken ist vor allem an Lebensmittel, die jetzt nach den Luxusgütern ebenfalls aufgegeben werden.

20 Nämlich nach dem Entschluß zur Fahrt und dem Besteigen des Schiffs. – Die extreme Not des Catullus führt zur Überlegung, ob die Seefahrt nicht überhaupt zu unterlassen sei.

21 Ein weißer Lebensfaden bedeutete Glück.

22 Eine Ortsangabe mit Hilfe von Aeneis-Reminiszenzen: Julus (Ascanius), der Sohn des Aeneas, überließ das von Aeneas erbaute Lavinium seiner Stiefmutter Lavinia und gründete das hochgelegene Alba Longa, benannt nach der weißen Sau mit den 30 Ferkeln, die den Trojanern (Phrygern) gemäß einer Prophezeiung die Gewißheit gab, daß sie die ihnen vorbestimmte neue Heimat gefunden hätten (vgl. Aen. 3,389ff. 8,42ff. 81ff.). D.h. die Schiffer erblicken beglückt, wie die Trojaner die Sau, den Gipfel der Albaner Berge.

23 Der von Claudius bei Ostia gebaute Hafen: zwei Arme, die parallel zueinander weit ins Meer hinausreichten, dann abknickten und aufeinander zuliefen, aber nicht verbunden waren, sondern eine Einfahrt freiließen, vor der als Wellenbrecher eine künstliche Insel lag. Diese trug einen Leuchtturm, der nach dem weltberühmten, auf der Insel Pharos vor Alexandria errichteten Vorbild benannt wurde und hier zur Unterscheidung den Zusatz tyrrhenisch erhält.

24 Da wegen der großen Fläche das Wasser im Hafen unruhig war, ließ Trajan das hier gemeinte innere Becken anlegen, in dem auch Boote, wie sie im geschützten Bajae benutzt wurden, sicher waren.

25 Aus Dankbarkeit für die Rettung aus Seenot schor man sich den Kopf.

26 Nach der eingefügten Schilderung des Seesturms und der Rettung (17-82) kehrt der Text jetzt zum Gedanken des Opfers zurück: die Sklaven sollen das kultisch gebotene Schweigen einhalten.

27 Mit Girlanden sind die Schreine der drei kapitolinischen Gottheiten zu schmücken, die Opfermesser mit *mola salsa* (einer Mischung aus Speltschrot und Salz) zu bestreuen und die Rasenaltäre mit Binden zu umwinden.

28 Nach dem Opfer für die kapitolinische Trias, das höheren Rang hat, soll noch ein weiteres im eigenen Hause folgen.

29 Die Bedeutung von *fragili* ist nicht sicher, gemeint ist aber wohl die generelle Brüchigkeit des Wachses; mit diesem waren die Figuren der Laren überzogen.

30 Die mit Zweigen geschmückte Tür begeht gleichsam selbst das Fest mit. Die an ihr angebrachten Lampen brennen zum Zeichen der Feier sogar tagsüber.

31 An dieser wichtigen Stelle ist erneut (vgl. 1) Corvinus angeredet. Mit dem Opfer (1-16. 83-92) wird jetzt das Motiv der Erbschleicherei in Beziehung gesetzt (93-130): das doch recht aufwendige doppelte Opfer könnte den Verdacht erregen, daß der Dichter nicht aus Freundschaft handele, sondern Erbschleicherei bei Catullus betreibe. Aber dazu bietet dieser keine Aussicht.

32 Zwei sonst nicht bekannte potentielle Erblasser.

33 Bei einem Fieberanfall der Umworbenen würden die Erbschleicher, um diese von der eigenen Zuneigung zu überzeugen und so ihren Platz im Testament zu sichern, den Göttern Opfer für den Fall einer Genesung versprechen und diese Gelübde auf Votivtäfelchen in einem Säulengang (unsicher, welcher Art) bekanntgeben. Manche würden sogar hundert Stiere geloben. Um die Mentalität der Erbschleicher zu verdeutlichen, werden im Folgenden hypothetisch sogar noch extremere, irreale Möglichkeiten erwogen, so das Versprechen eines Opfers von Elefanten.

34 Die Elefanten wurden von den Indern oder Afrikanern importiert. Die Haltung der Tiere war ein Privileg des Kaisers. Dessen Herde befand sich in Laurentum, in der Nähe von Ardea, der Stadt des Rutulerfürsten Turnus, des Gegners des Aeneas.

35 Die Bereitschaft, nur dem Kaiser zu gehorchen, wird mit der erlauchten Vergangenheit der Elefanten begründet: sie dienten Hannibal (tyrisch genannt nach Tyros im heutigen Libanon, der Heimat der Karthager), römischen Feldherren und dem Molosserkönig Pyrrhus.

36 Pyrrhus verwendete offenbar im Krieg gegen die Römer 281 v.
Chr. turmartige Aufbauten, in denen neben dem Treiber wohl nicht
mehr als vier Krieger Platz haben konnten: dies wird hier, um den
Elefanten noch größere Bedeutung zu geben, zu ganzen Kohorten gesteigert.

37 Diese beiden (nicht näher bekannten) Erbschleicher wären bereit,
die exquisiten Tiere zu opfern (falls sie zu kaufen wären). Dazu
der spöttische Kommentar des Dichters: tatsächlich wären die erlauchten Laren einer Gallitta nur eines solchen Opfers würdig und
auch die Erbschleicher, die mit ihm die Laren günstig zu stimmen
suchen.

38 Gemeint ist Pacuvius Hister (vgl. 125). Er würde, so wird die Hypothese eine Stufe weitergeführt, sogar Sklaven und schließlich die eigene Tochter opfern, falls dies gesetzlich erlaubt wäre.

39 Vergleich der Tochter mit Iphigenie, der Tochter Agamemnons, die
dieser in Aulis der Diana opferte. Die Göttin soll jedoch Iphigenie
durch eine Hirschkuh ersetzt und als Priesterin nach Taurien versetzt
haben: eine derartige wunderbare Lösung hat Pacuvius nicht zu erwarten, er würde die Tochter tatsächlich schlachten, wenn dies möglich wäre.

40 Sarkastischer Beifall für Pacuvius: der Landsmann übertrifft noch
den Griechen Agamemnon, und wirklich ist der Platz in einem Testament mehr wert als die tausend Schiffe der Griechen in Aulis, denen
durch die Opferung Iphigenies die Ausfahrt nach Troja ermöglicht
werden sollte.

41 Libitina war die für die Bestattung zuständige römische Göttin.

42 Überwältigt durch die außergewöhnlichen Anstrengungen des Pacuvius wird der Erblasser sein bisheriges Testament durch ein neues zu
dessen Gunsten ersetzen, selbst wie ein Fisch in der Reuse gefangen:
ein geläufiges Bild im Zusammenhang mit der Erbschleicherei.

43 D.h. die eigene Tochter, wie Iphigenie, die Tochter des Königs von
Mykene.

44 Pacuvius mag das sprichwörtliche Alter des Nestor (vgl. 10,246 mit
Anm.) erreichen und unermeßlich reich werden, er endet doch in der
völligen sozialen Isolation.

ZUR SATIRE 13

Das Thema der s. 13 ist das Vergehen des Treubruchs (*perfidia*), demonstriert am Beispiel der Unterschlagung von 10 000 Sesterzen, die der Adressat Calvinus einem Freund anvertraut und von diesem nicht zurückerhalten hatte. Benutzt werden u.a. Argumente der Konsolationsliteratur, sie dienen jedoch nicht dem Trost, sondern als Instrumente der satirischen Kritik an der Haltung des Calvinus, der ähnlich scharf wie Trebius in der s. 5 getadelt wird, sowie am Zustand der Moral allgemein. Der eingangs exponierte Grundsatz, daß der Täter vielleicht dem Gericht entkommt, nicht aber der Strafe des eigenen Schuldbewußtseins (1-4), wird zunächst nicht weiterentwickelt, vielmehr werden die Tat und ihre Implikationen analysiert (5-173), nämlich die Reaktion des Opfers Calvinus (5-70), die Gesinnung der Täter (71-119) und erneut die Position des Calvinus (120-173). Den Tätern wendet sich die Betrachtung ein weiteres Mal 174-249 zu, jetzt unter dem Aspekt der Bestrafung: eine Tötung wäre sinnlos, die Rache überhaupt ist verwerflich (174-192a); die Täter entgehen aber auch nicht der Bestrafung, da Schuldbewußtsein und Ängste sie heimsuchen (192b-239a), entsprechend der These 1-4. Jedoch dürfte sich auch der (verfehlte) Wunsch des Calvinus nach Rache erfüllen: die zu erwartende Wiederholung der Tat wird zu einer Verurteilung durch das Gericht führen (239b-245).

1 Das eigene schlechte Gewissen sucht den Täter heim (vgl. dazu 192b-239a) und spricht ihn schuldig, selbst wenn er durch Betrug einen Freispruch vor Gericht erlangt hat. Ob eine Manipulation an der Urne des Gerichtsherren (des Praetors), bei der Auswahl der Richter oder bei der Stimmabgabe am Schluß gemeint ist, bleibt unklar. Vgl. Courtney.

2 Der sonst nicht bekannte Calvinus ist sowohl Adressat als auch vom Verbrechen der Unterschlagung Betroffener; als dieser wird er wegen seiner Einstellung zum Verlust kritisiert.

3 Ein der Konsolationsliteratur entnommenes Argument gegen den Schmerz: der Verlust ist nicht sehr groß, zumal im Vergleich mit dem sonstigen Vermögen.

4 Ein weiteres Argument des Trostes: die Schädigung ist kein Einzelfall, sondern hat schon viele getroffen, die Glücksgöttin hält von derartigen Losen einen großen Vorrat bereit.

5 Mit Fonteius kann der Konsul d. J. 67 oder 59 oder 58 n. Chr. gemeint sein. Vgl. Ferguson.

6 Juvenal könnte gegenüber dem Schicksalsschlag die Lehren der Philosophie aufbieten, innerhalb des Rahmens der Satire sind jedoch die Erfahrungen des Lebens zur Bewältigung ausreichend (vgl. 120-125).

7 Der Betrug an Calvinus muß zunächst als Teil der allgemeinen Fülle von Verbrechen betrachtet werden. An moralischen Menschen sind kaum sieben zu finden, so viele wie die Tore Thebens oder die Mündungen des reichen (d. h. des das Land bereichernden) Nils.

8 Wahrscheinlich ist das neunte Jahrhundert seit der Stadtgründung gemeint, das nach einer Prophezeiung Rom den Untergang bringen sollte (vgl. Courtney).

9 Seit Hesiod unterschied man das goldene, silberne, bronzene, (heroische), eiserne Zeitalter und verband die Abfolge mit dem Motiv des sittlichen Abstiegs. Für Juvenal (vgl. 6,23/4) ist die Gegenwart moralisch bereits jenseits des eisernen Zeitalters angelangt, es wurde nur noch kein von einem noch minderwertigeren Metall abgeleiteter Name gefunden.

10 *Vocalis sportula* meint die Klienten, die durch das Geschenk der Sportel (vgl. zu 1,94) von dem (sonst unbekannten) Anwalt abhängig sind und als seine Claqueure auftreten.

11 Der alte Calvinus verhält sich kindisch. Zum Amulett vgl. 5,164f. mit Anm. 77.

12 Der Meineid wird als völlige Selbstverständlichkeit angesehen, da niemand an die Gegenwart von Göttern an den Altären glaubt, bei denen die Eide geleistet werden.

13 Beachtet wurde ein Eid in grauester Vorzeit, in einer frühen Phase bei den Göttern, nämlich während des goldenen Zeitalters unter der Herrschaft Saturns (der mit dem griechischen Kronos identifiziert wurde). Saturn wurde von seinem Sohn Juppiter vertrieben und kam nach Latium, sein Zeichen ist die Sichel. Die mythischen Vorstellungen von den Göttern werden hier ebenso spöttisch behandelt wie bes. 6,1-18.

14 Juno hatte noch nicht Juppiter geheiratet, dieser hatte noch nicht sein Amt als Götterkönig angetreten und lebte in der Höhle seiner Geburt auf dem Ida in Kreta.

15 Den Königssohn Ganymed aus Ilium (=Troja) entführte Juppiter in Gestalt eines Adlers in den Himmel und machte ihn zum Mundschenk der Götter, ein Amt, das er mit Hebe, der Gattin des Hercules, teilte.

16 Auf der nördlich von Sizilien gelegenen Insel Lipara (h. Lipari) wurde die Schmiede des Vulcanus angesiedelt.

17 Durch die Einbeziehung vieler neuer Gottheiten aus den eroberten Erdteilen, auch durch die Apotheosen von Kaisern vergrößerte sich die Zahl der Götter und damit die Last für den das Weltall tragenden Atlas.

18 Bei der Auslosung der drei Reiche des Himmels, des Meeres und der Unterwelt zwischen Juppiter, Neptun und Pluto fiel letzterem die Unterwelt zu. Seine Gattin: die bei Henna auf Sizilien geraubte Proserpina. – *imi* (49) ist eine Verbesserung Housmans für *aliquis*.

19 Noch gab es keine Verbrechen und damit auch nicht die Strafen für die berühmten Büßer in der Unterwelt: das Rad, auf das Ixion geflochten ist, den Fels, den Sisyphus immer neu den Berg hinauf wälzen muß, den Geier, der dem Riesen Tityus die (wieder nachwachsende) Leber frißt, auch nicht die Furien, die Rachegeister der Unterwelt.

20 D.h. selbst wenn er aus reichem Hause stammte; Beeren und Eicheln gehörten zur Nahrung im goldenen Zeitalter.

21 Mit dem Grünspan auf den Münzen.

22 Die moralisch korrekte Rückgabe erscheint so auffällig wie eine der (im folgenden aufgezählten) Naturwidrigkeiten (*monstra, prodigia*), deren Deutung und Behandlung Aufgabe der aus Etrurien stammenden Haruspices war, welche dafür die Bücher ihrer Disziplin konsultierten.

23 Er ist halb Mensch, halb Tier.

24 Da das *Depositum* durch einen bei den Göttern geschworenen Eid geschützt war, ist seine Unterschlagung ein Sakrileg.

25 Die Summe wurde ohne Zeugen hinterlegt.

26 Den Empfang des Geldes.

27 Aufgezählt werden die Waffen der Götter, die der Schwörende für den Fall eines Meineides auf sich herabruft: der Sonnengott solle ihn blenden, der kapitolinische (= tarpejische, vgl. 12,6) Juppiter mit seinen Blitzen treffen usw.

28 Kirrha ist die Hafenstadt von Delphi, dem Sitz Apollos.

29 Eine despektierliche Bezeichnung für die Jagdgöttin Diana.

30 Man schwor beim Haupt eines lieben Angehörigen, z.B. des Sohnes.
Der Meineidige beteuert, daß er, wenn er lüge, sogar bereit sei,
den Kopf des Sohnes zu essen, d.h. er ruft auf sich das Schicksal des
Thyestes herab. – Pharos bei Alexandria in Aegypten lieferte Essig.

31 Nach denen, welche die Götter mißachten (75-85), jetzt diejenigen,
die an eine Einwirkung der Götter auf die Welt nicht glauben, wie
etwa die Epikureer, und deshalb unbedenklich einen Schwur leisten
(86-89).

32 Die Natur, und nicht Götter wie Sol und Luna, bringt den Wechsel
zwischen Tag und Nacht und bei den Jahreszeiten.

33 Beim Schwören.

34 Der als Erläuterung später eingefügte Vers wurde von Jahn und fast
allen neueren Herausgebern getilgt. Vgl. Courtney.

35 Im Gegensatz zu den Atheisten, die keine Strafe erwarten, glauben andere (91ff.) an die Existenz von Göttern und schwören dennoch falsch,
weil sie das Geld höher bewerten als eine mögliche göttliche Sanktion.

36 Verbreitet war der Schwur bei den eigenen Augen. Sollte die Göttin
Isis den Meineidigen deshalb mit Blindheit schlagen, so tröstet er
sich mit dem Besitz des unterschlagenen Geldes. – Das Sistrum war
ein Kultinstrument, das aus einem mit einem Handgriff versehenen
U-förmigen Bügel bestand, in dem quer bewegliche Metallstäbchen
angebracht waren.

37 Es gab zwei berühmte Rennläufer dieses Namens, beide Sieger in
Olympia. Ein Ladas in seiner Armut würde keinen Augenblick zögern, seine Fähigkeit gegen mit lähmender Gicht verbundenen Reichtum einzutauschen.

38 D.h. wenn er nicht verrückt ist. Nieswurz (*elleborum*) wurde aus
zwei Städten mit Namen Anticyra (in Phokis und in Malis) bezogen
und gegen Wahnsinn angewendet. Archigenes, der berühmte Arzt
unter Trajan, schrieb ein Buch über die Behandlung mit Nieswurz.

39 Pisa in Elis befand sich in der Nähe des Zeusheiligtums von Olympia,
wo die Sieger Olivenkränze erhielten.

40 Eine Steigerung in den beschwichtigenden Überlegungen der Sünder:
die Bestrafung durch die Götter, wie z.B. Isis, dürfte vermutlich mit
Verzögerung oder vielleicht sogar überhaupt nicht eintreten. Denn

die Erfahrung lehrt, daß die einen Verbrecher den Tod am Kreuz fanden, andere sogar zu Königen wurden.

41 Durch seine Überlegungen gestärkt ist der Sünder sogar bereit, von sich aus dem Geschädigten eine Eidesleistung im Tempel anzubieten, sc. daß er das Geld nicht erhalten habe. Er spielt eine Rolle wie der entlaufene Sklave in einem Mimus des berühmten Catullus (vgl. 8,186-188): aus den Angaben des Scholiasten läßt sich erschließen, daß dort der Sklave seinen Herren zu einem Altar zerrte, wohl um eidlich versichert zu erhalten, daß er frei geboren sei.

42 Stentor: ein Grieche vor Troja, dessen Stimme so laut war wie die von fünfzig Männern (Homer, Il. 5,785f.). Der von Diomedes verwundete Mars schreit vor Schmerz wie 9000 oder 10000 Männer im Krieg (Il. 5,859f.).

43 Vagellius ist 16,23 als stumpfsinniger Deklamator erwähnt. Vielleicht ist ihm von einem dankbaren Klienten eine Statue errichtet worden. Die Pointe ist vermutlich: Die Götter müßten reagieren und ihre Stimme erheben, sie sind aber nur stumme Statuen, so wie die stumme Statue eines Redners einen Widerpruch in sich darstellt. – Zur Kritik an der Art der Opfergaben vgl. 10,355.

44 Die Kyniker trugen keine Tunika, dafür einen doppelten Mantel. Der Gedanke: Der Unterschied ist nur geringfügig und äußerlich, d.h. in ihrer philosophischen Position unterscheiden sich beide Richtungen kaum. Juvenal lehnt es hier erneut (vgl. 19-22) ab, auf der Grundlage der hohen Philosophie zu argumentieren.

45 Das Gelände, auf dem sich in Athen die Schule Epikurs befand, hieß „Garten". Dies ist hier als Idylle stilisiert.

46 Philippus war ein Schüler des Archigenes (98). Der Dichter vergleicht seine Position gegenüber den Philosophen mit der eines Assistenzarztes des großen Philippus.

47 Nur wenn Calvinus keine Parallele zu dem ihm widerfahrenen Unrecht aufweisen könne, sei er zu den extremen Gesten der Trauer berechtigt. Tatsächlich aber gebe es überall derartige Verbrechen. Damit wird das Argument der allgemeinen Verbreitung wieder aufgegriffen (vgl. bes. 8-10. 23-37. 60-70).

48 Das Zerreißen von Kleidern dient ebenfalls dem Ausdruck von Trauer. Der Heuchler zerreißt sein Kleid nur ein wenig ganz oben, um es nicht völlig zu ruinieren.

49 Die Fora sind die Plätze des Geschäftslebens und der Rechtsprechung:
   hier hört man überall das gleiche Jammern wie das des Calvinus.

50 Der die Herausgabe des Geldes Fordernde liest zehnmal die vorhandene Empfangsurkunde vor, die außerdem durch die Handschrift des
   Empfängers und sein Siegel als echt zu erkennen ist, und dennoch
   leugnet die Gegenseite den Empfang und erklärt das Dokument auf
   den Holztäfelchen für gefälscht.

51 Der Stein des Siegelrings ist so kostbar, daß dieser in einer Schatulle
   aufbewahrt wird.

52 Trotz der Fülle vergleichbarer Verbrechen scheint Calvinus sein Unglück für einen Einzelfall zu halten, betrachtet sich also gleichsam als
   etwas Besonderes in der Masse der gewöhnlichen Hühner. Die Beziehung der offenbar sprichwörtlichen Wendung ist unklar; vielleicht
   liegt eine Anspielung auf die seit Livias Zeit am Kaiserhof gehaltenen
   weißen Hühner vor (vgl. Courtney).

53 Die Unterschlagung verliert an Bedeutung (vgl. zum Gedanken 6-8)
   angesichts der noch größeren Verbrechen wie etwa der Brandstiftung,
   bei der den Bewohnern der Fluchtweg durch die Tür abgeschnitten
   wird. – Dies ist nur vordergründig Trost für Calvinus, dem Satirendichter geht es vor allem um den Nachweis, das jenes Vergehen nur
   ein Teil der allgemeinen Unmoral ist.

54 Die Götterstatuen waren mit Blattgold überzogen, das recht leicht
   wieder abgekratzt werden konnte.

55 Der unsinnige Vers wurde von Lewis und Housman (vgl. dessen Apparat) athetiert.

56 Der Mörder naher Verwandter (*parricida*), der zur Strafe zusammen
   mit einem Affen (sowie einer Schlange, einem Hund, einem Hahn) in
   eine Rindshaut eingenäht und in den Tiber geworfen wurde. Vgl.
   8,213/4.

57 C. Rutilius Gallicus war Stadtpraefekt (*praefectus urbi*) unter Domitian.

58 Mit *una domus* ist offenbar das Amtshaus des Gallicus gemeint, in
   dem die Anzeigen von Verbrechen zusammenkommen.

59 Bestimmte körperliche Merkmale wie die genannten wären in Rom
   ungewöhnlich und würden großes Aufsehen erregen, in den betref-
   fenden Völkern aber sind sie so verbreitet, daß niemand sie auffällig
   findet. Entsprechend sind die Verbrechen in Rom so zahlreich, daß

ein einzelnes kein Erstaunen hervorrufen sollte, vielmehr als etwas Geläufiges zu betrachten sei. – Meroe in Nubien, stellvertretend für Afrika, die Heimat der Negerinnen.

60 Die Germanen schmierten eine Art Seife in ihr Haar, das sie dann zu Locken drehten, deren Enden wie Hörner aufragten. Vgl. Seneca, dial. 5,26. Tacitus, Germ. c.38.

61 Vermutlich eine in den Text eingedrungene Randglosse; getilgt von Pinzger und allen neueren Herausgebern.

62 Seit Homer findet sich die Geschichte vom Kampf der afrikanischen Pygmäen mit den aus Thrakien kommenden Kranichen.

63 Die geringe Körpergröße (und der deshalb groteske Kampf) ist bei den Pygmäen ebenso normal wie bei den Germanen die blauen Augen und die Haartracht usw.

64 Selbst wenn man bereit wäre, die Unterschlagung als etwas Verbreitetes hinzunehmen, so ergibt sich doch aus dem verletzten Rechtsempfinden heraus die Frage nach einer Bestrafung des Übeltäters. Eine erste Möglichkeit wäre seine Tötung: sie würde aber das verlorene Geld nicht wiederbeschaffen und dazu Haß erregen.

65 An Stelle des überlieferten *minimus* wurde das von Wakefield vorgeschlagene *missus* (ohne große Überzeugung) aufgenommen.

66 Zur Tilgung des Verses durch Jahn vgl. die Argumente bei Courtney.

67 Gegenüber dem von Calvinus hartnäckig geäußerten Wunsch nach Rache wird zunächst die gegenteilige Meinung von drei Philosophen aufgeboten, die sehr unterschiedlicher Herkunft sind: Chrysipp aus dem 3. Jh. v.Chr. war nach dem Schulgründer Zenon der bedeutendste Vertreter der Stoa, Thales von Milet aus dem 6. Jh. war Naturphilosoph, der Athener Sokrates (†399) der Lehrer Platons. Durch die auffällige Zusammenstellung soll offenbar die Vorstellung nahegelegt werden: jeder beliebige Philosoph jeder Richtung lehnt das Verlangen nach Rache ab. – Hymettus: Gebirgszug bei Athen, der berühmten Bienenhonig lieferte. Die wichtigsten Ankläger des 70jährigen Sokrates waren Anytos und Meletos. Den Schierlingsbecher, der ihm den Tod brachte, hätte er nie aus Rachsucht auch dem Ankläger gereicht.

68 Die Verse wurden athetiert von Guyet; vgl. die Argumente bei Courtney.

69 Der Verzicht auf Rache bedeutet nicht Straffreiheit für die Täter: sie werden von ihrem schlechten Gewissen gequält (192b-198). Dies nimmt gedanklich die Verse 1-4 auf.

70 Caedicius ist nicht näher bekannt, vermutlich ist er als Vertreter der irdischen Gerichtsbarkeit genannt im Unterschied zum Totenrichter in der Unterwelt Rhadamanthys (neben Minos und Aeacus).

71 Die Geschichte von Glaukos, dem Sohn des Epikydes aus Sparta, erzählt Herodot 6,86: Glaukos hatte Geld in Verwahrung genommen, wollte es behalten und fragte in Delphi an, ob er dies dürfe. Ihm wurde die Ausrottung seines ganzen Hauses angekündigt. Seiner Bitte um Verzeihung wurde geantwortet, daß es das Gleiche sei, den Gott zu versuchen und die Tat wirklich zu vollbringen. Glaukos gab das Geld zurück, aber von ihm existierten keine Nachkommen mehr. Die Erzählung (199-210a) illustriert die Furcht vor Bestrafung (die sich bereits bei der Planung eines Verbrechens regt) und bereitet so auf die Partie 210b-239a vor, in der die verschiedenen Formen der Angst nach wirklich vollbrachter Tat erläutert werden.

72 Ängste während des Essens (211-216). Selbst Weine bester Provenienz munden nicht: der Setiner (aus Setia in Latium) ist auch 5,33f. zusammen mit dem Albaner genannt; der „bessere" ist identisch mit dem Falerner (aus Nordkampanien). – Setina ist eine Emendation des überlieferten sed vina (Herel, Withof).

73 Ängste in der Nacht (217-222). Beleidigt ist die Gottheit, an deren Altar der Meineid geleistet wurde.

74 Ängste bei Gewitter (223-228). Man glaubte an die Entstehung von Blitz und Donner durch die von den Winden verursachte Reibung der Wolken. – Zur Bevorzugung von vindicet (226) gegenüber dem (besser überlieferten) iudicet vgl. Courtney.

75 Ängste bei Krankheit, die für eine gottverhängte Strafe gehalten wird (229-235). Das übliche Mittel der Besänftigung der Gottheit durch ein Opfertier (ein Schaf, ein Hahn) erscheint nicht möglich.

76 Den störenden Vers hat Jahn getilgt; vgl. Courtney.

77 Die Feststellung, daß die Täter zwar beim Begehen einer Tat noch unbekümmert sind, aber nach der Tat von Schuldgefühlen heimgesucht werden (237-239a), schließt den Teil 192b-239a ab, der Juvenals Antwort auf die Frage nach Bestrafung der Täter (174/5) enthält: diese besteht in den Qualen der Seele. Dieser Lösung wird eine zweite, auf einem sittlich tiefer stehenden Niveau an die Seite gestellt, die der V. 180 artikulierten Rachsucht des Calvinus entspricht (239b-249): Auch sein Wunsch wird befriedigt werden, da sein Feind der mensch-

lichen Natur folgend (die Mißbilligung des eigenen Verhaltens dauert nur kurz, dann erfolgt die Rückkehr zum konstanten üblen Charakter) der einen Untat eine weitere folgen lassen und so der irdischen Gerichtsbarkeit verfallen wird. Dann wird, so ist ironisch hinzugefügt, Calvinus durch die Befriedigung seines Verlangens nach Rache auch den Glauben an das Eingreifen der Götter wiedergewinnen.

78 Die Stirn, deren Erröten die Existenz eines Schamgefühls anzeigt, verliert, so ist die Vorstellung, diese Fähigkeit durch Abreiben.

79 Der Haken, mit dem der hingerichtete Verbrecher aus dem Kerker fortgeschleift wird (vgl. 10,66).

80 Die Verbannung auf eine der Kykladen wie Gyaros oder Seriphos.

81 Die Götter, so bekennt Calvinus, hören auf die Klagen der Geschädigten und sind nicht blind wie der thebanische Seher Teresias, sondern sehen die Schandtaten.

ZUR SATIRE 14

Der in der Tradition verbreitete Tadel am Geiz ist in der s. 14 mit dem Motiv der elterlichen Erziehung verknüpft. Das Laster kann so in einer dynamischen, sich steigernden Entwicklung betrachtet werden, die sich auf zwei Generationen erstreckt. In dem hinführenden Teil 1-106 wird zunächst der Gedanke des schlechten Vorbildes der Eltern und der Imitation von Fehlern durch die Kinder vorgestellt, an den sich die Ermahnung der Eltern zu moralischem Verhalten anschließt, ehe das Motiv der Nachahmung weiter vertieft wird. Im Unterschied zu den zuvor genannten Lastern erscheint der Geiz, in seinen beiden Formen der übertriebenen Sparsamkeit und der Gier nach mehr Besitz, nicht als Ergebnis bloßer Imitation, sondern die Kinder werden dazu bewußt erzogen (107-225). Diese verhängnisvolle Entwicklung erreicht ihren Höhepunkt in der Ermordung des erziehenden Vaters durch den das Erbe begehrenden Sohn. Im Schlußteil (256-331) wird die Situation des zur Habgier Erzogenen charakterisiert: ihm bleibt das persönliche Glück versagt, da sein Trieb ihm Mühen, Gefahren, vielleicht auch Ruin und Tod bringt. Sinnvoller ist die Zufriedenheit mit bescheidenem Besitz.

1 Der Adressat Fuscinus ist sonst unbekannt. – Die in einem Zweig der
   Überlieferung zwischen den Versen 1 und 2 stehende Zeile ist in dieser Form nicht verständlich und wohl ursprünglich Teil einer Über-
   schrift gewesen; sie wurde von Calderinus beseitigt.

2 Durch das schlechte Beispiel der Eltern werden Laster an die Kinder wei-
   tergegeben: Würfelspiel, Schlemmerei, Grausamkeit, Unzucht (1-37).

3 Noch vor dem Anlegen der *toga virilis*. Zum Amulett vgl. 5,164f.
   (m. Anm.), 13,33.

4 D.h. Philosophen. Mit sieben Jahren begann der Schulunterricht.

5 Ein vermutlich beliebiger Name für einen Vater, der dem Sohn ein
   Vorbild für übertriebene Grausamkeit gegenüber Sklaven liefert.

6 Der Klang der Schläge erscheint ihm schöner als der Gesang der Sirenen. Von der Odyssee angeregt ist auch der Vergleich des Vaters mit
   Antiphates, dem König der menschenfressenden Laestrygonen (Od.
   10,110ff.), und dem Kyklopen Polyphem, der die Gefährten des
   Odysseus fraß (9,287ff.).

7 Die *tortores* waren Staatssklaven, die man zum Foltern der eigenen
   Sklaven heranzog (vgl. 6,480), hier wegen des unbedeutenden Verlusts von zwei Handtüchern.

8 Die Arbeitshäuser für Sklaven auf den Latifundien; vgl. 8,180. 6,151.

9 Nach den Beispielen für den Einfluß auf Söhne jetzt die Weitergabe
   des Ehebrechens an die Tochter. – Larga ist sonst unbekannt. Zum
   Motiv vgl. 10,220.

10 Die Tochter bedient sich nach ihrer Heirat derselben Überbringer von
   Liebesbriefen wie früher ihre Mutter.

11 Prometheus, der die ersten Menschen aus Ton formte. Gemeint ist
   hier: ein Sohn, der von Natur aus einen besseren Charakter hat.

12 Ermahnung der Eltern zu einem musterhaften Verhalten (38-69).

13 D.h. jemanden, der einen Staatsstreich unternimmt wie Catilina 63
   v.Chr. (vgl. 2,27. 8,231. 10,288).

14 Die vorbildliche Moral ist so selten wie jene beiden Römer. M. Iunius
   Brutus gehörte zu den Mördern des Tyrannen Caesar. Sein Onkel M.
   Porcius Cato verübte als Gegner Caesars 46 v.Chr. in Utica Selbst-
   mord.

15 *a(h)* wurde in V. 45 von Cramer aus *ac* bzw. *hac* (Hss.) hergestellt.

16 Schröpfköpfe am Kopf wurden zur Behandlung von Geistesgestört-
   heit eingesetzt.

17 Sägemehl diente allgemein als Reinigungsmittel, besonders auch bei Gastmählern.

18 Die Bedeutung der Nachahmung durch die Jungen (70-106).

19 Die folgenden drei Beispiele aus dem Tierreich verdeutlichen jeweils den Gedanken der Nachahmung am Motiv der Nahrungssuche.

20 Die Kadaver von Zugtieren, Hunden, am Kreuz belassenen Verbrechern.

21 In Wirklichkeit nisten Geier nicht auf Bäumen, sondern auf Felsen.

22 Die Adler.

23 Caetronius ist ein beliebiges Beispiel für das Laster der Bauwut.

24 Bald am Meer (beim heutigen Gaeta), bald hoch auf den Bergen (im heutigen Tivoli bzw. in Palestrina).

25 Die Villen des Caetronius übertrafen an Luxus jeweils den Tempel der Fortuna in Praeneste und den des Hercules in Tibur, wie der offenbar in der Nähe des Kapitols errichtete Palast des Posides, eines reichen Freigelassenen des Claudius, den Tempel des Juppiter an Glanz übertraf.

26 Das Laster des ausländischen Aberglaubens, demonstriert an der Zugehörigkeit zum Judentum. Der zur Vermeidung einer Erwähnung des Namens Gottes verwendete Begriff Himmel gab Anlaß zu dem von Juvenal wiedergegebenen Mißverständnis der jüdischen Gottesvorstellung. Vgl. 6,545.

27 Die Juden erscheinen hier als exklusive Sekte, die sich selbst den einfachsten Geboten des menschlichen Umgangs verschließt, nämlich anderen den Weg zu zeigen und den Zugang zum Trinkwasser zu eröffnen.

28 Der 1-106 ausgeführte Gedanke, daß die Kinder die Eltern nachahmen und deshalb auch auf dem Gebiet der Moral die Laster der Eltern übernehmen und diese darin sogar übertreffen, erfährt eine Steigerung: zum Laster des Geizes werden die Kinder sogar bewußt erzogen, und das hat verhängnisvolle Folgen (107-255).

29 Der Drache, der die goldenen Äpfel der Hesperiden schützte bzw. der Drache, der in Kolchis am Schwarzen Meer das Goldene Vlies bewachte.

30 In dieser Wiedergabe der communis opinio ist die zweite Form des Geizes angedeutet: nach dem übermäßigen Bewahren des Besitzes die aktive Gier nach seiner weiteren Mehrung.

31 Der banale Vers unterbricht das Bild der Schmiede; getilgt von Jahn.

32 Der von Housman getilgte Vers enthält mehrere Probleme (vgl. Duff) und stellt offenbar einen späteren verdeutlichenden Zusatz dar.

33 Der Gedanke des geizigen Bewahrens (123/4) ist 126-138 erläutert (*sordes*), die Habgier (125) im Abschnitt 139ff. (*adquirendi*).

34 Die Sklaven werden bei der Getreideration durch ein falsches Maßgefäß betrogen.

35 Trotz des schon vorhandenen Schimmels werden Brocken für kommende Tage aufbewahrt, und dies selbst beim Brot.

36 Der September galt als der heißeste Monat; in ihm verderben Speisen besonders schnell, zumal Gehacktes.

37 Der Bohnenbrei samt den beiden (billigen) Fischen wird sogar versiegelt vor dem Zugriff bewahrt, selbst der Schnittlauch wird weggeschlossen und dazu noch gezählt.

38 Einen Bettler; vgl. 5,8.

39 *Arbusta* ist an sich das Gehölz; gemeint sind junge Bäume, besonders Ulmen, an denen man den Wein hochranken ließ.

40 Der Eigentümer, der vorher den angebotenen Kaufpreis nicht akzeptieren wollte, muß durch den Ausfall der Ernte geschädigt kapitulieren und verkaufen. – Die Verse 150/1 bleiben sehr suspekt (sie wurden athetiert von Heinrich).

41 Der kriminelle Habgierige antwortet gleichsam auf den Vorwurf des Dichters. Eine Lupinenhülse ist zwar völlig wertlos, ist aber ein Besitz, der höher geschätzt wird als der gute Ruf.

42 Das Anhäufen von immer mehr Ackerland bewahrt nicht vor Krankheit und Sorgen und schafft kein längeres Leben.

43 Titus Tatius war König der Sabiner, nach deren Verbindung mit den Römern er einige Zeit zusammen mit Romulus regierte.

44 In den Punischen Kriegen seit 264 v. Chr. und in den Kämpfen mit dem Molosserkönig Pyrrhus 280-275 v. Chr.

45 Nicht die Massen von Sklaven wie in der Gegenwart.

46 Auch in dieser Partie wird die römische Frühzeit mit leichter Ironie dargestellt.

47 Von der Habgier.

48 Drei mittelitalische Stämme, von Rom unterworfen: die Marser in der Gegend des Lacus Fucinus, die Herniker in Latium, die Vestiner

nordöstlich von Rom in der Gegend des Aternus. Die zufriedene Schlichtheit Altroms im Gegensatz zur heutigen Habsucht.

49 Ceres und Tellus.

50 Eicheln als Nahrung der Urzeit: 6,10. 13,57.

51 Wenn im Winter die Nächte lang sind und der Sohn zu schlafen hofft.

52 Der Sohn soll als Jurist oder Anwalt oder Militär ein Vermögen zu erwerben suchen. Die ersten Worte der Gesetze waren rot geschrieben. Zum Stock aus Rebenholz, dem Amtszeichen des Centurio, vgl. 8,247.

53 Der das Bewerbungsgesuch entgegennehmende Militär.

54 Die Mauren im Süden des Imperiums, die Briganten im Norden in Britannien. Beide Völker hatten unter Hadrian Aufstände unternommen.

55 Die mit Privilegien, auch finanzieller Art, ausgestattete Stellung als *centurio primi pili*, d.h. als Centurio bei der ersten Kohorte, welcher der Adler der Legion anvertraut war.

56 D.h. mache als Kaufmann dein Glück.

57 Üblen Geruch verbreitende Gewerbe, wie vor allem Gerbereien, waren jenseits des Tiber angesiedelt.

58 Wohl in Anlehnung an die an Titus gerichtete Entgegnung Vespasians, nämlich daß aus der Latrinensteuer gewonnenes Geld nicht stinke (Sueton, Vesp. 23).

59 Die den Gedankengang störenden Verse wurden von Jahn getilgt. Vgl. Courtney.

60 Telamon war der Vater des Ajax, Peleus der des Achill.

61 Ironisch: der den Sohn antreibende Vater sollte Geduld haben, in diesen frühen Jahren sind noch keine Ergebnisse im Raffen zu erwarten; später werden die Lehren überreichen Erfolg erbringen, auch mit Hilfe von Verbrechen.

62 Der meineidige Sohn wird nicht allein wie üblich den Altar der Göttin berühren, sondern zur zusätzlichen Bekräftigung auch den Fuß der Statue.

63 Das Fehlen von Gerichtsmedizinern begünstigte derartige Verbrechen.

64 Als Kaufmann, als Soldat usw.: diese Mühen erspart ihm ein Verbrechen.

65 Der Vers fehlt in dem einen Überlieferungszweig und stört den Sinn; getilgt von Ruperti. – Der Lehrmeister (d.h. der Vater) ist verglichen mit dem Lenker eines Renngespanns (mit dem der Sohn gemeint ist): läßt er diesem die volle Freiheit, wird es ausbrechen und außer Kontrolle des Lenkers geraten.

66 Die Decier weihten zugunsten ihres Heeres ihr Leben den Göttern der Unterwelt. Vgl. 8,254 mit Anm.

67 Menoeceus, Sohn des Creon, tötete sich für seine von den Argivern (Sieben gegen Theben) bedrängte Vaterstadt gemäß dem Spruch des Tiresias, daß Theben gerettet werde, falls einer aus dem Drachengeschlecht sein Leben dem Mars opfere (vgl. Statius, Thebais 10,628-782). Kadmos hatte einst nach dem Rat Minervas die Zähne des von ihm erschlagenen Drachens in Ackerfurchen gesät, aus denen Bewaffnete erwuchsen, die sich bis auf fünf gegenseitig töteten (Ovid, met. 3,1ff.). Juvenal erklärt dies ironisch damit, daß unter ihnen auch ein zum Kampf blasender Trompeter gewesen sein müsse.

68 Der Sohn, dem die Geburtsstunde des Vaters bekannt ist, nennt diese in der Hoffnung auf das Erbe den Astrologen, ist mit dem errechneten Todesdatum unzufrieden und tötet den Vater früher (mit Gift, s. u.): dessen Leben endet, noch bevor die Parzen den von ihnen gesponnenen Lebensfaden abgerissen haben.

69 Dem Hirsch wurde ein mehrere hundert Jahre währendes Leben zugeschrieben.

70 Du mußt bei einem Arzt wie dem auch 6,236. 13,98 erwähnten berühmten Archigenes ein Gegengift kaufen, wie es Mithridates, König von Pontus, gegen die von seinen Söhnen Machares und Pharnaces befürchteten Anschläge zur Immunisierung einnahm (vgl. 6,661), wenn du noch ein weiteres Jahr erleben willst (die Feigen im Herbst, die Rosen im Frühling).

71 Die Situation des zur Habsucht Erzogenen (256-331): er wird trotz des Reichtums nicht glücklich.

72 Sowohl die Geldtruhe im eigenen Hause als auch das Geld, das zur größeren Sicherheit im bewachten Tempel des Castor (und Pollux) auf dem Forum deponiert ist, wo man die Bankgeschäfte abwickelte (vgl. 10,24f.).

73 Dem Kriegsgott hatte man offenbar bei einem Tempelraub (vgl. 13,147-152) sogar den Helm gestohlen (der Rächer konnte sich an den Räubern nicht rächen). Sein Tempel ist deshalb als Depot nicht mehr sicher genug.

74 Die *ludi Florales* vom 28. April bis 3. Mai, die *Cereales* vom 12. bis 19. April, die *Megalenses* zu Ehren der Cybele vom 4. bis 10. April.

75 Außer dem Seiltänzer sind wohl Artisten gemeint wie die in unserem Zirkus mit Hilfe einer Wippe hochgeschleuderten Springer.

76 Für das Handelsschiff ist die Bezeichnung korykisch wohl wegen des aus Korykos in Kilikien exportierten berühmten Safrans gewählt.
77 Voll mit Gewürz wie z.B. Safran.
78 Wegen der Geburt Juppiters auf Kreta (vgl. 13,41).
79 Der Seiltänzer sucht mit Hilfe seines Seils den bloßen Lebensunterhalt zu sichern, der Kaufmann riskiert sein Leben, um großen Reichtum noch zu vergrößern.
80 Das nach der Insel Karpathos benannte Meer zwischen Kreta und Rhodos bzw. das Meer vor der Nordküste Afrikas. Im Atlantik jenseits von Calpe (h. Gibraltar), einer der sog. Säulen des Hercules, versank, so glaubte man, die Sonne wie rotglühendes Metall zischend im Wasser.
81 Mischwesen aus Fisch und Mensch (Tritone), die man im Atlantik gesichtet zu haben berichtete (vgl. unsere Meerjungfrauen).
82 Mythische Beispiele für Wahnsinn, mit denen der des Überseekaufmanns parallelisiert wird: Orest in den Armen seiner Schwester Electra, der nach dem Mord an seiner Mutter Clytaemestra von den Rachegöttinnen mit ihren Fackeln in den Wahnsinn getrieben wird bzw. Ajax, der im Streit um die Waffen Achills dem Ulixes unterlegen in Wahnsinn verfiel und in den Herden in der Annahme wütete, er töte den Oberfeldherrn Agamemnon oder den siegreichen Konkurrenten.
83 D.h. mag sein Wahnsinn auch nicht nach außen im Zerreißen von Kleidern sichtbar werden, so ist dennoch verrückt und deshalb unter Kuratel zu stellen, wer um des Gewinns willen die Seefahrt wagt.
84 Abschätzige Beschreibung von Geldmünzen.
85 Die Rechte braucht er zum Schwimmen.
86 Zwei goldführende Flüsse: der Tagus (h. Tajo, Tejo) in Spanien bzw. Portugal und der Pactolus in Lydien.
87 Er versucht, als Bettler mit einem Bild seines Unglücks besonderes Mitleid zu erregen.
88 Zu den Gefahren beim Erwerben kommen die Gefahren und die dadurch bedingten Ängste beim Bewahren des Vermögens.
89 Licinus, der Freigelassene des Augustus (vgl. 1,109), muß seinen Besitz durch eine private Feuerwehr schützen.
90 Der ganze entbehrliche Luxus. Mit Elektron ist entweder Bernstein gemeint oder eine Legierung aus Gold und Silber. Phrygischer Marmor kam besonders aus Synnada. Zum Schildpatt vgl. 6,80. 11,94f.

91 Im Gegensatz zum Reichen braucht der Kyniker Diogenes in seinem
    Faß aus Ton keine Brandkatastrophe oder sonstige Zerstörung zu
    fürchten.

92 In Anspielung auf Alexander Magnus: nicht Alexander ist in Wahr-
    heit der Große, sondern Diogenes, mit dem er in Korinth zusammen-
    traf. Der Bedürfnislosigkeit des Kynikers steht das Verlangen nach
    dem Besitz der ganzen Erde gegenüber: dieses Streben nach dem, was
    wir fälschlich als Glück betrachten, läßt uns Fortuna zur Göttin
    machen, aus Mangel an Vernunft.

93 Drei Stufen des Strebens nach Besitz sind im Folgenden genannt: die
    von manchen Philosophen vorgelebte Schlichtheit, die Vorstellungen
    von Besitz in der Gegenwart, die ungehemmte Gier nach Reichtum.

94 Ausreichend ist die Befriedigung der genannten drei Grundbedürf-
    nisse oder das, was konkret Sokrates und Epikur beanspruchten. Bei-
    de sind als Beispiele vorbildlicher Lebensweise, nicht als Vertreter
    bestimmter Dogmen vorgeführt. Wie 13,122f. ist der „Garten" Epi-
    kurs als Anbaufläche verstanden.

95 Die Philosophie lehrt auch nichts anderes als die an der menschlichen
    Natur orientierte vernünftige Überlegung.

96 Nach der lex Roscia theatralis des L. Roscius Otho aus dem J. 67 v.
    Chr. waren die ersten vierzehn Reihen im Theater den Rittern vorbe-
    halten (vgl. die Kritik Juvenals 3,153-9), deren Census 400 000 Se-
    sterzen betrug. Dies gilt also nach Auffassung der Zeitgenossen als
    erstrebenswerter Mindestbesitz.

97 Der sprichwörtlich reiche König von Lydien.

98 Narcissus, der Freigelassene des Claudius, verfügte über eines der
    größten Vermögen der Antike. Er drängte Claudius, die Gattin Mes-
    salina wegen ihrer Ehe mit Silius zu töten (vgl. 10,330-345): in der
    Interpretation des Dichters gab ihm das Geld die Macht dazu.

ZUR SATIRE 15

Die Satire richtet sich gegen einen zeitgenössischen Fall von Kannibalismus in Aegypten, der interpretiert wird als Beleg für die in der Gegenwart
mögliche Mißachtung der Menschlichkeit schlechthin. Das Verbrechen
wird eingangs (1-32) kontrastiert mit den monströsen Formen der aegyptischen Religion und den Greuelberichten aus Epos und Tragödie: die
Realität übertrifft selbst diese Ungeheuerlichkeiten. Der Schilderung des
Frevels selbst (33-92) schließt sich eine weitere vergleichende Partie an:
historische Beispiele und das Verhalten bekannt grausamer Völker bestätigen die Einzigartigkeit des Vorganges in Aegypten (93-131a). Dieser
wird schließlich auch auf der Grundlage allgemeiner Erwägungen über die
menschliche Natur verurteilt (131b-174).

1 Der Adressat ist sonst unbekannt.

2 Jede Gegend in Aegypten verehrt ihre besondere Gottheit, und zwar
   jeweils ein Tier (Literatur bei Courtney), keine dagegen einen der
   römisch-griechischen Götter.

3 Die Statue des Amenophis II. im oberaegyptischen Theben wurde später als die Memnons, des vor Troja erschlagenen Sohnes der Göttin Au-
   rora angesehen. Durch ein Erdbeben stürzte ein Teil der Statue zu
   Boden; sie gab am Morgen Töne von sich, die man auf die Wirkung der
   aufgehenden Sonne auf die Steine und die Luftströmung zurückführt.
   Nach einer Restauration unter Septimius Severus hörten die Töne auf.

4 Neben Tieren betrachteten sie sogar Gemüsearten als Götter (entsprechende Angaben auch beim älteren Plinius).

5 Weder jene Gemüse noch Schafe oder Ziegen dürfen verzehrt werden, wohl aber Menschenfleisch: letzteres wird von Juvenal mit dem
   folgenden Fall belegt und zu einer generellen Regel gesteigert.

6 Vergleich mit der Welt der Odyssee: gegenüber den von Ulixes am Hof
   des Alcinous, des Königs der Phäaken, berichteten Abenteuern mochte
   mancher Zuhörer Zweifel gehabt haben; die übrigen Geschichten
   dürfte er noch hingenommen haben, nicht jedoch die Berichte von an-
   geblicher Menschenfresserei – in Aegypten hat sich jedoch jüngst ein
   solcher Fall tatsächlich zugetragen.

7 Die Erzählung von der die Schiffe im Strudel verschlingenden Charybdis Od. 12,101-110. 235-244 und der die Gefährten aus dem Schiff

raubenden Scylla Od. 12,85-100. 245-259. Den von Menschenfresserei fabelnden Ulixes hätte nach Meinung jenes Phäaken tatsächlich
eine Charybdis verschlingen sollen, wenn es sie gäbe.

8 Die Laestrygonen: Od. 10,114-132, Polyphem: Od. 9,287ff. Vgl.
Juv. 14,20.

9 Bei Homer erscheint die Durchfahrt durch die Felsen (Planktai) Od.
12,55-72 als Alternative zur (später gewählten) Durchfahrt zwischen
Scylla und Charybdis. Die Felsen seien bisher nur von der Argo auf
der Fahrt zu Aietes durchquert worden. In der Version des Apollonius
Rhodius bewältigen die Argonauten auf der Hinfahrt die am Ausgang
des Bosporus in das Schwarze Meer gelegenen zusammenstoßenden
Felsen (Symplegades, Kyaneai) und durchqueren auf der Rückfahrt
auch die Plankten in der Nähe von Scylla und Charybdis. In anderen
Fassungen vermischen sich die Vorstellungen von beiden Felsgrup-
pen, wie auch bei Juvenal. – Die Übergabe des Schlauches mit den darin enthaltenen Winden durch Aeolus an Ulixes und die Freisetzung
der Winde: Od. 10,19-52.

10 Die Verwandlung der Gefährten des Ulixes in Schweine durch Circe:
Od. 10,233-243. Elpenor wird von Homer bei der Verwandlung nicht
eigens erwähnt. Sein Tod: 10,552-560; die Begegnung seiner Seele
mit Ulixes: 11,51-80; seine Bestattung: 12,10-15.

11 Die Insel der Phäaken wurde mit Corcyra (h. Korfu) identifiziert.

12 Ulixes hatte vor seiner Landung bei den Phäaken alle Gefährten als
mögliche Zeugen verloren und konnte deshalb nicht kontrolliert werden.

13 Im Gegensatz zu den Geschichten der Odyssee ist das Ereignis durch
Zeit und Ort fixiert. L. Aemilius Iuncus war Konsul seit dem 1. Oktober 127 n.Chr., was den Vorgang auf das letzte Viertel jenes Jahres
festlegt. Coptos (h. Kuft) in Oberaegypten, in dessen Nähe die beiden
verfeindeten Orte Tentura (Tentyra, h. Dendera) und das etwa 15 km
entfernte Ombi (h. Negadeh) liegen.

14 In den Tragödien werden Verbrechen immer von Einzelnen ver-
übt, nie von einem Volk. Dies bestätigen die bis zu Pyrrha, d.h. die
Zeit nach der Sintflut (vgl. 1,81-84), hinaufreichenden Tragödien-
stoffe.

15 Vermutlich beruhte die Feindschaft darauf, daß Ombi das Krokodil
verehrte, die Bewohner von Tentura es jagten (vgl. Courtney).

16 Das Fest fand in Ombi statt, Angreifer waren die Leute aus Tentura.
    Siebentägige Feste werden auch sonst aus Aegypten berichtet. – Ru-
    pertis Textvorschlag *quo ... iacentes* ist sehr erwägenswert.

17 Dies weist nicht notwendig auf Autopsie in Aegypten, sondern kann
    auch bedeuten: soweit ich es bei den mir bekannten Aegyptern beob-
    achtet habe. Die Bemerkung bildete offenbar den Ansatz für die Be-
    hauptung eines Exils des 80jährigen Juvenal in Aegypten in der anti-
    ken Vita.

18 Im Luxusleben steht das sonst unzivilisierte übrige Aegypten nicht
    hinter dem (hellenisierten) berüchtigten (vgl. 6,83f.) Canopus an der
    Nilmündung zurück.

19 D.h. welches man sich dort leisten konnte.

20 Vergleich der Steine mit jenen gewaltigen des Epos: Turnus (gegen
    Aeneas): Vergil, Aen. 12,896-907; Ajax: Homer, Il. 7,268-272. 12,
    380-386; Diomedes: Il. 5,302-310. – *seditioni* (64) wurde aus *seditione*
    (Hss.) von Hadrianus Valesius hergestellt.

21 Vgl. die oben genannten Homer-Stellen (außer 7,268ff.), außerdem
    Il. 1,272. 12,449. 20,286f.

22 Der Gedanke der schrittweisen moralischen und körperlichen Dege-
    neration der Menschheit ist verbreitet (vgl. die Kommentare). Zur
    Moral vgl. Juv. 6,1ff.

23 Der Dichter will die Beteiligung des ganzen Volkes an dem Frevel her-
    vorheben.

24 Die Apostrophe *te* bleibt unklar, und der Vers bedeutet eine gedankli-
    che Wiederholung; getilgt von Orelli und Hermann.

25 Die Vasconen (Basken) von Calagurris (h. Calahorra), Anhänger des
    Sertorius, ergaben sich nach dessen Tod 72 v.Chr. und einer langen
    Belagerung, während der es zu Kannibalismus gekommen sein soll,
    dem Afranius. Sie könnte man als Parallele zur Entlastung jener
    Aegypter nennen, ihr Fall lag jedoch anders.

26 Die Verse sind aus mehreren Gründen unecht (vgl. Courtney); ge-
    tilgt von Guyet.

27 *ventribus* ist eine Verbesserung des Hadrianus Valesius (*viribus* bzw.
    urbibus die Hss.).

28 Der Kannibalismus der Vasconen erscheint, anders als jener der
    Aegypter, immerhin verständlich, wenn er auch nicht zu billigen ist,
    denn eine tiefere Einsicht, wie sie etwa Zenon lehrt, verbietet ihn.

Freilich verfügten die Vasconen noch nicht über eine derartige Erkenntnis. Zenon hätte ihnen, so meint offenbar Juvenal, eher den ehrenhaften Selbstmord empfohlen.

29 Die Worte unterbrechen in törichter Weise den Gedanken; getilgt von Francke. Vgl. Courtney.

30 Cantabrer (die Nachbarn der Vasconen) ist ungenaue Sammelbezeichnung für die Nordspanier. Q. Caecilius Metellus Pius kämpfte 79-72 gegen Sertorius.

31 Heute ist, im Gegensatz zur Zeit vor 200 Jahren, die griechische und römische Bildung auf der ganzen Erde verbreitet, so daß jene Entschuldigung der Vasconen nicht mehr gelten kann, z.B. für die Aegypter. Athen ist hier i.S. von Bildungsstätte verwendet.

32 Gallien hatte sich zu einem Zentrum der Rhetorik entwickelt (vgl. Courtney zu 7,147), und von hier aus breitete sie sich nach Britannien aus.

33 Mit Thule (Thyle) ist hier eine Insel noch jenseits von Britannien gemeint. Am wahrscheinlichsten ist die Identifizierung mit den Shetlandinseln.

34 Im Zusammenhang mit der Belagerung durch Hannibal 219 v.Chr., nach der Zacynthos (Saguntum, h. Sagunto, nahe Valencia) dem Erdboden gleichgemacht wurde (*maior clade*), wird ebenfalls von Kannibalismus berichtet. Als zusätzliche Entlastung ist der Hinweis auf die Tapferkeit und Treue (gegenüber Sertorius bzw. den Römern) gedacht.

35 Ein weiterer Vergleich: auf der Taurischen Chersonesos, der heutigen Krim, befand sich ein Heiligtum der Diana (= Stifterin), in dem auch Menschenopfer dargebracht wurden, ohne daß es freilich zum Kannibalismus kam. Maeotisch heißt der Altar nach der nahegelegenen *Maeotis palus*, dem Asowschen Meer.

36 Gemeint ist vor allem Euripides.

37 Die Aegypter hatten nicht die Folgen einer Belagerung wie die Bewohner von Calagurris und Saguntum zu erdulden.

38 Mit dem Hunger durch die Belagerung wird (vgl. *casus* 119) das Ausbleiben der Nilschwelle und die Trockenheit des Landes in Parallele gebracht. In einem solchen Fall konnte man dem Nilgott als dem Verantwortlichen einen Schimpf antun und durch seine Beschämung ihn zu einer Korrektur seines Verhaltens herausfordern. Jener Kanni-

balismus könnte eine derartige Provokation sein, nichts wäre wirkungsvoller. Vgl. Duff.

39 Ein weiterer Vergleich, diesmal mit bekannt wilden Völkern: jene Aegypter übertreffen sie. Zu den Kimbern vgl. 8,248-252, zu den Sauromaten 2,1 mit Anm. Die Agathyrser wohnten im heutigen Rumänien.

40 Die abschätzige Beschreibung bezieht sich offenbar auf Boote, deren Schwimmkörper aus mehreren zusammengebundenen Tonkrügen bestand.

41 Bei denen rasende Wut dasselbe bewirkt wie bei anderen nur extremer Hunger, nämlich sie zum Kannibalismus treibt.

42 Als Gegenbild die wahre Natur des Menschen, sein Mitgefühl (das sich z.B. in Tränen äußert), seine Hilfsbereitschaft.

43 Im Text wurde das überlieferte *amici* mit Courtney (s. dort) zu *amictum* geändert. Die Trauerkleidung gehörte zu den üblichen Mitteln von Angeklagten, Mitleid zu erregen. *amictum* wird durch *squalorem* intensivierend konkretisiert.

44 Das Mündel läßt (durch andere) seinen Vormund auf Herausgabe des von diesem verwalteten und geraubten Vermögens verklagen. Da der Knabe sein Haar noch lang trägt, könnte man sein wegen des Weinens unklar erscheinendes Gesicht auch mit dem eines Mädchens verwechseln.

45 Kleine Kinder wurden regelmäßig begraben, nicht verbrannt.

46 Bei den Mysterien der Ceres in Eleusis ließ der Hierophant verkünden, daß nur Menschen mit lauterem Charakter zur Kultfeier zugelassen seien. Die Fackeln waren dort wie bei anderen Mysterien von großer Bedeutung. – Jeder wahrhaft moralische Mensch sieht fremdes Unglück wie sein eigenes an.

47 Im Gegensatz zur Behandlung des Gestrauchelten V. 76ff.

48 Selbst die Tiere verhalten sich richtiger als die Aegypter, da sie die Artgenossen verschonen, während jene als Menschen über einen Mitmenschen herfielen und ihn verzehrten.

49 Schon das Töten von Menschen ist frevelhaft, wieviel mehr das Verzehren von Menschenfleisch. Den größten Kontrast bildet Pythagoras, der nicht einmal Fleisch von Tieren essen wollte (auf Grund seiner Lehre von der Seelenwanderung) und sogar den Genuß von Gemüse einschränkte. Zur Flucht als Gebärde extremen Protests vgl. 2,1ff.

50 Besonders Bohnen wurden gemieden.

ZUR SATIRE 16

Die vermutlich durch nachträglichen Verlust unvollständig erhaltene letzte Satire behandelt das in der Tradition nicht vorgebildete Thema der Privilegien des Miltärdienstes, die zugleich als Nachteile der Zivilisten gedeutet sind. Um die Vorzüge seines Daseins genießen zu können, braucht der Soldat Glück (1-6). Unter den allgemeinen Privilegien (spezielle waren wohl anschließend dargestellt) werden drei juristische Aspekte hervorgehoben: Bei einem Prozeß im Gefolge einer Schlägerei mit einem Zivilisten ist der Soldat stets in der besseren Position, der mißhandelte Bürger wird in vielfacher Weise zurückgesetzt (7-34). In Zivilprozessen wird der Soldat bei der Zuweisung von Gerichtsterminen bevorzugt, die übrigen Römer haben Verdruß und Verzögerung in Kauf zu nehmen (35-50). Schließlich verfügt der Soldat über ein von der väterlichen Gewalt unabhängiges Testierrecht (51ff.).

1 Weitere Informationen über den Adressaten fehlen.

2 Aufgabe der 6 Eingangsverse ist es offenbar, vorab auf den naheliegenden Einwand einzugehen, daß der Kriegsdienst ja keineswegs nur glücklich enden muß, sondern der Soldat auch rasch sterben kann. Glück ist nämlich Voraussetzung für den Genuß der Vorteile der Soldaten, und so muß man sich dieses Glück wünschen, das wiederum durch eine günstige Konstellation der Gestirne eher gesichert wird als durch Empfehlungsbriefe. Auf der Grundlage des Glücks kann dann der Gedanke von den Privilegien der Militärs entfaltet werden. Die Annahme einer Lücke nach V. 2 (Jahn und Spätere) ist deshalb unnötig.

3 *Litterae commendaticiae* an den Lagerpraefekten sind für den Soldaten hilfreich, für seine gesamte Existenz wertvoller ist die Geburt unter einem glücklichen Stern, selbst wenn die Briefe an den Kriegsgott selbst gerichtet wären und von der Geliebten oder seiner Mutter Juno stammten, die ihren Tempel am Strand von Samos liebt.

4 Der Ankündigung ist zu entnehmen, daß nach den allgemeinen Vorteilen jene spezieller Gruppen behandelt wurden (bzw. werden sollten).

5 Die Privilegien der Soldaten können zugleich Nachteile für die Zivilisten bedeuten, und dieser Aspekt steht zunächst im Vordergrund beim betrachteten Fall einer Schlägerei: der mißhandelte Zivilist wird

es nicht einmal wagen, Klage beim Gerichtsherrn, dem *Praetor urbanus*, zu erheben.

6 Wenn sich der Zivilist dennoch zur Klage entschließt, wird der Praetor zum vorsitzenden Richter einen Centurio ernennen, dem als Geschworene Soldaten beigegeben werden, d.h. der Prozeß wird vor den Standesgenossen des Beklagten stattfinden. (Manches am juristischen Detail bleibt unklar.)

7 Camillus ist hier als Gründer der römischen Armee (und nicht als Verfasser konkreter Gesetze) genannt, um den Stolz auf die Tradition zu betonen.

8 Die illusionäre Selbsttröstung des geschädigten Klägers.

9 Der klagende Zivilist hat noch schlimmere Prügel als bei der ersten Mißhandlung durch den Soldaten zu gewärtigen. – Eine Kohorte hatte drei Manipeln.

10 Man muß schon mit dem völligen Stumpfsinn eines Anwalts Vagellius (vgl. 13,119; sonst nicht bekannt) ausgestattet sein, um seine zwei Beine den Tritten so vieler genagelter Soldatenstiefel auszusetzen.

11 Der Kläger muß nicht nur persönlich weitere Mißhandlung befürchten, sondern außerdem werden ihm die Freunde ihren Beistand vor Gericht versagen, keiner wird die sprichwörtliche Treue eines Pylades gegenüber Orestes aufbringen und sich in das Militärlager wagen. – *adsit* ist eine Verbesserung durch Collins statt überliefertem *absit*.

12 Gedacht ist an die von Sejan unter Tiberius eingerichtete Kaserne der Praetorianer, die nur wenige hundert Meter jenseits des Walles des Servius Tullius (vgl. 5,153. 6,588. 8,43) lag: die „große Entfernung" ist die verlogene Entschuldigung der Freunde.

13 Neben den Freunden wird auch jeder Tatzeuge eine Teilnahme am Prozeß verweigern. Sagt er dennoch aus, wäre er wie einer der moralischen Menschen Altroms zu preisen.

14 Nach den Privilegien im Strafprozeß jetzt die Bevorzugung eines Militärs bei der Vergabe von Gerichtsterminen in Privatprozessen.

15 Die Grenzsteine wurden verehrt wie Statuen des Gottes Terminus, man bedachte sie mit den genannten Gaben am Fest der *Terminalia* (23. Februar).

16 Der Vers ist eine wenig modifizierte Wiederholung von 13,137; getilgt von Knoche.

17 Gedacht ist wahrscheinlich (vgl. die Diskussion bei Courtney) an das Ruhen der Gerichtstätigkeit im November und Dezember: im Januar konnte man dann seinen Fall einbringen. Aber auch dann waren Verzögerungen zu erwarten, selbst angesetzte Termine wurden plötzlich verschoben, während der Soldat jeden gewünschten Termin erhielt.

18 Weder Caedicius noch Fuscus sind näher zu identifizieren. Der Mantel wird abgelegt, weil nur in der Toga plädiert wurde.

19 Vorsorglich, in Erwartung einer langen Verhandlung.

20 Ein dritter Vorteil im rechtlichen Bereich: Ein Sohn besaß kein eigenes Vermögen, er befand sich in der Gewalt des Vaters. Der Soldat konnte dagegen über das während des Militärdienstes Erworbene selbständig verfügen und es auch durch ein Testament vererben.

21 Ein beliebiger Name.

22 Der Tod von Kindern vor dem der Eltern galt als besonders schmerzlich. Deshalb ist es ausnehmend verwerflich, wenn der, zudem greise, Vater auf den Soldatentod des Sohnes spekuliert.

23 *favor* ist ein Verbesserungsvorschlag von Ruperti für überliefertes *labor*.

24 Die üblichen militärischen Auszeichnungen.

EINFÜHRUNG

In der Konstanz der menschlichen Natur ist es begründet, daß von Juvenal getadelte Schwächen und Fehler wie Torheit, Geiz, Ehebruch, Schlemmerei und andere mehr auch in der Gegenwart geläufige Gegenstände satirischer Texte sind. Jedoch steht der Leser römischer Satiren vor der Notwendigkeit, die spezifischen Lebensbedingungen des damaligen Rom zu berücksichtigen, die Gesellschaftsordnung und politische Organisation, die geistige und kulturelle Welt. Insbesondere ist die Juvenal vorausgehende, von ihm weitergeführte literarische Tradition in die Betrachtung einzubeziehen.

Als letzter bedeutender Dichter der Gattung verleiht er der Satire noch einmal einen originellen Impuls und erscheint in der neueren Literaturkritik als Vertreter eines zweiten Typs von Verssatire neben Horaz. Die Orientierung an diesen beiden Autoren bot sich wegen der Qualität und zugleich Verschiedenartigkeit ihrer Werke an. Außerdem sind von den 30 Büchern des Lucilius, der durch die Einführung von Kritik und Polemik den künftigen Charakter der Satire entscheidend prägte, nur rund 1400 zumeist separate Verse erhalten: er blieb mehr durch die Äußerungen des Horaz über ihn bekannt als durch die eigene Dichtung. Und Persius konnte mit seinen etwa 650 Versen, die sich zudem dem Verständnis schwer erschließen, keine beherrschende Stellung im Bewußtsein der modernen Leser erringen.

Durch die fragmentarische Überlieferung sind auch Wesen und Bedeutung des von Varro in Rom begründeten zweiten Zweiges der Satire, bei dem in Anlehnung an den griechischen Archegeten Menippos von Gadara in einen Prosatext eine Fülle von metrischen Partien eingelegt wurden, nur unzureichend zu erkennen. Aus diesen 150 Büchern Varros sind bedauerlicherweise nur etwa 600 Fragmente auf uns gekommen, seine 4 Bücher Verssatire sind gänzlich verloren. Varro hatte indessen die Satire nicht allein um die Spielart der *Satura Menippea* bereichert und andererseits durch seine Verssatire die Bemühungen des Lucilius fortgeführt, sondern ihr auch in seinen literartheoretischen Schriften noch vor Horaz einen festen Platz unter den eigenständigen Gattungen gesichert. Dies war um so notwendiger, als die Satire, die ja zumindest in Versform erst ein römisches Produkt ist, wegen ihrer kurzen Geschichte im Unterschied zu den anderen Gattungen des Epos, der Tragödie, Komödie usw. mit deren langer griechischer Tradition noch keine Möglichkeit zur Herausbildung einer klar umrissenen Gestalt hatte. Denn die *Satura* am Beginn bei Ennius und Pacuvius war nicht viel mehr als eine Sammlung verschiedenartiger Einzelgedichte, und bei Lucilius und Varro blieb die thematische Vielfalt ein charakteristisches Merkmal, wenn auch Lucilius durch die innerhalb seines Werkes vollzogene Festlegung auf den Hexameter der Verssatire ein bleibendes Formelement gab. Die Anerkennung als eigenes Genus durch Varro, die wohl auch von patriotischen Erwägungen bestimmt war, wirkt dann über Quintilian (Inst. or. 10,1,93-95) bis in die Neuzeit. Im Bereich der *Satura Menippea* hatte Varro in Seneca mit seiner Apocolocyntosis und in Petron mit seinen Satyrica überragende Nachfolger, in der Verssatire schließt Juvenal die Reihe Lucilius, Horaz, Persius ab.

Zur Erklärung literarischer Werke kann die Kenntnis der Biographie eines Autors beitragen, jedoch ist diese Quelle bei Juvenal nicht sehr ergiebig. In deutlichem Unterschied zu Horaz, bei dem die eigene Person zu den bevorzugten Themen gehört, spricht er in seinem Werk nur selten über sich selbst, den eigenen Namen erwähnt er nie. Um diesem Mangel an Information abzuhelfen, entstand, wie man wohl zu Recht vermutet hat, aus dem nach rund 150 Jahren erwachenden Interesse für seine Satiren heraus gegen Ende des 4. Jahrhunderts eine in mehreren Handschriften wiedergegebene Vita Juvenals, die z. T. aus einzelnen Textstellen abgeleitet ist und keinerlei Glauben verdient. Es sei lediglich auf die groteske, auf ein Zitat der Verse 7,90-92

gestützte Behauptung hingewiesen, daß Juvenal wegen seiner dort geäußerten Kritik an Paris, dem Schauspieler und Höfling Domitians,
nach Aegypten verbannt worden sein soll, und dies als Befehlshaber
einer Kohorte und im Alter von 80 Jahren. Die Verbindung zu Aegypten ist offenkundig aus *quantum ipse notavi* (15,45) entwickelt, einer
Bemerkung, die sich auch aus der Beobachtung der in Rom lebenden
Aegypter verstehen läßt.

Verläßlichere Daten sind allein aus den Satiren selbst und drei Ge-
dichten Martials zu gewinnen, von denen die Epigramme 7,24 und
7,91 in das Jahr 92 gehören, während das Gedicht 12,18 den Jahren
101/2 zuzuordnen ist. In der ersten Satire ist der Prozeß gegen Marius Priscus i. J. 100 erwähnt (1,49f.), in dem Plinius und Tacitus die
Verurteilung dieses Provinzstatthalters erreichten. Weitere chrono-
logische Hinweise lassen erkennen, daß die 16 Satiren in den Jahren
100 bis 130 gedichtet sind. Sie entstanden also etwa in der gleichen
Zeit wie die großen historischen Werke des Tacitus. Andeutungen
zum Lebensalter des Dichters (1,25: nicht mehr *iuvenis*; 11,201-3:
runzlige Haut) machen wahrscheinlich, daß die Periode des Dichtens
in die reifen und späteren Jahre Juvenals gehört. Von den näheren
Lebensumständen sind nur Umrisse zu gewinnen. Wenig konkret
sind die Aussagen Martials: er nennt den Freund 7,91,1 *facundus*,
was sich ebenso auf die Redekunst wie auf die Poesie beziehen läßt,
und charakterisiert 12,18 die Situation Juvenals als die eines Klienten
an den Türschwellen der Mächtigen. Dies geschieht freilich aus der
Sicht des nach Spanien Heimgekehrten, der das Dasein in Rom nicht
mehr ertragen muß, und auch sonst wäre es voreilig, aus diesem Gedicht auf eine Armut Juvenals zu schließen: in der Partie s. 12,83-92
ist der Besitz eines eigenen Hauses in Rom angedeutet, und dies entspricht den in der elften Satire geschilderten Umständen der Einladung zum Gastmahl mit Persicus. Ein Landbesitz in Tibur konnte
den Dichter mit bescheidenen Naturalien versorgen (11,65ff.). Die
Möglichkeit sich zu erholen bot sich ihm in Aquinum (3,319-322).
Ob engere Beziehungen zu diesem Ort bestanden, bleibt ungewiß:

eine dort gefundene Inschrift nennt einen *Iunius Iuvenalis*, ist jedoch mit Sicherheit nicht auf den Dichter zu beziehen und stammt wahrscheinlich aus späterer Zeit. Falls ein Verwandter Juvenals gemeint ist, könnte dies auf die Ansässigkeit der Familie in Aquinum hindeuten. Bedeutsamer als die äußeren Bedingungen ist die Tatsache, daß Juvenal eine eingehende und umfassende Bildung erfahren haben muß. Seine Literaturkenntnis, Verstechnik und Sprachkunst geben davon Zeugnis. Aus dem spärlichen Material insgesamt lassen sich keine klaren Hinweise auf die gesellschaftliche Position Juvenals gewinnen, von der aus er zur Situation in Rom Stellung bezieht: der Kontrast zu Horaz ist hier besonders sinnfällig. Nicht erwähnt ist auch eine Zugehörigkeit zu einem Dichterkreis wie dem des Maecenas.

An den Aussagen selbst über Rom ist manches auffällig. Die von Juvenal zur Illustration gewählten Beispiele und Personen gehören ganz überwiegend der Periode Domitians und Neros oder einer noch früheren Zeit an, die Gegenwart ist, sieht man z. B. vom Thema der 15. Satire, einem Fall von Kannibalismus im fernen Aegypten aus dem Jahre 127 ab, kaum berücksichtigt. Ein gewichtiger Grund für dieses Verfahren ist am Ende der ersten Satire exponiert, die Gefahr, durch persönliche Kritik an Lebenden schwerwiegende Sanktionen hervorzurufen. Als Ausweg kündigt deshalb der Dichter an, nur Tote attackieren zu wollen. Die dort vorgetragene Erklärung dürfte jedoch nicht ausreichen: die Epoche Domitians und Neros bot auch einen reicheren Vorrat an Schurken, und an diesen ließen sich die gleichen Erscheinungen exemplifizieren, die auch in der Zeit Trajans und Hadrians fortdauerten und anzuprangern waren. Die Vermeidung von zeitgenössischen Belegen beeinträchtigte nicht nennenswert die Wirkung der satirischen Kritik; in Analogie zur Praxis der Rhetorik waren Hannibal, Sejan und Marius Priscus als Exempla gleichermaßen verwendbar.

Die Satiren Juvenals bieten eine Fülle an konkretem Detail, kaum ein anderer Dichter zieht so viele sogenannte Realien heran. Dies sollte nicht zu der Ansicht führen, Juvenal biete ein unmittelbares, wirklichkeitsgetreues Bild seiner Epoche. Die Satire verzerrt bewußt, und bei Juvenal verbindet sich diese Tendenz mit dem nachhaltigen Einfluß der Rhetorik. So wird nicht allein der Einzelfall oft zum generell gültigen Merkmal, sondern die einzelne Erscheinung wird häufig in sorgfältiger Steigerung präsentiert und dabei der Gedanke gelegentlich ins Hyperbolische weiterentwickelt. Das Publikum konnte dies ebenso würdigen wie das kunstvolle Plädoyer eines Anwalts oder die Deklamation eines Rhetors, nämlich im sicheren Bewußtsein, keineswegs nichts als die Wahrheit vermittelt zu bekommen.

Allgemeine Äußerungen zur eigenen Position als Dichter, die Juvenal in Auseinandersetzung mit den Vorgängern festlegt, enthält die erste Satire. In zwei Schritten wird dort die Entscheidung für die eigene Gattung erreicht: Zunächst ist der Entschluß zum Dichten überhaupt begründet (1-18), dann folgt die Wahl der Satire (19ff.). Damit sind die Angaben des Horaz zu vergleichen. Am Ende der s. 1,4 gibt er seine Satiren als Nebenprodukte eines persönlichen Erziehungsprozesses aus (105ff.): der Vater habe ihn durch Hinweise auf konkrete positive und negative Muster im Verhalten der Menschen zu lenken gesucht; dieses Verfahren setze er jetzt selbständig fort und bringe die Beobachtungen in der Freizeit zu Papier. Dies sei als ein vergleichsweise geringer Fehler zu betrachten, bei einer Kritik daran werde er die vielen anderen Dichter zur Hilfe holen. Ähnlich ironische Begründungen bietet die s. 2,1: das Dichten erscheint dort als Ergebnis der Schlaflosigkeit (7) bzw. als Hobby wie bei anderen das Tanzen, Reiten, Boxen (24-27); außerdem werde er dazu durch die eigene Natur gedrängt (50ff.). Das letztgenannte Motiv führt auch Persius an: seine „unverschämte Milz" treibe ihn zum satirischen Lachen (1,12). Juvenal greift dagegen bei seiner Begründung einen anderen Gedanken seiner Vorgänger auf. Horaz lehnte das öffentliche Rezitieren seiner Satiren ab (s. 1,4,23), lediglich vor Freunden, und dann auch nur gezwungen sei er dazu bereit, das Forum und

die widerhallenden Bäder überlasse er anderen für diesen Zweck
(s. 1,4,73-76). Später äußert er seine Freude darüber, dem Dichter-
wettstreit mit dem gegenseitigen Vorlesen endlich entronnen zu sein
(epist. 2,2,90-105). Ein etwas früherer Brief drückt die Absicht aus,
sich nicht als *nobilium scriptorum auditor et ultor* zu betätigen
(epist. 1,19,39). Die Interpretation dieser Wendung ist umstritten,
jedoch knüpft Juvenal offenbar an sie an und versteht sie als Weige-
rung, den Lesungen der prominenten Autoren zuzuhören und sich
mit gleicher Münze zu rächen. Er gibt jedoch dem Gedanken eine
neue Wendung, indem er nicht etwa die sich der Rezitationen bedienende Konkurrenz unter den Dichtern ablehnt, sondern ironisch vor-
gibt, entschlossen selbst zur Dichtung zu greifen, um für die vielen
bisher ertragenen Rezitationen endlich Vergeltung üben zu können
(1,1ff.).

Mit dem Entschluß zum Dichten ist häufig das Motiv der Zurückweisung ungeeigneter Gattungen verbunden. Nachdem bereits Lucilius
kritisch zu fremden Genera Stellung bezogen hatte (vgl. fr. 587ff. M.),
setzt Horaz seine Satire vom Epos (s. 1,10,36-39) und vom epischen
Herrscherlob (s. 2,1,10ff.) ab. Persius weitet den Gedanken zu einem
Bild der dekadenten zeitgenössischen Dichtung aus, das im Mittelpunkt seiner ersten Satire steht, und weist am Beginn der fünften
Satire Tragödie und Epos zurück. Juvenal drückt seine Kritik zunächst (1,11-13) nur indirekt in der abschätzigen Charakterisierung
von Epos, Komödie, Elegie, Tragödie aus, an späterer Stelle (1,51-54)
tritt als wesentliche Schwäche die Realitätsferne jener Gattungen
hervor, ein Mangel, den auch Martial (10,4), allerdings als Unterschied zum Epigramm, hervorgehoben hatte.

Mit der Entscheidung für die Poesie stellt sich auch die Frage nach
den eigenen Fähigkeiten. Horaz nimmt hier wieder eine ironisch-
defensive Haltung ein: die geringe eigene Begabung bewahre ihn
zum Glück vor der Beteiligung am Dichterwettkampf (s. 1,4,17f.),
ja er dürfe sich nicht einmal zu den wirklichen Dichtern zählen
(s. 1,4,39ff.). Dagegen äußert sich Juvenal erneut ironisch-aggres-

siv: da er die gleiche Schulbildung genossen habe wie die anderen,
könne er sich ebenfalls als Dichter betätigen, angesichts der Fülle
der Poeten sei es verfehlt, etwa zur Schonung des Papiers beiseite-
zustehen (1,14-18). Und wenn die natürliche Begabung fehle, so führe doch die Entrüstung über die herrschende Unmoral zu Versen,
mögen sie auch minderer Qualität sein (79f.).

Damit ist der Gedanke des zum Dichten treibenden Impulses berührt, den Juvenal mit der Entscheidung für die durch Vorbilder ver-
körperte besondere Gattung innerhalb des Gesamtbereichs der Poesie
verknüpft (1,19ff.). Er nennt an erster Stelle Lucilius als Muster
(1,19f.; vgl. 165-7), erst an späterer Stelle wird eher beiläufig auf
Horaz verwiesen (51). Offenbar wurde die scharfe, stark der Realität
des Lebens in Rom zugewandte Kritik des Lucilius als den eigenen
Absichten besonders nahestehend empfunden. Die Wahl speziell der
Satire begründet er mit dem Anblick der Fehler und Laster in Rom
(1,22ff.). Das Motiv der Beobachtung von menschlichen Schwächen
hatte schon Horaz eingeführt (1,4,105ff.), aber als Ziel die persönliche moralische Besserung hingestellt, nur beiläufig würden die Beobachtungen schriftlich festgehalten. Ein Katalog von moralischen
Fehlern findet sich auch bei ihm, jedoch dient dieser als Argument für
eine an die Dichter gerichtete Warnung, daß haßerfüllte Reaktionen
der von satirischer Kritik Betroffenen zu befürchten seien (1,4,25ff.).
Eine durchaus andere Haltung nimmt Juvenal ein. Als seinen Stand-
ort nennt er eine Straßenkreuzung in Rom, die in schier endloser
Reihe vorbeiziehenden Sünder sollen in seinem dicken Notizbuch
festgehalten werden (1,63f.). Die beobachteten Verfehlungen bewirken nicht etwa vorsichtige Zurückhaltung, sondern liefern gerade die
Begründung für die Unumgänglichkeit einer Anprangerung: sie sind
unerträglich (31.77.139), sie verdienen deshalb Kritik (51f.; vgl.
63f.), sie haben in der Gegenwart ihren Gipfel erreicht (147-9), so
daß es schwierig sei, keine Satire zu schreiben (30; vgl. 149f.). Dieser
Impuls entsteht also aus der Provokation des sittlichen Empfindens,
Gefühle wie Zorn (*ira* 45) und Entrüstung (*indignatio* 79) vermögen

sogar mangelnde Begabung zu überwinden (79f.; vgl. 150f.). Eine derartige innere Einstellung wies schon Lucilius auf (165).

Keiner der Satirendichter wendet sich an eine Muse mit der Bitte um Inspiration: dies hätte nicht dem Charakter der Satire und ihrer niederen Stellung unter den Gattungen entsprochen. So müssen andere Erklärungen für das eigene Schaffen geliefert werden. Horaz bietet die früher genannten ironischen Begründungen an und zeigt sich immer wieder bemüht, seine Scheu zu demonstrieren, mit dem Tadel an die Öffentlichkeit zu treten. Persius ringt sich unter Zögern zur Satire durch, seiner Natur gehorchend (1,1-12). Das Ausmaß der sittlichen Depravation läßt dagegen Juvenal gleichsam keine andere Wahl als den Protest in der Satire. Bei der Verwirklichung dieses Vorhabens zeigt er Entschlossenheit und Energie: auch die übrigen im Zusammenhang mit der Gattungswahl betrachteten Motive sind, wie der Vergleich mit den Vorgängern erkennen ließ, mit größerer Intensität vorgetragen.

Zur Konkretisierung ihrer Kritik muß die Satire Namen nennen. Die Lucilius aufgrund seines gesellschaftlichen Ranges gegebene Freiheit bestand für die späteren Autoren nicht mehr, sie mußten mit Widerspruch oder gar juristischen Repressalien rechnen. Ihre theoretischen Antworten auf dieses Problem sind recht unbestimmt und nicht viel mehr als ironische Ausflüchte. Horaz beendet die Diskussion in der s. 2,1 mit einem Wortwitz, der die Doppeldeutigkeit von *mala carmina* zur Grundlage hat (80ff.), Persius zieht sich auf den Vergleich zurück, daß er seine Kritik, wie der Friseur des Midas das Wissen um die Eselsohren des Königs, in einer Grube bergen werde (1,119ff.). Juvenal will, wie er grimmig feststellt, wegen der Hindernisse eben die Toten zur Zielscheibe seines Tadels machen (1,152ff.). In der Praxis vermeidet er, wie erwähnt, Attacken gegen Lebende, Horaz wählt fast ausschließlich wenig prominente Zeitgenossen, Zurückhaltung übt auch Persius.

Bei keinem der vier Dichter wird zu Beginn des Werkes oder später eine wirkliche Theorie der Satire entwickelt. Juvenal läßt dem Ent-

schluß zur Dichtung (1,1-18), der in dem mit hyperbolischen Zügen
ausgestatteten Paradoxon ausgedrückt ist, sich an dem abgelehnten
Rezitationsbetrieb aus Rache dennoch selbst zu beteiligen, die Wahl
des Gebietes der Satire folgen, die, wie erwähnt, als Anschluß an
ihren ersten großen Vertreter, Lucilius (1,19f.), außerdem an Horaz
(1,51) aufgefaßt ist. Auch Horaz und Persius bekennen sich nicht zur
Satire als einer literarischen Gattung, die dann mit Aufwand defi-
niert würde, sondern zum Schreiben wie ihre Vorgänger: Horaz will
Lucili ritu dichten (s. 2,1,28f. 34; vgl. 1,10,46-9), Persius beruft sich
auf Lucilius und Horaz (1,114ff.). Als wesentliches Merkmal der
lucilischen Satire bezeichnet es Juvenal, daß das Vorbild gleichsam
mit gezücktem Schwert feurig seine grimmige Stimme erhebe und in
den Zuhörern starke Schuldgefühle hervorrufe (1,165f.). Dies entspricht der Charakterisierung durch Horaz: die Bloßstellung moralischer Übeltäter sei das Ziel des Vorgängers gewesen (s. 1,4,1-6), mit
scharfem Spott habe er die Stadt heimgesucht (s. 1,10,3f.), die Schurken entlarvt (s.2,1,64f.) und die Ersten des Volkes ebenso wie dieses
selbst in allen Tribus „gepackt" (69). Das Geißeln der Stadt Rom erscheint auch Persius als das Wesentliche bei Lucilius (1,114f.), Horaz
dagegen habe lachend und spielerisch Fehler bei Freund und Volk
aufgezeigt (1,116-8).

Freilich werden diese drei Beschreibungen nicht der Themenviel-
falt und dem unterschiedlichen Charakter der einzelnen Satiren des
Lucilius gerecht, da einseitig die Sittenkritik als Kennzeichen hervorgehoben wird. Die Buntheit des lucilischen Werkes selbst wurde von
den Nachfolgern partiell aufgegeben. Aber immerhin behält noch
Horaz den Typ der Anekdote mit pointiertem Abschluß (s. 1,7.1,8)
bei, auch die ererbte (vgl. s. 2,1,30-34) autobiographische Komponente (bes. s. 1,6.2,6.1,9.1,5), die u. a. durch eine Reisebeschrei-
bung (s. 1,5) vertreten ist. Andererseits wurde, um nur das Wichtigste
zu nennen, von Horaz die ethische Themen behandelnde Diatriben-
Satire weiterentwickelt, das Gebiet des Literarischen stark in den
Vordergrund gerückt – drei von achtzehn Satiren behandeln diesen

Gegenstand –, und in Anlehnung an Varro sind Elemente der *Satura Menippea* einbezogen (s. 2,5). Die Konzentration auf den Bereich des Ethischen ist dann bei Persius vollzogen (vgl. 1,1.8-12.5,14-16), selbst die Literatur wird in der ersten Satire unter moralischen Kriterien betrachtet. Der Aspekt des sittlichen Verhaltens bleibt auch bei Juvenal dominierend, jedoch wird zugleich das Gebiet erheblich erweitert, indem neben der persönlichen Moral jetzt die sozialen Beziehungen, gesellschaftliche Gruppen wie Adlige, Klienten, Matronen, Intellektuelle, Militärs, Ausländer, allgemeine Bedingungen des Lebens und wirtschaftliche Mißstände, Institutionen wie Klientel, Ehe, Staat, Religion in einem zuvor nicht gekannten Maße Gegenstände kritischer Prüfung werden. Dabei werden zwar auch meist moralische Tatbestände in den Blick gebracht, aber daneben auch viele Erscheinungen, die der moderne Betrachter als bloße Verstöße gegen die Etikette oder als Mißachtung standesgemäßen Verhaltens einstufen würde. Wenn etwa am Beginn des als Begründung für die Hinwendung zur Satire dienenden Katalogs die Eberjagd betreibende Mevia genannt ist, die bei entblößter Brust Jagdspieße trägt, erschiene dies heute wohl als törichte Extravaganz, der römische Begriff der *mores* aber umfaßt die menschlichen Verhaltensweisen allgemein, nicht lediglich Ethisches in modernem Sinn. Viele Anregungen auf dem neugewonnenen Gebiet verdankt Juvenal den Epigrammen seines Dichterfreundes Martial, aber auch die Satiren Varros, deren Fragmente z. T. eine ähnliche Ausrichtung erkennen lassen, haben möglicherweise einen Einfluß ausgeübt.

Die hier nur angedeutete Wirkung der Vorgänger in der Satire und Martials verbindet sich bei Juvenal mit dem nachhaltigen und sich in vielfältiger Form äußernden Einfluß der Rhetorik. Die römische Poesie hatte sich schon seit Ennius der Möglichkeiten der Rhetorik bedient, und dies gilt in hohem Maße auch für Vergil. Ein neuer Schub ist dann in der Prosa und der Tragödie Senecas sowie im Epos des Lucan und des Statius zu erkennen. Diese Entwicklung fand dann ihren Niederschlag auch in den Satiren Juvenals. Da heute die Zeit

einer generellen Diffamierung des Rhetorischen wohl endgültig vorbei ist, lassen sich diese Erscheinungen bei Juvenal unbefangen betrachten. Das sprachliche Detail ist durchgängig mit Hilfe der dem
Bereich der *elocutio* entnommenen Mittel gestaltet. Von Bedeutung
sind vor allem die Steigerungen (*gradationes*) im Gedanklich-Argu-
mentativen, die gelegentlich bis zur Hyperbole geführt sind. Ebenso
ist der Schatz der historischen Exempla einbezogen. Eine umfassende
Bestandsaufnahme ist hier nicht möglich. Über den Hintergrund für
Juvenals Verfahren orientieren vor allem die Fragmente der rhetorischen Schrift des älteren Seneca und die unter Quintilians Namen
überlieferten *Declamationes minores* und *maiores*. Erreicht wird
eine allgemeine Erweiterung der Ausdrucksmöglichkeiten der Satire,
eine Förderung der argumentativen Straffheit und eine gedankliche
Intensivierung. Wenn das Ziel der Satire eine wirkungsvolle Kritik
ist, dann erscheint die Anwendung rhetorischer Mittel nur konsequent, da so eine Verstärkung der satirischen Effekte und eine insgesamt nachdrücklichere Präsentation möglich wird. Außerdem hatte
das gebildete Publikum durchweg selbst die Rhetorenschule absol-
viert, erwartete also eine entsprechende moderne Gestaltung, welche
die Texte über das Plausible hinaus auch interessanter machte.

Den allgemeinen Bemerkungen über die Voraussetzungen von Juvenals Satiren soll sich zur näheren Einführung in seine Gedankenwelt
eine knappe Übersicht über die von ihm gewählten Themen anschließen, die mit Hinweisen auf bestimmte Formen der Darstellung verbunden ist. Den Ausgangspunkt kann dabei wieder die erste Satire
bilden, in der als Begründung der Entscheidung für die Satire ein
Panorama von Lastern und Fehlern in Rom dient (1,19-80). Diese
Aufzählung bereitet jedoch zugleich, da sie in das Notizbuch des
Dichters Eingang finden soll (63), inhaltlich schon den Abschnitt
81-146 vor, der die eigentliche Bestimmung des Stoffs der Satire vornimmt. Dieser ist zunächst spöttisch mit „Mischfutter" (*farrago* 86)
bezeichnet, ehe der geläufige Terminus *materia* nachgereicht wird
(151). Der Blick soll nicht auf die negativen Erscheinungen in Rom

beschränkt sein, obwohl diese auch in der Partie 81-146 beherrschend sind, sondern die Satire hat ein universales Thema: das Treiben der Menschen, die vielfältigen Empfindungen und Leidenschaften ihrer Seele, wie sie sich seit der Sintflut manifestieren, sind als Gegenstand bezeichnet (81-86). In der praktischen Durchführung indessen wird das Gebiet Roms nur in der 15. Satire verlassen, die einen Fall von Kannibalismus in Aegypten darstellt, die übrige Welt ist nur in einzelnen Exempla einbezogen.

Das Literarische ist als Thema lediglich in der ersten Satire behandelt, und dabei beschränkt sich die Diskussion auf die Wahl der Gattung, die Festlegung des Stoffs und die Erörterung der Grenzen satirischer Freiheit. Auch Persius geht nicht wesentlich über diese Punkte hinaus, er bietet zusätzlich in seiner ersten Satire eine Charakterisierung der zeitgenössischen Dichtung, die als Ausdruck der beschädigten Moral interpretiert wird. Horaz dagegen widmet ein Sechstel seiner Satiren literarischen Fragen; freilich ist dabei das wesentliche Anliegen die Durchsetzung allgemeiner moderner poetischer Prinzipien in Auseinandersetzung mit Lucilius und zeitgenössischen Autoren. Bekämpft werden die Vielschreiberei, die mangelnde Feile am Detail, die Nichtbeachtung der Forderung nach Knappheit und einer Konzentration auf das Wesentliche, die Vermischung von lateinischem und griechischem Sprachgut. Dagegen treten die spezifischen Aussagen zur Satire an Bedeutung zurück, es kommt nicht zu einer systematischen Untersuchung ihres Wesens. Dieses allgemeine Theoriedefizit läßt sich erklären durch die kurze Geschichte der Gattung und zugleich durch die ihr mitgegebene, einer Systematisierung widerstrebende Vielgestaltigkeit.

Bei der Anlage sittenkritischer Satiren lassen sich vor allem zwei allgemeine Typen denken: in dem einen Fall wird jeweils ein einzelnes Laster in deskriptiver Analyse vorgestellt und mit konkreten Beispielen illustriert, oder aber man kann von einem bestimmten Menschen, einer Schicht (Adel, Matronen usw.), einer Institution (Klientel usw.), einem Ereignis, einer Situation (Gastmahl usw.)

ausgehen und an diesen Erscheinungen jeweils Fehler verschiedener Art aufzeigen. Beide Typen sind bei Juvenal vertreten, z. T. in vermischter Form. In der ersten Werkhälfte dominiert die zweite Variante. Dies gilt auch für die s. 2, die wie die s. 1 mit einem Fortissimo des Protests einsetzt: hier ist es der extreme Wunsch nach einer Flucht bis an das Ende der Welt, eine Vorstellung, die variiert am Schluß von s. 15 wieder aufgegriffen wird, und Umbricius in der s. 3 setzt den Gedanken durch seine Flucht aus Rom in die Tat um. Der Grund ist jeweils der Anblick der moralischen Verderbtheit: der Dichter nimmt den Standpunkt des Beobachters wie in der s. 1 ein, und die Fluchtgebärde ist eine intensivierte Form der Vorstellung, daß man bestimmte Erscheinungen nicht ertragen könne (vgl. 1,31.77.139.2,24.36). Gegenstand des Abscheus sind die passiven Homosexuellen unter den Adligen Roms, bei denen sich zu ihrem Laster auch noch Heuchelei gesellt, da sie nach außen eine Fassade philosophisch geprägter Sittenstrenge darbieten. Dieser Gedanke wird weiter gesteigert: sie verstellen sich nicht nur, sondern klagen sogar andere wegen sexueller Verfehlungen an, auch vor Gericht, sie empfinden sich so sehr als Frauen, daß sie die diesen vorbehaltene Kultfeier der Bona Dea begehen, und versteigen sich schließlich dazu, eine Hochzeit unter Männern zu feiern. Die Darstellung bewegt sich durchweg in konkreten Bildern, entsprechend dem Vorgehen in der ersten Satire, sie enthält jedoch auch analytische Elemente, indem nicht nur jene Form der Homosexualität charakterisiert wird, sondern auch deren verhängnisvolle Wirkungen auf zentrale Bereiche des Lebens aufgewiesen werden wie die Religion, Ehe, den Staat (Nero, Otho), das Militär und das Rechtswesen. Es geht nicht allein um Probleme individueller Ethik oder Schuld. Diese Betrachtungsweise, die mit einem *vitium* weite Gebiete des Gemeinwesens in Beziehung setzt, ist charakteristisch für Juvenal und in den erhaltenen vorausgehenden satirischen Texten in dieser Weise nicht zu belegen.

Beachtung verdienen auch bestimmte Elemente der formalen Gestaltung. Der Dichter trägt in der s. 2 seine Anklage zumeist in eigenem Namen vor. Ein Adressat wird ebensowenig erwähnt wie in den Satiren 1, 3, 4, 10, aber oft ist die Nennung eines Adressaten nur ein formales Mittel, lediglich in den Satiren 5, 6, 9, 11 und 13 stehen jene Namensträger mit dem Inhalt in Verbindung. In die Worte des Dichters sind Äußerungen auch anderer Personen eingelegt, so eine spöttische Bemerkung des seine Homosexualität nicht verbergenden Varillus und vor allem eine längere ironische Rede der Ehebrecherin Laronia. Das wichtigste Beispiel für eine eingefügte Rede ist die Anklage des Umbricius, die mit ihrem Protest gegen die Lebensverhältnisse in der Vaterstadt fast die gesamte s. 3 einnimmt, in der vierten Satire werden kurz die Empfehlungen der Ratgeber Domitians referiert; im übrigen hat Juvenal dieses Element der Rede nicht über das erste Buch hinaus eingesetzt.

Das Thema der Homosexualität ist in der Satire vor Juvenal nicht ausgeführt, dagegen konnte er reiche Anregungen den Epigrammen Martials entnehmen. Er selbst hat dieses *vitium* ein weiteres Mal in der s. 9 aufgegriffen. Dort ist nicht eine Gruppe aus der Führungsschicht Roms das Ziel des Tadels, sondern ein Einzelner, an dem jedoch ebenfalls etwas Allgemeines demonstriert wird, der Ruin der Klientel. Sie ist ein zentraler Gegenstand Juvenals (s. 1, 3, 5, 9) und wird in der s. 9 in der speziellen Form der Pervertierung zu einem sexuellen Leistungsverhältnis betrachtet. Der mit Existenznöten kämpfende Ritter Naevolus hatte seinem reichen Patron nicht nur als aktiver Homosexueller gedient, sondern für diesen auch mit der Ehefrau zwei Kinder gezeugt und sieht sich jetzt nach langen Jahren jäh verstoßen, wegen der Rachsucht seines Gönners kann er nicht einmal laut protestieren. Diese Situation wird schrittweise enthüllt, ähnlich der Entlarvung in der s. 2 tritt hinter dem äußeren Schein der *amicitia* zwischen Patron und Klient die wahre Natur dieser auf Berechnung und Geldgier beruhenden Beziehung hervor. Die Darstellung erhält ihre ungewöhnliche ironische Schärfe vor allem dadurch, daß Juvenal dem düpierten Naevolus die topische Klage des um den Ertrag seiner Mühen betrogenen Klienten in den Mund legt, die in den Satiren 3 und 5 (vgl. auch s. 7) in ernsthafter Weise demonstriert ist: dem Katalog der Leistungen wird die kümmerliche Entlohnung durch den geizigen Patron gegenübergestellt. Es ist dabei bezeichnend, daß Naevolus seine sehr speziellen Dienste als den üblichen Aufgaben eines Klienten gleichartig ansieht, jedes moralische Empfinden ist ihm abhanden gekommen. So ist es folgerichtig, daß er die Ratschläge zur Änderung seines Lebensprogramms kaum wahrnimmt und unbeirrt daran festhalten will: die Verstoßung durch den Patron war nur ein unerklärlicher Schicksalsschlag, ein neuer Gönner der gleichen Art, nur ein großzügigerer, wäre die Erfüllung aller Wünsche. Die Paränese prallt wirkungslos an ihm ab. Diesen Typus des letztlich Unbelehrbaren stellt Juvenal auch in Trebius (s. 5) vor, der ebenfalls Klient ist und für sein Parasitendasein am Tisch des reichen Virro alle Demütigungen durch den Patron hinzunehmen bereit ist sowie in Zukunft eine noch größere Entehrung ertragen wird. Eine mildere Variante verkörpert Calvinus in der s. 13, der sich nicht wirklich von seinem Wunsch nach Rache für einen erlittenen Betrug lösen kann.

Charakteristisch für die Sehweise Juvenals ist außerdem, daß bei derartigen Beziehungen nicht die eine Seite als Opfer, die andere als Übeltäter erscheint, sondern beide Partner mit Kritik bedacht werden. So entsprechen sich Naevolus und sein Patron ebenso in ihrer Gesinnung wie Trebius und Virro in der s. 5, das Verhältnis zwischen den griechischen Klienten und ihren römischen Gönnern in der s. 3 ist ein weiteres Beispiel. Die Klientel und ihre innere Zerstörung wird in der Satire erst von Juvenal thematisch entwickelt.

Das Wesen des Naevolus ist in einem Dialog enthüllt, dem einzigen im Werk Juvenals, und als äußerer Anlaß dient das persönliche Zusammentreffen des Dichters mit der von ihm angeredeten Person. Beide Elemente, das des Dialogs und das der Begegnung sind aus Horazens zweitem Buch und seiner s. 1,9 vertraut. Auch der Gedanke eines falschen Lebenskonzepts ist dort bereits durchgeführt: so wird etwa in den Satiren 2,4 und 2,8 die Kunst des erlesenen Speisens, die Gastrosophie, als Lebensinhalt spöttisch in Zweifel gezogen. Gegenüber dem Konzept des Naevolus ist dies eine harmlose Verkehrtheit. Das auffällige Zurücktreten der Dialogform bei Juvenal gegenüber Horaz läßt sich aus einer andersartigen Auffassung der Satire verstehen. Das Grundmuster der Präsentation in jenen Satiren des Vorgängers ist die Imitation eines zwanglosen Gesprächs, dessen Gegenstand z. B. Programme der Lebensbewältigung sein können, die ironisch ad absurdum geführt werden. Das übliche Modell der Darstellung Juvenals ist dagegen das Plädoyer: die negativen Erscheinungen werden meist Punkt für Punkt in argumentativer Steigerung entwickelt und mit Nachdruck verurteilt. Diese an die Rhetorik angelehnte Anlage schien geeigneter zur Entfaltung intensiver Kritik als der eher auf gemeinsame Reflexion ausgerichtete Dialog. An die Stelle eines Gesprächspartners tritt ein bloßer Adressat, der auch ganz fehlen kann. Bisweilen ist er, wie Trebius (s. 5) und Calvinus (s. 13), im Rahmen einer tadelnden Paränese selbst in die Kritik einbezogen.

Gegen die vornehmen *pathici* richtet sich die s. 2, derselben Schicht gehört auch der Patron des Naevolus an, dieser selbst ist Ritter; die Situation des unbegüterten Römers, dessen Existenz sich hauptsächlich auf die Klientel stützte, ist die Grundlage der dritten Satire. Sie ist eines der bedeutsamsten Beispiele für das Verfahren Juvenals, von den konkreten Verhältnissen in Rom auszugehen, und dabei besonders die wirtschaftlichen und sozialen Bedingungen zu erfassen. Gewählt ist die Komposition, daß der Römer Umbricius in einer fast den ganzen Text umfassenden, an den Dichter gerichteten Abschiedsrede (21-322) die Begründung gibt für das Verlassen der Vaterstadt und das freiwillige Exil im griechischen Cumae. Juvenal sucht das Ethos dieser Schicht wiederzugeben, weshalb nicht jeder Gedanke seinen eigenen Vorstellungen entsprechen muß, jedoch wird in der Einleitung (1-20) der Entschluß des Freundes ausdrücklich gebilligt. Dessen auch die Gliederung der Rede bestimmenden wichtigsten Argumente sind die Unmöglichkeit einer ehrenhaften

wirtschaftlichen Existenz für seinesgleichen und die vielfältige Gefährdung im täglichen Leben. Auf dieser Basis ergibt sich jedoch ein
umfassendes Bild der mannigfachen Schäden der römischen Lebensordnung. Allenfalls Ansätze zu einer derartigen Analyse bieten die
Vorgänger, manches Einzelmotiv findet sich wieder bei Martial.

Beim Detail, mit dem belegt ist, warum der rechtschaffene Römer
hinausgedrängt wird, dienen bestimmte Antithesen der gedanklichen Zuspitzung, wie der Gegensatz zwischen dem unsinnig aufwendigen Dasein in der Hauptstadt und dem schlichten Landleben,
zwischen dem frühen und dem gegenwärtigen Rom. Eine weitere
Antithese ergibt sich zwischen den Griechen und den Römern: die
Ausländer verdrängen als Klienten die Einheimischen, in den korrupten römischen *Patroni* und den Griechen haben sich einander
entsprechende Partner gefunden. Diese Depravation der Klientel ist
jedoch nur eine Komponente in einem allgemeinen Prozeß, durch
den die gesamte Lebenskultur überfremdet und negativ verändert erscheint, Rom wurde zur *Graeca urbs* (61). Das durch die Konkurrenz
der Griechen geförderte Versiegen der Einnahmen beim Unbegüterten geht einher mit den hohen Kosten in Rom und mit der alles umfassenden Verehrung des Geldes, er sieht sich deshalb in entschei-
denden Bereichen des sozialen Lebens diskriminiert. Die Vorstellung
von der Macht des Geldes ist auch im zweiten Hauptteil weitergeführt: der Arme ist wehrlos den Gefahren durch Hauseinsturz und
Brand, durch vielfältige Heimsuchungen auf den Straßen bei Tag und
Nacht ausgesetzt, der Reiche vermag sich wirksam zu schützen, so
gegen Räuber und Mörder, denn Rom ist nicht nur der Sammelplatz
der Ausländer, sondern auch der Verbrecher geworden, es hat eine
Verwandlung sowohl zur *Graeca* als auch zur *saeva urbs* (8) erfahren. Im Augenblick der Trennung von der Vaterstadt wird der
Protest zu einer umfassenden Anklage, deren Wirkung noch dadurch
erhöht wird, daß die geplante neue Existenz in Cumae keine wirkliche positive Alternative darstellt; denn eine Quelle für den Lebensunterhalt wird nicht genannt, Umbricius ist schon älter, Cumae ein

ödes Provinznest griechischer Prägung: Rom ist jedoch gänzlich unerträglich.

Der Gedanke der wirtschaftlichen Existenz ist über die von der
Klientel abhängigen Bürger hinaus in der siebten Satire auf die Vertreter intellektueller Berufe ausgeweitet, indem nacheinander die
Situation der Dichter, Historiographen, Anwälte, Rhetoriklehrer
und *Grammatici* untersucht wird. In allen Fällen ist das krasse Mißverhältnis zwischen den aufgewendeten Mühen und dem kärglichen
Entgelt, das auch noch durch vielerlei Unkosten geschmälert wird,
antithetisch herausgearbeitet. Auch dieses Thema ist in der vorausgehenden Tradition der Satire ohne Vorbild, einzelne Motive finden
sich wieder bei Martial. Mit den *Patroni* in der Rede des Umbricius
lassen sich in der s. 7 die Mäzene der Literaten, die Mandanten der
Anwälte und die reichen Väter der Schüler der Rhetoren und *Grammatici* vergleichen. Ihnen allen ist die Geringschätzung geistiger Leistung gemeinsam, der Geiz der Reichen übt eine lähmende Wirkung
auf das intellektuelle Leben Roms aus. Verantwortlich ist nicht etwa
der Mangel an Geld, da dieses für manchen unsinnigen Aufwand in
Fülle vorhanden ist: die *avaritia* verbindet sich mit *luxuria*. Die Intellektuellen geraten in entwürdigende Situationen; so sind etwa
Dichter zu Formen des Gelderwerbs gezwungen, die Umbricius in der
s. 3 für sich als entehrend ablehnt, oder sie müssen wie dieser in die
Provinz emigrieren. Die den Aufbau der Satire bestimmende Abfolge
der Tätigkeiten ist mit einer doppelten Steigerung verbunden: zum
einen werden von der Not nicht nur die Autoren von Poesie und Prosa betroffen, sondern auch die mitten im praktischen Leben stehenden Anwälte usw., zum anderen ist die Aufzählung an der Abnahme
der Einkünfte orientiert, die *Grammatici* am Ende leiden die stärkste
Armut. Zu diesem deprimierenden Schlußbild gelangt der Leser von
der hoffnungspendenden Ankündigung zu Beginn, die Dichtung
werde durch den Kaiser jetzt wirksame Förderung erfahren. Diese
Verheißung, die ein Teil des Abschnitts über die Dichter ist, hat die
Funktion, als Kontrast die fehlende Unterstützung durch die dazu be-

rufenen Reichen um so deutlicher hervortreten zu lassen: der eine
Förderer steht den vielen Untätigen gegenüber, das Mäzenatentum
gehört der Vergangenheit an. Von dieser Erkenntnis aus wird schrittweise der Eindruck der Mißachtung geistiger Tätigkeit in Rom vertieft.

Der wirtschaftliche Aspekt dient dazu, Schäden an Institutionen
des sozialen Lebens und moralische Fehlhaltungen aufzuzeigen. Für
die Klientel geschieht dies in den Satiren 3, 9 und 1, am eindringlich-
sten in der s. 5. Juvenal hat in ihr auf das seit Lucilius variierte Motiv
des Gastmahls zurückgegriffen, aber während z. B. Horaz in der s. 2,8
die Obsession mit der Kunst des Speisens als verkehrtes Lebenspro-
gramm in einem belustigenden Bericht der Lächerlichkeit preisgibt,
wird von Juvenal 1,132ff. der Ausschluß der Klienten von der Tafel
des Patrons getadelt und in der s. 5 die Abfolge eines Mahles gewählt,
um in einer hypothetischen Analyse dem Adressaten Trebius die Demütigungen vor Augen zu stellen, die er am Tische seines Patrons
Virro zu erdulden haben wird. Nicht nur die ungenügende Entlohnung ist 5,12ff. wie in den Satiren 1, 9, 7 hervorgehoben, sondern das
Mittel der Antithese wird im Hauptteil konsequent dazu eingesetzt,
bei jeder Einzelheit des Mahles die diskriminierende Behandlung der
verachteten Klienten zu demonstrieren. Der Patron ist charakterisiert als von Berechnung, Geiz, Verschwendungssucht, Mangel an
menschlicher Zuneigung und sogar Sadismus geleitet, der Klient erscheint als sklavenartiger Parasit, der um seiner Eßgier willen alles
erträgt und so einen Kontrast zu dem zur Trennung von einem solchen Dasein entschlossenen Umbricius darstellt. Die Bezeichnung
der Klientel als *amicitia* ist eine täuschende Fassade, zur inneren Zerstörung dieser Beziehung tragen beide Parteien bei.

Wie manche andere Satire enthält die fünfte ein Beispiel für eine
Eigenart von Juvenals Darstellung, die von manchen Kritikern als
Einlage eines Exkurses im Sinne einer störenden Abschweifung vom
Gedankengang aufgefaßt wird und wegen ihrer generellen Bedeutung
wenigstens eine kurze Erörterung verdient. Im Abschnitt 125-145

wird Trebius vorausgesagt, er werde brutal vor die Tür gesetzt, falls er gegen die Nichtbeteiligung am Hauptgang des Mahles protestieren sollte. Dieser Gedanke ist noch gesteigert: beim Trinken wird die Trennung soweit gehen, daß es keine gemeinsamen Becher für Patron und Klienten geben wird, selbst ein Zuprosten ist dem Armen nicht gestattet. Hier ist die zugrunde liegende Gesinnung von Bedeutung, nämlich daß der Patron den Klienten als Unfreien (127), sich selbst als „König" (130) betrachtet. Diese Analyse, die für Juvenal das Entscheidende ist, wird deshalb in der getadelten Partie 132-145 weitergeführt, indem mittels einer Hypothese die Gedanken Virros vollends enthüllt werden. Wenn Trebius durch Zufall die für den Ritterstand maßgebende Summe zuteil würde, würde er vom „Sklaven" (127) und aus dem Nichts zum „Freund" Virros (134) aufsteigen, ja sogar „Bruder" tituliert (135). Vom Bruder würde er schließlich zum Patron Virros, falls er kinderlos und damit zum Opfer von Erbschleicherei prädestiniert wäre. Sollte er Kinder von einer Konkubine haben, die Virro als Erben nicht fürchten müßte, würde sich der große „König" sogar dazu erniedrigen, die Kinder bei Tisch zu beschenken. D.h. dem potentiellen Aufstieg des Trebius aus dem Nichts zum Beherrscher des Patrons steht dessen Abstieg zum würdelosen Schmeichler gegenüber, das Regulativ ist das Geld. Es dürfte einleuchten, daß für einen Satirentyp, zu dessen Hauptzielen die Entlarvung menschlicher Handlungsmotive wie hier der Besitzgier zählt, derartige die konkrete Situation weiterführende hypothetische Betrachtungen ein vorzügliches Mittel der Enthüllung darstellen und daß die Bezeichnung als Exkurs nicht das Wesentliche erfaßt. Ein weiteres Beispiel kann dies bestätigen. Bei der Wiedergabe der Kultfeier zu Ehren der Bona Dea, die von sich als Frauen fühlenden Homosexuellen begangen wird, ist auch ein Spiegel erwähnt, wie ihn der homosexuelle Otho im Bürgerkrieg bei sich führte (2,99-109). Dieses Motiv wird näher ausgeführt: der Kontrast zur Heroenwelt Vergils, der innere Widerspruch zwischen dem Betrachten der eigenen Schönheit im Spiegel und dem Auszug in den Kampf, zwischen

der Ermordung Galbas, der Schlacht bei Bedriacum und andererseits
der Gesichtspflege, der vernichtende Schlußvergleich Othos mit den
kriegerischen Königinnen Semiramis und Kleopatra dienen dazu. An
der Vorstellung des Spiegels soll so verdeutlicht werden, daß die
Kultfeier nicht ein isolierter Vorgang ist, sondern daß jene moralische Verderbnis ihren unheilvollen Einfluß bis in das höchste,
von Otho bekleidete Staatsamt hinein ausübt. Die vermeintlichen
Exkurse üben so eine bedeutsame Funktion innerhalb der kritischen
Analyse Juvenals aus.

Die im letzten Beispiel sichtbare Korruption der Staatsführung ist
das zentrale Thema der s. 4. In Anlehnung an das Verfahren des
Horaz (vgl. s. 1,2.1,3) ist das Verhalten einer bestimmten Person,
hier des Crispinus, zunächst der Ausgangspunkt. Aus der Fülle
seiner Laster wird die Verschwendungssucht in der Form der
Schlemmerei hervorgehoben: er kaufte für eine Unsumme einen
raren Fisch. Dieses Motiv schafft eine enge Beziehung zwischen der
Eingangspartie 1-33 und dem Hauptteil, der im wesentlichen die Beratung im Palast Domitians über die Zubereitung eines Riesenfischs
schildert. Vor allem ist Crispinus auch Mitglied dieses Kronrates.
D.h. dieser lasterhafte Parvenü stellt sich dem Leser zu Beginn als
ungewöhnlicher Einzelfall dar, jedoch weitet sich dann der Blick, und
Crispinus erscheint als charakteristisch für das gesamte Herrschafts-
system. Die Regierung erweist sich als ineffizient, da sie statt in
der Sicherung der Reichsgrenzen gegen Feinde ihre Aufgabe in dem
trivialen Problem des Garens eines Fisches erblickt, sie wird gesteuert
von einem grausamen, der Genußsucht verhafteten Tyrannen, während die Senatoren entweder von der Mitwirkung ausgeschlossen
sind (64) oder sich willfährig verhalten und sich sogar als Helfers-
helfer bei den Verbrechen Domitians betätigen. Die in dieser ver-
nichtenden Kritik an einem entarteten Prinzipat, die an anderen Stellen des Werkes auch Tiberius, Nero, Otho, trifft, deutliche politische
Tendenz stand der Satire des Horaz und des Persius noch fern.

In den Tadel an Einrichtungen und Personengruppen im römi-

schen Staat ordnet sich auch die sechste Satire ein. Kritik an den
Frauen ist in der Dichtung seit jeher belegt. Lucilius lehnte die Ehe
für sich ab, Horaz warnte in der s. 1,2 vor sexuellen Verkehrtheiten.
Juvenal wendet sich nicht gegen die Frauen schlechthin, sondern die
Damen der römischen Gesellschaft, d.h. die Gattinnen jener Adligen,
die in den Satiren 2, 9 und sonst attackiert werden. Als Form ist die an
den heiratswilligen Adressaten Postumus gerichtete Warnung vor
einer Ehe gewählt, da dieses zentrale Element des sozialen Lebens im
gegenwärtigen Rom rettungslos zerstört sei. Der Beweis wird durch
einen fast endlosen Katalog von Sünden und Fehlern der Matronen
geführt. Die einzelnen Punkte sind in unterschiedlicher Ausführlich-
keit dargestellt, und die Versuche, ein straffes inhaltliches Organisa-
tionsschema zu entdecken, blieben ergebnislos, sogar thematisch
verwandte Teile sind nicht etwa nebeneinandergereiht, sondern stehen separat. Diese Gestalt hat die Satire nicht aus künstlerischem
Unvermögen erhalten, vielmehr wurde sie bewußt gewählt. Offenbar sollte der Eindruck vermittelt werden, als ließen sich in uner-
schöpflicher Fülle immer neue Anklagepunkte vorbringen, die sich
dem Betrachter aufdrängen, so wie in der s. 1 der Dichter vor seinem
Auge die nicht endende Reihe der Übeltäter vorbeiziehen läßt.

Den Tadel an der zur Führung berufenen Schicht Roms setzt die
achte Satire fort. Traktate wider den Adelsstolz sind in der Philosophie und in der sonstigen Literatur geläufig. Innerhalb der Satire
hatte Horaz den Gedanken auf die eigene Situation angewendet
(s. 1,6). Bei Juvenal ordnet sich das Problem dem genannten sozial-
kritischen Zusammenhang zu. Anders als in den vorausgehenden Satiren werden jetzt auch positive Ratschläge erteilt, obwohl freilich
der Tadel weiter überwiegt: dies ist nicht Ausdruck einer Änderung
der Weltsicht zum Positiven, sondern als formale Variation zu betrachten. Dem Thema entsprechend ist als – realer oder erfundener –
Adressat der adlige Ponticus gewählt. Dem eingangs entwickelten
Grundsatz, man müsse sich durch persönliche Leistungen und das eigene Verhalten des ererbten Namens würdig zeigen, wird Rubellius

Blandus als negatives Beispiel gegenübergestellt. Positiv wird Ponticus empfohlen, sich als Militär und im Rechtswesen, vor allem in der Verwaltung einer Provinz untadelig zu verhalten. Das Motiv des Mißbrauchs der letztgenannten Funktion, das in der Satirentradition kein Vorbild hat, war von Juvenal bereits in den Satiren 1 und 3 exponiert worden und ist jetzt breit entfaltet, die enge Verknüpfung des Gegenstandes der s. 8 mit der praktischen Politik wird so abermals deutlich. An den realen historischen Beispielen bleibt auch die Illustration der folgenden These orientiert, daß man mit seinen Fehlern umso eher Vorwürfe auf sich ziehe, je höher die eigene Position sei. So wird vom Konsul Lateranus und seinen Verstößen gegen die Standesregeln ein farbiges Bild entworfen. Noch stärker setzen sich der öffentlichen Mißbilligung jene Adligen aus, die sich auf der Bühne oder gar in der Arena zur Schau stellen. Am Ende der negativen Klimax sind die Adligen genannt, die mit Waffen gegen den eigenen Staat putschten, wie Catilina. Sie stehen in deutlichem Kontrast zu Bürgern niederer Abkunft oder Sklaven, die sich Verdienste um Rom erwarben. So ergibt sich die abschließende Feststellung, daß allein der Wert der Person von Bedeutung ist, die Stammbäume vornehmer Römer aber letztlich im Verbrecherasyl des Romulus ihren Ursprung haben.

Diese Satire hat erstmalig ein einzelnes *vitium* als einheitliches Thema, behandelt es jedoch nicht in streng systematischer Weise, sondern lebt ebenfalls von der Betrachtung konkreter Situationen im Rom der Gegenwart. Außerdem wird nicht so sehr der Adelsstolz getadelt, als vielmehr dieses Motiv zum Ansatz einer umfassenden Kritik unterschiedlicher Verstöße gegen die mit der Stellung des Adels verbundenen Verpflichtungen gewählt.

Während die achte wie die meisten anderen Satiren eine rasch erkennbare Gliederung aufweist, sind bei den Stücken 11, 12 und 13 kompliziertere Anlagen gewählt. Dies ist z. T. dadurch bedingt, daß in die drei Satiren stärker als sonst Elemente aus anderen Gattungen oder Gedichttypen integriert sind. So verwendet die s. 11 bei ihrer

Kritik an der Schlemmerei u. a. Motive aus Einladungsgedichten und
aus der Poesie über·das Landleben. Dem Hauptteil liegt als Gerüst
eine bei Einladungen übliche Vorausschau auf ein Mahl zugrunde, zu
ihm soll sich der Adressat Persicus am gleichen Tag einfinden. Eine
derartige Übersicht über eine *cena* hatte Juvenal schon in der s. 5,
jedoch mit ganz anderer Zielsetzung, verwendet. Neben der Einla-
dungspoesie sind auch Texte der übrigen Satirendichter, die sämtlich
zur Schlemmerei Stellung bezogen haben, in der s. 11 von Bedeutung, das wichtigste Vorbild ist Horazens s. 2,2. Dort wird ein Mit-
telweg zwischen Knausrigkeit und Tafelluxus empfohlen, bei Juvenal
dagegen entsteht das Bild einer Stufenfolge von der frührömischen
Kärglichkeit zum bescheidenen Mahl beim Dichter und weiter zur
Schlemmerei der Gegenwart, die von den Gegenbildern der Frugalität Altroms und der relativen Einfachheit beim Dichter her kritisch
untersucht wird. Die Betrachtung beschränkt sich dabei nicht auf das
Essen und die übrige Zurüstung des Mahles, vielmehr sind der zeitgenössische Tafelluxus und die frugale Ernährung des frühen Roms
jeweils als Teil einer bestimmten Lebensordnung verstanden. Das
bedeutet für die Schlemmerei, daß sie mit weiteren Lastern verbunden erscheint und so zum Symptom für den allgemeinen Zustand der
Moral in der Gegenwart wird.

Dem Hauptteil 56-208 geht eine Eingangspartie voraus, in der am
konkreten Beispiel des armen und des reichen Schlemmers deren
Handlungsweise und innere Einstellung illustriert sind, wobei in
charakteristischer Weise die Auswirkung dieses Fehlers auf das Verhältnis zur Familie, zu den Mitbürgern und zu Rom in den Blick
gebracht wird. Dieser Abschnitt 1-55, der in einer z.B. mit der s. 4
vergleichbaren Weise an Lebendigkeit durch die Präsentation von Personen (Rutilus, Atticus, Ventidius) gewinnt, wird 56ff. antithetisch mit
dem Hauptteil in Beziehung gesetzt: der Dichter selbst will in seinem
Hause die Verirrungen der Schlemmerei meiden. Das in den Versen
1-55 deutliche Interesse für die Psychologie läßt sich auch sonst bei
Juvenal nachweisen, so etwa in der s. 5 (Patron-Klient), bei den Erb-

schleichern der s. 12 (93ff.), den Meineidigen 13, 75-111.208ff., den berechnenden Ehemännern 6,136-160, dem Volk beim Sturz Sejans 10,65-89 usw. Vorausgegangen ist hier Horaz, der s. 2,2,23-52 die Gesinnung der Schlemmer, s. 2,3,109ff. die der Geizhälse, 224ff. der Verschwender, 250ff. der Verliebten charakterisiert. Juvenal setzt später die Analyse auch im Hauptteil der s. 11 fort (121-9).

In die Beschreibung des Mahles beim Dichter ist die dem frühen Rom gewidmete Partie eingelagert (77-119): eine vergleichbare Komposition bietet Juvenal in der s. 12. Innerhalb der Wiedergabe seiner Opferhandlungen anläßlich der glücklichen Heimkehr des Freundes Catullus (1-92) steht der Bericht über dessen Schicksal im Seesturm (17-82). Er liefert die nähere Begründung für das Opfer, die Verse 1-92 erscheinen so dem Leser zunächst als Variation des Typs von Dankgedichten für Rettung oder Heimkehr aus Gefahren. Jedoch ist in der Seesturm-Schilderung vor allem die Haltung des Catullus von Bedeutung: er wirft, um das Leben zu retten, entschlossen und ohne Bedauern die kostbare Habe und Fracht über Bord und beweist so seine innere Freiheit gegenüber dem Reichtum. Dahinter stehen Vorstellungen, die in der Tradition besonders mit den Philosophen Aristipp und Krates verbunden sind. Daneben wird auch ironische Kritik an dem unvernünftigen Wagnis des Seehandels geäußert, dies hebt indessen nicht die positive Einschätzung der Einstellung des Catullus auf. Neben diese tritt die Position des Dichters (93-95): das vergleichsweise aufwendige Dankopfer verfolgt nicht etwa das Ziel der Erbschleicherei, da Catullus eigene Erben hat. Damit wird die Absicht der Satire deutlicher: die Opfergaben als Ausdruck selbstloser Freundschaft, die Distanz zum Besitz bei Catullus im Seesturm sowie die im letzten Teil der Satire (95b-130) dargestellte Gier der Erbschleicher bezeichnen drei Positionen zum Geld. Das Verhalten des Dichters und seines Freundes bilden in unterschiedlicher Weise das Gegenbild zur Erbschleicherei, die das eigentliche Ziel der Kritik in dieser Satire ist. In der s. 11 waren mit Altrom, der Schlichtheit beim Dichter und der Schlemmerei ebenfalls drei

Faktoren in vergleichbarer Weise miteinander in Beziehung gesetzt worden.

Aus den verschiedenen Methoden der Erbschleicher, wie sie in der Tradition, z.B. bei Horaz (s. 2,5), Petron (c. 116ff.) und Martial, erwähnt sind, greift Juvenal das Mittel heraus, die potentiellen Erblasser bei deren Erkrankung durch großzügige, mit der Bitte um Genesung dargebrachte Opfer an die Götter zu beeindrucken. Auf diese Weise entsteht ein Kontrast zu den Dankopfern des Dichters, vor allem schafft sich Juvenal so die Voraussetzung für eine extreme gedankliche Steigerung: Die Erbschleicher würden überall Votivtäfelchen aufhängen, ganze Hekatomben den Göttern versprechen, ja sogar Elefanten als Opfer darbringen, wenn man diese in Rom kaufen könnte. Dieser hypothetischen Möglichkeit sind in einer Klimax noch zwei weitere, ebenfalls hypothetische angefügt: selbst vor Menschenopfern würden einzelne nicht zurückschrecken, erlesene Sklaven oder sogar die eigene Tochter wie eine Iphigenie am Altar schlachten, falls ihrem rücksichtslosen Streben nach einem Platz im Testament nicht die Gesetze entgegenstünden.

Derartige hypothetische Aussagen finden sich im Werk Juvenals immer wieder. Sie dienen oft dazu, eine Vorstellung bis zu ihrem denkbaren Extrem zu steigern, um so eine bestimmte Mentalität oder Situation noch deutlicher als pathologisch, pervers oder unerträglich bezeichnen zu können. Manche ironisch in einen Ratschlag gekleidete Hyperbole ist dabei von einzelnen Interpreten wörtlich genommen worden, aber z.B. soll der Eheaspirant Postumus natürlich nicht statt einer Heirat lieber in den Tiber springen oder sich mit einem Strick oder durch einen Sprung aus dem Fenster umbringen oder sich statt einer Frau einen Knaben in das Bett holen (6,30-37), vielmehr soll durch die erwogenen Möglichkeiten deutlich werden, wie gänzlich unsinnig eine Ehe im heutigen Rom sei. Entsprechend zu bewerten ist die Empfehlung an den homosexuellen Anwalt Creticus, der in einem durchsichtigen Gewand plädiert, eher nackt aufzutreten, da der Eindruck der Verrücktheit weniger entehrend sei (2,71). Trebius

soll das Hungern, Betteln, Essen von Hundebrot den Demütigungen
am Tisch des Patrons vorziehen (5,6-11). Adlige müßten sich eher
ins Schwert stürzen, als schmachvoll auf der Bühne aufzutreten
(8,195-7). Intensiver moralischer Protest soll ausgedrückt werden,
wenn die Rückgabe anvertrauten Geldes in der Gegenwart als ein Entsühnung erforderndes Wunderzeichen oder ein moralischer Mensch
als Naturwidrigkeit wie ein fruchtbares Maultier hingestellt werden
(13,60-70). Bisweilen ist jedoch auch eine Pointe bitteren Humors
beabsichtigt: Nero brachte seine Verwandten, beginnend mit der
Mutter, um und – trat sogar als Sänger in der Öffentlichkeit auf,
dichtete die „Troica" (8,213-221). Eine Aufzählung der in Rom drohenden Gefahren und Katastrophen gipfelt in dem Hinweis auf die
selbst in der Augusthitze rezitierenden Poeten (3,7-9).

Wie die beiden vorausgehenden Satiren nimmt auch die dreizehnte
eine Anleihe bei einer anderen literarischen Gattung vor. Die Konso-
lationsschriften lieferten das wesentliche Argument, mit dem der
Adressat Calvinus über die Unterschlagung einer Geldsumme hin-
weggetröstet werden soll, nämlich daß anderen Ähnliches oder
Schlimmeres widerfahren sei. Jedoch ist nicht eine *consolatio* die
Absicht der Verse, sondern die Kritik am Vergehen der *perfidia*: zu
diesem vor ihm in der Satire nicht belegten Gegenstand wurde Juvenal offenbar durch seine in mehreren seiner Satiren hervortretende
große Wertschätzung der Treue und Zuverlässigkeit angeregt. Der
seit der s. 8 geläufigen Erörterung eines einzelnen Lasters ist wieder
durch einen bestimmten Vorgang, den Verlust des Calvinus, ein
konkreter Hintergrund verliehen. Der persönliche Fall von Treulosigkeit bietet zugleich den Ansatz zum Nachweis der Fülle sonstiger Verbrechen, von denen das Rom der Gegenwart heimgesucht
wird. Besonders ausgeprägt ist in dieser Satire das früher erwähnte
Interesse für die Analyse von Psychologie und Moral: die innere Einstellung sowohl des Opfers als auch der Täter wird eingehend untersucht. Letztere werden nach ihrer Tat durch ihr schlechtes Gewissen
und die Furcht vor der Verfolgung durch die Götter bestraft, anderer-

seits erscheint die Rachsucht des Calvinus, der mit einer ähnlich scharfen Paränese wie Trebius in der s. 5 bedacht wird, sowohl verwerflich als auch unnötig.

Die in der s. 12 beschriebene Erbschleicherei stellt eine spezielle Form der Habsucht (*avaritia*) dar, die wegen ihrer weitreichenden Wirkung auch als „Mutter der Laster" bezeichnet wurde und der deshalb eine eigene Satire gewidmet ist. Diese Themenstellung (vgl. Horaz, s. 1,1) ist in der s. 14 für den Leser zu Beginn noch nicht erkennbar, da der Dichter zunächst den Gedanken des elterlichen Einflusses in den Vordergrund rückt und dabei andere Laster als Beipiele für die Weitergabe von den Eltern an die Kinder heranzieht; erst 107ff. wird der Geiz einbezogen. Die Vorstellung der Nachahmung der Eltern durch die Kinder und deren Erziehung ermöglicht es, den Einfluß der *avaritia* in einer dynamischen Entwicklung nachzuzeichnen: der Sohn, der zunächst in der milderen Form des Geizes, der übertriebenen Sparsamkeit, unterwiesen, dann zur auf Erwerb ausgerichteten Habsucht angetrieben wird, beherzigt die Anweisungen schließlich in der Weise, daß er, um rasch an das Vermögen des Vaters zu gelangen, diesen seinen Erzieher selbst ermordet. Am Schluß steht das Bild dieses Geizigen, der sich durch sein Laster selbst äußerlich und innerlich ruiniert, da er Schiffbruch erleidet oder in ständiger Angst vor Verlust das innere Glück einbüßt. Innerhalb von positiven Ratschlägen, wie sie seit der s. 8 nachweisbar sind, ergibt sich dabei, in ähnlicher Weise wie in den Satiren 11 und 12, eine Stufenfolge der Positionen, indem beim Besitz zwischen vernünftiger Bescheidenheit, zeitgenössischen Ansprüchen und schließlich maßloser Besitzgier differenziert wird.

Eine gewisse Sonderstellung nimmt die s. 15 dadurch ein, daß sie den Gesichtskreis Roms verläßt und einen Fall von Kannibalismus in Aegypten aufgreift. Damit kehrt Juvenal nicht zu dem Typ episodenhafter Satiren zurück, wie ihn Horaz noch bietet (s. 1,7.1,8), sondern das extreme Beispiel soll illustrieren, wozu man in der Gegenwart fähig ist, die Menschen verleugnen hier ihr Menschsein. Da das

Ereignis durch religiösen Fanatismus bedingt ist, ergibt sich zugleich
ein Angriff gegen den fremdländischen Aberglauben, wie er bei Juvenal öfter z.B. gegen den Isiskult oder das Judentum gerichtet wird.
Die Realität in Aegypten übertrifft, so wird dargelegt, sogar die
Greuel der Dichtung und die Parallelen aus der Geschichte, sie bedeutet einen Verstoß gegen Gefühl und Verstand als Elemente der
menschlichen Natur, ein Absinken unter die Ebene der Tiere, die ihre
Artgenossen verschonen.

Den Bereich Roms überschreitet in anderer Weise auch die s. 10,
da sie ein allgemein-menschliches Problem traktiert, die Verkehrtheit der menschlichen Wünsche. Es wird also kein spezielles *vitium*
herausgegriffen wie meist in der zweiten Werkhälfte, sondern eine
generelle Geisteshaltung diskutiert. Der Text weist eine sehr syste-
matische Anlage auf, denn der zentrale Gedanke, daß die Menschen
nicht erkennen, was für sie gut ist, und deshalb um Güter beten, die
später ihr Verhängnis bedeuten, wird nacheinander an den Punkten
Reichtum, Macht, Beredsamkeit, militärische Erfolge, Langlebigkeit,
Schönheit exemplifiziert. Am besten verzichtet man überhaupt auf
konkrete Bitten an die Götter und überläßt sich ihrem Willen; die
zweitbeste Position ist das Beten um geistige und körperliche Gesundheit und um die rechte Gesinnung. Derartige abgestufte Lösun-
gen werden auch am Schluß der Satiren 13 und 14 formuliert.

Am Ende der Sammlung kehrt Juvenal noch einmal in die konkrete
Welt Roms zurück, die s. 16, deren Schluß fehlt, bildet so einen Kontrast zum Schauplatz Aegypten in der s. 15. Die privilegierte Stellung des Militärs, vertreten durch die Prätorianer, ist gedeutet als
Zurücksetzung des normalen Bürgers, die im rechtlichen Bereich untersucht wird. Bei einer Schlägerei mit einem Soldaten erweist sich
der Zivilist als ähnlich schutzlos wie jener von einem Betrunkenen
nachts verprügelte unbegüterte Römer in der dritten Satire (278-
301), er ist gegenüber dem Soldaten auch benachteiligt bei der Zuweisung von Gerichtsterminen und beim Testament. Die Kritik am
Militär, die vor Juvenal nicht belegt ist, ordnet sich den Diskussionen

anderer Elemente des römischen Lebens zu (Klientel usw.), wie sie die ersten drei Bücher bieten.

Dieser Rückgriff auf einen früheren Themenbereich legt die generelle Frage nach der Entwicklung innerhalb von Juvenals Werk nahe, auf die wenigstens knapp eingegangen werden soll. Unterschiede zwischen den ersten drei Büchern und den späten Satiren hatte O. Ribbeck beobachtet, bei den Satiren 10, 12 bis 15 eine geringere Qualität konstatiert und sie deshalb zu Produkten eines unbekannten Deklamators erklärt. Diese Schlußfolgerung wurde später verworfen, die festgestellten Mängel interpretierte man jetzt als Zeichen von Altersschwäche. Die Behauptung minderer Qualität läßt sich indessen nicht aufrechterhalten. In der amerikanischen Forschung wurde mit Hilfe eines anderen Kriteriums die Entwicklung zu erfassen gesucht. Ausgehend von der Annahme, Juvenal habe in seinen Satiren von ihm selbst zu trennende Sprecher (*personae*) eingesetzt, wurde der Wandel im Charakter dieser Sprecher überprüft: die Haltung verändere sich von der Entrüstung (*indignatio*) hin zum spöttischen Lachen des in der s. 10 erwähnten Philosophen Demokrit in den späten Satiren. Die Theorie der *personae* ist in der Antike nicht belegt und birgt auch innere Schwierigkeiten, aber selbst wenn man statt von *personae* von Ton und Haltung des Dichters selbst spricht, so läßt sich doch eine geradlinige Entwicklung von der Entrüstung hin zur milderen Ironie nicht verifizieren, denn z. B. in den Satiren 13 und 15 wird die Kritik mit ähnlicher Schärfe vorgetragen wie in den frühen Satiren, und die Ironie durchzieht das ganze Werk. So erscheint es sinnvoll, zunächst unter den Aspekten des Inhalts, der Komposition und des gewählten Tones bestimmte Unterschiede hervorzuheben.

Es wurde bereits erwähnt, daß sich bei Juvenal inhaltlich je nach dem Ausgangspunkt zwei unterschiedliche Typen von Satiren unterscheiden lassen: die einen bringen bestimmte Personenkreise, Einrichtungen, Situationen in den Blick, die anderen (s. 8. 10 bis 15) sind einem bestimmten Laster gewidmet, das dann mit konkretem Material erläutert wird, sie stehen den Diatribensatiren des Horaz nahe. Die erste Form herrscht in der früheren Schaffensperiode vor, wird aber noch einmal in der letzten Satire und davor in der neunten aufgegriffen. Auch lassen sich beide Arten nicht eindeutig trennen: z.B. die s. 2 könnte mit *De impudicitia* überschrieben werden, das wesentliche Ziel des Angriffs ist jedoch der korrupte Adel. Die Bevorzugung des zweiten Typs in der späteren Schaffensperiode ist vielleicht dadurch bedingt, daß die Möglichkeiten zur Kritik an römischen Institutionen als weitgehend erschöpft angesehen und deshalb die auf ein einzelnes Laster konzentrierte Form stärker favorisiert wurde, aber es kann auch der Wunsch nach Variation von Bedeutung gewesen sein.

Wird so hinsichtlich der inhaltlichen Ausrichtung nicht ein Typ konsequent durch einen anderen abgelöst, so ist das Bild bei der Anlage der Satiren noch differenzierter. Juvenals Satiren wollen nicht kompositorische Kunstwerke sein wie etwa Horazens Oden, dies hätte dem Verständnis der Gattung widersprochen, für die eine gewisse Ungezwungenheit und Spontaneität verbindlich ist. Die Darstellung ist dennoch jeweils sorgfältig kalkuliert. Die Unterschiedlichkeit läßt sich u.a. in der Gestaltung der Anfänge beobachten. Die Satiren 8, 10 und 16 exponieren unmittelbar das Thema, das dann in recht systematischer Weise ausgeführt wird. In anderen Fällen erfolgt eine indirekte Annäherung, z.B. über einen anderen Gedanken wie in der s. 14, wo vom Motiv der Nachahmung der Eltern und ihrer Erziehung her der Gegenstand, die Habsucht, erreicht wird, oder über Personen (s. 4 Crispinus, s. 11 zwei Schlemmer), ein Verfahren, bei dem Horaz Vorbild sein konnte (Tigellius s. 1,2. 1,3), oder von bestimmten Situationen und Vorgängen her (die Rezitationen s. 1, das Verhalten der Heuchler s. 2, der Abschied von Umbricius s. 3, das Verhalten des Trebius s. 5, das Schwinden der Keuschheit s. 6, die Förderung der Dichter durch den Kaiser s. 7, die Begegnung mit Naevolus s. 9, das Opfer des Dichters s. 12, der Vermögensverlust des Calvinus s. 13, die Formen des aegyptischen Aberglaubens s. 15). Von den unterschiedlichen Gesamtanlagen seien noch einmal besonders die katalogartigen Satiren 1 und 6 sowie die komplizierten Strukturen der Satiren 11, 12, 13 hervorgehoben.

Erhebliche Abweichungen sind auch beim jeweils gewählten Ton zu konstatieren: nebeneinander stehen hier etwa die pathetische Klage eines Umbricius (s. 3) oder eine scharfe apotreptische Mahnung (s. 5. 6. 13), die süffisante Ironie im Dialog mit Naevolus (s. 9), eine eher belehrende Darlegung in den Satiren 8 und 10, der entrüstete Protest angesichts der Unmoral (s. 1. 2. 4 usw.). Die These von einer Ablösung der *indignatio* in den frühen Satiren durch die Ironie in den späten Satiren läßt sich also nicht aufrechterhalten, da beide Ausdrucksformen im gesamten Werk präsent sind.

Der kurzen Beschreibung von Juvenals Themen und ihrer formalen Gestaltung sollen Überlegungen zu seinen Maßstäben und seinen Zielen folgen. Satirische Kritik bedeutet den Tadel an Abweichungen von bestimmten Normen; ein in dieser Gattung Dichtender sollte erkennen lassen, welche diese Maßstäbe sind, d.h. ob sie z.B. der Philosophie, Religion, der Tradition, dem allgemeinen sittlichen Empfinden entstammen. Für die Stellung zur Philosophie ist wieder der Blick auf die satirische Tradition hilfreich. Horaz erwähnt die Empfehlung seines Vaters (s. 1,4,105ff.), sich an den konkreten Beispielen für gutes und schlechtes Verhalten im römischen Alltag zu orientieren, ein Philosoph werde ihm später jeweils Begründungen für das Urteil liefern, einstweilen solle er die traditionelle Sitte beachten. Dieses Verfahren des Vaters setze er selbst fort und lege die Ergebnisse in den Satiren nieder. D.h. es wird unterschieden zwischen der Beobachtung des Lebens und der Beachtung der überkommenen Wertmaßstäbe sowie andererseits einer philosophisch begründeten Ethik. Entsprechend nennt Horaz immer wieder Kriterien wie die Natur, die Vernunft, die Mitte, das Maß, die zwar in der Philosophie auch ihren Platz haben, aber als Werte der Lebenserfahrung, nicht der Philosophie eingeführt werden. Gegen stoische Schulthesen wird sogar ausdrücklich polemisiert (1,3,96ff. 123ff. 2,3.2,7). Selbst Persius bemüht trotz seiner aus der Vita bekannten Neigung zur Stoa die Philosophie recht selten. 3,66-72 empfiehlt er einige in der Philosophie beheimatete Gesichtspunkte und läßt anschließend einen banausischen Centurio Arcesilas und Solon abweisen. Der Gedanke der Selbsterkenntnis wird 4,1-22 in einem fingierten Dialog zwischen Sokrates und Alkibiades, aber in satirisch-drastischer Weise diskutiert. Im Lobpreis des Cornutus der s. 5 ist vom sokratischen Busen des Lehrers die Rede (37) und der Erziehung der Jugend im Sinne des Stoikers Cleanthes (63f.), 85f. wird einer Meinung aus stoischer Sicht widersprochen. Dies sind die wesentlichen Zeugnisse für eine explizite Einbeziehung von Philosophischem. Die Annahme wäre verfehlt, daß Persius sich durchgehend auf die Philosophie als maßgebendes Korrektiv berufen würde, vielmehr hält sich die Kritik entsprechend der satirischen Tradition an die Gegebenheiten des praktischen Lebens in Rom. Wie es scheint, haben es Horaz und Persius bewußt gemieden, eine enge Beziehung zwischen philosophischen Systemen und der Sphäre der Satire herzustellen. Offenbar entsprach dies nicht den Vorstellungen von dieser literarischen Gattung, ihr von der Herkunft her anspruchsloser Charakter wäre durch eine konsequente Anbindung an die hohe Philosophie gesprengt worden. Juvenal setzt diese Tendenz fort. Der Tadel wird durchweg nicht auf philosophische Dogmen gestützt, und wo Philosophen erwähnt werden, erfüllen sie eine andere Funktion. Einen Demokrit bevorzugt Juvenal gegenüber dem die Welt beweinenden Heraklit (10,28ff. 47ff.) nicht wegen seiner Lehre, sondern weil sein spöttisches Lachen über die Menschen der Einstellung des Satirendichters entspricht. Bezeichnend sind Aussagen der s. 13: hilfreiche Weisungen biete zwar die Philosophie, aber auch das Leben sei ein trefflicher Lehrmeister für das Ertragen von Schicksalsschlägen (13,19-22; vgl. oben Horaz s. 1,4,105ff.). Diese Distanzierung der Satire von der Philosophie ist 120-125 noch deutlicher formuliert: Trostgründe angesichts des erlittenen Verlusts werde Calvinus von jemandem hören, der nicht die Kyniker und die stoischen Dogmen gelesen habe und nicht Epikur verehre. Dies ist nicht als persönliches Bekenntnis unzulänglicher philosophischer Bildung zu werten, sondern in der ironischen Herabsetzung ist ausgedrückt, daß die Satire sich nicht an die Philosophie hält, sondern an der Lebenserfahrung orientiert ihre Wertungen abgibt. Der Wunsch nach Rache wird u.a. mit dem Hinweis darauf zurückgewiesen, daß Chrysipp, Thales, Sokrates dies nicht lehrten (184-7). Diese auffällige Zusammenstellung von Philosophen verschiedener Epochen und Richtungen soll offenbar anzeigen, daß jeder beliebige Philosoph die Rachsucht ablehnen würde. Nicht als Anbieter von Lehrsätzen, sondern als Beispiele vorbildlichen Handelns erscheinen die Philosophen auch in der s. 14: Diogenes zeigte sich in der Begegnung mit Alexander als Muster vernünftiger Bescheidenheit, die gleiche Genügsamkeit praktizierten auch Epikur und Sokrates (308-321), sie bewiesen, daß die Philosophie und die Natur, also die natürliche Erkenntnis, dasselbe lehrten. Ironisch werden 15,106-9 gegen den Kannibalismus die Lehren Zenons aufgeboten: von ihnen konnten freilich die unkultivierten Basken der Frühzeit noch nichts wissen. Die Einstellung des Pythagoras (15, 172-4) bietet ein besonders eindrucksvolles Gegenbeispiel zu jenem Frevel, da er nicht einmal Tiere und auch nicht alle Gemüsearten verzehrte. Diese Äußerungen sind auf dem Hintergrund der Tatsache zu sehen, daß Juvenal z.B. Seneca gründlich gelesen hat. Die Korrektur der moralischen Fehler erfolgt bewußt nicht von der Philosophie her, vielmehr sucht der Dichter unmittelbar mit dem Leser eine Übereinstimmung in der Beurteilung herzustellen: auch er sei doch gewiß der Auffassung, daß diese oder jene Erscheinung unerträglich, verwerflich, empörend sei. D.h. der Appell an die gemeinsamen sittlichen Überzeugungen, an das übliche ethische Bewußtsein ersetzt eine mögliche Absicherung durch ein philosophisches Lehrgebäude. Die direkte Evidenz des Urteils äußert sich etwa in Fragen wie: wer könnte dieses Verhalten akzeptieren, müßte jenen Fehler nicht mit Schärfe mißbilligen? Eine weitergehende Reflexion über die Berechtigung des Tadels, die Rückführung auf bestimmte Prinzipien erscheint entbehrlich.

Die moralischen Grundsätze, die jeder Römer in sich trägt, haben ihre idealisierte Gestalt in den *mores maiorum*. So ist es verständlich, daß die Satirendichter diese Instanz als Waffe gegen die heruntergekommene Gegenwart einsetzen. Bereits in den Menippeischen Satiren Varros spielte die Antithese zwischen einst und jetzt eine bedeutende Rolle. Horaz läßt seinen Vater die Mahnung aussprechen, die von den Alten überlieferte Sitte zu bewahren (s. 1,4,117). Entsprechend mißt Juvenal an mehreren Stellen das zeitgenössische Rom an seiner besseren Vergangenheit. Bei diesen Vergleichen weist die Charakterisierung Altroms vielfach ironische Züge auf, wenn auch nicht immer. Dem homosexuellen adligen Creticus, der bei Rechtsgeschäften in durchsichtigem Gewande auftritt, werden z.B. hypothetisch die Krieger und Bauern von einst gegenübergestellt (2,72-6). Die Ahnen sind glücklich zu preisen, da sie in der Frühzeit nur einen einzigen Kerker in Rom kannten (3,312-4). Früher wurden die Laster ferngehalten durch die Armut und den Zwang zur Verteidigung gegen äußere Feinde, jetzt sind Luxus und Unmoral hereingebrochen (6,287-295). Als Gegensatz zu den heutigen Schlemmern ist 11,77-119 der Gedanke an das frugale Essen der frühen Römer erweitert zu einem Gesamtbild dieser Lebensweise. Mit dem in diesen Beispielen ausgedrückten Verweis auf das frühe Rom soll nicht eine nostalgische Rückkehr in die Vergangenheit empfohlen werden, dies wäre absurd gewesen, vielmehr ist dieses Bild noch immer im Bewußtsein der Menschen verankert und konnte so als Kontrast der Kritik an der Gegenwart zusätzliche Kontur verleihen. Freilich war dieses Beschwören des alten Roms bereits abgegriffen und zum Topos geworden, eine ironische Darstellung, in der die primitiven Züge des damaligen Daseins hervortreten, konnte das Argument wieder akzeptabler machen, ohne daß es deshalb völlig an Kraft verloren hätte. Varro z.B. bemerkt (fr. 66 B.), die Worte der Vorfahren hätten nach Knoblauch und Zwiebel geduftet, dennoch seien jene wackere Kerle gewesen. Die Alten setzten, wie Horaz erwähnt (s. 2,2,89-93), auch einmal einen schon streng riechenden Eber einem Gast vor, aber dies hielten sie für besser, als wenn der gefrässige Hausherr ganz allein den Braten vertilgt hätte, unter diesen „Heroen" wünscht Horaz gelebt zu haben. Ironische Kommentare dieser Art sind auch bei Martial geläufig. Juvenal wendet die gleiche Methode an, wenn er z. B. 2,149-158 bemerkt, daß zwar kein Erwachsener an die Märchen von der Unterwelt glaube, aber falls diese existiere, die Schatten der römischen Kriegshelden bei der Ankunft der Seele eines ehrlosen heutigen Adligen nach einer Entsühnung verlangen würden, oder wenn ein drastisches Portrait einer ländlichen römischen Familie aus der Zeit der Kriege gegen Hannibal entsteht zur Verdeutlichung des Gedankens, daß die diese Familie ernährenden zwei Joch Acker heute als nicht einmal für einen Garten ausreichend erscheinen (14,161-171). Noch spöttischer wird die Vorzeit behandelt: die Keuschheit gab es auf Erden unter dem Regiment des Saturn bei den Höhlenmenschen und als Juppiter noch bartlos war (6,1-20; vgl. 13,38-59. 7,210-214).

Die Verhaltensweisen der römischen Frühzeit sind jedoch nur eine historisch ältere Form der allgemeinen überkommenen Normen. Juvenal überprüft die Menschen danach, ob ihr Handeln den tradierten Vorstellungen des ihnen nach Stand, Geschlecht, Alter Zukommenden entspricht, und verzeichnet kritisch die Abweichungen. Dies betrifft sowohl wirkliche moralische Fehler als auch anstößiges Benehmen. Die Standesdame, die sich mit Musikern oder Gladiatoren einläßt oder zur Jagd zieht, verdient ebenso Tadel wie der Patrizier in der Arena, der hohe Beamte verdrängende reiche Ausländer, der Meineidige, Habgierige, der Ehebrecher. Diese Orientierung an den traditionellen moralischen und sozialen Wertvorstellungen läßt nicht ohne weiteres den Schluß zu, Juvenal habe in reaktionärer Weise eine natürliche Weiterentwicklung der Gesellschaft ignoriert oder kämpfe gegen sie an. Vielmehr war jener ererbte Bestand an Verhaltensnormen das jedem vertraute und allgemein akzeptierte Bezugssystem, auf dessen Hintergrund sich die satirische Kritik entfalten konnte.

Als weitere normstiftende Instanz kommen auch die Götter und die Vorstellungen der römischen Religion in Betracht. Einige generelle Bemerkungen zu diesem Bereich müssen genügen. Immer wieder hebt Juvenal die Mißachtung und Entehrung religiöser Bräuche und Einrichtungen hervor. Der eingedrungene Luxus hat die Götterverehrung korrumpiert, ausländische Kulte haben sich ausgebreitet und das Römische verdrängt, religiöse Feiern werden zu sexuellen Exzessen mißbraucht, Tempel sind Treffpunkte für Prostituierte usw. Es steht außer Frage, daß der Dichter diese Erscheinungen mißbilligt als Schädigung eines Bestandteils der römischen Existenz. Andererseits werden die traditionellen Götter fast stets mit spöttisch herabsetzenden Formulierungen bedacht. Mars wird zur Rede gestellt, daß er angesichts von Hochzeiten unter Männern nicht mit der Lanze auf den Boden stampfe und vor seinem Vater Juppiter Klage führe, er solle dann auch sein Marsfeld räumen (2,127-132). An die Existenz eines Totenreichs mit seinen mythischen Details glauben nur noch die ganz kleinen Jungen (2,149-152). Die Ehebrecherin opfert Janus, um das Schicksal ihres Geliebten zu erfahren, Janus aber reagiert nicht empört auf dieses Ansinnen, die Götter bleiben tatenlos (6,393-5). Meineide gab es nur in der Frühzeit nicht, als Juno noch ein kleines Mädchen war und Juppiter als Privatmann in der Höhle des Ida lebte, als noch nicht Festmähler im Himmel gefeiert wurden und noch nicht die Masse der Götter wie heute existierte usw. (13,40-52; vgl. 6,15f.). Die Möglichkeit einer Bestrafung durch die Götter wird mißachtet, nicht nur von Atheisten, sondern auch von Gottgläubigen, so daß ein Geschädigter die Götter für einflußlos halten muß (13,75-119). Die Götter werden vom Dichter nicht als Hüter sittlicher Normen den Verbrechen entgegengestellt, vielmehr ist ihre Geringschätzung gewertet als weiteres Indiz für die allgemeine sittliche Depravation, eine Wirkung auf die Moral der Menschen geht von ihnen nicht mehr aus. Zugleich wird eine persönliche Distanz Juvenals zur überkommenen Göttervorstellung sichtbar, die indessen nicht notwendig auch Ausdruck von Atheismus ist: mögli-

cherweise hat er eine ähnliche Position eingenommen wie der Philosoph Seneca, der in der Schrift *De superstitione* und in den *Moralis
philosophiae libri* (vgl. fr. 31-39 bzw. 111.120 Haase) gegen die an-
thropomorphe Verzerrung des Götterbildes im Mythos und verkehrte
Formen der Verehrung polemisierte und in der Apocolocyntosis eine
satirische Szenerie des traditionellen Götterkosmos darstellte, andererseits gegenüber dem herkömmlichen staatlichen Kult Toleranz übte
und für sich selbst eine reinere Gottesverehrung vertrat.

Es ergibt sich somit insgesamt, daß Juvenal nicht ein präzise defi-
niertes System ethischer Kategorien zur Grundlage seiner Kritik
macht. Das übliche Vorgehen ist der Appell an die allgemeinen sittlichen Empfindungen, der zu einer spontanen Verurteilung der Fehler
und Vergehen durch den Leser führen soll. Die wichtigste Orientie-
rungshilfe bieten dabei die überkommenen moralischen und sozialen
Vorstellungen.

Der Tadel bedient sich gelegentlich des Mittels, einen Fehler auf
der Grundlage der relativen Moral bzw. Unmoral zu attackieren, um
darzulegen, daß er bereits von diesem Standpunkt aus verwerflich
sei, geschweige denn nach den Ansprüchen der wirklichen Moral.
Bereits Horaz hatte diese Methode in seiner s. 1,2 angewendet.
Crispinus bei Juvenal hätte den für eine gewaltige Summe gekauften
Fisch, statt ihn selbst zu essen und so dem Laster der Monositia
zu frönen, eher für die Erbschleicherei oder als Geschenk für eine
prominente Geliebte nutzbar machen sollen, selbst der bekannte
Schlemmer Apicius verhielt sich nicht so verkehrt (4,15-23). Naevolus erhält die Empfehlung, sich schon deshalb korrekt zu verhalten,
damit er dem Gerede der Sklaven entgehe (9,118f.), oder die Eltern
sollten Unmoralisches meiden, damit die Kinder nicht ihre Verbrechen nachahmten (14,38-41). Ähnlich sind Zugeständnisse an die
weniger streng gewordenen Maßstäbe der Gegenwart zu bewerten:
vom geizigen Virro könne man nicht die Großzügigkeit früherer Patrone verlangen, er solle aber wenigstens die Regeln der bürgerlichen
Höflichkeit bei Tisch einhalten (5,107-113; vgl. 14,322-6).

Positive Ratschläge als Gegenstück zum negativen satirischen Tadel sind relativ selten. Die gegen den Adelsstolz gerichtete s. 8 ist als
in maßvollem Ton gehaltene Mischung zwischen Kritik und positiven Empfehlungen stilisiert. Der Warnung, nicht hinter den Ahnen
in der persönlichen Leistung zurückzustehen (1-19), wird der Rat an
die Seite gestellt, jenen Vorbildern nachzueifern (20ff.; vgl. außerdem 78-94. 195-7), die negativen Aussagen dominieren jedoch auch in
dieser Satire. Wenige weitere Stellen außerhalb dieses Textes lassen
sich als Belege für positive Empfehlungen nennen: die rechte Einstellung zu den Wünschen, die man an die Götter richtet (10,346ff.), das
vernünftige Maß beim Besitz (14,316-322) sind ihre Gegenstände.
Ironisch gefärbt ist der Rat im Eingangsteil der elften Satire (1-55), der
von der (verfehlten) communis opinio ausgeht, Schlemmen gelte bei
einem Reichen als vornehm, bei einem Armen als unsinnig. Die Folge-
rung, man müsse bei den Ausgaben den eigenen Vermögensstand berücksichtigen, wird bekräftigt durch den delphischen Spruch von der
notwendigen Selbsterkenntnis: die ehrwürdige, am Tempel angebrachte Regel als Hilfe beim Fischkauf und in anderen Situationen!

Das Resultat seiner Beobachtungen besteht für den Dichter in der
Erkenntnis, daß die Moral Roms auf einem historischen und absolu-
ten Tiefpunkt angelangt sei (bes. 1,147-9). Welche Konsequenzen
sollen angesichts dieses Zustandes gezogen werden, d.h. welche Ziele
verfolgt die juvenalische Satire? Schiller rechnet sie zu dem Typ, der
sich „ernsthaft und mit Affekt" äußere, sie sei als „strafende oder
pathetische" zu betrachten. Freilich sind noch weitere Möglichkeiten
in Betracht zu ziehen, sowohl hinsichtlich der Ziele als auch der zugrunde liegenden Motive. Die Absicht einer Satire kann sein aufzu-
klären, zu erziehen, zu bessern, zu raten, zu warnen, abzuschrecken,
anzuklagen, zu tadeln, bloßzustellen, zu vernichten, zu erheitern, zu
unterhalten usw.. Der Autor kann dabei geleitet sein von Haß, Ver-
achtung, Rache, Spottlust, Ekel, Abscheu, Lust am Skandal und am
Obszönen, geistiger Freude an der eigenen dichterischen Leistung
usw. Die charakterisierenden Äußerungen des Horaz über Lucilius

rücken bei diesem die Anklage und die Entlarvung der Unmoral in den Vordergrund (1,4,1-6.1,10,3f.2,1,62ff.; vgl. Persius 1,115f.), entsprechend beschreibt auch Juvenal das Vorgehen des Lucilius (1,165-7). Horaz lobt zwar den moralischen Impuls des Vorgängers (2,1,70), nimmt für sich selbst jedoch Einschränkungen in der Kritik vor (1,4,78-105.2,1,39ff.; vgl. Persius 1,116-8). Seine Texte lassen die Absicht erkennen, verfehlte Meinungen bloßzustellen, unaufdringlich zu belehren, aber auch dem Leser erheiternde Unterhaltung zu bieten. Die beherrschende Tendenz bei Persius ist das Enthüllen und Anprangern des Unsittlichen und Verkehrten. Juvenal schließt sich, unter dem Aspekt des Stoffs, Lucilius an (1,19f.) und läßt zugleich einen fiktiven Unterredner warnend auf die Gefährlichkeit von Attacken nach dem Muster dieses Vorgängers hinweisen (1,165ff.), aber zweifellos kommen seine Absichten denen des Lucilius noch am nächsten. Auf Horaz wird umschreibend verwiesen (1,51), bezeichnenderweise im Zusammenhang mit dem Anklagen eines Verbrechens. Juvenal selbst sieht sich unwiderstehlich zum Schreiben von Satiren gedrängt, bewegt von Zorn und Entrüstung (s. 1). Weitere Auskünfte über seine Ziele müssen den Versen selbst entnommen werden. Während für Horaz die Situation des Lernens, der Abkehr vom Verkehrten konstitutiv ist, wird bei Juvenal eher die Unbelehrbarkeit verdeutlicht: weder Trebius (s. 5) noch Naevolus (s. 9) sind bereit, ihr verfehltes Lebenskonzept aufzugeben, Calvinus (s. 13) beharrt auf seinem Wunsch nach Rache. Und der Gedanke, daß etwa der schonungslosen Diagnose die Therapie, eine Heilung der Schäden folgen solle, steht Juvenal ebenfalls fern. Weder eine Besserung des Einzelnen noch der Gesellschaft ist als Absicht erkennbar. Das Gleiche gilt für die negative Variante, das Warnen und Abschrecken vor dem Bösen. Vielmehr will der Dichter das ganze Ausmaß und die Folgen der Unmoral als kritischer und engagierter Chronist festhalten. Ob dies zu konkreten Konsequenzen beim Leser führt, ist letztlich ohne Belang. Wie Seneca in der Tragödie und Lucan im Epos sucht er dabei in der Intensität der Aussage in neue Bereiche vorzustoßen.

Verfehlt wäre andererseits die Auffassung, die Satiren sollten ein Grabgesang auf das in Sittenlosigkeit versinkende Rom sein, wobei ein prinzipieller Nihilismus die Grundlage bilde. Vielmehr dürfte für Juvenal die Beschreibung Schillers zutreffen: „In der Satyre wird die Wirklichkeit als Mangel dem Ideal als der höchsten Realität gegenüber gestellt. Es ist übrigens gar nicht nöthig, daß das letztere ausgesprochen werde, wenn der Dichter es nur im Gemüth zu erwecken weiß ... Die pathetische Satyre muß also jederzeit aus einem Gemüthe fliessen, welches von dem Ideale lebhaft durchdrungen ist."

Die Anklage moralischer und sozialer Mißstände ist indessen nicht das einzige wesentliche Ziel, die Satiren sollen auch als literarische Kunstwerke die Anerkennung des Publikums erringen. Juvenal will interessante Gedichte schreiben, zu deren ästhetischem Reiz die nuancenreiche Sprache, die Fülle der literarischen Anspielungen, eine ausgezeichnete Verstechnik, die an der Rhetorik geschulte Anlage der Argumente und die gedankliche Pointierung besonders beitragen. Die Satiren sollen auch als Bravourstücke der Polemik gewürdigt werden. Durch die Einbeziehung neuer Gegenstände wie der Kritik an den einzelnen Schichten, den sozialen und politischen Institutionen, den äußeren Lebensbedingungen galt es, die Vorgänger ebenso zu übertreffen wie durch die künstlerische Gestaltung.

Gerade dieser zweite Aspekt ist deskriptiv schwer zu erfassen. Außerdem eröffnet sich der Forschung in diesem Bereich noch ein weites Feld. So verdiente das Sprachmaterial Juvenals und seine Herkunft eine noch eingehendere Untersuchung. Wertvolle Sammlungen zu diesem Gebiet und auch zu den offenen und versteckten Zitaten anderer Autoren enthalten die Kommentare (bes. Mayor, Courtney), indessen wären diese Beobachtungen zu einem Bild des Stils bzw. der verschiedenen Stilebenen zusammenzufassen. Dies gilt auch für den Beitrag, den eine Analyse der Versgliederung und anderer metrischer Elemente leisten könnte: die Stellung von Juvenals Versen innerhalb der Entwicklung des lateinischen Hexameters allgemein und des Satiren-Hexameters im besonderen ist noch kaum erfaßt. Die starke rhetorische Komponente hat das Interesse für eine Zusammenstellung der hier eingesetzten Kunstmittel geweckt (de Decker, Scott), doch zur Beobachtung muß auch die Erklärung der jeweiligen Funktion z.B. einer Figur für die künstlerische Absicht treten. Die unterschiedlichen Formen der Polemik bei den vier Verssatirikern und das dabei verwendete Instrumentarium wurden von Reissinger erforscht. Alle diese unter den jeweiligen Aspekten ermittelten Einzelergebnisse wären konsequenter als bisher in eine vertiefte Detailinterpretation einzufügen, um die satirische Wirkung von Juvenals Texten über das Gedankliche hinaus auch hinsichtlich der sprachlich-stilistischen Präsentation deutlicher hervortreten zu lassen.

Den Abschluß mag eine knappe Erläuterung von drei Einzelpartien bilden, durch die versucht werden soll, den Charakter von Juvenals Satiren in Ergänzung der vorausgegangenen generellen Bemerkungen etwas näherzubringen. Dabei steht die Erklärung des Gedanklichen im Vordergrund.

Als Ausgangspunkt sei ein Abschnitt gewählt, der thematisch eher konventionell ist, nämlich eine Beschreibung des von einem Geizigen beim Essen praktizierten Sparprogramms (14,126-137). Diese Form des als „schmutzige Knausrigkeit" (sordes) bezeichneten Verhaltens ist als Motiv bei Horaz (s. 2,2,52-62) vorgeprägt, und obwohl die in beiden Partien zur Illustration gewählten Speisen in keinem Punkt übereinstimmen, dürften die Horaz-Verse als Vorbild zu betrachten sein. Beide Autoren heben z.T. unterschiedliche Aspekte hervor. Während Horaz, abgesehen von dem am Schluß eher beiläufig erwähnten Kohl, den Blick auf die Beigaben einer Mahlzeit konzentriert, stehen bei Juvenal die Speisen im Vordergrund. Der Kyniker Avidienus bei Horaz ißt fünf Jahre zuvor geerntete Oliven, außerdem Kornelkirschen, die durch ihre Herkunft aus dem Wald als unkultivierte Nahrung gekennzeichnet sind. Beim Wein ist, wie bei den Oliven, die allzu lange Lagerung betont: er ist schon umgeschlagen und wird zudem sparsam serviert (parcit). Eine neue Nuance tritt beim Öl hervor, der unerträgliche Geruch. Zugleich wird es nicht in

einem bei Tisch üblichen kleinen Fläschchen angeboten, sondern aus
einem großen Vorratskrug, dafür aber nur in einzelnen Tropfen, und
Avidienus besorgt dies gegen die Etikette selbst, da er offenbar die
Sklaven für nicht haushälterisch genug ansieht. Dagegen bietet er,
auch dies nicht geschmackvoll, Essig in Fülle an, und auch dieser ist
alt. Der Steigerung des negativen Eindrucks dient der zusätzliche
Hinweis, daß Avidienus dieses dürftige Angebot auch bei großen Fa-
milienfesten bereithält. Juvenal beginnt seine Beschreibung mit dem
für ihn charakteristischen Motiv des unsozialen Verhaltens: sein
Geiziger schikaniert die Sklaven durch die Zumessung zu kleiner
Rationen. Aber auch er selbst, so wird die Vorstellung gesteigert,
verurteilt sich zum Hungern, und dies bleibt der zentrale Gedanke,
während Horaz auch auf die Verletzung der Gastgeberpflichten hin-
weist. In der Aufzählung der Gerichte tritt die von Horaz nur angedeutete Vorstellung des Ekelhaften stark hervor: das Brot ist mit
blauem Schimmel überzogen, der Fisch (*silurus*) schon faulig. Damit
ist der Gedanke der Zeit verknüpft, der bei Horaz auf die zu lange
Lagerung bezogen war, während Juvenal, vielleicht angeregt durch
Martial (vgl. 1,103,7/8. 3,58,42), das unsinnige Aufbewahren verderblicher Speisen in den Blick bringt: das Gehackte stammt bereits
vom Vortag, es wird weiter aufgehoben, und dies im heißen September, der Geizige verfährt freilich immer so. Das Motiv ist noch ein
weiteres Mal variiert: der Erbsenbrei wird trotz der Sommerhitze so
gestreckt, daß ein Teil noch für eine zweite Mahlzeit übrig bleibt, und
dieses Aufheben wird auch bei weiteren Speisen praktiziert. Die
Sparsamkeit zeigt sich außerdem darin, daß der Geizige sich beim
Brot nicht einmal alle Brocken auf einmal gönnt, ein Stück von einer
Makrele wird bewahrt, ebenso der halbe *silurus*, der Schnittlauch
wird sogar abgezählt. Über die Version des Horaz geht vor allem das
Motiv des Einschließens hinaus: die Speisen sollen, so kümmerlich
sie auch sein mögen, auf diese Weise vor den hungrigen Sklaven ge-
rettet werden, dem Schutz dient zusätzlich sogar ein Siegel am
Schloß (*signatam* 132). Die abschließende Bewertung erfolgt durch

ein Paradoxon: ein Bettler würde die Einladung zu einem derartigen Essen abschlagen.

Zwei gleichermaßen interessante Variationen eines Themas stehen sich hier gegenüber, wobei Juvenal im Detail gegenüber Horaz eine Steigerung vor allem bei der Vorstellung des Widerwärtigen vornimmt und das Selbstquälerische (tormenta 135) hervorhebt. Andererseits meidet er eine extreme Darstellung des Geizes, wie sie Horaz in einer anderen Satire (2,3,111ff.) von Damasippus vortragen läßt, an dem ironisch das übertriebene Eifern der Vertreter der kynisch-stoischen Diatribe charakterisiert wird. Der zu einem Gebrauch seines Reichtums unfähige Reiche ist dort gezeichnet als jemand, der hingestreckt auf seinem riesigen Haufen Getreide mit einem Knüppel bewaffnet wacht, aber trotz seines Hungers nicht einmal ein Körnchen anrührt und sich von bitteren Blättern nährt. Den Durst stillt er mit umgeschlagenem Wein, obwohl er 1000, ja 300000(!) Krüge Chier und Falerner besitzt. Sein Ruhelager besteht trotz seiner 79 Jahre aus Stroh, während Teppiche in der Truhe das Opfer von Ungeziefer werden und vermodern. Das in solchen abstrusen Antithesen dargestellte Verhalten wird als Ausdruck von Wahnsinn interpretiert. Dieses letzte Motiv wurde offenbar von Juvenal aufgegriffen und in die seine Verse abschließende Pointe gefaßt, es sei doch offenkundige Verrücktheit, als Armer zu leben, um als Reicher zu sterben.

Gleichfalls zum Bereich des Ethischen sind die verkehrten Wünsche der Menschen zu rechnen, die in Gebeten den Göttern vorgetragen werden, jedoch führt die aus dem Abschnitt „Wunsch nach Macht" ausgewählte Partie 10,58ff. bei Juvenal in das Gebiet des Politischen, das von Horaz in dieser Weise noch nicht in die Satire einbezogen wurde. Vielmehr ist er in mehreren Satiren bemüht, seine persönliche Nichtbeteiligung an der hohen Politik hervorzuheben (bes. s. 1,6.1,5.1,9). Auch Persius, in dessen ebenfalls die menschlichen Wünsche behandelnder zweiter Satire man dieses Motiv vielleicht erwarten könnte, geht darauf nicht ein.

Bei dem als Beispiel gewählten Sturz Sejans am 18. Oktober 31

n.Chr. wird nicht allein die Katastrophe dessen betrachtet, der um
die verhängnisvolle Macht gebeten und diese in Fülle erhalten hatte,
sondern auch die Reaktion des Volkes, so daß der Text zu einer Analyse politischen Verhaltens in Rom wird. Die Statuen Sejans erscheinen
wie Menschen, sie steigen vom Podest hinab, gezogen von Stricken.
Vom jähen Umschwung des Glücks wird auch der Triumphwagen
samt Gespann betroffen, er wird zerschlagen, die Pferde erleiden ein
Schicksal, das sie nicht verdient haben. Damit wird deutlich, daß ein
ehemaliger Triumphator ins Nichts stürzt, seine Pferde sind nur
noch „Gäule". Dem Zerschlagen folgt das Einschmelzen, eine Szene,
in welcher der Kontrast zwischen früherem Glanz und jetziger Mißachtung noch sinnfälliger wird: einst die Anbetung wie die eines
Gottes durch das Volk, jetzt das Ende der Statuen im Schmelzofen und
die Umformung zu Gebrauchsgeschirr, dessen Aufzählung mit den
Nachttöpfen endet. Stilistische Mittel unterstützen die gedankliche
Aussage: In den Versen 59f. deuten die K-Laute die Axtschläge an, in
V. 61 die S-Laute das Zischen der Flammen, dem Namen *Seianus* ist
durch Enjambement und die Stellung der langen, schweren Silben
am Versanfang Bedeutung verliehen, ein vernichtendes Urteil enthält das viergliedrige Asyndeton in V. 64. Von dieser Beschreibung
geht der Dichter mit lebhafter Apostrophe zur Situation im Volk
über: Lorbeer an den Türen, ein großzügiges Stieropfer auf dem
Kapitol sollen den Tag auszeichnen, der Anlaß der Feierlichkeiten ist
das Schauspiel der am Henkershaken durch die Stadt geschleiften
Leiche Sejans, die Freude ist allgemein. Aus dem Bild des Jubels läßt
Juvenal fiktive Gespräche erwachsen, in denen in einer für ihn charakteristischen Weise die innere Gesinnung aufgedeckt wird. D.h.
nach der am Schicksal der Statuen demonstrierten objektiven Entwicklung spiegelt sich jetzt der abrupte Wechsel von höchster Macht
zur Bedeutungslosigkeit in den Reaktionen der Menschen. An die
Stelle der Vorstellung vom „angebeteten Haupt" tritt der Anblick der
davongezerrten Leiche, bei dem Mann, dem Rom noch tags zuvor zu
Füßen lag, wird die Widerwärtigkeit der Gesichtszüge getadelt, und

dies steigert sich dann bis zur Mißhandlung der Leiche am Tiberufer. Der hier sichtbare Opportunismus kommt auch in der distanzierenden Beteuerung zum Ausdruck, man habe nie Sympathie für den Toten empfunden. Die naheliegende Frage nach einem ordentlichen Gerichtsverfahren bei einem so bedeutenden Mann wie Sejan wird zwar gestellt, aber nur, um sogleich als unwichtig bezeichnet zu werden, da das Machtwort des Tiberius als ausreichend betrachtet wird. Mitgefühl mit Sejan ist hier nicht zu erkennen, die Frage nach dem Gerichtsverfahren ist als Vorwurf des Dichters gegen Tiberius gedacht, der sich auf den Todesbefehl in einem Brief beschränkt, und gegen das Volk, das dies protestlos hinnimmt.

Den direkten Äußerungen folgt ein vertiefender Kommentar des Dichters, der dem Gespräch zu entnehmende Gedanke von der Anpassung an die schiere Macht wird jetzt ins Allgemeine gehoben: das römische Volk hält sich stets (*ut semper*) an die jeweils vom Glück Begünstigten, verabscheut die Verlierer. Dies bedeutet auf Sejan angewendet: hätte sein Glück angehalten, wäre er jetzt sogar als Kaiser bejubelt worden. Dieser Fall erklärt sich aus der generellen Einstellung zum Staat. Die Beteiligung des Volkes an der Vergabe der Macht gehört der Vergangenheit an, in der Gegenwart ist dessen Denken vom Wunsch nach Brot und Unterhaltung beherrscht. Von dieser Analyse kehrt der Gedanke wieder zu den Gesprächen der Römer zurück: das Bestreben, nicht in das Verhängnis verwickelt zu werden, wird stimuliert durch die berichtete Begegnung mit dem angstbleichen Bruttidius und führt zur Mahnung, gebührenden Abscheu durch die Tritte gegen die Leiche zu beweisen, tunlichst vor den Augen der Sklaven. Der Opportunismus erweist sich jetzt als auch von Angst genährt, Angst vor dem unberechenbaren Tiberius und Angst sogar vor den eigenen Sklaven. Das Grundmotiv der prekären Position des Mächtigen wählt Juvenal also zum Ausgangspunkt für ein in wenige Verse gefaßtes Bild der Zerrüttung des römischen Staatswesens: an der Spitze ein Tyrann, der umgeben von Astrologen auf einer fernen Insel haust, ein Stellvertreter, der gierig

nach der ganzen Macht greift und jäh gestürzt wird, der einstige
Souverän, das Volk, jetzt eine gefügige, den jeweils Mächtigen ver-
ehrende Masse, die gefüttert und unterhalten sein will, und außerdem Sklaven, die ihre Herren durch Denunziation in Lebensgefahr
bringen können.

Derartige Analysen stehen der Gedankenwelt der Vorgänger in
der Gattung noch fern, und auch die soziale Bindung zwischen Klient
und Patron ist als Thema der Satire eigentlich erst von Juvenal entdeckt worden. Sie wird, wie erwähnt, in der s. 9 mit dem Motiv der
Sexualität verknüpft. Zusätzlich erhält die Darstellung einen besonderen Charakter durch die Wahl eines gebildeten Ritters als ange-
nommenen Klienten, denn auf diese Weise entsteht ein besonderer
Kontrast zwischen dem hohen sprachlichen Niveau des Dialogs und
dem sinistren Gegenstand, und außerdem wäre von Naevolus anzunehmen, daß er aus tieferer Einsicht zur Aufgabe seines Lebens-
konzeptes gelangen müßte. Jedoch besteht ein wesentliches Ziel der
Satire darin zu zeigen, daß er zwar seine entwürdigende Lage klar erkennt, dennoch aber an seinem Programm festhält. So stellt ihm der
Dichter schließlich angesichts der Unmoral in Rom ironisch besten
Erfolg in Aussicht. Naevolus wehrt indessen in der hier betrachteten
Partie 135-150 ab: er habe eben kein Glück und könne froh sein,
wenn er durch seine Dienste wenigstens den Lebensunterhalt verdie-
ne. Dieser Gedanke ist jedoch in das groteske Bild gekleidet, daß sich
seine Clotho und Lachesis freuten, wenn sein Penis den Magen er-
nähre. Die beiden Parzen sind als persönliche Glücksgöttinnen betrachtet, die lebhaften Anteil am Erfolg nehmen, und mit dieser
hochgreifenden Vorstellung kontrastiert die brutale Beschreibung
der eigenen Bemühungen. Dem unzureichenden Glück sucht Naevolus durch das Gebet an die Laren aufzuhelfen, minutiös listet er die
Akte seiner Frömmigkeit auf, und erneut entsteht anschließend der
scharfe Gegensatz zwischen der religiösen Sphäre und den realen Absichten: er will mit Hilfe der Hausgötter „etwas aufspießen" (*figam
aliquid*); dies ist ein Bild der Jagd und zugleich sexuelle Metapher.

Das Motiv des Lebensunterhalts ist jetzt auf die Zukunft ausgerichtet, es soll Altersvorsorge betrieben, das Bettlerdasein vermieden werden. Die hier sichtbare und schon im Gebet an die Laren angedeutete Bescheidenheit gipfelt später in dem Wunsch, endlich einmal arm zu sein (147). Tatsächlich sind die Ansprüche keineswegs so gering. In dem ausgetüftelten Vorsorgeprogramm sind zunächst Zinseinkünfte von 20000 Sesterzen enthalten, ein Betrag, der nach den sonstigen Quellen ein auskömmliches Leben ermöglichte. Es folgen der Wunsch nach Tafelsilber, das zwar als schlicht charakterisiert ist (nur glatte, nicht etwa ziselierte „Gefäßchen"), aber doch 10 Pfund übersteigen soll, nach zwei Sklaven zur standesgemäßen Verbesserung der eigenen Situation im Zirkus und schließlich nach zwei Lohnarbeitern, die zur Vermehrung der Bareinkünfte beitragen sollen und bei denen auf Effizienz und Produktivität Wert gelegt wird: der Ziseleur soll sich ganz seiner Aufgabe widmen (*curvus*), der Maler schnell und viel malen. Nicht erwähnt ist natürlich die fortbestehende Hoffnung, erneut einen homosexuellen Patron an Stelle dessen zu finden, der Naevolus so schnöde verstoßen hat. Er stilisiert sich hier als bescheidenen kleinen Mann, der für sich nicht mehr beansprucht als ein Plätzchen in der römischen Gesellschaft, das ihm jedoch durch Fortuna unbillig verweigert wird. Die banale eigene Situation wird überhöht durch den Verweis auf die Odyssee: das Wachs in den Ohren der angerufenen Fortuna muß vom Schiff des Odysseus stammen, dessen Gefährten damit vor der Verführung durch die Sirenen bewahrt wurden. Diese Gestalt der pathetischen Klage ist ermöglicht durch die Bildung des Naevolus, die er auch sonst in der Satire aufbietet, um seiner Position Würde zu verleihen. Eigene Bescheidenheit, die Ausbeutung durch einen geizigen Patron und die Mißgunst des Schicksals werden hervorgehoben, in Wirklichkeit ist Naevolus ein gescheiterter *pedico*, der daneben auch sein Talent als Liebhaber der Ehefrau des Patrons und Erzeuger von Kindern anbot und so korrupt ist wie sein Gönner.

ZUM LATEINISCHEN TEXT UND ZUR ÜBERSETZUNG

Mehr als fünfhundert Handschriften stehen bei der Konstituierung von Juvenals Text zur Verfügung. Diese außergewöhnlich reiche Überlieferung steht in einem gewissen Gegensatz zu der mangelnden Beachtung des Werkes in den ersten rund 150 Jahren nach seiner Entstehung. Erst gegen Ende des 4. Jahrhunderts wird Juvenal öfter zitiert, darunter mehr als siebzigmal bei dem Vergil-Kommentator Servius, und seine Satiren erhalten selbst einen Kommentar, von dem noch große Teile in den Scholien bewahrt sind.[1] Das Interesse an dem Autor bleibt in der Folgezeit ungebrochen, es wächst noch in der Karolingischen Epoche. Im Mittelalter ist Juvenal einer der bekanntesten lateinischen Dichter. Für die Nachwirkung in der Satire der Neuzeit ist vor allem das Juvenal-Buch Highets zu konsultieren.[2]

Die Handschriften lassen sich in zwei Gruppen einteilen: die erste wird gebildet von den Codices P,S,R,V, außerdem den Fragmenta Aroviensia und dem Florilegium Sangallense, die zweite besteht aus den übrigen Handschriften, in denen der Text gegenüber der ersten Gruppe stärker von Entstellungen heimgesucht ist. Insgesamt läßt sich aus der Überlieferung ein Text gewinnen, über dessen Gestalt in den modernen Ausgaben ein hohes Maß an Übereinstimmung erreicht ist. Dies ist u.a. an dem knappen kritischen Apparat bei Clausen und an den noch knapperen Anmerkungen in der Ausgabe von Courtney abzulesen.

Wesentliche Differenzen bestehen dagegen weiterhin bei der Antwort auf die Frage, wieviele Verse als unecht zu betrachten sind. Wer hier jeweils zu einem eigenen Urteil gelangen will, ist gut beraten,

---

[1] Vgl. P. Wessner, Scholia in Iuvenalem vetustiora, Leipzig 1931, Stuttgart ²1967.
[2] G. Highet, Juvenal the Satirist, Oxford 1954, 179ff.

nicht vom einzelnen Vers auszugehen, sondern diese Erscheinung
insgesamt in den Blick zu nehmen und sich darüber hinaus über die
Interpolationen in den lateinischen Dichtertexten generell zu infor-
mieren, über ihre Voraussetzungen, Gründe und Typen, worüber im
Hinblick auf Juvenal vor allem die Untersuchungen von Jachmann,
Knoche, Courtney und Tarrant Aufschluß geben.[3] Daß in die Überlieferung unseres Autors unechte Verse eingedrungen sind, ist eine jedem vernünftigen Zweifel enthobene Tatsache und wurde auch schon
früh erkannt, von Guyet und anderen.[4] Als signifikante Beispiele,
die einer ersten Orientierung dienen können, seien folgende Verse
der Aufmerksamkeit empfohlen: 3,113.281. 6,188.614ABC. 8,258.
9,134A. 11,99.161. 12,50-51. 13,166. 14,1A. Bei vielen der gefälsch-
ten Verse ist es gewiß, daß sie antiken Ursprungs sind, da bereits
der Scholiast auf sie Bezug nimmt, bei den übrigen ist dies überaus
wahrscheinlich, und Entsprechendes wurde auch bei anderen Autoren festgestellt.[5] Bei Juvenal war man bis gegen Ende des vergangenen Jahrhunderts bereit, eine größere Anzahl von Versen als unecht
anzuerkennen, dann beherrschte eine konservative Betrachtungsweise das Feld (Bücheler, Leo). Unter den neueren Herausgebern seit
Knoche (1950) sind die Standpunkte unterschiedlich: bei der Zahl der
als gefälscht betrachteten Verse beträgt die Differenz zwischen dem
Maximum bei Knoche und dem Minimum bei Martyn (1987) mehr als
120. Jedoch ist in der neueren angelsächsischen Forschung eine deutliche Tendenz zu erkennen, mit stärkerer Interpolation zu rechnen.

---

[3] G. Jachmann, Studien zu Juvenal, Nachr. Akad. Göttingen, phil.-hist. Kl. 1943, Nr. 6,
187-266 (= Textgeschichtliche Studien, Beitr. Kl. Phil. 143, 1982, 746-825), U. Knoche, DLZ
1940, Heft 3/4, 48-55 (Rez. S. Mendner, Der Text der Met. Ovids; vgl. auch RhM 85, 1936,
8-63), E. Courtney, Quotation, interpolation, transposition, Hermathena 143, 1987, 7-18,
R. J. Tarrant, Toward a typology of interpolation in latin poetry, TAPhA 117, 1987, 281-298;
The reader as author: collaborative interpolation in latin poetry, in: J.N. Grant (Hrsg.), Editing
greek and latin texts, New York 1989, 121-162.

[4] Zu diesem Aspekt der Geschichte der Juvenal-Philologie vgl. bes. G. Jachmann (s. Anm. 3)
258-266 [= 817-825], E. Courtney, The progress of emendation in the text of Juvenal since the
Renaissance, ANRW II 33.1, 1989, 824-847.

[5] Vgl. die Anm. 3 genannte Literatur.

Ein besonders umstrittener Fall sind die 34 zusammenhängenden und 2 sonstigen Verse, die 1899 von E.O. Winstedt innerhalb des Textes der sechsten Satire in einer jetzt in der Bibliotheca Bodleiana in Oxford liegenden Handschrift entdeckt wurden. Das Fehlen der Verse in der übrigen Überlieferung würde bei jedem antiken Autor den Verdacht der Unechtheit wecken. Die Bedenken müssen sich noch verstärken, wenn das Eindringen gefälschter Verse auch im übrigen Text eine wohlbekannte Erscheinung ist. Einige von ihnen sind ebenfalls nur in wenigen Codices erhalten. Und der größere Umfang des zusammenhängenden Textes berechtigt methodisch nicht zu einer besonderen Behandlung der Oxford-Verse. Auffällig ist vor allem ihre schlechte künstlerische Qualität, die selbst hinter der vieler einhellig athetierter Verse zurückbleibt. Einer sachlichen Beurteilung war freilich die historische Situation in der Philologie zunächst nicht förderlich. Der Juvenal-Herausgeber Bücheler erklärte jene Verse nach ihrer Entdeckung spontan für unecht, obwohl er sonst in der Annahme von Interpolationen im Juvenal-Text sehr zurückhaltend war, während umgekehrt Housman, der entgegen der Zeitströmung zu kritischen Eingriffen in die Texte z.B. durch Athetese eher bereit war, die Echtheit verteidigte. Seine Forderung, man müsse die Verse erst erklären, bevor man sie einfach verdamme, ist zweifellos berechtigt, aber auch bestens erklärte Verse können unecht sein, und es läßt sich nicht leugnen, daß in den Oxford-Versen trotz intensiver Interpretationsversuche noch immer vieles unbegreiflich geblieben ist.[6] Das Argument der Qualität war freilich damals durch den Kommentar von Friedlaender (1895) geschwächt worden. Die dort immer wieder monierten künstlerischen Defekte Juvenals ließen ihn als Dichter erscheinen, dem auch Verse wie die des Oxoniensis zuzutrauen waren. In der weiterhin andauernden Diskussion über sie

---

[6] M.D. Reeve, CR² 33,1983,31 „Housman's eagerness to score points off Buecheler and Friedlaender blinded him to the defects of the fragment." Vgl. auch das ausgewogene Urteil über Housman bei J.A. Willis, Mnemosyne 42,1989,466-8.

blieben die Meinungen über die Echtheit trotz der Überwindung von Friedlaenders Position geteilt.[7] Dies kann hier nicht weiter verfolgt werden, es sei lediglich nachdrücklich die Auffassung ausgesprochen, daß jenes Machwerk von Juvenal fernzuhalten ist.

In der Annahme von Interpolationen generell wird in dieser Ausgabe eine Position vertreten, die sich z.b. mit den Namen Guyet, Heinrich, Jahn und in neuerer Zeit Nisbet und Reeve[8] verbinden läßt. Im Laufe vieler Jahre der Beschäftigung mit dem Juvenal-Text ist bei mir die Überzeugung gewachsen, daß doch mehr Verse als gefälscht zu betrachten sind, als andere zu athetieren bereit sind.[9] Einige weitere Verse bleiben verdächtig. Die für unecht gehaltenen sind in dieser Ausgabe mit eckigen Klammern versehen, werden dem Leser jedoch vollständig und mit Übersetzung geboten, um ihm ein eigenes Urteil zu ermöglichen. Eine ausführlichere Begründung der Athetesen kann aus Raumgründen in den Anmerkungen nicht gegeben werden. Der Text insgesamt ist unter Benutzung der neueren Ausgaben von Knoche (1950), Clausen ([1]1959. [2]1992), Courtney (1984), Martyn (1987) sowie Housman ([1]1905. [2]1931), deren kritischer Apparate und der sonstigen Literatur konstituiert. Auf wichtigere Probleme der Textgestaltung wird in den Anmerkungen aufmerk-

[7] Literatur in Auswahl: A. E. Housman, CR 13,1899,266-7. 15,1901,263-6. 18,1904,395-8 (= Class. Papers II 481-3. 539-543. 619-622). R. Clauss, Quaestiones criticae Iuvenalianae, Diss. Leipzig 1912. U. Knoche, Philologus 93,1938,196-217. B. Axelson, FS M. P. Nilsson, 1939, 41-55. M. Coffey, Lustrum 8,1963,179-184. J.G. Griffith, Hermes 91,1963,104-114. G. Luck, HStCPh 76,1972,217-231. M. D. Reeve, CR² 33,1983,27-34. G. Laudizi, Il frammento Winstedt, Lecce 1982. J. A. Willis, Mnemosyne 42,1989,441-468. Nach der nochmaligen eingehenden Diskussion durch Willis dürften die Verteidiger der Echtheit in einer hoffnungslosen Position sein.
[8] R.G.M. Nisbet, JRS 52, 1962, 233-8 (Rez. Ausg. Clausen); ders., Notes on the text and interpretation of Juvenal, FS O. Skutsch, Bull. Inst. Cl. St. Suppl. 51, London 1988, 86-110; ders., on Housman's Juvenal, Illinois Cl. St. 14, 1989, 285-302. M. D. Reeve, CR² 33, 1983, 27-34 (Rez. E. Courtney, A commentary etc. 1980).
[9] Der umfassende Versuch von H. Högg, Interpolationen bei Juvenal?, Diss. Freiburg i.Br. 1971, die Annahme von Interpolationen nahezu gänzlich als unberechtigt zu erweisen, muß als gescheitert betrachtet werden. Jedoch enthalten seine Diskussionen der Einzelstellen viele wertvolle Erläuterungen.

sam gemacht. Dies gilt nicht für die Interpunktion und die Festlegung gedanklicher Absätze im Text. Eine Übersicht über die Abweichungen vom verbreiteten Text Clausens folgt unten.

Die Übersetzung ist in Prosa verfaßt. Für den Verzicht auf deutsche Hexameter war weniger das prinzipielle Problem maßgebend, das die Verwendung eines auf der Messung von Längen und Kürzen beruhenden Versmaßes in der an Wortakzent und Reim orientierten deutschen Metrik bedeutet, da wir uns an deutsche Hexameter gewöhnt haben. Vielmehr bringt die Bindung an die metrische Form unvermeidlich Auslassungen, Zusätze und sonstige Veränderungen gegenüber dem Sinn des Originals mit sich. Dagegen war der leitende Gedanke bei dem vorgelegten Versuch einer Übertragung, die Bedeutung des lateinischen Wortlauts möglichst genau zu erfassen. Dies schließt ein, so wenig wie möglich wegzulassen oder einzufügen und die gedankliche Abfolge beizubehalten, soweit dies die Bedingungen der deutschen Sprache zulassen. Die dienende Funktion der Übersetzung, nämlich dem Leser zu einem besseren Verständnis des Originals zu verhelfen oder, soweit er des Lateinischen weniger mächtig ist, ihm die Bedeutung des ursprünglichen Textes möglichst zuverlässig zu vermitteln, zieht weiterhin die Konsequenz nach sich, daß die Übersetzung keinen stilistischen Ehrgeiz in dem Sinne entwickeln will, daß etwa einer besonders poetischen oder eindrucksvollen deutschen Wendung der Vorrang vor einer getreuen Wiedergabe gegeben würde.

Bei der Übersetzung des schwierigen Textes, der manche noch immer strittige oder ungeklärte Stelle enthält, wurde dankbar die Erklärungshilfe der Kommentare und anderer Übersetzungen, unter denen ich die des Arztes Dr. Alexander Berg (Stuttgart 1863) hervorheben möchte, in Anspruch genommen. Der Übersetzung als der kürzesten Form der Interpretation sind knappe Anmerkungen beigegeben, die dem Leser zusätzlich vor allem die vielen Realien, aber auch gedankliche Einzelheiten erläutern sollen. Als ergänzende Informationsquelle können die Kommentare dienen, unter denen die ausgezeichneten Erklärungen von Courtney (1980) besonders empfohlen seien.

ABWEICHUNGEN
IM LATEINISCHEN TEXT*

W. V. Clausen ²1992		diese Ausgabe
1,46	premit	premat
1,144		[ ] (Knoche)
1,150	dices	dicas
1,157	deducit	deduces (Adamietz)
2,92	Cotyton	Cotyto
2,111	Cybeles	† Cybeles †
4,116		[ ] (Courtney)
5,51		[ ] (Pinzger)
5,91		[ ] (Pulmannus, Schurzfleisch)
6,57	cedo	credo (Thierfelder)
6,133-5		[ ] (Gruppe)
6,195	relictis	ferendis (Housman)
6,346-8	[ ] (Maas)	
nach 6,365	O 1-34	[ ] (Bücheler usw.)
6,373 A B		[ ] (Bücheler usw.)
6,469	educit	educet (Jahn)
6,585	inde	† inde †
7,50	ambitiosi	ambitiosum (Jahn)
7,50-1	[laqueo … mali,] (Housman)	[consuetudo … multos] (Jahn)
7,93		[ ] (Markland)
7,181		[ ] (Heinrich)

---

* Bei Abweichungen vom Text der Handschriften ist jeweils der Urheber der Änderung genannt. Mit eckigen Klammern sind für unecht gehaltene Verse bezeichnet; dahinter stehen die Namen derer, die als erste die Tilgung vorgeschlagen haben (soweit dies zu ermitteln war).

7,191-2		[sapiens ... adpositam] (Reeve)
8,4	umeroque	umerosque
8,85-6		[ ] (Brown)
8,160		[ ] (Jahn)
8,161	salutans (Leo)	salutat
8,241	† in †	sibi (Jahn)
9,60	meliusne hic	melius nunc (Housman)
9,76	signabat	migrabat (Highet)
9,79-80		[ ] (Pinzger)
9,118	tum est his (Housman)	tum vel (Jahn)
9,119	[ ] Pithoeus	
9,120-1		[ ] (Jahn)
9,132	convenient	conveniunt
10,21	mota ... umbra	motae ... umbram
10,54-5		[ ] (Knoche)
10,197	† ille †	ore (Housman)
10,198	membra	labra
10,225-6		[ ] (Griffith)
10,295	† atque suum †	osque suum (Weidner)
10,312-3	mariti † irati † debet	maritis iratis (Rigaltius) debent
10,323		[ ] (Heinrich)
10,326		[ ] (Knoche)
10,326	repulso	repulsa
10,365-6		[ ] (Guyet)
11,110		[ ] (Knoche)
11,147-8		[non a ... magno] (Guyet)
11,148	in magno	et magno
11,165-70	[165-6] (Pinzger) [168-9 maior ... sexus] (Jachmann)	[ ] (Ribbeck)
13,179	minimus	missus (Wakefield)
13,189	docens	docet
13,213	sed vina	Setina (Herel, Withof)
13,226	iudicet	vindicet

13,237	quod	quid
14,119		[ ] (Housman)
15,86-7		[elemento … reor] (Orelli, Hermann)
15,134	amici	amictum (Courtney)
16,2	Lücke nach V. 2	
16,41		[ ] (Knoche)

STIMMEN ZU JUVENAL

Iuvenalis satyricus optimus Romanorum vitia interdum feda reprehensione confundit. – Juvenal der beste Satiriker, greift die Laster der Römer mit bisweilen abstoßendem Tadel an.

(*Konrad von Hirsau, Dialogus super auctores 1439f.*, ed. R.B.C. Huygens; 1. H. des 12. Jh.s)

Preponatur reliquis mordax Juvenalis, / Constans et veridicus, non adulans malis! – Den übrigen vorgezogen sei der bissige Juvenal, / unbeirrt und die Wahrheit aussprechend, den Schlechten nicht schmeichelnd!

(*Hugo von Trimberg, Registrum multorum auctorum 158f.*; 2. H. des 13. Jh.s)

Iuvenalis alto satis ingenio pleraque nimis licenter locutus est; in aliquibus autem satyris tam religiosum se praebuit, ut nostrae fidei doctoribus in nullo cedere iudicatur. – Der mit einer recht hohen Begabung ausgestattete Juvenal äußerte vieles allzu zügellos, in einigen Satiren aber erwies er sich als derart fromm, daß man urteilt, er stehe den Lehrern unseres Glaubens in nichts nach.

(*Aeneas Sylvius Piccolomini [nachmals Papst Pius II.], De liberorum educatione*, ed. Basel 1551, p. 964; 1450)

Doct. M. L. sagte: „Es wäre sehr von Nöthen, daß die Bücher Juvenalis, Martialis, Catulli und Priapeia Virgilii, ausn Landen und Schulen ausgemustert, verwiesen und verworfen würden; denn sie schreiben so grob und unverschämt Ding, daß man sie ohn großen Schaden der Jugend nicht lesen kann."

(*Martin Luther, Tischreden, Nr. 4012*. In: Kritische Gesamtausgabe, Tischreden, 4. Bd. [Weimar 1916], S. 75; 1538)

In der Satyre wird die Wirklichkeit als Mangel dem Ideal als der höchsten Realität gegenüber gestellt. Es ist übrigens gar nicht nöthig, daß das letztere ausgesprochen werde, wenn der Dichter es nur im Gemüth zu erwekken weiß; dieß muß er aber schlechterdings, oder er wird gar nicht poetisch

wirken ... Die pathetische Satyre muß also jederzeit aus einem Gemüthe
fliessen, welches von dem Ideale lebhaft durchdrungen ist. Nur ein herr-
schender Trieb nach Übereinstimmung kann und darf jenes tiefe Gefühl
moralischer Widersprüche und jenen glühenden Unwillen gegen moralische Verkehrtheit erzeugen, welcher in einem Juvenal, Swift, Rousseau,
Haller und andern zur Begeisterung wird.

(Friedrich Schiller, Ueber naive und sentimentalische Dichtung. In: Schillers Werke, Nationalausgabe, 20. Bd., Philosophische Schriften I [Weimar
1962], S. 442f.; 1795)

Ich bin dieser Tage über die lateinischen Poeten gerathen, die ich, wo
möglich, diesen Winter meiner nächtlichen Romanen-lecture substitui-
ren werde. Mit Juvenal, der mich gerade jetzt am meisten interessierte,
machte ich den Anfang, und ich muß sagen, mit unerwartet großem Genuß, so daß ich recht brenne, fortzufahren. Aber manches, besonders von
dem, was sich auf das gemeine Leben und auf historische Züge bezieht,
hält mich doch auf. Ich habe mein Latein mehr aus einer edelern Welt,
und zu wenig aus Schriften, die von dem gewöhnlichen Leben handeln,
geschöpft, daher es zu einer solchen Lecture nicht recht zureichen will.
Wissen Sie mir keine erträgliche französische oder besser deutsche Ueber-
setzungen von Juvenal, Persius, und Plautus? Denn gerade diese 3 Herren
machen mir fremden Beystand nöthig.

*(Friedrich Schiller, P. S. in einem Brief an W. v. Humboldt, November
1795.* Nationalausgabe, 28 Bd., Briefwechsel [Weimar 1969], S. 121f.)

Vielerlei Urtheile, meistens nach Vergleichung mit Horaz, mit Persius,
sind über ihn gefällt worden, deren Beschränktheit nur abermals beweist,
dass von jeher nur Wenige fähig gewesen sind, bei Gegenständen, die sie
beurtheilen wollten, sich selbst und ihre Neigung zu vergessen. ... Allgemein anerkannt sind die Vorzüge Juvenals in Hinsicht der Treue seiner
Sittengemälde, und der seltenen Kraft seiner Darstellung. ... „Bis in die
Mitte seines Lebens hing er der Rednerschule an; zur Poesie übergegan-
gen, blieb er auch da noch Declamator, und ist in der Satire mehr Rhetor
als Dichter." ... Etwas Wahres haben diese Urtheile in so fern, als kein
Dichter jener Zeit frei bleiben konnte von dem allgemeinen Einfluss, den
die Herrschaft der Rednerschulen auf Poesie und Sprache hatte. Aber man
macht sich von der Rhetorik und dem Talente damaliger Declamatoren

einen sehr falschen Begriff, wenn man glaubt, dass sie überall nichts weiter gewesen sei, als eine schimmernde Afterkunst. ... Auch war es eben nicht nöthig, dass Poesie und Sprache durch die Schule sogleich verdorben werden musste, wenn gleich ihr vormaliger freierer Charakter nicht mehr derselbe blieb. Durch die kunstmässige Uebung im Reden sind Ovid und Juvenal Meister ihrer Sprache geworden, und von dieser Seite sind die beiden Dichter von Wenigen ihrer Nation erreicht.

(*C. F. Heinrich, Commentar zu Juvenals Satiren*, Bonn 1839, Einleitung, S. 22-24)

Juvenal ist eben überall Deklamator, der die grellsten Züge aus Späßen der Epigrammatiker, Strafpredigten der Moralisten, aus Büchern und Schulweisheit wählt, nicht frisch aus dem Leben greift, dem der Zorn, der seinen Vers schuf, nicht aus dem Herzen quillt, sondern im Hirn sich braut, der mit den Jahren, je mehr er den Vorrat anekdotenhafter Geschichtchen und karrikierter Sittenbilder aufbraucht, seiner rhetorischen Natur in eifriger Redseligkeit desto freieren Lauf läßt.

(*F. Buecheler, Philologische Kritik*, Bonn 1878, S. 26 = Kl. Schriften II, 249f.)

Ganz anders als Horaz, der der Menschlichkeit gegenüber nicht vergißt die nötige Nachsicht anzuwenden und stets das Lächeln der Vergebung auf den Lippen hat, ganz verschieden auch von Persius, demgegenüber er (Juvenal) den Vorzug hat, von dieser Menschheit durch eigene Berührung nur zuviel zu kennen, ist er so ein Widerpart zu dem liebenswürdigen Plauderer wie zu dem lehrhaften Dozenten des Arbeitstisches, ein Rhetor, der mit allen Mitteln poltert, um sich Nachdruck zu verschaffen.

(*M. Schanz – C. Hosius, Geschichte der röm. Literatur [Handbuch der Altertumswissenschaft VIII. 2]*, München 1935; [4]1959, S. 571)

Tacitus und Juvenal könnte man als parallele und gleichzeitige Erscheinungen betrachten. Stil, Ton und Empfindungen sind vergleichbar. Juvenal besitzt Nachdruck und Konzentration, die Fähigkeit zu rascher Schilderung und malerischer Vergegenwärtigung – und eine dramatische Kraft, die vorzüglich zum Ausdruck kommt in Szenen wie dem Sturz Sejans (10,54ff.) oder der besessenen Energie einer Ausschweifung (6,314ff.) ... Juvenal und Tacitus ... sind die letzten großen Namen in der Literatur der Römer.

(*Ronald Syme, Tacitus*, Oxford 1958, S. 500)

REGISTER*

abolla s. Mantel
abortiva 2,32. 6,368. 6,595
Achill 1,163. 3,279f. 7,210. 8,270f.
 10,256. 14,214. 11,30
acta diurna s. Zeitung
Actium 2,109. 8,241
Adel, Adlige: Stolz auf Abkunft s.
 Troiugenae, Stammbaum. dagegen
 8,269-75. Kinder untergeschoben
 6,602ff. vgl. 6,80f. 600. verfolgt 1,34f.
 4,95ff. 4,151ff. verarmt 1,107f. notw.
 persönl. Leistung 8,1ff. 8,75ff.
 Verpflichtungen 8,74-139. 8,24ff.
 Versagen als Patroni der Literatur
 usw. s. 7, als Patroni allgemein s. 3.
 s. 5. als Politiker s. 4, in d. Moral s. 2.
 s. 6 (adlige Matronen). diskreditieren
 Ämter 1,99ff. 3,128-130. 8,147ff. s.
 Domitian, Nero, Otho. Provinzverwal-
 tung 8,87-139. 1,47-50. 3,46-54. Put-
 schisten 8,231ff. entehrt durch Auftritt in d. Arena 2,143ff. 8,199ff.
 4,99ff. im Mimus 8,185ff. Nero 8,220.
 225ff. als Klienten 1,100. 3,128f.
Adler, Juppiters Boten 14,81. Legions-
 8,51f. 14,197. auf dem Szepter 10,43
Aediles, Rom 3,162. Munizipien 3,179.
 10,102
Aegypten, Kannibalismus s. 15. Tier-
 kult 15,1ff. unzivilisiert 15,44.
 ausschweifend 15,45f. (vgl. 6,83f.).
 grausam 15,115f. Aegypter in Rom
 1,130f. s. Crispinus, Isis

Aemilius s. Anwälte
Aeneas 1,162. 5,45. 5,139. 11,61-63.
 15,67
Affe, dressiert 5,154f. in Numidien
 10,195. in Aegypten verehrt 15,4
Afrika, nutricula causidicorum 7,148f.
 Grenzen 10,148-150
Agamemnon 8,217. 14,286
Agrippina 5,148. 6,620
Ahnenbildnisse 6,163. 8,2ff. 19
Ajax, Sohn des Telamon 7,115. 10,84.
 14,213. 14,286. 15,65
Alba (Longa), Palast Domitians
 4,61. 4,145. vgl. 12,71. Arena 4,100
Alexander d. Gr. 10,168-72. und Dioge-
 nes 14,311-14
Alter, hohes, Respekt 13,54ff. Erfah-
 rung 13,16f. Plagen 10,190-272.
 6,325f. s. Hirsch, Krähe
Ameise, magistra 6,361
amici Caesaris vgl. 4,72-149, bes.
 4,75. 88
Amulett der Kinder 5,164f. 13,33.
 14,5
Anwälte 7,106-149. 1,32. 6,439.
 8,47-9. 10,121. Lohn 7,118ff. in
 Britannien 15,111. Aemilius
 7,124ff. Pedo 7,129. Matho
 1,32. 7,129. 11,34. Tongilius
 7,130ff.
Apicius, Gourmet 4,23. 11,3
Apollo 1,128. 6,172 u. 174 (Paean).
 7,37. 7,64. 13,79. 13,203

LITERATURHINWEISE

I. Forschungsberichte

Coffey, M.: Juvenal. Report for the Years 1941-1961, Lustrum 8 (1963) [1964] 161-215

Anderson, W. S.: Recent Work in Roman Satire (1937-1955), CW 50 (1956/57) Juvenal: 38f.

– (1955-1962), CW 57 (1963/64) 346-348

– (1962-1968), CW 63 (1969/70) 217-222

– (1968-1978), CW 75 (1981/82) 290-299

Cuccioli Melloni, Rita: Otto anni di studi giovenaliani (1969-1976), BStudLat 7 (1977) 61-87

II. Ausgaben, Kommentare, Übersetzungen, Indices

Clausen, W. V.: A. Persi Flacci et D. Iuni Iuvenalis saturae, Oxford 1959, ²1992

Courtney, E.: A Commentary on the Satires of Juvenal, London 1980

– Juvenal. The Satires. A Text with Brief Critical Notes (Instrumentum Litterarum 1), Roma 1984

Dubrocard, M.: Juvénal. Satires. Index verborum, relevés statistiques, Hildesheim 1976

Duff, J. D.: D. Iunii Iuvenalis Saturae XIV. Fourteen satires of Juvenal, Cambridge 1898 (repr. with a new introduction by M. Coffey 1970)

Ferguson, J.: Juvenal, The Satires, text with comm. (Classical Series. Macmillan Education), London 1979

Friedlaender, L.: D. Iunii Iuvenalis Saturarum Libri V, 2 Bde., Leipzig 1895 (Nachdr. Amsterdam 1962; Darmstadt 1967)

Housman, A. E.: D. Iunii Iuvenalis saturae, editorum in usum edidit, Cambridge ²1931

Kelling, L./Suskin, A.: Index verborum Iuvenalis, Chapel Hill 1951 (Nachdr. Hildesheim 1977)

Knoche, U.: D. Iunius Juvenalis. Saturae, mit kritischem Apparat hrsg., München 1950

– Juvenal, Satiren, übertragen und mit Anmerkungen versehen, München 1951

Martyn, J. R. C.: D. Juni Juvenalis Saturae, Amsterdam 1987

Mayor, J. E. B.: Thirteen Satires of Juvenal with a commentary ed., London; New York I ⁴1886, II ⁴1888 (Nachdr. der Ausgabe London 1901: Hildesheim 1966)

Rudd, N.: Juvenal: The Satires, translated by N. Rudd, Introduction and Notes by W. Barr, Oxford 1991

Weidner, A.: Iunii Iuvenalis Saturae, erkl., Leipzig ²1889

Wessner, P.: Scholia in Iuvenalem vetustiora, Leipzig 1931 (Nachdr. Stuttgart 1967)

III. Sekundärliteratur

Adamietz, J.: Untersuchungen zu Juvenal (Hermes-Einzelschriften, 26), Wiesbaden 1972 [zu s. 3,5,11]

– Juvenals 12. Satire. In: Hommages à J. Cousin. Rencontres avec l'antiquité classique (Paris 1983), 237-248

– Juvenals 13. Gedicht als Satire, Hermes 112 (1984) 469-483

– (Hrsg.): Die römische Satire (Grundriß der Literaturgeschichten nach Gattungen), Darmstadt 1986 [enthält: J. Adamietz, Juvenal, 231-307, m. Lit. zu den einzelnen Satiren]

Anderson, W. S.: Essays on Roman Satire, Princeton 1982

Braun, L.: Juvenal und die Überredungskunst, ANRW II 33,1 (1989) 770-810

Brummack, J.: Zu Begriff und Theorie der Satire, Deutsche Vierteljahresschrift f. Lit. wiss. u. Geistesgesch. 45 (1971) Sonderheft 275-377

Classen, C. J.: Überlegungen zu den Möglichkeiten und Grenzen der Anwendung des Begriffes Ironie (im Anschluß an die dritte Satire Juvenals). In: Kontinuität und Wandel. FS F. Munari (Hildesheim 1986), 188-216

Coffey, M.: Roman Satire, London; New York 1976

Colton, R. E.: Juvenal's Use of Martial's Epigrams. A study of literary influence (Classical and Byzantine monographs, 20), Amsterdam 1991

Courtney, E.: The Progress of Emendation in the Text of Juvenal since the Renaissance, ANRW II 31,1 (1989) 824-847

Decker, J. de: Juvenalis declamans. Étude sur la rhétorique declamatoire dans les satires de Juvénal, Gand 1913

Fabian, B. (Hrsg.): Satura. Ein Kompendium moderner Studien zur Satire (Olms-Studien 39), Hildesheim; New York 1975

Ferguson, J.: A Prosopography to the poems of Juvenal (Collection Latomus, 200), Bruxelles 1987

Gérard, J.: Juvénal et la réalité contemporaine, Paris 1976

Gnilka, C.: Satura tragica. Zu Juvenal und Prudentius, WS 103 (1990) 145-177

Hartmann, A.: De inventione Iuvenalis capita tria, Diss. Basel 1908

Highet, G.: Juvenal the Satirist, Oxford 1954

— Masks and Faces in Satire, Hermes 102 (1974) 321-337

Kenney, E. J.: Juvenal: Satirist or Rhetorician?, Latomus 22 (1963) 704-720

Knoche, U.: Handschriftliche Grundlagen des Juvenaltextes, Philologus Suppl. 33,1,1940

— Juvenals Maßstäbe der Gesellschaftskritik, Wiss. Zeitschrift d. Univ. Rostock 15 (1966) 453-461 (= Die röm. Satire, hrsg. von D. Korzeniewski, 496-520)

— Die römische Satire, Göttingen ⁴1982

Korzeniewski, D. (Hrsg.): Die römische Satire (WdF 238), Darmstadt 1970

Marache, R.: Juvénal – peintre de la société de son temps, ANRW II 33,1 (1989) 592-639

Martyn, J. R. C.: Juvenal's Wit, GB 8 (1979) 219-238

Ramage, E. S.: Juvenal and the Establishment. Denigration of Predecessor in the ‚Satires', ANRW II 33,1 (1989) 640-707

Reissinger, W.: Formen der Polemik in der römischen Satire. Lucil., Hor., Pers., Juv., Diss. Erlangen 1975

Rudd, N.: Themes in Roman Satire, London 1986

Schneider, C.: Juvenal und Seneca, Diss. Würzburg 1930

Schütze, R.: Juvenalis ethicus, Diss. Greifswald 1905

Scott, Inez Gertrude: The Grand Style in the Satires of Juvenal (Smith College Classical Studies 8), Northampton, Mass. 1927

Seeck, G. A.: Die römische Satire und der Begriff des Satirischen, A&A 37 (1991) 1-21

Stegemann, W.: De Iuvenalis dispositione, Diss. Leipzig 1913

Townend, G. B.: The Literary Substrata to Juvenal's Satires, JRS 63 (1973) 148-160

Wicke, E.: Juvenal und die Satirendichtung des Horaz, Diss. Marburg 1967

Wiesen, D.: Juvenal's Moral Character, an Introduction, Latomus 22 (1963) 440-471

– The Verbal Basis of Juvenal's Satiric Vision, ANRW II 33,1 (1989) 708-733

NACHWORT

Die Anregung zu diesem Band gab Herr Kollege M. Fuhrmann (Konstanz). Ihm und dem Verlag allgemein danke ich für die ausgezeichnete und menschlich sehr erfreuliche Zusammenarbeit. Herr Dr. M. Müller (Zürich) betreute die Ausgabe, Herr H. Czauderna (München) leitete die technische Gestaltung. Den größten Teil des Textes hatte Herr Dr. G. Jäger (München) durchgesehen und mit mir verbliebene Probleme diskutiert, als er am 3.3.1992 jäh aus dem Leben gerissen wurde. Des durch seinen schmerzlichen Tod verwaisten Manuskripts hat sich dann freundlicherweise Herr Dr. K. Bayer (München) angenommen.

Mein Dank richtet sich zugleich an Mitglieder unseres Marburger Seminars. Frau M. Hühn hat das Manuskript angefertigt und mit freundlicher Geduld die immer neuen Änderungswünsche ertragen. Der gesamte Text wurde von Herrn cand. phil. Stefan Spenner kritisch durchgesehen. Bei zahlreichen Stellen der Übersetzung profitierte ich vom Scharfsinn und der exzellenten Sprachkenntnis von Herrn Dr. A. Heinrichs. Vor allem hat Frau Dr. C. Schmitz dafür Sorge getragen, daß eine Fülle von Fehlern philologischer, stilistischer und sonstiger Art eliminiert wurden.

Marburg, im August 1993   Joachim Adamietz

Das unent-behrliche Nachschlage-werk zu über 2000 Autoren – von Homer bis zu den Frühhuma-nisten

TUSCULUM - LEXIKON

Griechischer und lateinischer Autoren des Altertums und des Mittelalters.

Wolfgang Buchwald / Armin Hohlweg / Otto Prinz

3. neu bearbeitete und erweiterte Auflage,1982. XXII, 862 Seiten, Ganzleinen

Das 1948 erstmals erschienene Tusculum-Lexikon wurde bald das klassische Hilfsmittel zum Verständnis griechischer und lateinischer Autoren. Für die 3. Auflage wurde es völlig neu bearbeitet und ist dadurch gegenüber der 2. Auflage um mehr als ein Drittel gewachsen. Die notwendige Ausweitung ergab sich vor allem aus der Aufnahme neuer Stichwörter, der Ergänzung der Angaben zu führenden Textausgaben bzw. Übersetzungen und aus der Aufarbeitung der bibliographischen Angaben. Das Lexikon bietet dadurch Fakten zu über 2000 Autoren und Begriffen: Namen, biographische Daten, Werkausgaben, literarische Bedeutung und bibliographische Hinweise.

Der Benutzer gewinnt einen umfassenden Überblick über alle Schriftsteller der antiken Tradition von Homer bis zu den Frühhumanisten, die massgeblich zu den Grundlagen unserer geistigen Welt beigetragen haben.